· 中华书局 ·
上海聚珍出品

李治安史学著作集

李治安 著

中国古代史三论

政治·地域·族群

中华书局

图书在版编目(CIP)数据

中国古代史三论:政治·地域·族群/李治安著. —北京:中华书局,2025.7. —(李治安史学著作集). —ISBN 978-7-101-17196-9

Ⅰ. K092.2-53

中国国家版本馆 CIP 数据核字第 2025CB7257 号

中国古代史三论:政治·地域·族群

著　　者	李治安
丛 书 名	李治安史学著作集
丛书策划	贾雪飞
责任编辑	阎海文
装帧设计	刘　丽
责任印制	管　斌
出版发行	中华书局
	(北京市丰台区太平桥西里 38 号　100073)
	http://www.zhbc.com.cn
	E-mail:zhbc@zhbc.com.cn
印　　刷	北京新华印刷有限公司
版　　次	2025 年 7 月第 1 版
	2025 年 7 月第 1 次印刷
规　　格	开本/920×1250 毫米　1/32
	印张 15⅛　插页 2　字数 339 千字
印　　数	1-5000 册
国际书号	ISBN 978-7-101-17196-9
定　　价	78.00 元

融通古史　探索未知

——代　序

两千多年前，司马迁提出的"究天人之际，通古今之变，成一家之言"，已被历史学者奉为圭臬。20世纪上半叶兴起的法国年鉴学派，突破政治史藩篱，注重经济社会深层次结构，倡导"长时段"和总体史，流风至今不绝。拙著《中国古代史三论：政治·地域·族群》，较多受二者影响。此外，南开史学"惟真惟新，求通致用"的优良传统，也是激发我思路的源泉。之所以冠名"三论"，即表明并非系统性论述，充其量是对中国传统社会的政治支配、南北地域和民族融汇三组比较重要的问题，略抒己见，做一番融通古史、探索疑难未知的尝试。大致是研读史书之际提出一些粗线条的想法，供读者、同仁参考。

我探讨的第一组问题是"政治支配"。

一般认为，政治权力支配社会，是古代东方的通行法则，也是中国古代政治文化的主干精髓。20世纪初叶以来，有关帝制国家政治支配的研究硕果累累，尤其是王亚南《中国官僚政治研究》、胡如雷《中国封建社会形态研究》和刘泽华《中国的王权主义》等，颇具权威性。鉴于帝制国家的政治支配延绵两千年，各王朝各时期的情况不尽相同，在深究史料或采用新视角时，仍可能在某些内容和层面寻找到新的阐释余地，仍可能博采前贤之长而有些许的推进。

我觉得，秦朝以降虽难脱"家天下"的窠臼，但皇权官僚政治直接管辖百姓，一以贯之，最具特色，甚至可以说是两千余年政治支配的要害。于是，我撰写《秦汉以降编民耕战政策模式初探》和《中近古"士农工商"较自由发展政策模式》二文，尝试将历史的、逻辑的方法与模式分析结合起来，重点展开对帝制国家临民理政的讨论。

自"商鞅变法"滥觞，基于授田和二十等爵的编民耕战，构成了秦汉以降近半王朝临民理政的主导性模式。它历经秦至西汉的鼎盛、北朝至隋唐赖"均田""府兵""租庸调"再造复兴和明代"配户当差"为特色的最后"辉煌"，在两千年的历史舞台上不同凡响。编民耕战模式，重在对百姓及地主经济实施全面管控，尤以徭役、兵役沉重，故特名"耕战"。其目标是举国动员和富国强兵，本质又在于和郡县官僚制配套，构建直接役使百姓的国家农奴制秩序，进而为皇帝专制集权提供最大化的社会资源平台。该模式以授田暂时解决地主经济的"瓶颈"难题，充任皇权官僚政治与农民之间统制、隶属的"链条"，对多民族统一国家延续发展和重大工程营造等，厥功甚伟。但"举百万井疆耕耨之丁壮为奴隶"及强制析产分户，往往带来"逃户"脱籍、人口与资源失衡等后果，又客观上助长君主及官僚的权力膨胀，或滥用战时体制，或强化徭役，进而酿成暴君祸害天下和官民极端冲突，增大帝国风险系数。其"公权力"被滥用等缺陷，又需要"士农工商"较自由发展模式来寻求缓冲或出路。

　　"士农工商"较自由发展，作为帝制国家临民理政及管辖地主经济的第二种政策模式，肇始于齐国四民"通货积财"，中经两汉的起落浮沉，定型于晚唐至两宋。它主要在晚唐到清的多数时段施行，又以晚唐至两宋最为典型，"两税法"为其开辟道路，"不抑兼并"充任基本导向，实乃"唐宋变革"在临民理政及社会结构层面的成果表征与最终胜利。其内涵精髓在于：兼容行政和经济手段，将身丁管控改为财税为主的调节掌控，不搞授田，不抑兼并，徭役及兵役或转变为差役雇佣，或基本消失，鼓励农商并重和藏富于民。四民较自由地致力于本业，自前而后的贵贱等级排序及相应管制不复存在，士人、富民又构成政治、经济两大支配势力。该模式较多祛除借重役滥税将"井疆耕耨之丁壮"抑为"国家农奴"之弊，较多祛除过度管制经济和妨害民营"造血"原动力之弊。但皇权最高所有、土地周期兼并、"权力商品化"和官商榷卖勾结等，基本沿袭耕战旧制，只能算是前者的变通而已。

　　我还专题撰写《试论元明户役当差与吏民依附奴化的回潮》，剖析元明役法背弃两宋的进步，进而充任明编民耕战"最后辉煌"的基础性内容。这又算得上蒙古等北族入主带给"政治支配"的一份沉重遗产。

　　我探讨的第二组问题是"南北地域"。

　　据我接触的元明史、隋唐史等重要问题，几乎都和中原、江南、塞外等南北地域紧密相关。这也是萌发第二组讨论的缘起。被称为"母亲河"的黄河流域和长江流域，还有草原儿女游牧天地的塞外大漠，既是中华文明生生不息、辉煌 5 000 年的疆土故园，也是古代地域及族群互动交融的广袤平台。自古以来，我国疆域所在的东亚大陆，从东到西，从南到北，皆有万里之遥，地域、风土、人情各不相同，族群习俗千差万别。观察 5 000 年的悠久历史，全国或总体的视野固然重要，这也体现于以往古代史研究的主流话语及主要成果。然而，一味简单使用全国或总体的观察角度，有些史事往往难以看得清楚、说得明白。况且，第一组讨论中的"编民耕战"、"士农工商"较自由发展及元明"户役法"等，似乎都离不开东西或南北地域联系的大背景。早在 20 世纪中叶，日本学者桑原骘藏、中国学者张荫麟等业已关注历史上的南北地域关系。傅斯年先生也曾说，东汉以后常常表现为南北关系①。正因为如此，关于黄河流域、长江流域与塞外大漠等南北三大地域板块相互关系的研究，就成为牵连中国古代史全局的重要问题了。

"南北地域"的探讨，由五篇文章组成：前两篇考察魏晋到元明 1 300 余年间南北差异的博弈整合，第三、四篇探研江南居中角色和元明江南政策比较，第五篇则揭示大运河漕运命脉对南北社会的深刻影响。

《两个南北朝与中古以来的历史发展》一文提出，两个南北朝所造成的隔离与差异，直接影响中古以来的历史进程。恰恰在"唐宋变革"前后，历史发展是呈现南、北方复合状态而非单一。第一个南北朝、隋及唐前期的历史，是循着"南朝""北朝"两

---

① ［日］桑原骘藏：《歷史上より観たる南北支那》，載《白鳥博士還暦記念東洋史論叢》，東京：岩波書店，1952 年，第 387—480 页。另参见氏著：《历史上所见的南北中国》，载刘俊文主编，黄约瑟文译：《日本学者研究中国史论著选译》第 1 卷《通论》，北京：中华书局，1992 年，第 19—68 页。张荫麟：《宋代南北社会之差异》，《浙大史学杂志》第 1 卷第 3 期，1940 年；今据《张荫麟全集》下册，北京：北京大学出版社，2013 年，第 1761—1771 页。傅斯年：《夷夏东西说》，载欧阳哲生主编：《傅斯年全集》第 3 卷，长沙：湖南教育出版社，2003 年，第 181—232 页。

条并行的线索而发展演化的。隋及唐前期基本实行的是"北朝"制度，而后又在统一国度内实施"南朝""北朝"二线索的整合。中唐以后整合完毕，整体上向"南朝化"过渡。第二个南北朝及并行的两条线索确凿存在。南宋承袭"唐宋变革"的成果，所代表的南朝线索充当主流趋势，辽夏金元反映的北朝线索也作用显赫。二者并存交融，先后经历元朝、明前期以北制为主导及明中叶以南制为主导等三次整合，明后期最终汇合为一，此乃宋、元、明、清历史的基本脉络和走势。

作为上文姊妹篇的《元和明前期南北差异的博弈与整合发展》进而认为，元朝统一后，国家制度层面的南、北制因素依然并存博弈。此时的北制，是指蒙古草原制度与中原汉法等混合物，南制则反映原南宋社会经济体制。由于北制因素过分强大，北制向江南的推移明显多于南制因素保留及北上渗透。朱元璋、朱棣的个人因素与社会关系等交互作用，致使明前期南、北制因素的那次整合仍然是北制占优势。明中叶后，南制为主导的另一次整合，重新回归到代表"唐宋变革"的轨道且得以升华。

《中古以来南北差异的整合发展与江南的角色功用》主张，因北方民族两次大规模南下而造成中原残破及两次南渡，5世纪以后的江南遂成为中国经济重心和文化主脉所在。上述三四次博弈整合中，承载着经济重心及文化精英的江南，代表社会经济的发展趋势，推动经济文化在南北统一国度下继续繁荣，厥功至伟。

《元至明前期的江南政策与社会发展》的论题是：元世祖等实行南北异制，客观上维持和保护了江南"富民"农商经济且有所发展；明前期卫所军户、"均工夫""配户"、里甲"画地为牢"、移民徙富和抑商海禁等政策，起步和重点实施于江南且触动极大，使江南几乎倒退至自然经济状态。元朝征服江南与宽纵豪富相"背反"，官场腐败与贫富悬殊相叠加，招致经济畸形和"官逼民反""富逼穷反"。明初富民农商经济秩序被破坏及户役法南北通行，改变了江南延续近千年以富民大地主为核心的经济结构，取而代之的是与北方相差无几的"配户当差"。元明江南社会发展因宽纵豪富和管制农商两种政策的更替，居然走上了畸形繁荣和锁国萧条的不同道路。

《大运河的漕粮北输与中近古南北社会发展》指出，大运河的修凿和营运，既是帝制贡纳漕运及徭役物化的新发展，又是中古经济重心南移和北、南政治、经济中心错位的派生物。维护南北政治统一，促进黄河中下游、长江中下游等地缘整合，推动南方、北方经济社会的结构性演进，大运河的历史功用无与伦比。大运河有利于中原先进经济文化南传和江南逐步开发，有利于拉动商贸商帮、催生运河城镇和带动北方经济恢复，更有利于以运河为南北通道的全国性市场的发展。元代海运未成之前，大运河利大于弊。漕粮海运与客商河运分类配合已成及大航海时代到来之际，统治者废止海运而一味固守河漕，其滥用徭役、耗米、造船、官吏侵蚀等成本代价甚巨，损害黄河、淮河和海河流域生态环境等负面影响凸显攀升，自然就弊大于利了。

我探讨的第三组问题是"民族融汇"。

在讨论"政治支配"和"南北地域"之际，我深感 5 000 年中华文明的发展繁荣，不仅是由不同地域子文明的碰撞整合而造就，也是由不同族群的交融合汇而造就，这两类造就又经常复合交织发生作用。可以说，各地域子文明和各兄弟民族的互动汇聚，血脉交融，共同缔造了中华文明的 5 000 年辉煌。其间，塞外北方族群的南下，大多牵连或影响前述黄河、长江与塞外等三大地域板块相互关系及发展走向，更容易直接引发演绎出一波又一波的民族融汇，甚而引致编民耕战模式的复兴或最后"辉煌"。于是，"民族融汇"自然成为第三组讨论的聚焦点。

《民族融汇与中国历史发展第二条基本线索》主张，5 000 年来，"历时性"地呈现先秦、魏晋南北朝、晚唐辽宋金元和明中叶到近代四次民族大融汇。基于长城内外农耕、游牧生产方式的世代并存，汉族与各兄弟民族携手创造了多元一体的中华民族及璀璨文明。元和清王朝的建立，体现北方民族向中原内聚的历史主动性和汉、蒙、满轮流为天下主的趋势。蒙古人、满族人较多汉化，与汉人不同程度地受蒙古或满族文化影响，相互激荡，构成了元、清两代多民族文化交流的基本风貌及走向。在中国的特定环境下，社会经济固然充当主要原动力或主线，同时还应格外重视民族融汇第二条基本线索及其与社会经济互为交织的作用。

针对海内外有关中华民族"多元一体"及汉族等 56 个民族间关系的迷茫，《秦汉以降"大一统"秩序的华夷交融演进》和《元明清"华夷一统"到"中华一统"的话语转换》二文，予以溯本穷源的历史学解读。首次提出秦汉至明清多民族统一国家的发展分为郡县制单一式和囊括中土（概指黄河中下游和长江中下游汉族等农耕区。书中"中土"一词内涵同此）、塞外的华夷多元复合式两阶段的新观点。着重阐明秦汉"中国一统"以单一式的"车同轨、书同文、行同伦"及郡县官僚制管辖编民，将黄河中下游与长江中下游农耕区整合为一体，为汉唐文明的辉煌及辐射周边提供了必要秩序和演进基础。元明清"华夷一统"形成了囊括中土和塞外的华夷复合式共同体。先有元朝制度、文化、族群的"华夷混一"，继而是明成祖争夺主导权未果及"华夷一统"说辞连篇累牍，最后是清统治者对"华夷"二字讳莫如深却有了较成熟的"华夷一统"建树。由于元明清"华夷一统"演进，复合式共同体的中国由"小"变"大"，多民族统一国家、中华文明结构及传统王朝序列等，皆得到了相应的完善升华。进而指出，"华夷一统""中外一统"和"中华一统"，都是对元明清多族群复合共同体的话语转换，实体却始终未变。这类话语转换，对"中华民族"命题面世及辛亥革命创建"中华民国"，堪称阶梯准备。现代中华民族或现代统一多民族国家的直接前身，就是元明清"华夷一统"复合共同体及其更新话语"中华一统"。

以上三组讨论，说来事出有因，也有几分遭逢际会。

1978 年，我考入南开大学历史学系。因年届而立，颇珍惜读书的机会，课余时间在图书馆阅读了《史记》《汉书》和《资治通鉴》的隋唐部分，尤其是被司马迁《史记》深深折服，遂萌生了继续学习中国古代史的意愿。我原本想报考先师杨志玖教授指导的隋唐史硕士，不料那年只招元史，于是听取南炳文先生的忠告，考入杨师门下。毕业留校任教，又在职攻读元史博士学位。我非常幸运的是遇上了博学卓识而又堪称学界楷模的好导师杨志玖教授，有幸得到先师的耳提面命，完成博士学位论文《元代分封制度研究》及《行省制度研究》等。尤其是跟随先师学到从原始资料实证考据、钩沉索隐、建构新说之法。这确实令我受益终身。在此前后，我拜读唐长孺先生的《魏晋南北朝史论丛》

《续编》和《三论》，非常钦佩且偶有效法。在理论著述方面，我还粗略读过《资本论》第三卷和胡如雷《中国封建社会形态研究》等。我曾承担刘泽华先生主持的"君主官僚政治"和"中华文化通志·社会阶层制度志"子项目，又申报并完成教育部青年项目"唐宋元明清中央与地方关系研究"，受到探研古代史的初步锻炼。对兼治非元史的课题，杨志玖师抱宽容态度，我自己却心怀忐忑。一次，去看望蔡美彪先生，向他汇报没能专注元史，有些"不务正业"。蔡先生当即指点：这样做也是正业。承蒙先师的宽容和蔡先生的鼓励，我的心绪才踏实下来。20多年来，我招收元史和古代政治制度史两个方向的博士生，尤其在指导秦汉以降政治制度史论文过程中，委实是教学相长，学到了许多东西。我还参加"富民社会""农商社会"等学术会议，与师友同好切磋交流。我觉得：主攻元史与兼治中古史（尤其是与元代政治制度、政治文化相关联的部分），相得益彰，既可自元史切入去融通综观古代史，又能用古代史视野去鸟瞰理解元史。对克服元史研究选题单调，也大有裨益。

21世纪初，我年届花甲，打算在从事元史断代研究的同时，稍多做一些贯通性探讨。当时主要有如下考虑：第一，改革开放30年间，冲破"五朵金花"范式羁绊，断代史实证研究呈井喷式发展，但断代之间各自为战、沟通偏少等问题日渐突显，这无疑是史学继续繁荣的一种障碍。实际上，无论是社会经济抑或政治文化，往往会超逸断代，呈现诸多的上溯或下延。而那些超逸部分，或许就是古代史研究的未知或薄弱环节。既重视断代史基础性研究，又超越断代和融通古史，应是史学发展的迫切需要。第二，20世纪以王国维、陈寅恪为代表的大师前贤，兼具微观考据和宏观纵论的双重功底，既能"沙里拣金"，又可"鸟瞰四海"，堪称治史的垂范楷模。日本学者内藤湖南曾提出著名的"唐宋变革论"，其博通与横通的取径，同样是对吾辈的鞭策。第三，就历史学者而言，60 岁左右学术积累有所增多，又兼自身专通"周折"及社会阅历，兼做贯通性探讨，既有可能，又是某种责任或义务。尽管史学发展日新月异，各断代成果层出不穷，贯通探讨常有风险，很容易"撞到他人枪口上"。但我愿意做一名探索者，在这条路途上，跌跌撞撞，蹒跚而行，又何尝不是一种有益的磨砺？

海内外一些新方法和新研究动向，也曾给予我有益的思维启示或方法论营养。前述法国年鉴学派和内藤湖南"唐宋变革说"的较多影响，以及傅斯年较早倡导"各种科学的方法之汇集"①，自不待言。哈佛大学杨联陞"擅长于融乾嘉考据、实证史学与社会科学为一体"②，施坚雅关于中国市场体系的核心与边缘结构说③，等等，是为新方法。史乐民（Paul Jakov Smith）、万志英（Richard von Glahn）的"宋元明过渡说"④，竺沙雅章的辽、宋、金、元"北流""南流"说⑤，"新清史"学者所持"满洲"

---

① 《历史语言研究所工作之旨趣》，《中央研究院历史语言研究所集刊》第 1 本第 1 分，1928 年 10 月，第 3—10 页。

② 李大兴：《寻找杨联陞——被遗忘的学长》，《经济观察报》2017 年 5 月 8 日。林风、陈思：《西方汉学界首位华人名家杨联陞》，《中国社会科学报》2023 年 1 月 4 日。

③ ［美］施坚雅：《城市与地方体系层级》，［美］施坚雅主编：《中华帝国晚期的城市》，叶光庭等译，陈桥驿校，北京：中华书局，2000 年，第 327—417 页。

④ Smith Paul & Richard von Glahn, eds. *The Song-Yuan-Ming Transition in Chinese History*. Cambridge, Mass: Harvard University Press, 2003. 参见张祎：《"中国历史上的宋元明过渡"简介》，《宋史研究通讯》2003 年第 2 期（总第 42 期）。

⑤ ［日］竺沙雅章：《征服王朝の時代》，東京：講談社，1977 年。另参见［日］竺沙雅章：《征服王朝的时代》，吴密察译，台北：稻乡出版社，2014 年，第 6 页。

或内陆亚细亚自成体系说①，王明珂对华夏与其边缘共生互动的论说②，等等，是为新研究动向。可以说，上述三组讨论，多半是在海内外新方法和新研究的刺激启发下的再思考，或者是对某些说法的回应批评。

涵泳其间，我有两点体会：其一，较多从唐、元两个断代切入，既瞻前顾后，又左顾右盼，着意厘清上述三组论题的来龙去脉及各时期表现，努力把握政治支配与地域差异、族群关系的错综交织或相互影响，尤其重视地域差异与族群关系两类考察相结合。通过多维度的融通探研，尽可能在中古史认知上有所推进。其二，不搞脱离实证的概念名词推理演绎。即使是宏观视野的论述，也要积极面对诸多史料的主次混存和繁复衍变，花大气力辨识并运用普适性的典型材料，综合考量其在"已然"和"所以然"逻辑链中的角色及与他者联系。即或引入模式分析之际，依然立足史料实证，尽可能在理论思维与文本实证的会合疏通基础上成一家之言。

说来也是巧合。杨志玖师曾撰《元史三论》，唐长孺先生曾著《魏晋南北朝隋唐史三论》，二者皆为论证精彩致密的传世之作。如今我却因政治、地域和族群三组问题的讨论，袭用"三论"之名。冥冥之中，又像是先师、前辈的教泽汩汩而至，灵犀

① ［美］欧立德：《满文档案与新清史》，《故宫博物院学术季刊》（台北）2006 年第 2 期。定宜庄、［美］欧立德：《21 世纪如何书写中国历史："新清史"研究的影响与回应》，载彭卫主编：《历史学评论》第 1 卷，北京：社会科学文献出版社，2013 年。汪荣祖：《为"新清史"辩护须先懂得"新清史"——敬答姚大力先生》，《东方早报·上海书评》2015 年 5 月 17 日。杨念群：《超越"汉化论"与"满洲特性论"：清史研究能否走出第三条道路？》，《中国人民大学学报》2011 年第 2 期。
② 王明珂：《华夏边缘：历史记忆与族群认同》，北京：社会科学文献出版社，2006 年。

有通。我袭用的不仅仅是"三论"之名，更重要的是希冀承袭、弘扬先师立足实证、勇于探索、不断进取的学术精神。果能如此，或许也是对先师当年精心教诲的最好回报和告慰。

"路曼曼其修远兮，吾将上下而求索。"

作为一名古代史研究者，不仅要还原千百年前的真实故事，而且要用21世纪的眼光去聚焦原创新题，追溯探索疑难未知，精心解析疑难未知。融通古史，探索未知，并非易事，肯定会遭遇不少波折或失误。即使偶有心得，抑或只是更接近历史真实，未必就是历史真实的全部，况且还会有新的未知。期盼同行师友和读者随时赐教，助我匡正失误，在探索古史未知的道路上一步一个脚印，不断攀登前行。

目　录

政治支配论

秦汉以降编民耕战政策模式初探

春秋末，郡县制问世和井田制瓦解，西周式贵族领主制所包含的地权与治权被分离，以"商鞅变法"为标志，郡县制官僚机器直接临民理政，君主专制中央集权政体得以支配社会经济，古代中国步入帝制社会的历史阶段，亦即所谓战国肇始的"封建社会"。众所周知，该历史阶段在社会经济领域的基本特征，一是地主经济，二是帝制国家对百姓的直接管辖役使。秦汉以降国家对百姓的管控关系如何？对地主经济形态的管控又怎样？何者是帝制国家临民治政的基本方式？迄今日本学者西嶋定生有关二十等爵制的研究，木村正雄对"齐民制"的探讨和中国台湾学者杜正胜对战国以后"编户齐民"政治社会结构特征等论述，均别出机杼，颇有建树①。笔者吸收其有益成果，进而认为，自"商鞅

---

① 西嶋定生指出："秦汉帝国的基本结构……说到底是皇帝对人民的支配"；"……是采取全体人民都直接受皇帝支配的形式，其结果，凡是人民，无论男妇，皆课以人头税，男子且服徭役及当兵"；"皇帝与庶民是凭靠爵而形成为秩序"。参见西嶋定生：《中国古代帝国的形成与结构——二十等爵制研究》，武尚清译，北京：中华书局，2004年，第48、34、551页。杜正胜认为："……编户齐民，构成秦汉以下两千年传统政治社会结构的骨干。""战国秦汉国家主体的编户齐民，在政治社会结构中，至少具有五种特性：（一）构成国家武力骨干、（二）是严密（转下页）

变法"滥觞，基于授田、编户齐民和二十等爵的编民耕战，即奠定"秦政法"，构建起秦汉以降近半帝制国家临民理政的主导性模式，故不失为从国家与社会层面进一步理解专制主义中央集权真谛的"钥匙"。笔者尝试运用模式分析与历史、逻辑思辨相结合的方法，着眼于国家对编民的户籍、授田、赋役、统辖等施政运作及社会成效，重点就秦至西汉编民耕战政策模式（以下简称编民耕战模式）的确立与鼎盛、北朝至隋唐编民耕战模式的复兴、明代编民耕战模式的最后"辉煌"、编民耕战模式的历史地位及局限等问题，展开新的探讨，敬请方家同好批评指正。

一、秦至西汉编民耕战模式的确立与鼎盛

"编民"为"编户齐民"的简称，出自《汉书》卷二十四下《食货志下》"……非编户齐民所能家作"①。"耕战"一词，较早见于《史记》卷六十八《商君列传》"余尝读商君开塞耕战书"。关于编民耕战模式的创立，《商君列传》载：

（接上页）组织下的国家公民、（三）拥有田地私有权、（四）是国家法律主要的保护对象，以及（五）居住在'共同体'性的聚落内，但个人的发展并未被抹杀。"参见杜正胜：《"编户齐民论"的剖析》，《清华学报》（新竹）新 24 卷第 2 期，1994 年；又载氏著：《编户齐民——传统政治社会结构之形成》，台北：联经出版事业股份有限公司，1990 年。又，日本学者木村正雄曾讨论"齐民制"（《中国古代帝国的形成》，东京：不昧堂书店，1965 年）。参见木村正雄：《中国古代专制主义的基础条件》，刘俊文主编，黄金山、孔繁敏等译：《日本学者研究中国史论著选译》第 3 卷《上古秦汉》，北京：中华书局，1993 年，第 682—728 页）。韩国学者李成珪也曾探讨"齐民支配体制"（《中国古代帝国成立史研究：秦国齐民支配体制的形成》，首尔：一潮阁，1984 年）。

① （汉）班固：《汉书》卷二十四下《食货志下》，北京：中华书局，1962 年，第 1183 页。

令民为什伍，而相牧司连坐。不告奸者腰斩，告奸者与斩敌首同赏，匿奸者与降敌同罚。民有二男以上不分异者，倍其赋。有军功者，各以率受上爵；为私斗者，各以轻重被刑大小。僇力本业，耕织致粟帛多者复其身。事末利及怠而贫者，举以为收孥。宗室非有军功论，不得为属籍。明尊卑爵秩等级，各以差次名田宅，臣妾衣服以家次。有功者显荣，无功者虽富无所芬华。①

张家山汉简《二年律令》又载西汉二十等爵和授田制的若干法律规定：

田不可田者，勿行；当受田者欲受，许之。

田不可垦而欲归，毋受偿者，许之。

关内侯九十五顷，大庶长九十顷，驷车庶长八十八顷，大上造八十六顷，少上造八十四顷，右更八十二顷，中更八十顷，左更七十八顷，右庶长七十六顷，左庶长七十四顷，五大夫廿五顷，公乘廿顷，公大夫九顷，官大夫七顷，大夫五顷，不更四顷，簪袅三顷，上造二顷，公士一顷半顷，公卒、士五（伍）、庶人各一顷，司寇、隐官各五十亩。不幸死者，令其后先择田，乃行其余。它子男欲为户，以为其□田予之。其已前为户而毋田宅，田宅不盈，得以盈。宅不比，不得。②

---

① （汉）司马迁：《史记》卷六十八《商君列传》，北京：中华书局，1959年，第2237、2230页。
② 张家山二四七号汉墓竹简整理小组：《张家山汉墓竹简》，北京：文物出版社，2006年，第41、42、52页。

长期以来，因史料零散，学界探讨秦汉二十等爵、授田及其与编民耕战的相互联系，尚若明若暗。前揭《商君列传》和张家山汉简《二年律令》恰可彼此补充，相得益彰。由此不难窥知，"商鞅变法"所奠定的制度及政策，至少包含什伍编制、强制析产、授田、颁二十等爵、奖赏耕战及抑制工商等六项内容。基于六项内容建立的，以往都被学界视为以富国强兵为宗旨的改革措施，这无疑是正确的。但是，我们从临民理政的角度看，上述变法或改革措施的要害本质又在于：西周式领主制所包含的地权与治权开始相分离，体现帝制郡县官僚机器直接临民的"军功爵"编民耕战模式的问世及确立。尤其是参照《二年律令》等，可让我们获取关于编民耕战模式的一系列重要认识。其中，授田是基础，"编"为户籍组织，"耕战"体现赋役义务，"军功爵"及强制分户充当保障手段，富国强兵又是政治目标。由授田制、编户齐民和二十等爵构建起来的编民耕战模式或秩序，意味着与地主经济形态相伴随的帝制郡县官僚机器临民理政主导方式的奠定，实乃秦汉帝国的基石与支柱。这也正是"商鞅变法"高于同时代其他诸侯国改革的划时代意义之所在。

1. 授田制基础

一般认为，授田制始于战国[1]。《商君书》中已出现"制土分民"，"为国分田"，赏军功爵且赐田一顷，宅九亩[2]。秦始皇曾"使黔首自实田"，实乃承认百姓实际占田，且秦制自大庶长到公士皆享岁俸。真正把授田制与二十等爵制结合起来且能见之于传世法令

---

[1] 刘泽华：《论战国时期"授田"制下的"公民"》，《南开大学学报（哲学社会科学版）》1978 年第 2 期。

[2] 石磊译注：《商君书》之《徕民》《算地》《境内》篇，北京：中华书局，2009年，第 127、64、165 页。

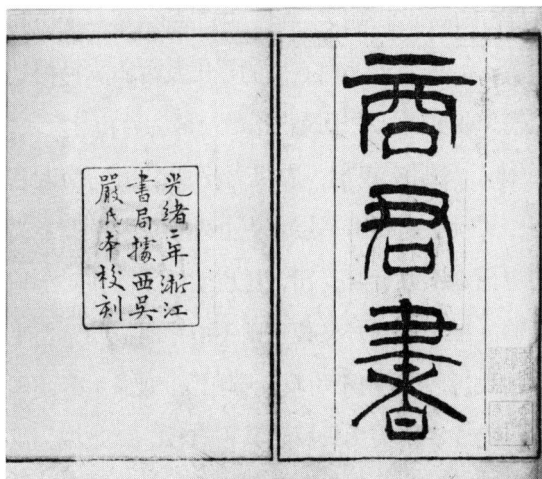

◀《商君书》(清光绪二年[1876]浙江书局重刊本)书影

的,毕竟是在西汉。因此,结合秦至西汉爵制考察授田,颇有意义。按照学者们的研究,西汉授田或名田依爵位分若干等第。臧知非认为受田者概分为三大类别:军功爵者、庶人、特殊人群。第一等到第十九等的军功爵内又分高爵、第二、低爵三个级差。公卒、士伍、庶人的身份应有所区别,但占田数都是一顷。司寇、隐官是特殊人群,较庶人减半占田[①]。朱红林主张,第一等公士到第七等公大夫授田依次递增,相差一至二顷;第八等公乘和第九等五大夫相差五顷,第十等左庶长陡然增至七十四顷[②]。可见,

---

① 臧知非:《西汉授田制度与田税征收方式新论——对张家山汉简的初步研究》,《江海学刊》2003 年第 3 期。
② 朱红林:《从张家山汉律看汉初国家授田制度的几个特点》,《江汉考古》2004 年第 3 期。

汉授田制是按爵位及身份的高低来颁授。"各一顷"的公卒、士伍和庶人以及若干授民爵者，大抵属于编户齐民的授田及占田。另据其他出土简牍及文献记载，秦至西汉授田及占田数一般为百亩[1]。

张家山汉简《户律》又明文规定：农民若把所受田宅赠人和买卖，不得重新授田；买卖土地要由基层官吏办理相关手续，乡啬夫、田啬夫等主管小吏拖延不办者要受罚，这说明国家法律对土地买卖的保护和支持。但《二年律令》又载"田不可垦而欲归，勿受偿者，许之"，整个授田过程和"田不可垦而欲归"，似显示帝制国家的最高土地所有权，允许农民买卖只反映其占有权。就是说，汉代授田制中"田不可垦而欲归"和允许农民买卖等条文，意味着汉代土地国家所有和私有的二重性，亦即所有权和占有权的相对分离。"决裂阡陌，以静生民之业而一其俗，劝民耕农利土，一室无二事，力田蓄积，习战阵之事。"[2]授田制及户籍、耕战军功爵的捆绑实施，表明土地制度已从领主井田共同体过渡到国有和地主占有二重体制，也使受田编民部分带有了国家农奴占田的色彩。

2. "编"为户籍组织

所谓"编"，即一概编入国家户籍，故称"编民""编户"。在法律上，"编民"的平民身份整齐划一。虽然在"明尊卑爵秩等级，各以差次名田宅，臣妾衣服以家次"[3]方面没有平等可言，但毕竟是整齐划一地编制户籍，整齐划一地直接隶属于帝制国

---

① 山东临沂《银雀山汉墓竹简·（齐）田法》："州、乡以地次受（授）田于野。"（北京：文物出版社，1985年，第146页）《吕氏春秋·乐成》："魏氏之行田也以百亩。"（张双棣等译注：《吕氏春秋译注》，长春：吉林文史出版社，1987年，第519页）睡虎地秦墓竹简整理小组编《睡虎地秦墓竹简·田律》："入顷刍藁，以其受田之数。"（北京：文物出版社，1990年，第111页）

② （汉）司马迁：《史记》卷七十九《范睢蔡泽列传》，第2422页。

③ （汉）司马迁：《史记》卷六十八《商君列传》，第2230页。

家，整齐划一地强制析产分户及实施什伍连坐，故又曰"齐民"。
杜正胜言："'编户齐民'就是列入国家户籍而身份平等的人民"，
就是"严密组织下的国家公民"①。此"公民"大抵指战国以来国
君或帝制国家直接管辖的百姓②。

凡适龄男子都必须"傅籍"，即登记名籍，作为服兵役和徭
役的依据。"傅，著也。言著名籍，给公家徭役也。"③东汉末，
徐幹说："民数者，庶事之所自出也，莫不取正焉。以分田里，以
令贡赋，以造器用，以制禄食，以起田役，以作军旅……""民
数周，为国之本也。"④户籍制作为"控制和管理'公民'的一项
主要制度"⑤，关乎编民耕战的秩序结构，充当"分田里""令贡
赋""起田役"和"作军旅"的前提。前述西汉授田，更以严格
的户籍制度为先决条件，依名籍授田，循名责实，有名于上，则
有田于下。"诸不为户，有田宅，附令人名，及为人名田宅者，
皆令以卒戍边二岁，没入田宅县官。"不著名户籍，冒用他人户
籍，或代替他人占田者，不仅没收土地房宅，而且要受到强制戍
边二年的重罚⑥。这里，户籍与授田连带执行，密不可分，授田
对象必须是国家的编户，授田既是编户可享受的权利，同时也是

① 杜正胜：《"编户齐民论"剖析》，《清华学报》（新竹）新 24 卷第 2 期，1994 年。
② 刘泽华：《论战国时期"授田"制下的"公民"》，《南开大学学报（哲学社会科学
版）》1978 年第 2 期。
③ （汉）班固：《汉书》卷一上《高帝纪上》，颜师古注，第 38 页。
④ （汉）徐幹：《中论》卷下《民数第二十》，《四部丛刊初编》第 337 册，上海：商
务印书馆，1922 年，第 45 页 a、43 页 b。
⑤ 刘泽华：《论战国时期"授田"制下的"公民"》，《南开大学学报（哲学社会科学
版）》1978 年第 2 期。
⑥ 张家山二四七号汉墓竹简整理小组：《张家山汉墓竹简》，第 177 页。臧知非：
《西汉授田制度与田税征收方式新论——对张家山汉简的初步研究》，《江海学刊》
2003 年第 3 期。

其纳税服役的物质依据。编户进入官府户籍且领受来自国家的土地，纳税服役也就天经地义。在这个意义上，户籍和授田共同构建起"编民耕战"的基本框架。

3."耕战"体现赋役义务

"耕战"之"耕"，既是编户的农耕职业，又指编入户籍而授田的编民所承担的赋役。即需缴纳十五税一到三十税一的田租，人头税含 120 文的算赋及 23 文的口钱，丁男每年服劳役一月[①]。睡虎地秦简的《徭律》居《秦律十八种》之一，其《法律答问》又规定：盗采不值一钱的桑叶，就要遭受服徭役三十天的处罚[②]。同时奖励男耕女织和"勤劳本事"[③]，"僇力本业，耕织致粟帛多者"，免除徭役。又抑制工商"末利"，不惜以没为官奴婢之苛法，惩罚从事工商而贫者。周振鹤说：秦文化的基本特征之一即"农本思想"，原宗子云：秦国实行的是独重农耕的"大田谷作主义"[④]，都是对编民耕战以农耕为本的很好阐发。

[①]（汉）班固：《汉书》卷二十四上《食货志上》，第 1127、1135 页。钱剑夫：《试论秦汉的"正卒"徭役》，《中国史研究》1982 年第 3 期。高敏：《秦汉徭役制度辨析（上）》，《郑州大学学报（哲学社会科学版）》1985 年第 3 期。

[②]彭浩等：《睡虎地 11 号秦墓竹简·法律答问》，陈伟主编：《秦简牍合集·壹》（上），武汉：武汉大学出版社，2014 年，第 198 页。

[③]（汉）司马迁：《史记》卷六《秦始皇本纪》，第 245 页。

[④]周振鹤说："秦文化的基本特征可以归结为三方面：中央集权、农本思想与文化专制。这三个特征从秦至清，一以贯之，不但始终无改，甚而愈演愈烈。""齐国由于重视工商业，相应也就注重理财，管仲的轻重之术就是很高明的经济手段，是使齐国走上富强之路的重要因素。""如果齐文化当真推行到四海，则其后二千年的历史恐怕要有点两样。"（《假如齐国统一天下》，《二十一世纪》1995 年第 2 期。今据氏著：《随无涯之旅》，北京：生活·读书·新知三联书店，1996 年，第 32、34、41 页）［日］原宗子《我对华北古代环境史的研究——日本的中国古代环境史研究之一例》（《中国经济史研究》2000 年第 3 期）认为：春秋战国华北的开发有两种模式：一种是因地制宜发展多种经营，保存多种环境面貌的齐国《管子》模式；一种是把山林草原耕地化，实行"大田谷作主义"的秦国《商君书》模式。汉武帝以后，"农本主义"趋于成熟，"精耕细作"为内容的生产力向内延扩大的方向发展。二氏论说对笔者启迪良多。

"耕战"之"战"，是指丁男须充任一年"正卒"和一年"戍卒"或"卫士"①。所谓"丈夫从军旅"②，是也。秦至西汉的编户齐民"构成国家武力骨干"③。又奖赏军功以上爵："有军功者，各以率受上爵。"④ 奖励耕战的功用在于："利之所在民归之，名之所彰士死之。"⑤ "陈良田大宅，设爵禄，所以易民死命也。"⑥ "君上之于民也，有难则用其死，安平则尽其力……"⑦ 这里的"死"和"力"，就是奖励耕战政策下编民为国家履行的义务或价值所在。

4."军功爵"保障手段

关于秦至西汉以皇权为核心的"军功爵"制的爵位等第，后人通常把列侯、关内侯、大庶长、驷车庶长、大上造、少上造、右更、中更、左更、右庶长、左庶长、五大夫、公乘、公大夫、官大夫、大夫、不更、簪袅、上造、公士二十等，或分为公乘以下八等为民爵，五大夫以上十二等为官爵⑧；或分为侯、卿、大

---

① （汉）班固：《汉书》卷二十四上《食货志上》颜师古注，第 1137、1138 页。劳榦：《汉代兵制及汉简中的兵制》，《中央研究院历史语言研究所集刊》第 10 本，上海：商务印书馆，1948 年。
② （汉）司马迁：《史记》卷三十《平准书》，第 1417 页。
③ 杜正胜：《"编户齐民论"的剖析》，《清华学报》（新竹）新 24 卷第 2 期，1994 年。
④ 《商君书·境内》："能得甲首者，赏爵一级，益田一顷，益宅九亩，一除庶子一人，乃得入兵官之吏。"（第 165 页）《韩非子》卷十七《定法》："商君之法曰：斩一首者爵一级，欲为官者为五十石之官；斩二首者爵二级，欲为官者为百石之官。官爵之迁与斩首之功相称也。"（［战国］韩非著，陈奇猷校注：《韩非子新校注》，上海：上海古籍出版社，2000 年，第 963 页）
⑤ （战国）韩非著，陈奇猷校注：《韩非子新校注》卷十一《外储说左上》，第 662 页。
⑥ （战国）韩非著，陈奇猷校注：《韩非子新校注》卷十九《显学》，第 1134—1135 页。
⑦ （战国）韩非著，陈奇猷校注：《韩非子新校注》卷十八《六反》，第 1009 页。
⑧ （清）钱大昭：《汉书辨疑》卷九，《续修四库全书》史部第 267 册，上海：上海古籍出版社，2002 年，第 304 页。［日］西嶋定生：《中国古代帝国的形成与结构——二十等爵制研究》，武尚清译，第 88 页。

夫、士四大等级[1]；或简单分为高爵、第二、低爵三级差[2]。睡虎地秦简《军爵律》云"从军当以劳论及赐"，反映按军功大小作为主要标准赐爵。汉高祖五年（前202）颁诏："今天下已定，令各归其县，复故爵田宅……其七大夫以上，皆令食邑；非七大夫以下，皆复其身及户，勿事。"[3]承认原有的爵位田产，规定爵位在第七级公大夫以上者享食邑特权，且免除本人及家庭的徭役。而后，爵位逐渐演化为"官爵"与"民爵"两类，五大夫以上为官爵，可享受免服戍役和徭役。尽管有学者言"汉代以后，赐爵买爵之途多端，爵制开始浮滥。到汉武帝时……爵制破坏益甚"[4]，但秦、西汉毕竟实施过二十等"军功爵"[5]，无论充军卒杀敌立功，还是从事农耕给国

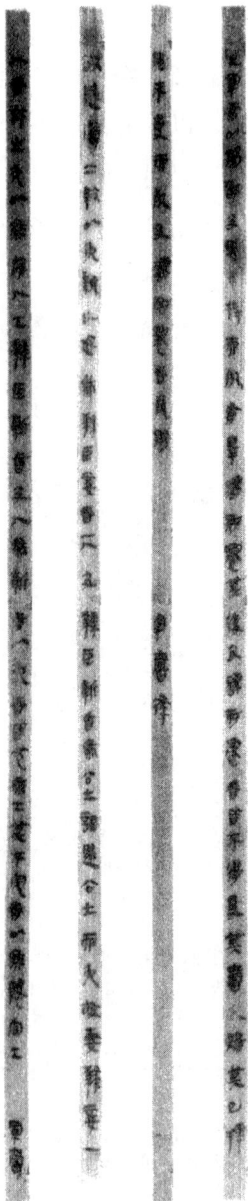

▲ 睡虎地秦墓竹简《军爵律》（片段）

[1] 李均明：《张家山汉简所反映的二十等爵制》，《中国史研究》2002年第2期。

[2] 臧知非：《西汉授田制度与田税征收方式新论——对张家山汉简的初步研究》，《江海学刊》2003年第3期。

[3] （汉）班固：《汉书》卷一下《高帝纪下》，第54页。

[4] 杜正胜：《"编户齐民论"的剖析》，《清华学报》（新竹）新24卷第2期。

[5] （晋）司马彪：《后汉书志》卷二十八《百官志》注〔二〕引刘劭《爵制》："商君为政，备其法品为十八级，合关内侯、列侯凡二十等，其制因古义。"（北京：中华书局，1965年，第3631页）

家多缴粟帛者，都可以获得爵位奖赏及相应授田。对当时的编民耕战，"军功爵"显然充当激励或保障。

5. 强制析产分户应役

为更多地控制编民数和赋役对象，《商君列传》和《二年律令》均规定："民有二男以上不分异者，倍其赋。""他子男欲为户，以为其□田予之。其已前为户而毋田宅、田宅不盈，得以盈……"前者用双倍赋役来惩罚拒不"分异"，后者又对"他子男欲为户"，亦即谨遵析户令的，给予授田或田宅补额等奖励。此举系另一种保障或激励，显然有利于国家直接控制更多的赋役对象。

综上，编民耕战为商鞅所开创，秦至西汉相沿当作国家临民理政的主导性模式。它以授田为基础，"编"为户籍组织排列，"耕战"体现赋役义务，"军功爵"和强制分户充当保障手段。在处理国家与民众、国家与社会间关系等层面，重在强权管制，划一编制五口之家，国家直接统辖编民，直接向编民课以赋税、劳役和兵役，产业上重本抑末，政治目标则是举国动员和富国强兵。其授田适时实现土地与劳动者的结合，借此缔结了帝制国家与编民间统辖、被统辖的政治契约以及相应的编民耕战秩序。换言之，编民耕战模式或秩序，实乃秦汉帝国的基石与支柱，也有力支撑着连绵两千年"大一统"郡县制中央集权。

"商鞅变法"所奠定的"军功爵"编民耕战模式，很快成为秦翦灭群雄、完成帝制大一统的制胜法宝。如蔡泽所云："夫商君为秦孝公明法令，禁奸本，尊爵必赏，有罪必罚……力田蓄积，习战阵之事，是以兵动而地广，兵休而国富，故秦无敌于天下，立威诸侯，成秦国之业。"贾谊也说："秦孝公据崤函之固，拥雍州之地，君臣固守而窥周室，有席卷天下、包举宇内、囊括四海之意，并吞八荒之心。当是时，商君佐之，内立法度，务耕织，修守战之备，外连衡而斗诸侯，于是秦人拱手而取西河之外。"[1]从政治军事成效看，编民耕战模式以"国富兵强"为目标，"使民内急耕织之业以富国，外重战伐之赏以劝戎士"[2]，手法上仰赖行政强权，重在能够集中财富和军力于国家，类似于国家资本主义或军国主义。在与商业、手工业发达繁荣，"宜桑麻，人民多文采布帛鱼盐"[3]的齐国等关东诸侯国争雄之际，秦国所据关中的经济文化发展水平固然落后于齐、魏等，但因齐国的政策是农工商多种经营和较自由发展，基本上是藏富于民，先富民后富国。秦国则采取编民耕战以富国强兵的策略，形成了藏富于国和集中财力人力的举国体制，进而抓住了古代战争中兵员和粮食两大关键。又兼，秦编民耕战模式下"民勇于公战，怯于私斗"[4]。齐国民众则容易沉湎"吹竽鼓瑟，击筑弹琴，斗鸡走犬，六博蹹踘"[5]，"怯于众斗，勇于持刺"[6]。秦翦灭六国和实现空前的大一统，实乃商鞅"军功爵"耕战模式与齐国"士农工商"较自由发展模式的博弈对决，也是藏富于国和集中财力人力的举国体制与藏富于民、先富民后富国模式对决并取得胜利的成果[7]。秦国运用编民耕战模式，将关中及巴蜀农

① （汉）司马迁：《史记》卷七十九《范雎蔡泽列传》，第 2422 页；卷六《秦始皇本纪》，第 278—279 页。
② （汉）司马迁：《史记》卷六十八《商君列传》，第 2238 页，注〔四〕。
③ （汉）司马迁：《史记》卷一百二十九《货殖列传》，第 3265 页。
④ （汉）司马迁：《史记》卷六十八《商君列传》，第 2231 页。
⑤ （宋）鲍彪校注，（元）吴师道重校：《战国策校注》卷四《齐策》，《四部丛刊初编》第 257 册，第 9 页 a、b。
⑥ （汉）司马迁：《史记》卷一百二十九《货殖列传》，第 3265 页。
⑦ 周振鹤：《假如齐国统一天下》，《二十一世纪》1995 年第 2 期。今据氏著：《随无涯之旅》，第 32 页。[日] 原宗子：《我对华北古代环境史的研究——日本的中国古代环境史研究之一例》，《中国经济史研究》2000 年第 3 期。

业发达的地缘优势和悠久传统发挥到极致，在和齐国等对决中扬长避短，优多劣少。基于这样的模式及民风等差异，最终结局注定是秦战胜了齐等关东六国，进而完成大一统。这就是历史的法则，任何力量都难以抗拒。

秦帝国夭亡以后，商鞅开创的编民耕战模式仍较长时间地充任后世治理国家的主导。取代秦朝的西汉，虽初期一度施行"黄老政治"，一度纵容私人工商业发展，但仅是作为临时调适或某种补充，编民耕战模式依然处于鼎盛。西汉帝国得以集中控制数以千万计的人力、财力和军队，着手从事秦帝国未尽的功业。特别是汉武帝黩武开边，主动出击匈奴和经营西域及西南夷等功业，可与秦始皇媲美，其所依赖的也主要是秦至西汉编民耕战模式。晁错所云："今农夫五口之家，其服役者不下二人，其能耕者不过百亩……"[1] 大抵为编民耕战模式下户籍、赋役和授田的秩序梗概。如前述，秦汉的徭役同兵役相联系，男子一生中一年充本郡"正卒"，一年充"戍卒"戍守边疆或充京师"卫士"[2]。"丈夫从军旅，老弱转粮饷"[3]，正是秦至西汉兵役与徭役皆出于编民的写实。元光二年（前133）夏六月，韩安国、李广、公孙贺、王恢、李息"将三十万众屯马邑谷中，诱致单于，欲袭击之"。元朔五年（前124）春，"大将军卫青将六将军兵十余万人出朔方、高阙，获首虏万五千级"。元狩四年（前119）夏，"大将军卫青将四将军出定襄，将军去病出代，各将五万骑。步兵踵军后

---

① （汉）班固：《汉书》卷二十四上《食货志上》，第 1132 页。
② 参见高敏：《秦汉徭役制度辨析（上）》，《郑州大学学报（哲学社会科学版）》1985 年第 3 期。
③ （汉）司马迁：《史记》卷三十《平准书》，第 1417 页。

数十万人"①。上述三次大规模的征讨匈奴等,征用调集兵卒动辄十万、数十万,除部分招募外,所依赖的主要是编民的兵役。而元光三年(前132)夏五月,"发卒十万救决河"②,又是兵卒从事工程徭役。换言之,汉武帝黩武开边及修河,应用的"法宝"同样主要是秦汉编民耕战模式及其临战体制的强制征调兵民。

因秦皇汉武的竭力推动,秦至西汉编民耕战模式达到了鼎盛。它不仅成就了缔造秦至西汉集权统一帝国的伟业,还长期作用甚至较多主导两千年传统社会。尤其是在北朝隋唐和明代被实施了六七百年,表现出较强的生命力和历史影响。

二、北朝至隋唐编民耕战模式的复兴

自北魏"均田制"和西魏"府兵"等创立,少数民族入主的北朝政权建立起类似秦至西汉的均田民耕战制度。隋、唐二王朝又倚仗"均田""府兵"及"租庸调"三项基本制度立国,进而平定江南,统一全国。隋、唐立国偏重继承北朝制度,这一时期的编民耕战模式,最初又是以北方民族入主中原为契机而复兴和推广的。

先谈均田制及均田民的编户齐民化。

均田制是北魏到唐前期的土地制度,肇始于北魏代北时期的计口授田,中经东魏、西魏、北齐、北周、隋和唐前期,相沿近300年。北魏均田制规定,凡男十五岁以上授露田40亩,妇人20亩,奴婢依良。牛一头授露田30亩,四头为限。露田禁买

---

① (汉)班固:《汉书》卷六《武帝纪》,第163、171、178页。
② (汉)班固:《汉书》卷六《武帝纪》,第163页。

卖，老死还官。男子每人另给桑田 20 亩，皆为世业，可传子孙，亦禁买卖逾额。宰民之官按职位高低授职分田[1]。北齐、北周均沿袭此制而对年龄、授田数等略作变更。隋袭北齐制，丁男授露田 80 亩，妇人 40 亩，奴婢按丁授田，每牛授田 60 亩，限授四牛。丁男授永业田 20 亩，种桑麻。贵族官僚授永业田百顷至 40 亩不等[2]。唐均田令又云：丁男、中男给田一顷，老男笃疾废疾 40 亩，寡妻妾 30 亩。所授八成为口分田，二成为永业田，口分田老死还官，永业田可传子孙[3]。

均田制与秦汉授田的相同处在于：都是国家向百姓分授耕地，都以战乱荒地为来源，分授数量都为百亩，都促成自耕农编户较多增加。二者的差异又在于：第一，秦汉授田之际，曾"使黔首自实田"和"复故爵田宅"[4]，原有土地和国家授田混合在一起；均田制则有露田（口分）老死还官，桑田（永业）传子孙等明确区别。第二，秦汉授田概言百亩，又有军功爵等加赐田宅；均田制则始终包含贵族官僚优厚授田及奴婢、耕牛授田。第三，秦汉授田之际还实施军功爵及民爵制，与均田制相伴的则是勋官

① （北齐）魏收：《魏书》卷一百一十《食货志》，北京：中华书局，1974 年，第 2853—2855 页。
② （唐）魏徵等：《隋书》卷二十四《食货志》，北京：中华书局，1973 年，第 677—680 页。
③ （唐）李隆基撰，（唐）李林甫注，［日］广池千九郎校注，［日］内田智雄补订：《大唐六典》卷三《尚书户部》，西安：三秦出版社，1991 年，第 66 页。参见韩国磐：《北朝隋唐的均田制度》，上海：上海人民出版社，1984 年，第 143 页。有关均田制或田令，学界多有争议。参见杨际平：《北朝隋唐均田制新探》，长沙：岳麓书社，2003 年；郑学檬：《关于"均田制"的名称、含义及其和"请田"关系之探讨》，载方行主编：《中国社会经济史论丛——吴承明教授九十华诞纪念文集》，北京：中国社会科学出版社，2006 年。
④ （汉）司马迁：《史记》卷六《秦始皇本纪》，第 251 页，注〔一〕。（汉）班固：《汉书》卷一下《高帝纪下》高祖五年五月诏，第 54 页。

制。第四，均田制主要实施于北方，江南则未见施行①。又，隋文帝诏曰：府兵"垦田籍帐，一同编户"②。言外之意，此前编入官府户口籍帐和授田的均田民已然成为"编户"。正如英国和日本学者所云："这一制度规定，土地被分配给男丁供他有生之年生产，而男丁必须向国家纳税和服劳役。"③"均田制是古代土地制度的综合，其目的在于维持齐民制。"④总之，"均田制"与秦汉授田制有同有异，大抵是拓跋魏代北等计口授田与中原战乱土地大量荒芜的综合产物，客观上继承了秦汉分授百亩的传统，同样造成劳动人手与土地的重新组合，以及均田民直接统属于国家的编户齐民化。

其次说府兵制、租庸调与均田制捆绑配套。

府兵制由西魏宇文泰创建，相沿成为北周、隋、唐前期的兵制。西魏府兵设八柱国、十二大将军、二十四开府，每开府领一军。士兵各从将军姓。北周武帝时，府兵军士称侍军，不隶柱国，改属皇帝禁军。迄北周，府兵免其课役，家属编入军籍，不隶州县，长期带有拓跋等部族兵制、"番役自备资粮"及"番第"

---

① 木村正雄认为，"江南农地始终具有可以从国家权力独立出来的条件"，"能贯彻相对的土地私有制"；"江南和北方不同，是水田地带，单婚家族可以耕作的面积也和北方的不同"，"在这种条件下，均田制很难实施，租庸调等的人头税制也难以实施"。参见〔日〕木村正雄：《中国古代专制主义的基础条件（节译）》，刘俊文主编，黄金山、孔繁敏等译：《日本学者研究中国史论著选译》第3卷《上古秦汉》，第726页。

② （唐）李延寿：《北史》卷十一《隋本纪》开皇十年五月乙未诏，北京：中华书局，1974年，第416页。《隋书》卷二《高祖纪下》作"垦田籍帐，一与民同"（第35页）。

③ 〔英〕崔瑞德编：《剑桥中国隋唐史（589—960年）》，中国社会科学院历史研究所西方汉学研究课题组译，北京：中国社会科学出版社，1990年，"导言"第25页。

④ 参见〔日〕木村正雄：《中国古代专制主义的基础条件（节译）》，刘俊文主编，黄金山、孔繁敏等译：《日本学者研究中国史论著选译》第3卷《上古秦汉》，第692页。

▲ 狩猎出行（局部），唐章怀太子墓墓道东壁壁画

等旧痕①。此阶段"大部分的折冲府分布在关陇、代北贵族集团以前占支配地位的今陕西、甘肃和山西中北部，这里也是他们的老家。府兵和为出征所征集的士兵都应该从富裕之家挑选，由于享受免税免役的恩惠，所以服役与其说是强制征集，倒不如说是一种特权"②。

———————

① （宋）王应麟：《玉海》卷一百三十七《兵制》引《后魏书》、卷一百三十八《兵制》引《邺侯家传》，京都：中文出版社，1977年，第2647、2657页。（唐）李延寿：《北史》卷六十《传论》，第2154、2155页。谷霁光：《府兵制度考释》，上海：上海人民出版社，1962年，第93—94页。

② ［英］崔瑞德编：《剑桥中国隋唐史（589—960年）》，中国社会科学院历史研究所西方汉学研究课题组译，第208页。

隋文帝下诏，府兵改隶州县，"垦田籍帐，一同编户"[1]。于是，府兵始由军府所在州的均田农民充任，服役年龄为20岁至60岁，采用先富后贫、先强后弱、先多丁后少丁的原则征发。他们平时务农，按规定番上宿卫和征戍。府兵本身免除课役，但军资、衣装、轻武器及部分粮食须自备。军府名称，隋为骠骑府和车骑府，唐改折冲府[2]。由此，隋唐府兵制演化为与均田制捆绑配套及均田民范围内的征兵制。就被征集的府兵而言，为国家服役的义务上升[3]。

隋唐府兵制与秦汉兵役制相比，同样是有同有异。由于自隋初府兵改隶州县，兵农合一，故二者都属于按年龄段征发、定期番上宿卫及征戍的征兵制。只是在军府设置及编组、均田民选拔充任等环节，隋唐府兵制表现出特殊性。"夫民之任为兵者，必佻宕不戢、轻于死而惮于劳之徒，然后贪酾酒椎牛之利、而可任之以效死。夫府兵之初，利租庸之免，而自乐为兵，或亦其材勇之可堪也。"[4]换言之，秦汉兵役制是基于编户齐民授田制且和军功爵等相配套的征兵制，隋唐府兵制则大抵是与均田制捆绑配套的征兵制。后者主要在设置军府和实行均田制的关陇及中原实施，江南未见施行。在这个意义上，隋唐府兵制只能算北方均田民范围内的征兵制。

北魏在实行均田制的同时，制定了相应的租调制，即一夫一

---

[1] （唐）李延寿：《北史》卷十一《隋本纪》开皇十年五月乙未诏，第416页。《隋书》卷二《高祖纪下》作"垦田籍帐，一与民同"（第35页）。

[2] （宋）欧阳修、宋祁：《新唐书》卷五十《兵志》，北京：中华书局，1975年，第1324—1326页。

[3] 参见谷霁光：《府兵制度考释》，第141—142页。

[4] （清）王夫之：《读通鉴论》卷二十二《玄宗》下册，北京：中华书局，1975年，第661页。

妇，租粟二石，调帛一匹 [1]。北齐大体沿袭北魏而略有加重。北周实行粟五斛，绢一匹，绵八两，又有加重。隋朝规定租粟三石，调绢一匹，绵三两，丁男每年服役一月，后减为 20 天 [2]。唐朝减为租粟二石，调绫绢各二丈，绵三两，丁役 20 天，且允许收庸代役 [3]。

租庸调，是以身丁为本且与均田制紧密联系的赋役制。与秦汉赋役比较，租庸调继承了前者的田租、口赋和 30 天徭役制，又略有变通。尤其是在基于授田百亩而统一按固定数额征收田租、人头税和徭役等方面，二者一脉相承。然而，租庸调亦主要在北方施行，江南同样未见踪影。

再说隋唐赖均田民耕战模式统一全国，开疆拓土。

晚唐杜牧曰：

> 始自贞观中，既武遂文，内以十六卫蓄养戎臣，外开折冲果毅府五百七十四，以储兵伍。……所部之兵，散舍诸府，上府不越一千二百人。三时耕稼，拨襫耡耒；一时治武，骑剑兵矢，裨卫以课。父兄相言，不得业他。籍藏将府，伍散田亩，力解势破，人人自爱，虽有蚩尤为（师）〔帅〕，雅不可使为乱耳！及其当居外也，缘部之兵，被檄乃来，受命于朝，不见妻子，斧钺在前，爵赏在后，以首争首，以力搏力，飘暴交捽，岂暇异略，虽有蚩尤为（师）

---

① （北齐）魏收：《魏书》卷一百一十《食货志》，第 2855 页。
② （唐）魏徵等：《隋书》卷二十四《食货志》，第 677、679、680—681 页。
③ （后晋）刘昫等：《旧唐书》卷四十八《食货志上》，北京：中华书局，1975 年，第 2088 页。

〔帅〕，亦无能为叛也！①

　　杜牧有感于晚唐藩镇跋扈反叛而怀念追述唐前期府兵制。从所言"三时耕稼"，"一时治武"，"籍藏将府，伍散田亩"，"及其当居外也，缘部之兵，被檄乃来，受命于朝，不见妻子，斧钺在前，爵赏在后"等句，可窥见隋和唐前期府兵制与均田制相捆绑配置，亦兵亦农，耕战结合。这不仅有利于朝廷居重驭轻，如身之使臂，而且均田制"从某种意义上说，是为府兵自备资粮提供经济条件"，特别鼓励战功，因军功获取高勋即能占有更多的永业勋田，由此又形成"官勋格"的爵赏激励②。人们所熟知的隋初经济富庶，"户口滋盛，中外仓库，无不盈积"，"京司帑屋既充，积于廊庑之下"，"计天下储积，得供五六十年"③，诚然是由与世家大族争夺劳动人手的"输籍定样"和"大索貌阅"等"快速"促成的，但根基却是北魏以来均田制、租庸调及府兵制所提供的充裕财赋来源。因与秦汉授田、兵役、赋税徭役等的一定继承联系，倚仗"均田""府兵"及"租庸调"三项制度而立国的隋、唐二王朝，实质上是在新的历史条件下再造了均田民耕战模式。其中，"均田""府兵"就是土地制度和兵制方面的两大基石，就是耕与战的原动力；带有勋官的均田民，则大体相当于军功爵制下的编户齐民。日本学者木村正雄"把隋、唐均田制时代以前称为古代齐民制时代"④，虽未必十分确切，但均田等三大制

① （唐）杜牧：《樊川文集》卷五《原十六卫》，《四部丛刊初编》，第5页a、b。
② 参见谷霁光：《府兵制度考释》，第203—204页。
③ （唐）魏徵等：《隋书》卷二十四《食货志》，第672页。（唐）吴兢：《贞观政要》卷八，上海：上海古籍出版社，1978年，第256页。
④ 参见［日］木村正雄：《中国古代专制主义的基础条件（节译）》，刘俊文主编，黄金山、孔繁敏等译：《日本学者研究中国史论著选译》第3卷《上古秦汉》，第692页。

度迎来了编民耕战模式的复兴，是毫无疑义的。言其为复兴，一是距秦至西汉相隔仅 400 余年，二是实施时间较长，前后四五个朝代，合计约 300 年。该模式的复兴，缔造了隋、唐两大统一帝国及其繁荣鼎盛。隋和唐前期政治结构、社会关系方面的基本特征，一是均田民直接隶属于皇帝为首的国家，直接向国家纳税服役，或以府兵提供兵役；二是"富国强兵"，最大限度地集中人力、财力和军力于国家。学者们不约而同地认为：隋唐之所以能统一南北，先后用兵高丽、突厥，盛唐雄踞东亚，又设置安西都护府为首的安西四镇经营西域，等等，实施均田制、府兵制而得以富国强兵，是其重要原因[1]。

三、明代编民耕战模式的最后"辉煌"

明编民耕战模式，奠基于洪武、永乐年间的移民、授田与军民屯田。

朱元璋父子在位期间，实施了有史以来规模最大、历时最长的移民。据有学者研究，洪武朝移民多达 300 万人，永乐朝移民多达 60 万人，或曰累计近 700 万。还有屯田移民和卫所军户的特殊移民（详后）。这三类移民综合计算，数量达 1 100 万人[2]，

---

① 《玉海》引《邺侯家传》曰：隋初"北破突厥，西灭吐谷浑，南取林邑，东灭琉球，皆府兵也"（京都：中文出版社，1977 年，第 2658 页）。参见杨志玖：《隋唐五代史纲要》，上海：上海人民出版社，1957 年，第 37 页。谷霁光：《府兵制度考释》，第 211 页。白寿彝总主编，史念海主编：《中国通史》第 6 卷《中古时代·隋唐时期》上册，上海：上海人民出版社，2004 年，第 981 页。
② 王毓铨主编：《中国经济通史·明代经济卷》，北京：经济日报出版社，2000 年，第 335 页。曹树基：《中国移民史》第 5 卷《中古时代·明时期》，福州：福建人民出版社，1997 年，第 484 页。

不仅是中国历史上最大规模的强制移民，亦可视为明初城乡居民结构的一次重新"洗牌"，对近古社会的影响甚为深重。

明初"授田"垦荒与移民相结合运作。如洪武三年（1370）五月设司农司，议处移民河南垦荒和"计民授田"①。同年六月，迁苏、松、嘉、湖、杭五府无田贫民 4 000 余户赴临濠闲弃之地垦耕②。洪武七年，迁江南民众 14 万人赴凤阳垦耕③。永乐十四年（1416）一月，迁徙山西、山东、湖广无业流民 2 300 余户，赴保安州垦荒④。由于人口数增长和南北方耕地等差异，明廷并没有实行每户百亩的汉唐授田旧制，而是依据各地的不同情况采取因地制宜的土地分配。凤阳一带的移民按照朱元璋的旨意，"散于濠州乡村居住，给予耕牛、谷种，使之开垦荒田，永为己业"。另一处碑铭亦载："圣上轸念江南之民无田者众，而淮甸多闲田，诏所在民之无田者例遣凤阳而人授之田，德至渥也。"⑤滕州望庄镇小刘村《刘氏族谱》亦云："明初吾祖从山西洪洞县被迁来滕，授田为民，占古邑之西偏四十里，新村无名，刘氏居之，因姓为名。"北方城池近郊的地广人稀之处，招民耕种，则每人给田 15 亩，蔬地 2 亩⑥。移民及授田垦

① 《明太祖实录》卷五二，洪武三年五月甲午，台北："中央研究院"历史语言研究所，1962 年，第 1012 页。
② 《明太祖实录》卷五三，洪武三年六月辛巳，第 1053 页。
③ （清）张廷玉等：《明史》卷一百二十七《李善长传》、卷一百三十三《俞通源传》，北京：中华书局，1974 年，第 3771、3877 页。
④ 《明太宗实录》卷一八二，永乐十四年十一月丁巳，台北："中央研究院"历史语言研究所，1962 年，第 1967 页。
⑤ （明）李默：《孤树裒谈》卷二《野记》，《续修四库全书》第 1170 册，上海：上海古籍出版社，2002 年，第 620 页。（明）苏伯衡：《苏平仲文集》卷十四《两山处士王君墓志铭》，《四部丛刊初编》第 1536 册，第 25 页 b。
⑥ （清）张廷玉等：《明史》卷七十七《食货志一·田制》，第 1882 页。

◄《汲县移民碑》拓片，中国国家博物馆藏。碑文记载了洪武二十四年（1391）泽州（今山西晋城市）建兴乡大阳都 111 户村民（包括里长）集体前往河南卫辉府汲县双兰池村居住的史实

耕，对明初农业经济恢复发展的作用十分明显。据不完全统计，700 万各地移民占全国民籍的 10.8%，其垦田数 45 万顷，占全国纳税田土的近十分之一[1]。

---

[1] 曹树基：《中国移民史》第 5 卷《中古时代·明时期》，第 492 页。

明代实行卫所军户为编组形式的世袭军役制。在此基础上的军屯和军籍移民，随统一战争自南向北、由东而西逐步推进。军屯集中于边地，尤其是辽东、蓟州、宣府等"北边"。通常，边地三分守城，七分屯种，内地二分守城，八分屯种。由于卫所的征战迁设和"军余""舍丁"等家属随营屯种，卫所军屯本身就构成了较大规模的军籍人口迁徙。据有关研究，明初1 100余万军民大迁徙中，军籍移民达到400余万，占全部军籍人口的78%，占移民总数的36%[1]。

如果说移民、计民授田与军民屯田充当了明代编民耕战模式的基础，黄册制和里甲制，则相当于该模式最终成型的行政强制或框架保障。

洪武二年（1369）开始整顿户籍，命令军、民、医、匠、阴阳人户各以原报户籍为定，不得变乱。[2]洪武十四年（1381），基于户帖制建立了黄册制度。除登录乡贯、丁口、姓名、年龄、田宅、资产外，还严格规定了承袭元制的民、军、匠三大类人户籍属。民籍另含儒、医、阴阳等户，军籍另含校尉、力士、弓兵、铺兵等，匠籍另包括裁缝、厨子、船夫等，还有灶籍的制盐户以及僧道、马户、菜户、乐户等。全体百姓一概就地附籍[3]。明廷又陆续下令另造军籍册、匠籍册、灶籍册，以加强对军、匠、灶户的控制与役使。[4]并严令："凡军、民、驿、灶、医、

---

① 曹树基：《中国移民史》第5卷《中古时代·明时期》，第484页。
② （明）申时行等修，（明）赵用贤等纂：《大明会典》卷十九《户口》，《续修四库全书》第789册，上海：上海古籍出版社，2002年，第331页。
③ （清）张廷玉等：《明史》卷七十七《食货志一·户口》，第1878页。
④ 韦庆远：《明代黄册制度》，北京：中华书局，1961年。栾成显：《明代黄册研究》，北京：中国社会科学出版社，1998年，第40—46页。

卜、工、乐诸色人户，并以籍
为定。若诈冒脱免，避重就轻
者，杖八十，其官司妄准脱免
及变乱版籍者罪同。"[1]黄册制推
行于全国，历朝恪守，且以刑
罚规范民、军、匠、灶等世袭
罔替，成为较前朝更为严酷的
户籍控制。

与黄册制同时配套出台的
是里甲制，规定：每 110 户为
一里，以丁粮多者 10 户为里
长，其余 100 户分为 10 甲，每
甲 10 户，每年用里长 1 名和甲
首 10 名，10 年一轮当，谓之
"排年"[2]。其职司为催办钱粮，
勾摄公事，实质上是用超经济

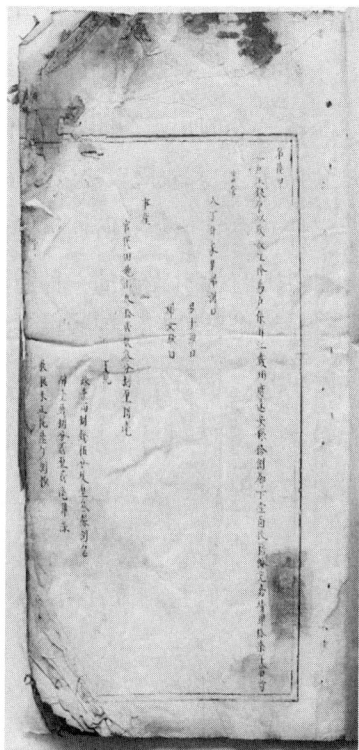

▲ 黄册原本，上海图书馆藏

强制将百姓管束起来并使之附籍于土以供赋役[3]。从现存的一份
明初迁民材料看，被迁徙到新地点屯田的场合，到达指定地后仍
严格执行里甲编制[4]。里甲制在编组方式上或吸收元千户制等十

---

[1] （明）申时行等修，（明）赵用贤等纂：《大明会典》卷一百六十三《刑部五·律
例四·户律一·户役》"人户以籍为定"，《续修四库全书》第 792 册，第 1 页。

[2] （明）申时行等修，（明）赵用贤等纂：《大明会典》卷二十《户部七·户口
二·黄册》，第 336 页。（清）张廷玉等：《明史》卷七十七《食货志一》，第
1878 页。

[3] 白寿彝总主编，王毓铨主编：《中国通史》第 9 卷《中古时代·明时期》上册，
第 694—695 页。

[4] 高心华：《明初迁民碑》，《文物参考资料》1958 年第 3 期。

进位原则，更重要的是，里甲通常在"都"范围内编制，并不与自然村落一一对应，"其实只是一种相对独立于村落和地域性社区系统之外的户籍组织"，宗旨"是要建立一种'划地为牢'的社会秩序"①。故而较之宋元里正主首等乡役属性明显倒退，反倒是汉唐式乡官色彩有所加重。此乃"唐宋变革"后乡村基层秩序和百姓人身依附关系的一种逆转，也是明前期脱离里甲组织束缚的"逃民"日众的特定背景，类似于唐前期。

另据王毓铨、曹循等研究，在明卫所军户、州县军户和军屯的场合，军户另立户籍，计口授田，屯田不可买卖，抑勒屯种，军法从事，实质上"是一种农奴制，而屯军是在这种农奴制下被强制生产的农奴"②。即使在江南州县，军户也异乎前朝地增多，常熟县、临江府、长沙府、岳州府以及福建等"军民户额，军户几三之一"③，甚至更高。按照朱元璋的旨意，"能安其分"、输租应役的"顺民"被编排在里甲，"有田而不输租，有丁而不应役"④的"刁民"，就要被谪发到卫所，交纳数倍于民田的子粒，承担沉重的军役。换言之，卫所就是军事化管理的里甲⑤。

诸多民众、军士被强制迁徙，实施授田或屯田，在田土及基本生计上依赖于国家，又设严密的黄册、里甲或卫所予以

---

① 梁方仲：《明代一条鞭法年表》，《岭南学报》第12卷第1期，1952年。刘志伟：《在国家与社会之间——明清广东里甲赋役制度研究》，广州：中山大学出版社，1997年，第47、53、57页。

② 王毓铨：《明代的军屯》，北京：中华书局，1965年，第273页。

③ 嘉靖《惠安县志》卷六《户口》，《天一阁藏明代方志选刊》第32册，上海：上海古籍书店，1962年，第3页a。

④ 《明太祖实录》卷一五〇，洪武十五年十一月丁卯，第2362、2363页。

⑤ 曹循：《明前期的江南卫所与赋役征调》，《南开学报（哲学社会科学版）》2016年第2期。

管制，最终建构起新的历史条件下的编民耕战模式。正如梁方仲先生归纳总结明初社会经济结构的若干特征："人户以籍为断"，皆世其业；各类户籍的划分，大致以满足当地最简单的经济生活需要为依据，造成了全国各地无数分散的自给自足的小单位；人民的流动、迁徙，是受限制的；对于赋役的负担，采取连带责任制；最核心的是"对农民建立了一种直接统治和隶属底关系"[1]。

与秦、西汉、隋、唐相比，明代编民耕战模式具有三个特征：其一，以世代不易的民户、军户及其他诸色户计等直接隶属于国家，在军、民户计场合耕战分途，在军屯的场合兵农合一，严格地说，算是融入元北方典型的诸色户计当差制元素的军民耕战，或可称"配户当差"户役法[2]为特色的编民耕战。其二，授田数因地制宜而不划一，但一概编入黄册、里甲，徭役、兵役复活及依附官府等又转而强化。其三，实行包括"海禁"在内的抑制打击商贾。这无疑是对"唐宋变革"趋势及成果的一种逆转，也是编民耕战模式的最后"辉煌"。此乃笔者不完全同意木村正雄把隋唐均田制之前一概视作"齐民制时代"的缘由。言明代为最后"辉煌"，一是因为它出自距秦、西汉千余年和"唐宋变革"之后，而且后无来者；二是它实施仅 200 年，不足有明一代，"一条鞭法"问世就土崩瓦解了。若论其积极成效，乞丐和尚出身的朱元璋，毫无家族、财富等实力，之所以能够剪灭群雄，驱除鞑虏，统一南北，建立明帝国，政治军事上迫切需要倚仗"配户当差"为特色的编民耕战模式。

---

① 梁方仲：《明代一条鞭法年表》，《岭南学报》第 12 卷第 1 期，1952 年。
② 王毓铨：《明朝的配户当差制》，《中国史研究》1991 年第 1 期。

明"配户当差"为特色的编民耕战，是由秦至西汉编民耕战与元诸色户计当差制二者混合而成的。前者当是朱元璋标榜效仿刘邦而远绍秦至西汉编民耕战的传统[1]，后者则是近承北方因素主导的元制。在迁民、授田、屯田、国家直接统辖役使百姓及重农抑商等环节，明朝主要承袭秦和西汉。而在以诸色户计世袭当差制去附会配合编户耕战模式等环节，明朝直接"受惠"于元制[2]。此乃明"配户当差"为特色的编民耕战的由来。

令人关注的是，"作为国家基础的编户齐民在历史上有过数度沉浮"[3]，秦和西汉以降除北朝至隋唐和明朝外，其他王朝虽然基本承袭编户齐民的理念传统，但因直接控制役使百姓的程度和数量大为降低，很难称得上是严格沿用编民耕战模式了。就是说，编民耕战模式虽政治地位和影响显要，在秦和西汉以降的两千年间也具有相当的主导性，但并非放之四海而皆准的通行制度。而且，该模式的两段"复兴"和"辉煌"，都是以北方少数民族入主为先导或契机，在重建汉族王朝的军事政治大统一之际应运而生的，既主要继承秦至西汉传统，又部分吸纳了北方民族元素。其均田和授田，还大致以久罹战祸和荒地积累等为前提条件。就其建构基础或支撑因素而言，大抵是政治军事稍多于经济。

---

① （清）赵翼著，王树民校证：《廿二史札记校证》卷三十二《明祖行事多仿汉高》，北京：中华书局，1984年，下册，第737页。
② 详见后文《试论元明户役当差与吏民依附奴化的回潮》和"南北地域论"《元和明前期南北差异的博弈与整合发展》。
③ 杜正胜：《"编户齐民论"的剖析》，《清华学报》（新竹）新24卷第2期，1994年。

四、编民耕战模式的历史地位及局限

纵观秦汉以降帝制国家直接临民理政和支配社会经济的具体政策，历朝历代，可谓林林总总，因时而异，各有千秋。然而，从较为宏观的层面鸟瞰，又大致可以分为管制型的编民耕战和兼容型的"士农工商"较自由发展两种基本政策模式。二者各有长短，各有其依存施展的时空环境及历史作用。商鞅开创的编民耕战，是率先在秦、西汉、隋、唐等大一统王朝推行的临民理政模式，故颇多主导性。它以户籍、授田及"军功爵"为基础或保障手段，划一编制五口之家，国家直接统辖编民，直接向编民课以赋税、劳役和兵役，产业方面重本抑末，追求藏富于国、举国动员乃至富国强兵。其主要特征是：国家对百姓及地主经济实施包括授田、户籍、赋役在内的全面强制性管控统辖，就被管控百姓而言，尤以徭役、兵役沉重，故特名"耕战"，或曰"编户征徭之民"[①]。

早在160多年前，马克思曾揭示专制君主充当自给自足的众多小农的"主宰"，也是"高高站在他们上面的权威，是不受限制的政府权力"，其"政治表现"即"行政权力支配社会"[②]。毫无疑问，"行政权力支配社会"同样是东方专制主义的基本特征。两千年来，帝制国家对百姓民众、对地主经济的支配和管控，起初就是由编民耕战模式以及郡县制官僚机构来具体实现的，既管

---

① （清）王夫之：《读通鉴论》卷二十六《武宗》，下册，第807页。
② 参见马克思：《路易·波拿马的雾月十八日》，《马克思恩格斯选集》第1卷，北京：人民出版社，1972年，第692、693页。

控编户，又管控地主经济及其工商业。皇权专制及郡县集权都属
于政治范畴，要管控统属众多百姓和地主经济形态，离不开一定
的临民理政方式来做中介或政策手段。前述"商鞅变法""开阡
陌封疆"，"有军功者，各以率受上爵"，"僇力本业，耕织致粟帛
多者复其身"，所奠定的编民耕战模式及其与郡县制官僚机构的
配套组合，致使最初的"权力支配"恰是由超经济的"政治管
控"出现的。如果说郡县集权专制是赋予帝王无限的权柄，编民
耕战及其举国体制则能为其提供权力行使所倚仗的最大化社会平
台和经济资源。此种近乎偏执的管控，本质上就在于摈弃废止贵
族私人领属，构建借户籍赋役直接控制役使全体百姓的国家农奴
制秩序。西嶋定生指出："秦汉帝国的基本结构……说到底是皇
帝对人民的支配。""……是采取全体人民都直接受皇帝支配的形
式。"[1] 皇帝支配下，特别是编民耕战模式下的编户齐民，具有两
重性：一方面在法律上"编民"的平民身份整齐划一，或称"齐
民"；另一方面，在对国家关系和户籍赋役层面，又是直接隶属
依附于帝制国家的农奴。王夫之所云"举百万井疆耕耨之丁壮为
奴隶而已"[2]，是也。

诚然，经济是人类历史发展的"火车头"，经济"驱动"在
任何国度或时代都是永恒的。就中国两千年帝制时代而言，"灌
溉农业可以造成最高的（在工业制度之前）经济及人口的集
中"[3]，租佃制为特征的地主经济及一定规模的手工业、商业，正

① ［日］西嶋定生：《中国古代帝国的形成与结构——二十等爵制研究》，武尚清译，
第34、48页。
② （清）王夫之：《读通鉴论》卷二十二《玄宗》，下册，第661—662页。
③ ［美］拉铁摩尔：《中国的亚洲内陆边疆》，唐晓峰译，南京：江苏人民出版社，
2008年，第40页。

是经济"驱动"之所在。尽管编民耕战的"管控"大抵属于"短时段",经济"驱动"属于"长时段",尽管这种"权力支配"偏于极端的"管制""管控",往往压制甚至力图管控经济"驱动"而与经济"驱动"法则多有背离,但由于编民耕战模式在实现土地与劳动者结合、充当皇权与农民间政治"链条"等方面存在较多合理性(此种合理性在中唐以前比较突出),且能在上述管控中渗透或贯穿到经济活动之中而颇见成效,故在两千多年前历史还是将其推到前台,较多担当起秦汉以降帝制国家临民理政的主导方式。换言之,随着西周式贵族领主制所包含的地权与治权相分离,应运而生的编民耕战模式从临民理政层面与郡县官僚制、地主经济等上下组合配套,构建巩固了帝制国家全方位支配社会经济的体制。由是,该模式连同郡县制官僚机构对经济活动管制干预及惯力,造成整个国家长期在该体制下运行发展。在处理国家与民众、国家与地主经济形态间关系上,两千年来半数以上的王朝使用过编民耕战模式。该模式在秦至西汉的鼎盛、北朝至隋唐的复兴和明代的最后辉煌,令其在历史舞台上的表演不同凡响,对中国传统社会的影响至深且巨。

应当承认,编民耕战模式及其举国动员机制,所适用的时空范围是有限度的。因其通常较多表现为一种临战体制,故在削平群雄和秦、西汉、隋、唐和明等王朝创建之初,运用最为常见,也最为得力。其次,在地主经济形态发展不充分或不景气之际,譬如小农自然经济占绝对优势、商品贸易萧条和人身依附关系较重以及战乱后经济残破等场合(如春秋末的"西戎"秦国、北魏、北齐、北周及隋唐北方等),往往容易提供该模式扎根施展的时空条件。鉴于此,切忌随心所欲或不分场合地盲目滥用,而是需要因势利导，用得其所，巧用其长。

此外，战国时期"工商食官"旧制被打破，各国各地相继出现数量不一的私人工商业者，连同士人蜕变发展，社会上业已呈现士农工商的四民职业群体及相关第一、二、三产业分野雏形。这也是两千年来地主经济以租佃制等为主体兼有一定规模的手工业、商业的长期稳定形态。然因"重农抑商"，士人向帝制职业官僚的嬗变以及二十等军功爵奖励耕战，士农工商四民及其产业受到严格抑制管控，不得不被置于编户齐民的授田、户籍、赋役等框架内，四民（主要是后三者）随而也大抵蜕变为国家农奴，且呈现自前而后的政治等级式排列。其业已呈现的士农工商四民属性则被钝化或暂时掩盖。概言之，秦汉以降士农工商四民被整合管制为编民耕战模式下的编户，同样是帝制国家对百姓民众、对地主经济实施管控支配的一项"硕果"。

编民耕战模式的积极功用又如何呢？

第一，该模式以授田、均田为基础，适时实现了土地与劳动者的结合。

中国自古以来就以农耕经济为主，"灌溉的、精耕的农业技术是中国文化发展的核心"[1]。农民和土地，始终是难以回避的基本问题。影响战国以后传统社会发展进程及基本走向的，无疑是和编民耕战模式密切联系着的土地制度及形态。"富者田连阡陌，贫者无立锥之地"，始终也是地主经济发展难以逾越的自身缺憾。如前所述，无论秦至西汉、北朝至隋唐和明代，编民耕战模式的基础就在于针对战乱后荒地较多而实施授田制或均田制。很大程

---

[1] ［美］拉铁摩尔：《中国的亚洲内陆边疆》，唐晓峰译，第 45 页。

度上，帝制国家授予编户齐民一定数量的田地，实现劳动人手与土地的结合，编户齐民随而也就必须承担户籍、里甲管制和赋役耕战等义务了。

上述授田制或均田制，既体现帝制国家对地主经济田制的行政干预，也与土地国有与私有的两重性难以切割。20 世纪，历史学界"五朵金花"之一的土地制度，曾经引起热烈的争论[①]。地主、自耕农土地私有和土地国家所有等众说纷纭，莫衷一是。今天，若是从授田、均田，特别是从编民耕战模式的视角，不难获得有关古代土地制度的一些比较真切和科学的认识。古往今来，中国始终没有私有财产神圣不可侵犯的法律规定与法权传统。尤其是"商鞅变法""开阡陌封疆"以降，虽然也有"各以差次名田宅"的授田，但两千年来的土地制度大抵处于所有权和占有权、使用权三者相对分离的状态。具体到地主租佃制的场合，佃农依据租佃契约而享有使用权，地主享有的是占有权，帝制国家则始终把握土地的最高所有权。而在自耕农的场合，自耕农享有的是占有权和使用权，帝制国家依然把握土地最高所有权。帝制国家通常允许和保护土地买卖交易，但所交易的仅限于占有权和使用权。国家自始至终把握着最高的授田和褫夺权力（譬如秦汉"田不可垦而欲归"和隋唐口分田老死还官等规定）。"普天之下，莫非王土；率土之滨，莫非王臣"，不仅是天经地义和深入千家万户的精神观念，也是土地制度领域内实实在在的最高法权规定。为此，笔者多半赞同侯

---

① 南开大学历史系中国古代史教研组编：《中国封建社会土地所有制形式问题讨论集》，北京：生活·读书·新知三联书店，1962 年。

外庐、李埏等前辈的土地国有说的观点①，更倾向和关注土地国有与私有的两重性。而且认为，马克思"亚细亚生产方式"有关东方土地国有制和专制君主"代表""主宰"小农犹如麻袋装马铃薯等说法②，基本符合秦汉以降编民耕战模式的情况。正是因为帝制国家始终把握土地最高所有权充任其基础和依赖，该模式之下才普遍存在编户齐民对帝制国家的直接隶属依附，才普遍存在帝制国家对编民直接的税收等经济强制与劳役等超经济强制。前述秦、西汉、北朝、隋、唐前期和明代等历史时期，户籍、里甲、人头税、徭役、强制分家和强制迁徙等人身束缚及奴役最为严重，恰恰是编民耕战模式及授田、均田等土地国有制复合因应作用所致。请注意，马克思亚细亚生产方式理论所描述的东方专制主义在中国的常见职能，并不主要是埃及、两河流域、印度式的兴办灌溉排水等"公共工程"③，而是表现为编民耕战模式下的授田、均田。授田、均田等在占有权和使用权层面实现了土地与劳动者的结合，客观上实现了"耕者有其田"，暂时解决了地主经济发展自身的"瓶颈"难题。这又是该模式最大的历史合理性所在。两千年来，该模式"犹可钳束其民而民从之"④，编民百姓之所以能够长期忍受户籍、赋税、徭

① 侯外庐：《中国封建社会土地所有制形式的问题——中国封建社会发展规律商兑之一》，《历史研究》1954年创刊号。李埏：《论我国的"封建的土地国有制"》，《历史研究》1956年第8期。
② ［德］马克思：《致恩格斯》（1853年6月2日），《马克思恩格斯全集》第28卷，北京：人民出版社，1973年，第256页。［德］马克思：《路易·波拿巴的雾月十八日》，《马克思恩格斯选集》第1卷，北京：人民出版社，1972年，第692、693页。
③ ［德］马克思：《不列颠在印度的统治》（1853年6月），《马克思恩格斯选集》第2卷，第64页。
④ （清）王夫之：《读通鉴论》卷二十三《代宗》，下册，第700页。

役或强制迁徙等"农奴"式的封建义务，多数农民之所以奉行
"只反贪官或地主，不反皇帝"的"皇权主义"，恰恰主要是因
为秦至西汉、北朝至隋唐和明代等授田、均田的实施或部分实
施及历史惯力。

第二，该模式充当着专制皇权与农民间直接统制、隶属的政
治"链条"。

自"商鞅变法"开始，编民耕战模式即崇尚军功，强调
"有功者显荣，无功者虽富无所芬华"，而和"世卿世禄"旧制
决裂。又与同时成长起来的郡县制、职业官僚制一道，共同打
造了授田制下土地占有权、行政权相分离的秩序。严格地说，
编民耕战模式下的编户齐民，并不完全等同于自耕农。编户齐
民实际上是从战国授田制面世伊始的"公民"（诸侯国政权"公
室"之隶属民）脱胎而来的。战国授田制下的"公民"，直接
隶属和"完全依附于封建国家"，"封建国家的赋税徭役主要由
'公民'承担"，"'公民'是封建国家赋税和兵役的源泉"，"郡
县制的基层组织——户籍制，便是控制和管理'公民'的一项
主要制度"①。秦以后的"编户齐民"的身份地位，大体相当于战
国时期的"公民"，同时又是王夫之笔下的"编户征徭之民"和
"举百万井疆耕耨之丁壮为奴隶而已"②，亦即国家农奴。而所谓
"耕战"，具体指的就是他们所承担的赋税、徭役和兵役义务。
上述"公民"的赋役和借户籍直接隶属依附于专制国家的特性，

---

① 刘泽华：《论战国时期"授田"制下的"公民"》，《南开大学学报（哲学社会科学
版）》1978年第2期。
② （清）王夫之：《读通鉴论》卷二十六《武宗》、卷二十二《玄宗》，下册，第
807、661、662页。

几乎被秦汉以降的编民耕战模式全盘继承下来，从而使其在前述授田或均田基础上大大完善。由于有了这样的编民耕战模式，帝制国家和编户齐民之间得以缔结、建立起了如下政治契约关系：编户齐民自帝制国家分授且占有、使用土地，其"齐民"身份亦受国家法律保护，同时需履行编入国家户籍、提供赋税、劳役、兵役等"耕战"义务。言其为"齐民"，重在非贵族的平民身份属性；言其为"征徭之民"，又重在所承担的赋税、徭役和兵役。这里，编民耕战模式恰是能缔结、建立上述政治契约的政治"链条"。正因为这种政治"链条"能够"犹可钳束其民而民从之"[①]，"举百万井疆耕耨之丁壮"才会沦为国家农奴，也才会"欣然愿为奴隶以偷一日之生"[②]。正是因为编民耕战模式及编户齐民的长期存在，职业官僚制和郡县制才有了治理管辖的对象，后二者也才能够成为贯彻两千年相沿不改的基本政治制度。只有抓住缔结政治"链条"这个关键，近年学者们有关秦汉以降"政治优先的社会"，"官社经济体制模式"和"农民官僚社会"等精彩论述[③]，才能得到社会政治结构层面的支撑或阐释。

换言之，编民耕战模式充当帝制国家与农民间直接统制、隶属的政治"链条"，进而与郡县制、职业官僚制相辅相成，共

---

① （清）王夫之：《读通鉴论》卷二十三《代宗》，下册，第700页。
② （清）王夫之：《读通鉴论》卷二十二《玄宗》，下册，第661、662页。
③ 李开元：《汉帝国的建立与刘邦集团：军功受益阶层研究》，北京：生活·读书·新知三联书店，2000年，第256页。阎步克：《一般与个别：论中外历史的会通》，《文史哲》2015年第1期。张金光"官社经济体制模式说"认为：中国历史的进程无疑是以国家权力为中心运转的，国家权力支配一切，由其规定、规范了中国历史的基本进程，决定并塑造了中国社会历史的基本面貌，中国国家的核心权力是土地国家所有权（张金光：《关于中国古代（周至清）社会形态问题的新思维》，《文史哲》2010年第5期）。

同颠覆和葬送了贵族领主制，塑造了两千年无贵族、"行政权力支配社会"的皇帝专制政治结构。在这个意义上，编户齐民相当于马克思所云"人数众多""自给自足""生活条件相同"的"小农"，犹如"同名数相加"的"一袋马铃薯"。专制皇权则相当于这类"小农"的"代表"或"主宰"，而编民耕战模式又是专制皇权获取上述"代表"或"主宰"角色的关键性的办法程序。离开编民耕战模式，马克思关于专制皇权"高高站在他们上面"的"权威"和"行政权力支配社会"等①，就无法在中国落实兑现。

20世纪六七十年代，国内史学界曾较多讨论农民战争中的"皇权主义"，其核心要害亦即中国古代也存在农民反对贪官或地主，却拥护"好皇帝"的所谓"皇权主义"。学者们对农民"皇权主义"的特点和产生根源等分歧颇大，莫衷一是②。倘若我们从编民耕战模式下帝制国家和编户齐民之间缔结上述政治契约关系的视角看，这个问题其实比较容易解答：基于编民耕战模式的政治"链条"，皇帝与编户小农之间的确建立起了"主宰"与被主宰、统属与被统属间的不可分割的政治依存联系，编户小农"拥护"为其授田或均田的"好皇帝"，完全合乎上述"政治契

---

① 参见［德］马克思：《路易·波拿巴的雾月十八日》，《马克思恩格斯选集》第 1 卷，第 692、693 页。

② 宁可：《关于中国封建社会农民战争中的皇权主义问题》，《光明日报》1960 年 12 月 13 日。方之光：《论太平天国的平等思想与皇权主义——驳戚本禹攻击翦伯赞同志"污蔑农民革命"的谬论》，《南京大学学报（哲学社会科学版）》1978 年第 4 期。徐连达：《论我国农民战争中的"皇权主义"》，《复旦学报（社会科学版）》1978 年第 2 期。谢天佑：《皇权主义是哪个阶级的思想？》，《文汇报》1979 年 1 月 12 日。唐文基：《中国古代农民战争中的皇权主义和反皇权思想》，《福建师大学报（哲学社会科学版）》1978 年第 4 期。孙关：《关于农民战争皇权主义问题的讨论》，《辽宁大学学报（哲学社会科学版）》1979 年第 2 期。

约"及政治逻辑。

第三，藏富于国和举国动员的机制，对多民族统一国家的延续发展和古代重大工程营造等，厥功甚伟。

商鞅曰："治法明，则官无邪；国务壹，则民应用；事本抟，则民喜农而乐战。……故民壹务，其家必富……治国能抟民力而壹民务者，强；能事本而禁末者，富。……故治国者，其抟力也，以富国强兵。"①编民耕战模式所追求的终极目标是"富国强兵"，国家"抟力"的手段和途径，又在于"抟民力""壹民务""事本而禁末""民喜农而乐战"。简言之，不择手段汇聚财力、物力和人力于国家。秦以后历代王朝治理国家的主要指标参数即户口数和垦田数两项，二者达到较高水平，则被称为"盛世"或"天下大治"。户口数和垦田数，又直接依赖帝制国家所控制的编户齐民及其提供的赋役状况。户口数和垦田数越多，就意味着帝制国家所控制的编户齐民及其提供的赋役越多，就越是能够汇聚强大军力和财力人力，就能够实现藏富于国和举国动员，较快完成秦、西汉、隋、唐和明等王朝军事政治统一，打造集权大一统的强盛帝国。

司马迁《史记》载，秦始皇"先作前殿阿房，东西五百步，南北五十丈，上可以坐万人，下可以建五丈旗。周驰为阁道，自殿下直抵南山。表南山之颠为阙。为复道，自阿房渡渭，属之咸阳，以象天极阁道绝汉抵营室也……隐宫徒刑者七十余万人，乃分作阿房宫，或作丽山。发北山石椁，乃写蜀、荆地材皆至"。而在司马光《资治通鉴》笔下："发丁男数十万掘堑，自龙门东接长平、汲郡，抵临清关，渡河至浚仪、襄城，达于上洛，以置

---

① 石磊译注：《商君书·壹言》，第88—89页。

▲ 张骞出使西域，莫高窟第三二三窟

关防。""发河北十余郡丁男凿太行山，达于并州，以通驰道。"[1] 隋炀帝仅是掘堑壕和修驰道，就调集民众百万以上。秦、西汉、隋、唐前期及明所征集动员的徭役，系百姓为官府提供的无偿丁夫身役，不会直接给国家带来财政负担，能够遵从官府号令在短时间内集

---

[1] （汉）司马迁：《史记》卷六《秦始皇本纪》，第256页。（宋）司马光编著，（元）胡三省音注，"标点资治通鉴小组"校点：《资治通鉴》卷一百八十《隋纪四·高祖文皇帝下》，仁寿四年十一月丙申；《炀皇帝上之上》，大业三年五月戊午，北京：中华书局，1956年，第5614、5615、5629页。

中众多劳动人手及优质物料，不计成本及丁夫损伤，从事高强度、高速度和高质量的工程造作。还能够在选拔能工巧匠和官府组织大规模劳动协作及令行禁止等方面发挥得天独厚的优势。而且工程规模及开疆拓土，率以宏大相尚，有些是实际需要，有些则唯君主个人意志是从，一味追求磅礴宏大，以彰显其"功盖五帝，泽及牛马"[1]。

毫无疑问，汉唐经营西域和开拓疆域，秦、汉、明修筑万里长城，隋炀帝开挖大运河，秦始皇兴建陵寝和明筑南京、凤阳、北京三都城宫殿等一系列军事举措和重大建筑工程中，乃至历朝历代中央集权大一统的实现、两千年来多民族统一国家的未曾间断，等等，编民耕战模式所形成的藏富于国和举国动员机制，都发挥了不可或缺的作用，其历史功勋难以磨灭。

如同历史上诸多政治经济形态或制度，编民耕战模式在中国历史舞台上发挥重要积极功用的同时，也不可避免地产生了一些负面效应或历史局限。

首先，承担劳役兵役的编民沦为国家农奴及强制析产分户，往往带来"逃户"脱籍动摇根基、人口与资源失衡等消极后果。

王夫之总结秦汉以降皇权统制天下时说，"自秦罢侯置守，而天下皆天子之土矣。天子受土于天而宰制之于己"，"经理其物产，生聚其人民，未有不为我有者也"[2]。在评论唐府兵制时又指出，"府兵故农人也"，"行则役于边臣，居则役于长吏，一时不审，役以终身，先世不谋，役及后裔"。"为兵者，亦欣然愿为奴隶以偷一日之生。呜呼！府兵者，恶得有兵哉？举百万井

---

① （汉）司马迁：《史记》卷六《秦始皇本纪》，第245页。
② （清）王夫之：《读通鉴论》卷十四《安帝》，中册，第390页。

疆耕耨之丁壮为奴隶而已矣。"①由于编民耕战模式下帝制国家握有主宰一切、"经理其物产"、"生聚其人民"等绝对权力,编民被编制束缚于国家户籍和乡里组织中,被强制承担人头税等赋税、劳役和兵役,被强制析产分户和管制迁徙,其身份地位酷似国家农奴。"井疆耕耨之丁壮"不外乎均田民及明"当差"诸户计的同义语,王氏身经明代"配户当差"而又综观唐、明两代,其"举百万井疆耕耨之丁壮为奴隶而已"语,可谓感同身受,入木三分!

因编民耕战模式下百姓丧失脱离户籍及土地而劳作谋生的自由,西汉、隋、唐前期和明代"丧乱猝兴而典籍乱,军徭数动而迁徙杂"②,频繁出现"逃户"脱籍动摇根基等严重政治社会问题。王夫之批评唐、明逃户弊政时说:

> 天下而一王矣,何郡何县而非一王之土?为守令者,暂相事使而固非其民,民无非天子之民也。土或瘠而不给于养,吏或虐而不恤其生,政或不任其土之肥瘠,而一概行之,以困其瘠,于是乎有去故土、脱版籍而之于他者。要使耕者耕、工者工、贾者贾,何损于大同之世,而目之曰逃人,有司者诐辞也,恶足听哉?民不可使有不服籍者也,客胜而主疲,不公也;而新集之民,不可骤役者也,生未定而力不堪也。若夫检括之而押还故土,尤苛政也。民不得已而远徙,抑之使还,致之死也。开元十一年,敕州县安集逃人,得之矣,特未问其所以安集之者奚若也。安集之法,必

---

① (清)王夫之:《读通鉴论》卷二十二《玄宗》,下册,第 661、662 页。
② (清)王夫之:《读通鉴论》卷二十三《代宗》,下册,第 698 页。

令供所从来，而除其故籍，以免比闾宗族之代输，然后因所业而徐定其赋役，则四海之内，均为王民，实不损，而逃人之名奚足以立乎？①

早在秦汉，惩罚编民任意流移逃亡的"有秩吏捕阑亡者"和"正首匿之罪，制亡从之法"②等，业已问世。唐、明因编民耕战的复兴或最后辉煌，当时编民挣脱沉重赋役及人身束缚的常见反抗方式，依然是逃亡。据史料记载，唐玄宗朝前后，"天下之人，流散非一"；"诸州百姓，多有流亡"，逃户"不愁应户役"，"不须曹主唤"，旨在逃避的"科役"，往往"辄征近亲"。朝廷屡次遣使检括③，但"检括之而押还故土，尤苛政也"。明代"避徭役者曰逃户"。迄正统十二年（1447），逃户和流民多达440余万人。逃户所欠租税通常是"里甲赔纳"。官府还造"逃户周知文册"，督令军民匠灶等籍逃户复业④。王夫之是立足"一条鞭法"之后里甲徭役及人头税式微的社会经济秩序而抨击唐、明逃户政策的。殊不知，此一时彼一时也。依照晚唐"两税法"舍丁税地

---

① （清）王夫之：《读通鉴论》卷二十二《玄宗》，下册，第664页。
② 睡虎地秦墓竹简整理小组编：《睡虎地秦墓竹简·法律问答》，第125页。（汉）王充著，蒋祖怡选注：《论衡选·谴告篇》，北京：中华书局，1958年，第100页。
③ （宋）王溥：《唐会要》卷八十五《逃户》，证圣元年凤阁舍人李峤上表，开元九年正月，至德二载二月敕，《丛书集成初编》第15册，第1560、1562、1565页。（唐）王梵志：《天下浮逃人》，载项楚校注：《王梵志诗校注（增订本）》，上海：上海古籍出版社，2010年，第588、589页。
④ （清）张廷玉等：《明史》卷七十七《食货志一·户口》，第1878页；卷七十八《食货志二·赋役》，第1899页。（明）申时行等修，（明）赵用贤等纂：万历《大明会典》卷十九《户部六·逃户》，《续修四库全书》史部第789册，第333页。参见白寿彝总主编，王毓铨主编：《中国通史》第9卷《中古时代·明时期》，第639—647页。戴卫东：《明代安辑流民政策述论》，《苏州大学学报（哲学社会科学版）》2003年第1期。

和"一条鞭法"之后徭役及人头税部分摊入地亩的社会经济秩序，固然容许百姓"去故土、脱版籍而之于他者"，固然容许编民较自由地"耕者耕、工者工、贾者贾"。此时"脱版籍"，的确无损于"天下而一王矣，何郡何县而非一王之土"的大局。故而"四海之内，均为王民，实不损，而逃人之名奚足以立乎"之说，无可非议。相反，在秦至西汉、唐前期及明中叶以前，编民被牢牢束缚在户籍和乡里内，被强制承担人头税等赋税、劳役及兵役，一旦逃户"去故土、脱版籍"，就会关乎帝制国家直接控制的编民数、垦田数及赋役多寡，就会动摇和危及"富国强兵"的举国体制。如前述秦至西汉、唐前期和明前期的帝国强盛，一概以官府直接控制的编民数为转移。称逃户脱籍为动摇帝国根基，亦不过言。就是说，汉唐以来动摇帝国根基的逃户痼疾及官府对策，甚是常见。既能折射编民耕战模式下百姓沦为国家农奴及其丧失"去故土、脱版籍"自由等窘状，亦可凸显因"唐宋变革"徭役和人头税等渐次消逝，编民的国家农奴身份（尤其是人身束缚）逐步淡化的演进走向。

王夫之笔下的"经理其物产，生聚其人民"，体现着国家控制天下土地财富及管制迁徙，同样包括严格实施强制析产分家和管制男丁，推行"民有二男以上不分异者，倍其赋"，以增加"五口之家"的编户齐民数量，确保帝制国家直接控制的人口及赋税劳役来源①。秦至西汉自不待言，直到唐代一般民户也"大

---

① 参见邢铁：《我国古代的诸子平均析产问题》，《中国史研究》1995 年第 4 期。邢铁：《唐宋分家制度》，北京：商务印书馆，2010 年。李西堂：《财产诸子均分制：影响社会进步的基础性病根之一》，"中国农村网·文化园" 2016 年 1 月 7 日。

体稳定在每户 5—6 口之间"①。这种强制析产分家，尽管是富国强兵的良策，能够确保王朝户口数及垦田数的上升，可它对地主经济发展又不乏负面影响：其一，析产分家几乎杜绝地主累世合居大庄园的发展，一直停留于男耕女织的小农经营，不利于劳动协作和生产工具的改进。其二，容易抵消该模式保护自耕农经济的功能，容易形成诸子继承和世代不间断的析产分家。通常，中小地主"五口之家"诸子析产之后，立即会转变为两三个自耕农。而自耕农"五口之家"诸子析产之后，恐怕就要降格为两三个半自耕农及佃户了。所有这些，一定程度上强化着土地及食物的算术级数增长与人口的几何级数增长等资源配置的畸形格局，进而造成土地、人口等资源配置的较严重失衡，给地主经济形态带来新的不稳定性。自战国以后，周期性土地兼并成为劣根性的社会痼疾。其原因是复杂和多方面的，除去自由买卖转移的基本根源和官僚、地主、商贾竞相巧取豪夺外，强制析产分家政策又是其中不容忽视的动因之一。在对待土地兼并问题上，编民耕战模式似乎陷入一种吊诡：一方面帝制国家能够把战乱荒芜土地分授给无地或少地的农民，暂时有效地解决了地主经济形态内土地占用不均等社会问题，甚至打击、抑制商贾豪富以抑制兼并；另一方面，又推行强制析产分家政策，进而刺激百姓土地财产不断分割和人口迅速繁衍，给地主经济发展平添新的不稳定性。而且，就对土地买卖转移和土地兼并的作用效果而言，授田、抑商等往往是间断性或暂时的，强制析产分家却是常在或永久的。强制析产分家等造成人口与资源配置的结构性不稳定，加剧周期性

① 冻国栋：《中国人口史》第 2 卷《隋唐五代时期》，上海：复旦大学出版社，2002年，第 373 页。

土地兼并的负作用，似更为经常和显著。

其次，藏富于国和举国动员机制容易被扭曲，容易助长君主专制的权力膨胀或滥用徭役，进而酿成暴君祸害天下和官民极端冲突等灾难，增大帝制国家的风险系数。

"盖一切之法者，大利于此，则大害于彼者也。"[①]藏富于国和举国动员机制，如同"双刃剑"，利中有弊，既能干大好事，驾驭使用失当也能助力干大坏事。它能够汇聚强大的军力、财力和人力，但正如王夫之所云："强国非安天下之道，而取天下之强摧残之、芟夷之，以使之弱，则天下之乱益无已。"[②]

一方面，"君操宗社生民之大命，言出而天下震惊，行出而臣工披靡，一失而贻九州亿万姓百年死亡之祸"[③]。如果说专制集权是授以帝王无限的权柄，编民耕战式的举国体制则能为其提供权力行使所倚仗的最大化平台和资源。于是，藏富于国和举国动员，就容易流为统治者黩武喜功、穷奢极欲的工具，常常导致帝制国家滥用军力、财力和人力，一概以君主个人意愿为转移，无限度征集徭役和兵役，进而置民于水火，将官民冲突对立推向极端。史家称："秦王怀贪鄙之心，行自奋之智，不信功臣，不亲士民，废王道，立私权，禁文书而酷刑法，先诈力而后仁义，以暴虐为天下始。……今秦二世立……而重之以无道，坏宗庙与民，更始作阿房宫，繁刑严诛，吏治刻深……百姓困穷而主弗收恤。然后奸伪并起，而上下相遁，蒙罪者众，刑戮相望于道，而

---

① （清）王夫之：《读通鉴论》卷十六《武帝》，中册，第463页。
② （清）王夫之：《读通鉴论》卷二十七《昭宣帝》，下册，第864页。
③ （清）王夫之：《读通鉴论》卷十二《怀帝》，中册，第331页。

天下苦之。"①埋葬秦王朝的农民战争，直接反对的就是秦暴政和徭役，陈胜、吴广揭竿而起的导火索即谪戍渔阳遇雨"失期"而被逼绝望②。虽然"古今称国计之富者莫如隋"③，隋炀帝征高丽和修大运河，对东部疆域和南北交通也益处颇多，其首创张掖、洛阳招揽西域"胡客"的贸易博览会，对丝路繁荣大有裨益。尤其是大运河，实乃造福千年的壮举。但运河之役前后征发民夫百余万，三征高丽，直接和间接征集兵民三四百万。不仅张掖、洛阳"歌舞喧噪"，"盛陈百戏"，"盛设帷帐"，"缯帛缠树"，"所费巨万"④，修建东都洛阳，更是"每月役丁二百万人"。"天下死于役而家伤于财。……疆场之所倾败，劳弊之所殂殒，虽复太半不归……宫观鞠为茂草，乡亭绝其烟火，人相啖食，十而四五。"⑤隋末几乎成为秦末的故伎重演，同样是秦二世、隋炀帝等暴君假手于藏富于国和举国动员，以致大规模徭役、兵役及财富掠夺挥霍酿成"官逼民反"。明末李自成起义的口号也是"不纳粮，不当差"。归结起来，还是沉重徭役、兵役及肆意榨取财富惹的祸。在某种意义上，著名巨大工程如秦汉长城、明长城和隋大运河，均为古代徭役的物化结晶，均蕴含着千百万民众的劳役血汗。"孟姜女哭倒长城"等民间故事，则是千百年来民众对古代帝制强征徭役的血泪控诉！大运河则又附载着破坏淮河水系及海河水

---

① （汉）司马迁：《史记》卷六《秦始皇本纪》，第 283、284 页。
② （汉）司马迁：《史记》卷四十八《陈涉世家》，第 1950 页。
③ （宋）马端临：《文献通考》卷二十三《国用一》，北京：中华书局，1986 年，上册，第 225 页。
④ （宋）司马光编著，（元）胡三省音注，"标点资治通鉴小组"校点：《资治通鉴》卷一百八十一《隋纪五·炀皇帝上之下》，大业五年六月壬子、大业六年正月丁丑，第 5644、5648 页。
⑤ （唐）魏徵等：《隋书》卷二十四《食货志》，第 686、672、673 页。

系生态环境等千古负面效应。

另一方面，无论藏富于国和举国动员，皆依赖过度行政干预或管制，容易带来"官本位"权力至上与权力"寻租"或权力"市场化"。从机制分析看，国家对编户齐民的直接统辖和役使，跨越千百里空间距离和三个左右的行政层级，必定在官府末梢带来政治学的所谓"边际效应"或权力"内卷化"，造成运行成本增加和行政效益相应降低。特别是在爆发灾害、战争等场合，或社会张力变大，其上述违背经济规律的简单粗暴等弱点就容易凸显，对社会的破坏性随而增大。尤其是官府权力沦为其牟利工具之际，藏富于国和举国动员的功能就会发生扭曲和走样，就会导致权钱交易等恶果。即使是推行某些看似合理的行政干预，也容易造成地主经济形态下的国富民穷等社会财富分配不公，或利用行政强制手段豪夺民间财富，官家挥霍无度，百姓的基本经济生活及生存遭受灭顶之灾。于是，官场腐败或与暴君暴政相混杂，最终是各种社会矛盾不断积累、激化，官民间的尖锐对立[①]，社会诸矛盾聚集于国家官府，帝制国家被置于独担社会危机和社会责任的地步："百年之忧，一朝之患，皆上所独当，而其害如之何？"[②]

换言之，在帝制国家的条件下，编民耕战模式的藏富于国和举国动员，往往被滥用，最终或单独招致社会经济秩序崩溃和王朝覆灭等灾难，或与经济矛盾冲突相混同而招致社会经济秩序崩

---

① 王亚南：《中国官僚政治研究》，北京：中国社会科学出版社，1981年，第60、123页。
② （宋）叶适撰，刘公纯等点校：《叶适集》，《水心别集》卷十《实谋》，第768页；卷十五《上殿札子（淳熙十四年）》，北京：中华书局，1961年，第833页。

溃等周期性灾难。两千年帝制王朝国祚长短不一，大多是覆亡于激进暴力动乱。其中，多数是受土地周期性兼并和政治腐败等混同招致社会经济秩序崩溃、农民造反或少数民族入主。还有少数直接是由暴君为所欲为地滥征徭役、祸害天下而造成，前揭秦和隋最为典型。在某种程度上，编民耕战模式似乎与专制集权政体一起，客观上为暴君提供了恣欲暴虐天下的权力资源或催化剂。

再次，"公权力"被滥用等致命缺陷，需要地主经济驱动法则协助，需要兼容型的"士农工商"较自由发展模式为其寻求出路。

无论授田、重农抑商和户籍、里甲、人头税、徭役等直接隶属，抑或藏富于国和举国动员机制，皆表现为行政干预或管制，其存在合理性的同时又常显现"公权力"被滥用等致命缺陷。上述行政干预或管制常常膨胀自身甚至"越俎代庖"，将"公权力"的干预调节职能过度扩充为人为配置社会财富资源（包括前述强制析产分户）和主导经济运行等，甚至违背和粗暴践踏价值规律、市场供需等在内的经济法则。当地主经济活动恢复上升和国家管制干预基本顺应其发展趋势之际，编民耕战模式及郡县制官僚机构就能够基本发挥积极作用，干大好事。当地主经济活动发展繁荣，内在运行趋于复杂，急需地主经济自身运行规则调节或国家管制干预过度、被滥用之际，编民耕战模式及郡县制官僚机构对经济社会的负面作用就陡然突出，甚至带来灾难。特别是帝制国家主导经济和垄断财富被人为滥用，往往又妨害民间经济的原动力，破坏社会财富"造血"机能，其直接后果又是：藏富于国和举国动员，逐渐丧失了民间财富积累发展的雄厚基础支撑，走向反面，跌入地主经济萎缩萧条和"民穷国贫"的深渊。迫于社会效果和客观需要，秦汉以降往往施行编民耕战式的管制干预与"士农工商"较自由发展二模式交替使用和互为补充。而且，秦汉编户齐民，大抵反映的是一种政治法律秩序，地主经济形态在职业或社会群体层面，又具体表现为士农工商"四民"。正如钱穆所云："总之春秋以至战国，为中国史上一个变动最激剧的时期。……社会方面，则自贵族御用工商及贵族私有的井田制下，变成后代农、工、商、兵的自由业。"[1] 只不过编民耕战模式下的"四民"是被管制在编户框架内的。就整体而言，东汉、三国、两宋和清等王朝基本未实行编民耕战式的管制干预。而西汉初"黄老政治""网疏而民富"和汉武帝晚年改行"欲百姓之殷实"的"富民"政策[2]，都与编民耕战式的管制背道而驰，都是在为秦皇暴虐天下和汉武穷兵黩武收拾残局。唐德宗创"两税法"和明万历推行"一条鞭法"等，又是在隋唐均田民耕战和明"配户当差"耕战模式崩溃之际，出于财政税收或维持统治的需要，不得不改弦易辙，让渡给"看不见的手"的"经济驱动"。换言之，西汉后期、唐后期和明后期的经济发展繁荣或财政窘困，几乎无例外地迫使国家改而主要顺应地主经济驱动法则，允许"士农工商"较自由发展及富民经济的繁荣作为辅助和补充。更有甚者，"唐宋变革"及经济领域的"不抑兼并"，实质上就是顺应中唐以后社会经济的需要以及编民耕战模式的过时或不适宜，转而从体制上迈向兼容型的"士农工商"较自由发展模式，相应地还将原本的"权力支配"或"管控"悄然变通为"调控"。而兼容型的"士农工商"较自由发展模式，更是在"田制不立"

---

① 钱穆：《国史大纲（修订本）》，北京：商务印书馆，1996 年，第 92 页。
② （汉）班固：《汉书》卷二十四上《食货志上》，第 1136、1138、1139 页注〔一〕。

和"两税法"的环境下引领或推动中唐以降的社会经济变迁，进而建构起鼓励创造财富的地主经济发展的新秩序。近年有学者探讨的"富民社会"和"农商社会"等①，它们与"士农工商"较自由发展模式都是"唐宋变革"在不同领域的重要社会经济世相。前二者偏重在社会结构或经济产业，后者偏重在国家临民理政政策层面。在这个意义上，"士农工商"较自由发展模式是在为编民耕战模式寻找到了更为合理的发展出路。尽管如此，中唐以后依旧在帝制国家所有的劣根性延续、郡县官僚制中央集权及"权力商品化"、土地兼并等周期性危机等方面，依然如故或改变无多。其主要变动不外是临民理政层面的管制型"管控"变为兼容性"调控"。作为社会结构骨干的编户齐民，也只是发生国家农奴属性较多减弱等部分变化而已。这表明编民耕战模式在两千年传统社会中较强的主导性，"士农工商"较自由发展模式只是它在中唐以降新的历史条件下的修正和变通而已。

（原载《文史哲》2018 年第 6 期）

---

① 林文勋：《中国古代"富民"阶层研究》，昆明：云南大学出版社，2008 年。林文勋：《唐宋社会变革论纲》，北京：人民出版社，2011 年。葛金芳：《"农商社会"的过去、现在和未来——宋以降（11—20 世纪）江南区域社会经济变迁论略》，南开大学历史学院、北京大学历史系、中国社科院历史所编：《中国古代社会高层论坛文集：纪念郑天挺先生诞辰一百一十周年》），北京：中华书局，2011 年，第 384—400 页。葛金芳：《从"农商社会"看南宋经济的时代特征》，《国际社会科学杂志（中文版）》2009 年第 3 期。赵轶峰：《明代中国历史趋势：帝制农商社会》，《东北师大学报（哲学社会科学版）》2007 年第 1 期。赵轶峰：《明清帝制农商社会论纲》，南开大学历史学院、北京大学历史系、中国社科院历史所编：《中国古代社会高层论坛文集：纪念郑天挺先生诞辰一百一十周年》，第 475—480 页。

中近古"士农工商"较自由发展政策模式

自战国始，古代中国步入帝制地主社会，或称战国肇始的"封建社会"。该历史阶段在社会经济领域的基本特征，一是地主经济，二是帝制国家对百姓的直接管辖役使。两千年来，帝制国家临民理政或管辖百姓及地主经济的政策模式，大体分为编民耕战与"士农工商"较自由发展两大类。以齐国四民"通货积财"肇始和晚唐至两宋"不抑兼并"为导向的"士农工商"较自由发展政策模式（简称"士农工商"模式），兼容行政和经济手段，变身丁管控为财税调节掌控，中唐以后甚而上升为主导。笔者尝试运用模式分析与历史、逻辑阐述相结合等方法，侧重于国家政策与社会经济互动的视角，对"士农工商"模式自齐国雏形到晚唐至两宋定型的曲折历程、内涵特色和历史地位，试做较系统的探研，就教于方家同好。

一、齐四民"通货积财"雏形及其与
秦"军功爵"编民耕战的博弈

与秦"军功爵"编民耕战政策模式不同，齐国开创了四民

▲ 齐桓公"九合诸侯，一匡天下"最重要的谋臣——管子（《集古像赞》）

"通货积财""士农工商"较自由发展政策模式的雏形。《国语》卷六《齐语》载：齐桓公问管子："成民之事，若何？"管子对曰："四民者，勿使杂处。杂处则其言咙，其事易。"桓公曰："处士、农、工、商，若何？"管子对曰：

昔圣王之处士也，使就闲燕；处工，就官府；处商，就市井；处农，就田野。

令夫士，群萃而州处，闲燕则父与父言义，子与子言孝，其事君者言敬，其幼者言弟。少而习焉，其心安焉，不见异物而迁焉。是故其父兄之教不肃而成，其子弟之学不劳而能。夫是，故士之子恒为士。

令夫工，群萃而州处，审其四时，辨其功苦，权节其用，论比协材，旦暮从事，施于四方，以饬其子弟，相语以事，相示以巧，相陈以功。少而习焉，其心安焉，不见异物而迁焉。是故其父兄之教不肃而成，其子弟之学不劳而能。夫是，故工之子恒为工。

令夫商，群萃而州处，察其四时，而监其乡之资，以知其市之贾，负、任、担、荷，服牛、轺马，以周四方，以其所有，易其所无，市贱鬻贵，旦暮从事于此，以饬其子弟，相语以利，相示以赖，相陈以知贾。少而习焉，其心安焉，不见异物而迁焉。是故其父兄之教不肃而成，其子弟之学不劳而能。夫是，故商之子恒为商。

令夫农，群萃而州处，察其四时，权节其用，耒、耜、耞、芟，及寒，击菒除田，以待时耕；及耕，深耕而疾耰之，以待时雨；时雨既至，挟其枪、刈、耨、镈，以旦暮从事于田野。脱衣就功，首戴茅蒲，身衣袯襫，沾体涂足，暴其发肤，尽其四支之敏，以从事于田野。少而习焉，其心安焉，不见异物而迁焉。是故其父兄之教不肃而成，其子弟之学不劳而能。夫是，故农之子恒为农，野处而不昵。其秀民之能为士者，必足赖也。①

《史记》卷六十二《管晏列传》曰：

管仲既任政相齐，以区区之齐在海滨，通货积财，富国强兵，与俗同好恶。故其称曰："仓廪实而知礼节，衣食足而知荣辱，上服度则六亲固。四维不张，国乃灭亡。下令如流水之原，令顺民心。"故论卑而易行。俗之所欲，因而予之；俗之所否，因而去之。其为政也，善因祸而为福，转败而为功。贵轻重，慎权衡。……故曰："知与之为取，政之宝也。"管仲富拟于公室，有三归、反坫，齐人不以为侈。管仲卒，齐国遵其政，常强于诸侯。②

从上述史料不难窥知，自管仲相齐开始，齐国的官方政策与

---

① 上海师范大学古籍整理组校点：《国语》卷六《齐语》，上海：上海古籍出版社，1978年，上册，第226—228页。
② （汉）司马迁：《史记》卷六十二《管晏列传》，第2132—2134页。

社会秩序至少有如下四个特点：

第一，"士农工商"四民各治其业，各得其所。这是较早把"士农工商"排列在一起。请注意，此处与商鞅"军功爵"编民耕战体制有异。虽然所辖均为国家编户，但侧重有所不同，编民耕战突出的是一律由国家编籍管控，"士农工商"则彰显四种职业。《史记》卷一百二十九《货殖列传》又云"其中具五民"，服虔解释为"士农商工贾也"①。就职业粗略划分，商贾属同类，"五民"或可归入四民。某种意义上，"士农工商"四民冲破了商周"工商食官"和"国人""野人"等旧制，反映了春秋到明清四种社会基本职业群体的实际状况。首次把"工商"与"士农"同列，"制国以为二十一乡，工商之乡六，士乡十五"，不仅"工商之乡"数量占到总数的1/3弱，而且允许工商专心本业，免除兵役。士乡亦农乡，平时农夫耕田，战时当兵②。此处的"士"，已非诸侯、卿大夫、士旧序列的士，而是基本进化为"事君者言敬"且具备文武或"秀民之能"的新型士人，亦即从属于君主官僚政治的新型士人。尽管仍保留四民分别编组居处和世袭为业的旧俗，但又规定"相示以巧"，"市贱鬻贵"，"农之子""其秀民之能为士"，给予四民一定的经营自由或上升流动的空间。

第二，强调"仓廪实"和"衣食足"，将官民储备和民众富庶置于首位。以民众富庶为基础，进而追求"富国强兵"与"强国富民"的统一③。前揭鼓励商贾"相语以利"，"市贱鬻贵"。

---

① （汉）司马迁：《史记》卷一百二十九《货殖列传》，第3265页。
② 白寿彝总主编，徐喜辰、斯维至、杨钊主编：《中国通史》第3卷《上古时代》下册，第1062页。
③ 参见周振鹤：《假如齐国统一了天下》，《二十一世纪》1995年第2期。今据氏著：《随无涯之旅》，第44页。

《说苑》载，管仲自称"'贫不能使富'，桓公赐之齐市租"[1]，亦即市场交易税。结果管仲本人率先"富拟于公室，有三归、反坫，齐人不以为侈"。这表明齐管仲应该是把包括自身在内的民众生活富裕"衣食足"，放在和官府"仓廪实"同等重要的位置，或主张以富民作为"强国"的基础。由是，"强国"也就有了广泛深厚的财富生成积累保障。

第三，"通货积财"，重视工商。所谓"通货积财"，简而言之，就是往来流通货物以积累财富的意思。由于齐国"士农工商"四民模式雏形，允许手工业者"辨其功苦，权节其用，论比协材，旦暮从事，施于四方，以饬其子弟，相语以事，相示以巧，相陈以功"；也允许商人"负、任、担、荷，服牛、轺马，以周四方，以其所有，易其所无，市贱鬻贵，旦暮从事"。在职业活动等方面，丝毫看不到歧视和压制工商的倾向。强调"通货积财"和工商居中必不可少的作用，重视工商业和农工商并举致富。这在 2 600 年前的春秋时代是难能可贵的。正如周振鹤教授所说："设工商之乡是齐国的特制，四民分工，并且地位平等是齐的创举，表明工商业在齐国有举足轻重的地位。"[2] 而后，还由"商就市井处"逐渐造就工商市民为主角的新型城市，带来临淄等都市的繁荣富庶。如《战国策》所云："临淄甚富而实，其民无不吹竽鼓瑟，击筑弹琴，斗鸡走犬，六博蹋踘者。临淄之途，车毂击，人肩摩，连衽成帷，举袂成幕，挥汗成雨，家敦而富，

---

[1] （汉）司马迁：《史记》卷六十二《管晏列传》，第 2134 页注〔二〕。
[2] 周振鹤：《假如齐国统一了天下》，《二十一世纪》1995 年第 2 期。今据氏著：《随无涯之旅》，第 40 页。

志高而扬。"① 这也是相当先进和可贵的。与之比较，千余年后的唐代长安坊市制为特色的行政主导型城市，就显得有些倒退落伍，反倒是两宋开封、临安等与之惊人相似。

第四，因俗随欲而治。讲究"与俗同好恶"，讲究"下令如流水之原，令顺民心"，"论卑而易行。俗之所欲，因而予之；俗之所否，因而去之"。主张"贵轻重，慎权衡"，"知与之为取，政之宝也"。拒绝行政强权的简单粗暴，追求低调务实易行，将"轻重""权衡""与""取"等商贾理念或管理方式，寓于官府行政过程之中。此种因俗随欲而治，有其高明之处，即使是对现代行政管理也具有一定的借鉴意义。尤其是对照比较秦制的种种暴虐手段，如"为私斗者，各以轻重被刑大小"；"事末利及怠而贫者，举以为收孥"；"天资刻薄"，"恃力"，"少恩"，"内刻刀锯之刑，外深铁钺之诛"，"号哭之声动于天地，畜怨积雠比于丘山"②，二者在手法巧拙和社会、民众承受顺逆方面，的确有天壤之别。

若是将齐四民"通货积财"模式与秦国模式两相比较，虽然都以"富国强兵"为目标，但齐国四民"通货积财"即"士农工商"较自由发展模式的雏形，其特质是重视工商和农工商并举致富，是藏富于民，类似自由资本主义。秦"编民耕战"模式崇尚耕战，崇尚集中财富、军力于国，类似国家资本主义或军国主义。手法上，齐国注重"与俗同好恶"，"贵轻重，慎权衡"，较多顺应社会经济或民众的自然走向。秦国则一味仰赖

① （宋）鲍彪校注，（元）吴师道重校：《战国策校注》卷四《齐策》，《四部丛刊初编》第257册，第9页a、b。
② （汉）司马迁：《史记》卷六十八《商君列传》，第2230、2237、2238页注〔四〕。

行政强权。四民"通货积财"雏形于海岱。"军功爵"编民耕战模式最初植根于"好稼穑,殖五谷"的关中。二者各有其深厚的地域文化根基。"海岱之间""人民多文采布帛鱼盐","其俗宽缓阔达,而足智,好议论"[①],恰恰是"士农工商"模式雏形的最好"摇篮"。

在这个意义上,春秋战国之际齐模式和秦模式的对决,既是地域族群差异的对决,也是经济发展形态不平衡的博弈。诚然,从政治军事成效看,二者在军事兵戎领域对决博弈之际,秦与齐间的优劣悬殊。齐国民众容易沉湎"吹竽鼓瑟,击筑弹琴,斗鸡走犬,六博蹹踘","怯于众斗,勇于持刺"[②]。秦国则"民勇于公战,怯于私斗"[③]。最终结局是秦始皇倚仗"军功爵"编民耕战这一制胜法宝,构成举国动员的战争机器,其甲士锐卒无敌于天下,战胜了齐、燕、赵、魏、韩、楚,进而统一了全国。

若是从更长的时段看,特别是从有利于社会经济繁荣发展的层面看,齐国四民"通货积财"又具有较多的合理性和优长。周振鹤教授指出,"齐国由于重视工商业,相应也就注重理财,管仲的轻重之术就是很高明的经济手段,是使齐国走上富强之路的重要因素","齐国的政策也并不强求思想一律,而是顺其自然","提高老百姓的道德水准并非用行政命令的手段,而是采取强国富民的方法以达到'仓廪实而知礼节,衣食足而知荣辱'的自觉水平","如果齐文化当真推行到四海,则其后二千年的历

---

① (汉)司马迁:《史记》卷一百二十九《货殖列传》,第 3261、3265 页。
② (宋)鲍彪校注,(元)吴师道重校:《战国策校注》卷四《齐策》,《四部丛刊初编》第 257 册,第 9 页 a。(汉)司马迁:《史记》卷一百二十九《货殖列传》,第 3265 页。
③ (汉)司马迁:《史记》卷六十八《商君列传》,第 2231 页。

史恐怕要有点两样"[1]。这是基本符合历史实际和经济发展趋势的见解。换言之，似乎不能简单地以战国末兼并战争的一时成败论"英雄"，更应当着眼和看重两千年来对经济发展和社会进步的功用角色。尽管仍存在四民分别居处和世袭其业等时代局限，尽管在集中财富、军力于国以支撑军事战争方面，齐国四民"通货积财"模式相形见绌，但它在重视工商、农工商并重、促进商品流通、藏富于民、崇尚顺民心和顺应社会经济自由发展，以及为"强国"提供财富保障等方面，提出了一系列符合价值规律及市场供求法则的明智方略，从而在国家临民政策层面另辟蹊径，开风气之先，成就"士农工商"同为四民、各治其业和较自由发展的早期雏形。还对战国以降，特别是对唐宋社会转型中临民理政方式等变通更新，发挥了值得称道的先驱效用。

二、两汉"士农工商"较自由发展
政策模式的起落浮沉

1. 汉初黄老政治与"士农工商"模式的短暂复活

刘邦建立西汉王朝之际，曾下达诏令"复故爵田宅"[2]，还强制"丈夫从军旅，老弱转粮饟"，"贾人不得衣丝乘车，重租税以困辱之"[3]，基本承袭的是秦朝"军功爵"编户耕战政策模式。

鉴于战乱甫定，经济残破，刘邦时已开始实施"与民休息"

---

① 周振鹤：《假如齐国统一了天下》，《二十一世纪》1995 年第 2 期。今据氏著：《随无涯之旅》，第 41、44、34 页。

② （汉）班固：《汉书》卷一下《高帝纪下》，第 54 页。

③ （汉）司马迁：《史记》卷三十《平准书》，第 1417、1418 页。

的策略。

惠帝刘盈即位不久，任用曹参为丞相，改行"无为而治"的黄老政治。笔者认为，当时崇尚"无为"的黄老政治，不仅表现在大幅度减少徭役和兵役征发，将编民耕战规制在"与民休息"状态，而且还和齐国四民"通货积财"模式的复活及私人工商业勃兴等存在着明显的因果联系。"无为而治"的黄老政治，是汉初全局性的政策环境和政治气候。在此种政策环境和气候之下，秦及西汉统一之际曾遭打压而销声匿迹的齐国四民"通货积财"模式才转而短暂地部分复活。而汉初私人工商业的蓬勃兴盛，正是短暂复活的齐国四民"通货积财"模式在经济领域内的基本展现及成果。

关于汉初私人工商业蓬勃兴盛的起因，《汉书》卷二十四上《食货志》披露"时民近战国，皆背本趋末"[1]。班固此言颇有道理，只是说的比较笼统含蓄，需要略加阐释。

在农、工、商等职业分野中，何者为本，何者为末？主要是见于商鞅变法中所强调的农本商末和重农抑商理论。如果从其"军功爵"耕战体制出发，这种理论不无合理性。前揭班固"本""末"之说亦代表汉代的主流政策话语。因为私人工商业与国家耕战的基本需要——甲士与粮食，毕竟不存在直接关联，反而容易与之争夺劳动人手等资源，涣散以劳役兵役为特定内容的耕战体制。但是，依照齐国四民"通货积财"模式，私人工商业者与士、农并列为四民，同为春秋以降社会新秩序下职业分工和经济繁荣发展的产物或需要，只有职业分野差异，没有本末贵贱

---

[1]（汉）班固：《汉书》卷二十四上《食货志》，第1127页。

的高下。即使是战国时期，也并非呈现"军功爵"耕战体制的"一统天下"，至少在齐国为代表的商品经济相对发达的东部地区，私人工商业并不受歧视和打击，反而较多重视工商业。时至汉初，此类热衷工商业的风气重新流行，所以，才有了班固"时民近战国，皆背本趋末"之说。而在汉初私人工商业随原齐国四民"通货积财"模式部分复活且短暂繁荣的过程中，先任齐国相，后接续萧何任汉丞相的曹参，又扮演了关键性的角色。

曹参是随从刘邦平定天下的"布衣将相"和重要功臣之一。在担任齐国相期间，曹参

▶ 曹参像（《古圣贤像传略》)

曾重金延请"善治黄老言"的胶西盖公，实施"治道贵清静而民自定"的策略，以治理齐国。惠帝二年（前193），曹参继萧何为丞相，又把"顺民之情与之休息"的黄老政治，推行于全国。一般认为，以曹参为代表的黄老政治，包括遵循旧制，"举事无所变更"；少干预属下事，勿扰民；择吏以"谨厚长者"为标准等内容，对刚刚"离秦之酷"的百姓来说，能够起到"填以无为，从民之欲，而不扰乱，是以衣食滋殖，刑罚用稀"[①]等效用。

《史记》卷五十四《曹相国世家》载：

> 惠帝二年，萧何卒。参闻之，告舍人趣治行，"吾将入相"。居无何，使者果召参。参去，属其后相曰："以齐狱市为寄，慎勿扰也。"后相曰："治无大于此者乎？"参曰："不然。夫狱市者，所以并容也，今君扰之，奸人安所容也？吾是以先之。"[②]

以上"以齐狱市为寄，慎勿扰也"句，殊为要害。迄今对"狱市"的解释，主要有两种：一是宋朱翌《猗觉寮杂记》卷下云："狱也，市也，二事也。狱如教唆词讼、资给盗贼，市如用私斗秤、欺谩变易之类，皆奸人图利之所。"二是陈直《汉书新证·萧何曹参传》指出，"狱市"为齐国大市名称，"狱"为

[①]（汉）班固：《汉书》卷三十九《萧何曹参传》，第2018、2019页；卷二十三《刑法志》，第1097页。参见林剑鸣：《秦汉史》上册，上海：上海人民出版社，1989年，第287—288页。
[②]（汉）司马迁：《史记》卷五十四《曹相国世家》，第2029页。

"嶽"字省文，即齐国庄嶽之市①。笔者比较倾向于陈直的说法。退一步讲，即使朱翌、陈直二说都有合理处，"狱市"一词也肯定包含有商业市场的意思。如此，曹参力主"并容""狱市"，保护齐国境内庄嶽等商业市场，不允许官府轻易扰乱的方略，洞若观火。实际上，在曹参治理齐国的"贵清静而民自定"的策略中，当含有抛弃秦商鞅"重农抑商"旧制，重新回归齐管仲重视工商或"士农工商"四民并重等内容。如果此种阐释能够成立，汉惠帝以后私人工商业的迅速复兴，就与曹参保护齐国境内商业市场的方略大有关联了。换言之，无论汉初"贵清静而民自定"的黄老政治，抑或全力保护庄嶽等商业市场的新方略，都肇始于原齐国海岱之地，都是由曹参经办和推行。称曹参居中扮演了关键性的角色，殆非虚言。

正因为有了曹参先任齐相后任汉丞相和汉朝廷的上述转变，国家对工商等产业采取不轻易干预的政策，如准许私人经营铸钱、煮盐、冶铁等，商人发展空间由此广阔，才导致"网疏而民富"，导致"汉兴，海内为一，开关梁，弛山泽之禁，是以富商大贾周流天下，交易之物莫不通，得其所欲"的局面。司马迁的精彩描绘，或可为证：南阳孔氏"大鼓铸，规陂池，连车骑，游诸侯，因通商贾之利"，"家致富数千金"；曹邴氏"以铁冶起，富至巨万"，"贳贷行贾遍郡国"；齐刁闲善用"桀黠奴"，"使之逐渔盐商贾之利，或连车骑，交守相"，"起富数千万"；周人师

---

① （宋）朱翌：《猗觉寮杂记》卷下，《丛书集成初编》第 284 册，第 54 页。陈直：《汉书新证》，北京：中华书局，2008 年，第 252 页。另参见李根蟠：《汉代的"大市"和"狱市"——对陈直〈汉书新证〉两则论述的商榷》，《中国社会经济史研究》2002 年第 1 期。

史"转毂以百数,贾郡国,无所不至","能致七千万";吴楚七国叛乱时无盐氏"出捐千金贷","一岁之中,则无盐氏之息什倍,用此富埒关中"①。

诚如林剑鸣先生所云,此时私营手工业乃至工商业具有经营者皆拥巨额资财的富商豪强、规模相当大且使用众多工匠、工商活动旨在营利等三个特点②。司马迁《货殖列传》对汉初富民在农工商中崛起的论说,可谓别树一帜。诸如"富者,人之情性,所不学而俱欲者也";"农工商贾畜长,固求富益货也";"是故本富为上,末富次之,奸富最下";"凡编户之民,富相什则卑下之,伯则畏惮之,千则役,万则仆,物之理也";"夫用贫求富,农不如工,工不如商,刺绣文不如倚市门";等等③。这些足以反映汉初黄老政治下富民的势力和地位,反映部分复活的四民"通货积财"模式对富民的宽容放纵。

上述史实表明,西汉初曹参推动下的黄老政治,促成齐国四民"通货积财"模式的部分复活,实现了该模式由"在野"步入合法,进而充当西汉编民耕战主导模式的补充或辅助。其直接经济成果就是私人工商业的繁荣及其短暂的黄金时代。

2. 汉武帝"役费并兴"极端化与轮台罪己"富民"

汉武帝即位后,放弃了黄老政治,改而"尊儒""尚法"。黩武开边和财经垄断,大抵是汉武帝朝在政治、经济领域内的基本建树。

---

① （汉）司马迁:《史记》卷三十《平准书》,第1420页;卷一百二十九《货殖列传》,第3261、3278—3281页。
② 林剑鸣:《秦汉史》上册,第565页。
③ （汉）司马迁:《史记》卷一百二十九《货殖列传》,第3271—3274、3281—3282页。

学者们通常把汉武帝黩武开边，归入边疆经营及民族关系，而把五铢钱、盐铁官卖、均输、平准等，视为加强和巩固专制主义中央集权的财经措施①。这样的分类叙述，不无道理。但是，历史的真相是：汉武帝的黩武开边和财经垄断，几乎是他元光二年（前133）之后32年间举国临战状态下并驾齐驱的两个"车轮"。而且是"转漕甚辽远，自山东咸被其劳，费数十百巨万，府库益虚"；"大农陈藏钱经耗，赋税既竭，犹不足以奉战士"；"其费以亿计，不可胜数。于是县官大空"，等等，因战争及工役所造成的财政亏空在前。"更钱造币以赡用"，"举行天下盐铁"，"杨可告缗遍天下"，"均输""平准"等，次第在后②。所有这些，《史记·平准书》及《汉书·食货志》，著在简册，昭如日星。而这两项基本建树或功业，又意味着战时"役费并兴"的极端化。

汉武帝黩武开边和"役费并兴"，尤其是前者可与秦始皇媲美，虽然有主动攻击匈奴和经营西域及西南夷等特色，但他依赖的基本上还是秦编民耕战体制，所征用调集兵卒动辄上万，乃至十万、数十万③。征用役使的仍然主要是承担兵役、徭役的编户齐民。

为解决浩大的军费开支及由此派生的财政危机，汉武帝任用桑弘羊等，实行有名的盐铁官营、均输、平准、告缗等。这些财经垄断措施，除去告缗打击剥夺商贾可以在商鞅变法中看到若干

---

① 翦伯赞主编：《中国史纲要（增订本）》，北京：北京大学出版社，2006年，第94—95页。林剑鸣：《秦汉史》上册，第374、399页。白寿彝总主编，白寿彝、高敏、安作璋主编：《中国通史》第4卷《中古时代·秦汉时期》上册，第321、323页。

② （汉）司马迁：《史记》卷三十《平准书》，第1422、1425、1429、1435、1440、1441页。

③ （汉）班固：《汉书》卷六《武帝纪》，第163—164、171、176页。

类同物，或是在国家强权管制上
与商鞅有相通处外，基本上和秦
军功爵编民耕战体制风马牛不相
及。而是颇多借用管子轻重理论，
选择性吸收齐国"通货积财"及
轻重术等某些内容为其所用。

▲ 西汉上林三官五铢钱，上海博物
馆藏

汉武帝上述财经垄断，具有
如下三个特色：起用大商贾及子
弟，使其摇身变为"兴利臣"；采
用管仲轻重、权衡、榷卖等术；出卖军功爵，使其发生商业化变
异。以上特色，显然是在吸收齐国式"通货积财"及轻重理论的
基础上又有所变异，突出之处，就是把齐国式"通货积财"等某
些因素掺入财经垄断，使之充任编民耕战模式的某种补充，共同
服务于战时"役费并兴"的极端化。

为黩武开边服务的财经垄断，暂时给汉朝廷带来了可观的财
富。如《史记》卷三十《平准书》所云，"而县官有盐铁缗钱之
故，用亦饶矣"；"大农以均输调盐铁助赋，故能赡之"；"所过
赏赐，用帛百余万匹，钱金以巨万计，皆取足大农"[①]。桑弘羊也
曾标榜：盐铁榷卖等乃"国家大业，所以制四夷，安边足用之
本"[②]。这就得以支撑和满足汉武帝的黩武开边及官府穷奢极欲的
经济需求。实行"贾人有市籍者，及其家属，皆无得籍名田"[③]
等政策，对身受官府赋役及受富商盘剥的农民来说，又似乎有一

---

① （汉）司马迁：《史记》卷三十《平准书》，第 1435、1440—1441 页。
② （汉）班固：《汉书》卷二十四下《食货志下》，第 1176 页。
③ （汉）司马迁：《史记》卷三十《平准书》，第 1430 页。

定的保护或优待。而盐铁榷卖所谓"民不益赋而天下用饶"[①]，至少意味着没有直接对农民增加赋税。

然而，上述收益毕竟是有限和暂时的。大规模的黩武开边和财经垄断，维持了30余年，终于招致农户破产流离，商人破家，货少价贵，民贫穷，国亦贫弱等灾难性后果。首先是农户破产流离。元封四年（前107），"关东流民二百万口，无名数者四十万"[②]。其次是商人破家，货少价贵。史称，"杨可告缗遍天下"，商贾中家以上大率破败。随之出现"商者少，物贵"，"民偷甘食好衣，不事畜藏之产业"等不正常现象[③]，社会生产、流通及财富积累储存等皆遭受严重破坏。再次是百姓和国家相继贫弱，民力和国力虚耗空竭。由于官民"不事畜藏"，"天下虚耗，人复相食"[④]，与汉武帝黩武开边、财经垄断相依存的富国强兵，走向反面，导致了国家和百姓的一概穷困窘迫。

征和四年（前89）三月，汉武帝颁布轮台"罪己"诏，声称"自今事有伤害百姓、靡费天下者，悉罢之"。同年六月，封丞相田千秋为富民侯，以明休息，思富养民，正式放弃黩武拓边与极端财经垄断，改行"富民"政策[⑤]。这就宣告了上述"役费并兴"战时极端化的完结。

昭、宣二帝受大将军霍光的辅佐，承袭武帝富民政策，"知

---

① （汉）司马迁：《史记》卷三十《平准书》，第1441页。（汉）班固：《汉书》卷七十八《萧望之传》，第3277页。

② （汉）班固：《汉书》卷四十六《石奋传附石庆传》，第2197页。

③ （汉）司马迁：《史记》卷三十《平准书》，第1435、1440页。

④ （汉）班固：《汉书》卷二十四上《食货志》，第1137页。

⑤ （宋）司马光编著，（元）胡三省音注，"标点资治通鉴小组"校点：《资治通鉴》卷二十二《汉纪十四·武帝下之下》，征和四年三月癸巳、六月丁巳，第737页。参见田余庆：《论轮台诏》，《历史研究》1984年第2期；今据氏著：《秦汉魏晋史探微》，北京：中华书局，2004年重订本，第50—51页。

时务之要，轻徭薄赋，与民休息"，于是"流
民稍还，田野益辟，颇有蓄积"，"岁数丰穰"，
社会经济重新得到发展，史称昭宣"中兴"①。

　　然而，"盐铁会议"上围绕如何继续实行
武帝末"与民休息"和"富民"等政策，统
治层曾出现分歧。贤良文学主张废罢"盐铁

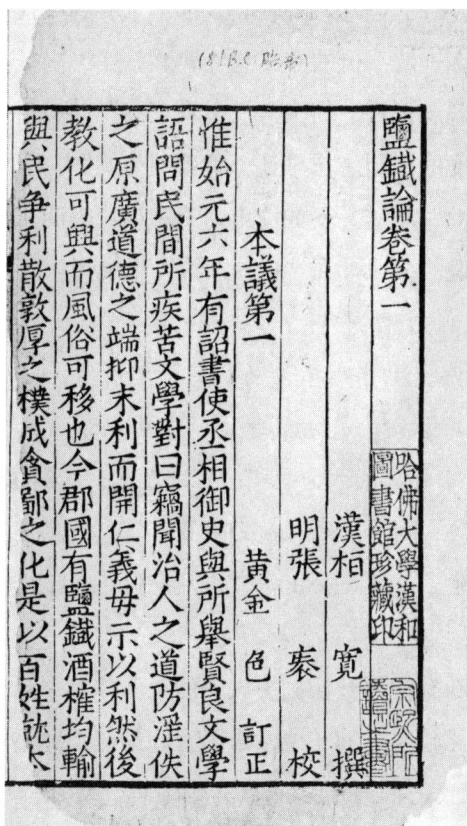

◀《盐铁论》（明万
历十四年［1612］张
衮星聚堂刻本，哈佛
大学图书馆藏）书影

① （汉）班固：《汉书》卷七《昭帝纪》，第 233 页；卷八
　　《宣帝纪》，第 275 页；卷二十四上《食货志四上》，第
　　1141 页。

酒榷均输官，毋与天下争利"。桑弘羊极力反对，认为财经垄断政策乃"国家大业，所以制四夷，安边足用之本"。仅是和丞相田千秋"共奏罢酒酤"，以为妥协。不久，桑弘羊因怨恨霍光和参与上官桀等谋反，被诛[①]。大将军霍光继续废罢酒榷，继续实行"与民休息"和"富民"等政策。

无论曹参"并容"齐"狱市"，汉初"网疏而民富"，"富商大贾周流天下"，抑或武帝罪己"富民"，都不难看到汉代"士农工商"模式早期形态一波三折的非主流境遇。

西汉后期重商观念再度"抬头"，"士农工商"四民秩序，随而受到朝野一定程度的认同。司马迁《货殖列传》"夫用贫求富，农不如工，工不如商，刺绣文不如倚市门"等说，表明重商观念在西汉前期已见端倪。桑弘羊在"盐铁会议"上又说：

> 诸殷富大都，无非街衢五通，商贾之所臻，万物之所殖者。故圣人因天时，知者因地财，上士取诸人，中士劳其形。长沮、桀溺，无百金之积；跖蹻之徒，无猗顿之富。宛、周、齐、鲁，商遍天下。故乃商贾之富，或累万金，追利乘羡之所致也。富国何必用本农，足民何必井田也？[②]

因操办财经垄断有功而升任御史大夫的桑弘羊等，对待富民和工商业的态度是比较复杂的。他并未因官职赫然及算缗告缗带来诸多商贾破家而丧失商人子弟固有的价值理念。在盐铁会议

---

① （汉）班固：《汉书》卷二十四下《食货志四下》，第1176页。
② （汉）桓宽：《盐铁论》卷一《力耕第二》，《四部丛刊初编》第323册，第7页b、8页a。

上，他与贤良文学的争执焦点主要是肯定盐铁榷卖与否。桑弘羊又强调"殷富大都""街衢五通"及"万物之所殖"之中"商贾之所臻"的功用，依然尊商重商，赞誉"宛、周、齐、鲁，商遍天下"，"乃贾之富，或累万金，追利乘羡"等，属于"知者因地财"。至于鼓吹"富国何必用本农，足民何必井田也"，实际上是某种程度地否认秦商鞅等农本商末和重农抑商理论，又质疑帝制国家单凭授田以富国强兵的政策，主张"富国""足民"并重，农商皆可以"足民"，皆利于"富国"。可见，桑弘羊等虽然反对废罢盐铁榷卖，但他同样反对编民耕战模式中的重农抑商，更倾向于重商或农商并重。桑弘羊等身为商贾子弟而曾被汉武帝利用来为其黩武开边服务，他的重商言论，并不足怪。西汉初工商业的短暂辉煌发展及编民耕战与"士农工商"二模式交替消长，造成了桑弘羊等微妙处境及复杂态度。

3. 东汉"士农工商"的演化变态

东汉实行不抑制商人的政策，又兼和帝废除盐铁专卖制，给富商大贾带来发展膨胀的机会，他们操纵大商业，"船车贾贩，周于四方；废居积贮，满于都城"[1]。中叶以后，商业资本发达，商人在经济上得势，又多投资土地，变为商人地主，还寻求政治上倚仗官府，呈现某种程度的商人、地主、官僚三位一体。

如果说前揭桑弘羊语反映的是重商观念在西汉后期的再度上升，那么东汉班固、荀悦有关"四民"的论说，则大抵表现当时文人舆情对"士农工商"四民秩序的逐步认同。尽管《汉书·货殖传》也曾抨击商贾"上争王者之利，下锢齐民之业，皆陷不轨

---

[1] （南朝宋）范晔：《后汉书》卷四十九《仲长统》引《昌言·理乱》，北京：中华书局，1965年，第1648页。

奢僭之恶"，"伤化败俗，大乱之道也"①。

班固云：

> 士农工商，四民有业。学以居位曰士，辟土殖谷曰农，
> 作巧成器曰工，通财鬻货曰商。圣王量能授事，四民陈力
> 受职。
>
> 四民因其土宜，各任智力，夙兴夜寐，以治其业，相与
> 通功易事，交利而俱赡，非有征发期会，而远近咸足。②

荀悦又曰：

> 国有四民，各修其业。不由四民之业者，谓之奸民。奸
> 民不生，王道乃成。③

经历编民耕战模式与"士农工商"模式的上述主辅位置的摇
摆、交替等，经历师丹"限田"、王莽"王田"等屡次失败，昔
日秦至西汉赖以立国的编民耕战模式业已丧失了主导性。与此同
步，东汉豪强地主继续发展，"与时俯仰，获其赢利，以末致财，
用本守之"④所造就的大工商业者兼大地主，以及"独尊儒术"之
后依附于经学的士人及士家等，相继应运而生。与昔日齐管仲时
代雏形的"士农工商"四民秩序相比，东汉时"士农工商"四民

---

① （汉）班固：《汉书》卷九十一《货殖传第六十一》，第 3694 页。
② （汉）班固：《汉书》卷二十四上《食货志四上》，第 1117—1118 页；卷九十一
　　《货殖传第六十一》，第 3679 页。
③ （汉）荀悦：《前汉纪》卷十，《四部丛刊初编》第 88 册，第 3 页 a。
④ （汉）司马迁：《史记》卷一百二十九《货殖列传》，第 3281 页。

的分居已不复存在。士，大多由依附于经学的士人及士家组成，即班固所云"学以居位曰士"。农，则是以豪强地主及其依附民为主，作为编民的自耕农锐减。工商，在产业分工上依旧是"作巧成器曰工，通财鬻货曰商"，但身兼大地主的大工商业者已不乏见。显然，东汉"士农工商"四民秩序及官府政策，已带有豪强地主支配的新属性。从东汉班固、荀悦有关"四民"的论说能够看到，班固、荀悦虽然反对"民肆其诈，偪上并下"及"奸民"行径，但已开始摒弃"重本抑末"的旧说，转而强调"各任智力"，"以治其业，相与通功易事，交利而俱赡"。这表明上述社会演进，不仅赋予"士农工商"秩序新的内涵，也令班固、荀悦等文人舆情认同发生了相应的改变。

魏晋南北朝世家大族对士的异化，坞壁、部曲等对编民的侵蚀，庄园自然经济膨胀和少

▼ 三国魏时期砖墓《坞壁图》，1972 年甘肃省嘉峪关市魏墓出土

数民族入主中原所带来的手工业、商业萎缩，等等，尤其是私家依附关系的膨胀发展，较大程度上改变了战国以来地主经济和帝制国家对百姓的直接管辖役使的秩序。由此，编民耕战和"士农工商"较自由发展二临民理政模式也随之在中原地区基本中断。直至北魏"均田制"、西魏"府兵制"等创立，以及隋、唐二王朝相继承袭，又建立起类似秦至西汉的均田民耕战体制。

三、晚唐至两宋"两税法""不抑兼并"与
"士农工商"模式的定型

先说"两税法"顺应"田制不立"且为"士农工商"较自由发展模式定型开辟道路。

马端临指出：

> 随田之在民者税之而不复问其多寡，始于商鞅。随民之有田者税之而不复视其丁中，始于杨炎。三代井田之良法坏于鞅，唐租庸调之良法坏于炎。二人之事，君子所羞称，而后之为国者莫不一遵其法。一或变之，则反至于烦扰无稽，而国与民俱受其病。①

唐德宗朝的"两税法"，是学界公认的赋役制度变革，对后世产生了巨大而深远的影响②。这正是马端临将"两税法"和商鞅

① （宋）马端临：《文献通考·自序》，第4页。
② 参见陈明光：《20世纪唐代两税法研究评述》，《汉唐财政史论》，长沙：岳麓书社，2003年，第245页。

变法相提并论的缘由。无独有偶，商鞅变法与"两税法"，恰又分别和笔者讨论的编民耕战、"士农工商"较自由发展二模式的确立，紧密联系在一起。笔者拙见，作为"唐宋变革"或社会经济转型核心内容的"两税法"，其重要贡献之一就是顺应"田制不立"，编民对土地使用为主转变为对土地占有为主的大势，亦即所谓由"随田之在民者"变为"随民之有田者"[①]，从国家税制层面为晚唐至两宋"士农工商"较自由发展模式升为主导而奠基开路。

"两税法"的核心内容是"随民之有田者"舍丁身而税田产，因其税制属性，故更是直接关乎帝制国家的临民理政。《旧唐书·杨炎传》云："人无丁中，以贫富为差……人不土断而地著。"[②]陆贽讲得更透彻："（两税）唯以资产为宗，不以丁身为本……"[③]之所以舍丁身而税田产，根子就在于均田制瓦解及"田制不立"，即前述编民对土地使用为主转变为对土地占有为主。正如《新唐书·食货志》载："租庸调之法，以人丁为本。自开元以后，天下户籍久不更造，丁口转死，田亩卖易，贫富升降不实。……而租庸调法弊坏。自代宗时，始以亩定税，而敛以夏秋。至德宗相杨炎，遂作两税法。""盖口分、世业之田坏而为兼并，租、庸、调之法坏而为两税。"[④]"两税法"实乃认可和顺应均田制瓦解及"田制不立"大势的赋役变革。20世纪30年

---

① （宋）马端临：《文献通考·自序》，第4页。
② （后晋）刘昫等：《旧唐书》卷一百一十八《杨炎传》，第3421、3422页。
③ （唐）陆贽：《陆贽集》卷二十二《中书奏议六·均节赋税恤百姓第一条》，杭州：浙江古籍出版社，2013年，第256页。
④ （宋）欧阳修、宋祁：《新唐书》卷五十二《食货志二》、卷五十一《食货志一》，第1351、1342页。

代，万国鼎评论："惟田赋不计亩而计丁或户，则与均田制度相辅而行，盖必人皆授田，始可按丁征租……逮唐之中叶，均田制度坏，租庸调亦不能复行，改为两税法矣。"[1] 胡如雷云："均田制的破坏是由租庸调发展而为两税法的关键。"[2] 需要厘清的是，这里的"田制不立"的田制，准确地说，并非先秦领主制共同体占有的井田，而是战国、秦、西汉式的郡县制国家计口授田[3]，北朝、隋唐的均田与之类似。由于编民或均田民通常授田百亩，所以租庸调等以"丁身为本"而划一定额交纳租调，就是简便易行的。而当"田制不立"和根本无法简单按丁身征收租调之际，就不得不让渡于据田亩而征的"两税法"了。

"两税法"实施后，大土地占有及租佃制的发展获得了更大的空间与便利，而开"不抑兼并"之先河。"盖口分、世业之田坏而为兼并"之说，是也。譬如，北宋初，孟州汜水县（今河南荥阳市）酒务官李诚占田"方圆十里，河贯其中，尤为膏腴。有佃户百家"[4]。这方面的史料甚多，恕不胪列。

关于和"两税法"相伴随的"不抑兼并"的政策转向，宋人王明清《挥麈录·余话》所引《枢廷备检》载：

> 置转运使于逐路，专一飞挽刍粮，饷军为职，不务科

---

① 万国鼎：《中国田制史》，北京：商务印书馆，2011 年，第 188 页。

② 胡如雷：《唐代两税法研究》，《河北天津师范学院学报》1958 年第 1 期。收入氏著：《隋唐五代社会经济史论稿》，北京：中国社会科学出版社，1996 年。

③ 张家山二四七号汉墓竹简整理小组编：《张家山汉墓竹简》，第 165、166、175、176 页。另参见刘泽华：《论战国时期"授田"制下的"公民"》，《南开大学学报（哲学社会科学版）》1978 年第 2 期。

④ （宋）魏泰撰，李裕民点校：《东轩笔录》卷八，北京：中华书局，1983 年，第 92 页。

敛，不抑兼并。富室连我阡陌，为国守财尔。缓急盗贼窃发，边境扰动，兼并之财，乐于输纳，皆我之物。①

对这段史料，近年学者们颇有争议。有人依然认为"不抑兼并"是赵匡胤制定的宋代国策，有人撰文质疑反驳②。笔者觉得争论双方见仁见智，都有史实依据，暂不妄加评判。退一步讲，"不务科敛，不抑兼并。富室连我阡陌，为国守财尔。缓急盗贼窃发，边境扰动，兼并之财，乐于输纳，皆我之物"，或非出自赵匡胤谕旨。但是，揆以"城郭人户，虽号兼并，然而缓急之际，郡县所赖，饥馑之岁，将劝之分以助民，盗贼之岁，将借其力以捍敌，故财之在城郭者，与在官府无异也"③等多种类似说法，"不抑兼并"和"富室""为国守财"的政治理念，在宋代得到了皇帝大臣们的普遍认可而成为一种主流政策倾向，估计是没有什么疑义的。

顺便说说"不抑兼并"的实施情况。近日有幸拜读李华瑞教授《宋代抑兼并述论》④，收获匪浅。笔者赞同文章所持的宋朝对

① （宋）王明清撰，燕永成整理：《挥麈录余话》卷一《枢廷备检》，郑州：大象出版社，2009年，第306页。
② 杨际平：《宋代"田制不立"、"不抑兼并"说驳议》，《中国社会经济史研究》2006年第2期。薛政超：《也谈宋代的"田制不立"与"不抑兼并"——与〈宋代"田制不立"、"不抑兼并"说驳议〉一文商榷》，《中国农史》2009年第2期。杨际平：《〈宋代"田制不立"、"不抑兼并"说〉再商榷——兼答薛政超同志》，《中国农史》2010年第2期。
③ （宋）苏辙：《栾城集》卷三十五《制置三司条例司论事状（奏乞外任状附）》，《四部丛刊初编》第973册，第3页b、4页a。另叶适《水心别集》卷二《民事下》说："然则富人者，州县之本，上下之所赖也。"（《宋集珍本丛刊》第66册，北京：线装书局，2004年，第709页）清初王夫之又提出："不禁兼并，而兼并自息……"（《读通鉴论》卷十四《孝武帝》，中册，第381页）后者显然是主张用市场经济运行去平息兼并。
④ 李华瑞：《宋代抑兼并述论》，载厦门大学国学院等联合主办：《"重走朱熹之路"与宋代社会学术研讨会论文集》，2017年。

合理土地买卖兼并不加抑制，同时又抑制打击非法兼并和"诡名挟户"等占田不纳税者，以及王安石变法实乃国家政权重拳出击下的抑兼并等观点。有必要补充和强调的是，赵宋的"不抑兼并"政策具有相对性。第一，宋朝廷的政策既非一味的"不抑兼并"，也不是一味的"抑兼并"，虽然整体上"不抑兼并"占主导，但只是相对于"抑兼并"而言的。况且，"不抑兼并"与"抑兼并"二者在不同时段内或有偏重，或呈现消长交替。譬如，在宋初"不抑兼并"是主导性的，神宗"王安石变法"之际"抑兼并"又升为主导。秦晖教授有关中国经济史上存在"抑兼并"与"不抑兼并"的某种交替循环的说法[1]，用在宋代或多半不差。第二，从较长时段看，赵宋的"不抑兼并"，主要是相对于汉唐而言的，这就是多数人认为赵宋以"不抑兼并"为主导政策或"国策"的原因。第三，谁也不会否认赵宋没有搞秦、西汉、北朝、隋、唐前期式的授田或均田，就传统的农业社会而言，此类"田制不立"，亦即由"随田之在民者"变为"随民之有田者"[2]，乃是最根本的不抑兼并。前揭《新唐书》"盖口分、世业之田坏而为兼并"语，可为之证。倘若笔者的判断不错，自然应该承认赵宋统治者的临民理政方式已摆脱了汉唐"编民耕战"式的强制管束和藏富于国的窠臼，确实发生了"不抑兼并"导向的改变。这应是顺应中唐以降经济社会发展趋势的务实性选择。请不要小觑这种导向改变。恰恰是赵宋"不抑兼并"及藏富于民的政策推动，"士农工商"较自由发展模式才得以较快取代"编民耕战"

---

[1] 秦晖：《中国经济史上的怪圈："抑兼并"与"不抑兼并"》，《战略与管理》1997年第4期。

[2] （宋）马端临：《文献通考·自序》，第4页。

的主导地位，走到了历史前台。

换句话说，晚唐至两宋"两税法""不抑兼并"和"士农工商"较自由发展模式定型三者，确实存在较多的因果联系。"两税法"是晚唐至两宋转而以财税为主调节掌控的基础或前提，"不抑兼并"和四民较自由发展又因其促成且皆有利于两税税源的保障，三者在财税为主的调节掌控新格局下有机地结合起来。而且，在国家临民理政层面上，"不抑兼并"偏重充任士农工商发生后文所揭五项"较自由"变化的官府侧导向或特定"催化剂"，士农工商较自由发展又是其导向之下四民职业群或产业的发展效应①。这就是晚唐至两宋"不抑兼并"为导向的"士农工商"较自由发展模式的逻辑根由。

与编民耕战模式相比，"士农工商"较自由发展模式既有延续继承，又有扬弃变异，主要是将近乎偏执的身丁管控，改为财税为主的调节掌控。其内容特质至少有四点迥异：一是不搞授田，不抑兼并。二是沉重的劳役和兵役，已多数转变为代役钱和货币税收等。三是变重农抑商为农商并重。四是变一味藏富于国为偏重藏富于民。"士农工商"模式不仅在称谓上直接展示突出官府临民理政的四民对象，不再强调"编"及耕战义务，而且突出体现着四民较自由发展的社会经济秩序。正如钱穆所云："自从唐代租庸调制破坏，改行杨炎两税制，自由经济又抬头。农田兼并，再度造成小农与大农。"②这里说的"自由经济"，大抵是

---

① 拙文撰写之初，拟以"'不抑兼并'模式"冠名。考虑到溯源齐四民"通货积财"、两汉起落浮沉及其与编民耕战模式的关联性，遂改称"'士农工商'较自由发展政策模式"。

② 钱穆：《中国社会演变》，《国史新论》，台北：东大图书公司，1984年再版，第21页。

"士农工商"及后三产业较自由发展的意思。与西汉初"黄老政治""网疏而民富"和汉武帝晚年"富民"政策[1]分别替秦皇暴虐、汉武黩武收拾残局类似，杨炎创"两税法"的直接诱因，无疑是在隋唐均田民耕战模式崩溃之际，出于财政税收或维持统治的需要，不得不改弦易辙，同时也体现着让渡给"士农工商"模式的无可挽回的趋势。

接着讨论"士农工商"较自由发展模式定型后的内涵及属性特色。

南宋陈耆卿说：

> 古有四民，曰士，曰农，曰工，曰商。士勤于学业，则可以取爵禄；农勤于田亩，则可以聚稼穑；工勤于技巧，则可以易衣食；商勤于贸易，则可以积财货。此四者，皆百姓之本业，自生民以来，未有能易之者也。[2]

黄震亦云，"国家四民，士农工商"，"各有一业，元不相干"，"同是一等齐民"[3]。

清人沈垚言：

> 封建之世，计口授田，处四民各异其所，贫富无甚相悬。周末兼并，而货殖之术以兴。魏晋后崇尚门第，九品

---

[1]（汉）班固：《汉书》卷二十四上《食货志上》，第1136、1138、1139页注〔一〕。

[2]（宋）黄𤞤、齐硕修，（宋）陈耆卿纂：《嘉定赤城志》卷三十七《风土门·土俗·重本业》，《宋元方志丛刊》第7册，北京：中华书局，2006年，第7578页。

[3]（宋）黄震：《黄氏日钞》卷七十八《又晓谕假手代笔榜》《词讼约束》，《景印文渊阁四库全书》第708册，第786、787、802页。

士庶之分，事虽异古而杂流不得与清班并。仕者禄秩既厚，有功者又有封邑之租以遗子孙，故可不与小民争利。唐时封邑始计户给绢，而无实土。宋太宗乃尽收天下之利权归于官，于是士大夫始必兼农桑之业，方得赡家，一切与古异矣。仕者既与小民争利，未仕者又必先有农桑之业，方得给朝夕，以专事进取。于是货殖之事益急，商贾之势益重，非父兄先营事业于前，子弟即无由读书，以致身通显。是故古者四民分，后世四民不分，古者士之子恒为士，后世商之子方能为士，此宋、元、明以来变迁之大较也。①

综观上述议论，陈耆卿和黄震所言比较简约，重点反映的是迄南宋完全挣脱汉唐"重农抑商"的桎梏，包括工商在内的四民最终取得了皆为"本业"和"同是一等齐民"的社会地位②。晚至清代的沈垚，上溯西周，下及宋、元、明，纵论三千年，大体属于阅尽沧桑之反观。尽管"封建之世，计口授田"等描述稍显张冠李戴，但"周末兼并，而货殖之术以兴。魏晋后崇尚门第"，"故可不与小民争利"；两宋前后"一切与古异矣。仕者既与小民争利，未仕者又必先有农桑之业，方得给朝夕，以专事进取"，等等，可谓切中底里。尤其是"古者四民分，后世四民不分"之说，更是点出了中唐以降"四民"自等级秩序向皆为"本业""元不相干"和"同是一等齐民"的嬗变。简言之，陈、黄、沈的议论，不约而同地披露出中唐以降

---

① （清）沈垚：《落帆楼文集》卷二十四《费席山先生七十双寿序》，《续修四库全书》第1525册，第663、664页。

② 参见朱瑞熙：《宋代社会研究》，郑州：中州书画社，1983年。王曾瑜《宋朝阶级结构（增订版）》，北京：中国人民大学出版社，2010年，第3—8页。

特别是两宋士农工商较为自由发展的多种重要信息。兹结合以上"两税法"和"不抑兼并"等论述，着眼于晚唐至两宋"四民"相应的五项变化，进一步阐发"士农工商"较为自由发展模式的新内涵及特色。

（1）编户新增主户、客户等规则。众所周知，北宋初，按照土地财产状况将全国居民分成主户和客户两大类，增添了主户、客户及形

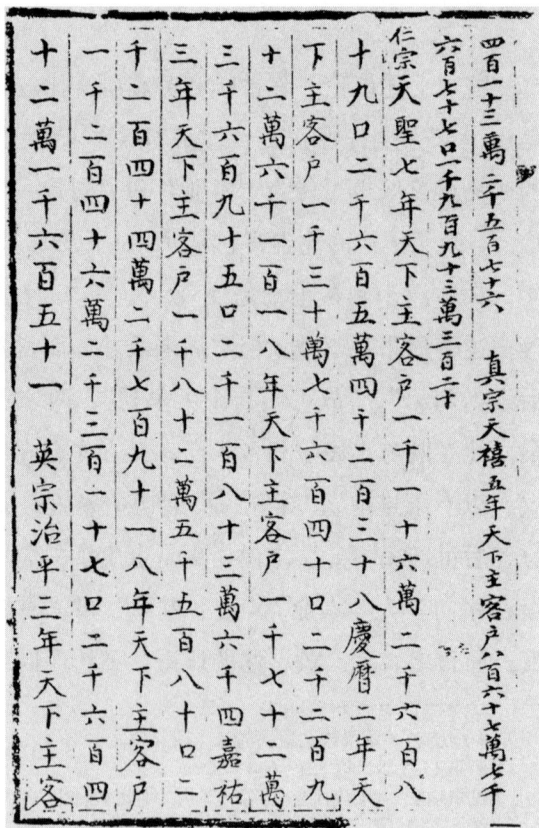

▶《宋会要辑稿》"食货"之"户口杂录"中所载宋初主客户数（局部）

势户等新鲜内容[1]。主户指占有土地、交纳赋税的地主和自耕农（有产税户），其内部又依田产多寡分为五等。客户是没有土地、为地主耕种的佃户（无产非税户）。客户在宋代的一大变化是不再指谓漏籍流寓户，也不再是地主的徒附，改而以佃户新特质进入国家编户。直接反映租佃关系和财产多寡，当是宋户籍制的显著特色。宋代形势户大体是上户中官户和吏户的统称。官户，指谓"品官之家"。吏户，主要是州县衙门的公吏之家。此外，城郭户中含有较多商人和手工业者。"况主户之于客户皆齐民乎！"[2]不论主户、客户及形势户，虽承秦汉传统，继续维持编户法律上的平民身份，但因不行授田且依财产土地多寡及官职来明确规定其名色，所体现的富贫及官民之类的不平等，又是与汉唐编户的差别。

（2）募兵及差役取代兵役、徭役。自中唐募兵逐渐取代府兵，宋代更盛行募兵制。宋太祖说："吾家之事，唯养兵可为百代之利。盖凶年饥岁，有叛民而无叛兵；不幸乐岁变生，有叛兵而无叛民。"[3]荒年招募破产流民当兵及耗巨资养兵，遂成为宋朝另一项国策。募兵之精锐选为禁军，欠合格者编入厢军。百姓不复承担兵役，相当多的劳役也由厢军充任[4]。北宋初，夫役尚多，或主户、客户"共分力役"，或"计田出丁"[5]。北宋末，定制并实行"尽输免夫之

---

① （清）徐松辑，刘琳等点校：《宋会要辑稿》食货十一之二十六、十二之一，上海：上海古籍出版社，2014年，第6224—6225、6229页。

② （宋）胡宏著，吴仁华点校：《胡宏集》之《书·与刘信叔书五首》，北京：中华书局，1987年，第119页。

③ （宋）邵博撰，刘德权、李剑雄点校：《邵氏闻见后录》卷一，北京：中华书局，1983年，第1页。

④ （宋）章如愚：《群书考索·后集》卷四十一《兵制门·州兵》，《景印文渊阁四库全书》第937册，第571页。

⑤ （清）徐松辑：《宋会要辑稿》食货六十九之七十八、七十之一百六十七，第8093、8200页。（元）脱脱等：《宋史》卷九十四《河渠志》，北京：中华书局，1977年，第2347页。

直"，即官府征收免夫钱代替身役①，以适应大土地占有和农民丧失土地等情况。又普遍实施依户等轮流充当里正、耆户长等的差役制。由此国家基本放弃直接无偿征发力役的旧制，此与汉唐编户有异。

鉴于以上两条，"四民"中包括地主、自耕农及佃农的"农"，田产数量不再受管制，租佃关系合法，徭役和兵役因多改招募而负担大为减轻，获得了较自由发展，其不稳定性更为凸显。

（3）商贾上升。"工商杂类"的名籍歧视逐渐被消除，农工商"皆百姓之本业"，为更多人所接受。商贾子弟被允许参加科举，有些还能中进士，跻身仕途②。商人又交结宗室和官僚，或与之联姻，或纳粟买官，凭借其雄厚资财及商业繁荣，社会地位及影响力不断提升。商人在国家多项征榷活动中与官府联手，尤其是有专营特权的盐商、茶商等（详后）。唐钱帛并行演变为宋货币商品经济，无论是国家财政抑或民间经济活动，货币日益成为财富的象征。富商往往因频繁过手货币和专卖钞引等，俨然大宗财富的拥有者或操持者，其地位提升不言而喻③。尽管官府竭力垄断或半垄断大型利好产业，以富商为首的私营工商业仍然能在夹缝中获得一定的发展。葛金芳教授指出，宋以降长江三角洲等狭义的江南地区率先形成了"农商社会"④。富商显赫和农商并重的经济秩序，表明"四民"中的工商获得较自由发展。这与秦

---

① （元）脱脱等：《宋史》卷一百七十五《食货志》，第 4248 页。
② （清）徐松辑：《宋会要辑稿》选举十四之十二，第 5536 页。（宋）洪迈撰，何卓点校：《夷坚志·丁志》卷十六《黄安道》，北京：中华书局，1981 年，第 670 页。
③ 参见朱瑞熙：《宋代商人的社会地位及其历史作用》，《历史研究》1986 年第 2 期。
④ 葛金芳：《"农商社会"的过去、现在和未来——宋以降（11—20 世纪）江南区域社会经济变迁论略》，南开大学历史学院、北京大学历史学系、中国社科院历史所编：《中国古代社会高层论坛文集：纪念郑天挺先生诞辰一百一十周年》，第 384—400 页。《从"农商社会"看南宋经济的时代特征》，《国际社会科学杂志（中文版）》2009 年第 3 期。

至西汉的重农抑商，形成很大的反差。

（4）士大夫演进。科举制推行后，进士"士林华选"成为各阶层仕进的共同趋向，士阶层不断扩大。士庶由对立逐渐走向合流，原先讲究家世门第高低和世代显宦的士族，演化为凭借智力科考且功名系于自身的士大夫。因谏议制成熟及以"致君行道"为己任，两宋"与士大夫治天下"，迎来一段君臣共治的"黄金时代"。科举对商人子弟开放，"士之子恒为士"旧格局不复存在，"士大夫始乃兼农桑之业，方得赡家"；士大夫求贵更求富，"非父老先营事业于前，子弟即无由读书，以致身通显"。士大夫在四民中保持其政治优势的同时，又获得与农、工、商间交流的一定机动空间，尤其是和商贾的交往及社会流动增加，士商雅集唱和渐多，士大夫获取富商资助，富商借交往士大夫而附会风雅。更有甚者，官吏之家"货殖之事益急，商贾之事益重"，兼做商贾的日渐增多。北宋中叶以降，仕宦者"纡朱怀金，专为商旅之业者有之，兴贩禁物茶、盐、香草之类，动以舟车，楸［贸］迁往来，日取富足"①。官吏经营商贾及工商子弟允许科考，大大缩小了原"四民"中最尊贵的"士"与最低贱的"商"间的距离，二者的"名位"界限，因贫富贵贱的错综复杂而日趋淡漠。此与汉唐编户中的"士"稍异。

（5）"富民"阶层崛起。宋人说："乡村上三等并坊郭有物业户，乃从来兼并之家也。"②此"上三等并坊郭有物业户"，即构成

---

① （宋）蔡襄：《宋端明殿学士蔡忠惠公文集》卷十八《国论要目·废贪赃》，《宋集珍本丛刊》第 8 册，第 86 页。

② （宋）韩琦：《上神宗乞罢青苗及诸路提举官》，载（宋）赵汝愚编，北京大学中国中古史研究中心校点整理：《宋朝诸臣奏议》卷一百一十一，上海：上海古籍出版社，1999 年，下册，第 1208 页。

两宋的富民。"富儿更替做"，"贫富无定势，田宅无定主"①，"富民阶层的崛起，是唐宋社会在商品经济发展推动下财富分化不断加剧的结果"。为营求增殖财富，以维持家业不败及更好的社会地位，富民率多培养子弟问学应举，参与社会赈济，还担负国家赋税差役的主要来源②。宋代因"不抑兼并"，富民得以横跨四民而较纵深发展，取得"大贾富民者，国之司命"③的重要地位。它与西汉司马迁时代的"素封"，相隔千年而或多相似。"富民"的财富优势更趋显著，在和士大夫分别构成四民的经济、政治两大支配力量方面，又独具"唐宋变革"的时代特色。

还有一点需要解释，随着科举制发展，士人或士大夫已涵盖所有官僚和拥有功名的儒生等。他们在政治上依然在四民中居超然高等。正如《金瓶梅》中西门庆对自己和亲家乔大户的评说："乔家虽有这个家事，他只是个县中大户白衣人。你我如今见居着这官，又在衙门中管着事，到明日会亲，酒席间他戴着小帽，与俺这官户怎生相处？"④从"官户""大户"等称谓看，《金瓶梅》大抵是明人记述宋朝故事。宋代所谓"官户"，是指一品至九品的品官之家。西门庆原系生药铺商人，靠行贿买官得到五品官职，故也能硬充"官户"。所谓"白衣人"，就是白身平民，亦即"农工商"中没有官职功名者。西门庆语表明，晚唐至两宋"贫富贵贱""离而

---

① （宋）袁采著，夏家善主编，贺恒祯、杨柳注释：《袁氏世范》卷之下《治家》"兼并用术非悠久计""富家置产当存仁心"，天津：天津古籍出版社，1995年，第162、165页。
② 林文勋：《唐宋社会变革论纲》，北京：人民出版社，2011年，第134、135、150、154页。
③ （清）王夫之：《黄书·大正第六》，《续修四库全书》子部第945册，第547页。
④ 兰陵笑笑生著，秦修容整理：《金瓶梅（会评会校本）》，北京：中华书局，1998年，第559页。

为四"①，虽然四民中的士人缙绅凭借权势，富民凭借金钱，各自拥有政治或经济的支配力，但 "官户" 士人的政治地位或身份，仍旧超然高于后三者 "农工商"。即便 "大户白衣人" 财富雄厚乃至借其财力交结权贵，仍然在服饰等礼法上难以和 "官户" 士人平起平坐。

以上五方面，体现晚唐至两宋 "士农工商" 较自由发展模式的新内涵，亦即王夫之笔下的 "耕者耕、工者工、贾者贾"②。秦汉编户齐民，大抵反映的是一种来自官方的政治法律秩序，在职业和社会等级层面，当时又具体表现为 "士农工商" 四民前贵后贱的秩序。与秦汉编民耕战模式下的 "四民" 比较，晚唐至两宋 "士农工商" 较自由发展模式显示出另一类秩序：四民自前向后排列的政治等级色彩已淡漠，租佃制和贫富凸显，商人地位提高，四民间相互流动较频繁和士大夫、富民同为支配等。而且，"士农工商" 较自由发展的主体，既指四民职业群体，也包含农、工、商三产业。沈垚所云 "古者四民分，后世四民不分" 的 "分"，直观上看是 "分际" "界限"，更表示 "名分" "位分"。因为秦汉至唐前期的 "士庶" 之别和重农抑商，当时的士农工商 "四民" 虽然都被整合为编户齐民，但同时又大体是一种贵贱等级排序。直到唐初仍有法令规定："工商之家不得预于士。"③ 这就是 "古者四民分" 的意思。由于中唐以降发生士庶合流和农工商皆 "本业" 等变化，发生 "贫富贵贱，离而为四"④，"四民" 贵贱等级 "位分" 排序及国家的相应管制，随之不复存在。正如冻国栋教授所言，唐宋历史变迁中 "最主

① （宋）王应麟撰，（清）翁元圻等注，栾保群等校点：《困学纪闻（全校本）》卷二，翁元圻注引游氏《礼记解》，上海：上海古籍出版社，2008 年，第 269 页。
② （清）王夫之：《读通鉴论》卷二十二《玄宗》，下册，第 664 页。
③ （唐）李隆基撰，（唐）李林甫校注，［日］广池千九郎校注，［日］内田智雄补订：《大唐六典》卷三《尚书户部》，西安：三秦出版社，1991 年，第 66 页。
④ （宋）王应麟：《困学纪闻》卷二，翁元圻注引游氏《礼记解》，第 269 页。

▶《大唐六典》卷三《户部》中所载"四人"（即"四民"）的分工情况

要的变化在于'四民分业'界限的相对模糊以至混杂"①。"四民"遂演化为"位分"界限趋淡，且能够相互流动转化的四种社会职业群体。这又是"后世四民不分"的意思。

林文勋教授曾从富民和财富力量崛起层面剖析唐宋"贫富贵贱，离而为四"的过程。他敏锐指出，此种变化至少包括"贵者未必

① 冻国栋：《唐宋历史变迁中的"四民分业"问题——兼述唐中后期城市居民的职业结构》，《暨南史学》第3辑，广州：暨南大学出版社，2004年，第238页。

富""富者未必贵""贫者未必贱""贱者未必贫"和贫富贵贱处于
经常性的转化之中；"士农工商等级制在贵者贫和贱者富的上下对
立运动中被财富力量摧毁了"①。实际上，此变化过程与前揭沈垚说
的"四民"嬗变，是体现着一场互为因应的社会经济结构的更新。
"贫富贵贱"四者相分离或错综复杂，背景和终极原动力诚然是经
济进步发展及"财富力量"，同时也是帝制国家顺应经济趋势，放
松"重农抑商""抑兼并"之类强势管制的产物和表现。在这个意
义上的"贫富贵贱"相分离，促成了"四民不分"或"士农工商"
较自由发展。而"士农工商"较自由发展政策模式的定型，又意
味着"贫富贵贱，离而为四"从观念到"四民"实体乃至国家政
策层面，都被普遍兑现了。

四、"士农工商"较自由发展政策模式的历史地位

纵观两千年来帝制国家直接临民理政或支配社会经济的具体
政策，历朝历代，可谓林林总总，因时而异。然而，从宏观模式
层面观察，又大体分为编民耕战与"士农工商"较自由发展两大
类。从法理上说，东方专制主义的"行政权力支配社会"的特质，
造就两千年来帝制国家对百姓及地主经济的支配管控，天经地义
和持续不断。由此，商鞅变法开创的编民耕战模式率先在秦、西
汉、隋、唐等大一统王朝推行，且较大程度上居主导或支配地位，
对两千年帝制传统社会所施加的影响也最为深重。但是，肇始于
齐国四民"通货积财"，后又定型于晚唐至两宋的"士农工商"较
自由发展模式，在中古、近古也较长期存在。编民耕战与"士农

① 林文勋：《唐宋社会变革论纲》，第100、101、104页。

工商"二模式的博弈或配合，同样深刻影响着两千年的社会经济秩序乃至诸王朝政治状况。换言之，秦到中唐的多半时段，主要实行的是编民耕战政策模式。中唐到清的多数时段特别是晚唐至两宋，主要实行的是"士农工商"较自由发展政策模式。二者在中古、近古主导、从属的更替，大抵又表现为编民耕战模式为主导向"士农工商"较自由发展模式为主导的演进过渡。这种完成于晚唐至两宋的演进过渡，是以"唐宋变革"中地主经济及私人工商业的显著发展为基础，同时又与国家对百姓直接的人身役使、控制向货币财税关系为主的演进大抵同步。不难看出，"唐宋变革"及临民理政层面的"士农工商"较自由发展模式虽然定型于中唐以后，但又与齐国、西汉文景等士农工商较自由发展的早期形态存在较多相通之处，它们的较多内容是一脉相承的，前者较早隐含着"通货积财"、农工商并重及富民等可贵"基因"，对后者也是一种很好的酝酿准备。在这个意义上可以说，时隔八百年后"士农工商"较自由发展模式的定型，就是"唐宋变革"在国家临民理政及社会结构层面的成果表征和最终胜利①。

---

① 近年有学者探讨的"富民社会"和"农商社会"等（林文勋等：《中国古代"富民"阶层研究》，昆明：云南大学出版社，2008 年；前揭氏著《唐宋社会变革论纲》。葛金芳：《"农商社会"的过去、现在和未来——宋以降（11—20 世纪）江南区域社会经济变迁论略》，南开大学历史学院、北京大学历史系、中国社科院历史所编：《中国古代社会高层论坛文集：纪念郑天挺先生诞辰一百一十周年》，第384—400 页。葛金芳：《从"农商社会"看南宋经济的时代特征》，《国际社会科学杂志（中文版）》2009 年第 3 期。赵铁峰：《明代中国历史趋势：帝制农商社会》，《东北师大学报（哲学社会科学版）》2007 年第 1 期；《明清帝制农商社会论纲》，南开大学历史学院、北京大学历史系、中国社科院历史所编：《中国古代社会高层论坛文集：纪念郑天挺先生诞辰一百一十周年》，第 475—480 页），它们与"士农工商"较自由发展政策模式都是"唐宋变革"在不同领域的重要社会经济世相。前二者偏重在社会结构或经济产业，称得上国内探讨"唐宋变革"的两项显著进展。拙文则偏重于帝制国家临民理政的视角，揭示官府政策层面所体现的"唐宋变革"成果表征和最终胜利，希冀有所心得，共同推进"唐宋变革"研究。

▲《清明上河图》（局部），（北宋）张择端绘，故宫博物院藏

　　有必要解释的是，秦汉以降的编民，若按职业又可称士、农、工、商四民。"士农工商"，既言编民的四种社会职业类别，也涉及与其关联的经济产业。在平民或非贵族身份的层面上，编民与士、农、工、商是相通的。当时，编民耕战政策模式的管控，将士、农、工、商置于授田、户籍、赋役等框架内，进而被整合管制为编户齐民。四民（主要是后三者）也大抵蜕变为身丁受管控、受役使的国家农奴，其业已呈现的士、农、工、商四民社会经济属性则被钝化或暂时掩盖。而在"士农工商"较自由发展政策模式下，士、农、工、商四民属性及其经济产业重新凸显，因授田、徭役等消亡又导致其国家农奴属性减弱。这

就是上述两类政策模式彼此消长及主辅易位，与其伴随的编民与四民之间既相通又各有偏重的背景缘由。

晚唐至两宋"士农工商"模式的定型，意味着"唐宋变革"中帝制国家临民理政的第二种基本政策模式升为主导。该模式的精髓又在于：扬弃"授田"和劳役，较多遵循"富无经业，则货无常主；能者辐凑，不肖者瓦解"①，亦即"不抑兼并"法则，产业上农商并重，鼓励藏富于民，容许富民支配。该模式既深刻触动土地赋役和第一、二、三产业等社会经济结构，又含有官方主导政策及国家与百姓间关系等改善。从长时段看，以"两税法"为先导的"唐宋变革"及其在农商领域的"不抑兼并"，顺应晚唐社会经济趋势而更新政策模式，较务实地将原本近乎偏执的身丁管控悄然变通为以财税为主的调节掌控②，旨在从体制上迈向便于地主经济发展繁荣的秩序。在这个意义上，晚唐至两宋定型的"士农工商"较自由发展模式实乃替编民耕战政策模式寻找到了更为合理的发展出路。

"士农工商"模式较多祛除编民耕战模式将"井疆耕耨之丁壮"抑为"国家农奴"之弊政③，较多祛除暴君假借富国强国而滥征徭役赋税、祸国殃民之弊政，较多祛除过度管制经济、妨害农工商产业发展及民间财富"造血"机能之弊政④。它偏重藏富于民，类似自由资本主义。与编民耕战模式一味集中财富、

---

① （汉）司马迁：《史记》卷一百二十九《货殖列传》，第3282页。
② 参见梁太济：《两宋身丁钱物的除放过程》，载邓广铭、漆侠主编：《国际宋史研讨会论文选集》，保定：河北大学出版社，1992年。
③ （清）王夫之：《读通鉴论》卷十四《安帝》，中册，第390页；卷二十二《玄宗》，下册，第662页。
④ 参见上文《秦汉以降编民耕战政策模式初探》。

军力于国,不尽相同。虽然在完成军事政治统一、从事重大工程和开拓疆域等方面,该模式略逊色于编民耕战模式,但是在发展生产、提高生产力及改善民生,有利于完善国内商品市场及商品经济,最终增强综合国力等方面,"士农工商"较自由发展政策模式又具有不可替代的活力和优越性。它能够基本顺应农民依附关系改善和地主租佃制及手工业商业发展的趋势,较有利于刺激促进生产力、社会财富积累及新经济因素的孕育。无论是多数王朝中叶抑或近古时代,经济繁荣发展转而就会选择"士农工商"较自由发展模式,"唐宋变革"及元明南北因素整合发展,在临民理政方面皆以该模式为主导或引领、倚仗,就是例证。

应当注意,"士农工商"较自由发展政策模式同样有其特定适用范围或所依赖的时空环境。通常是在地主经济形态发展比较充分、商品交换或商品贸易比较发达、商品货币关系较多进入生产关系等场合,往往容易提供该模式扎根施展的时空条件。譬如地域空间,战国秦汉以齐国为代表的商品经济相对发达的东部"海岱"地区,东晋以降的东南地区等。又如发展时期和阶段,中唐或唐宋社会变革也最终迎来"士农工商"较自由发展模式升为主导。编民耕战与"士农工商"二模式的博弈或演进过渡,在某种意义上也是中近古社会经济发展中地域或时段不平衡的产物和表现。

中唐以降"士农工商"较自由发展政策模式虽然在内容特质上发生过上述较突出变化,同时又在若干方面依然保留了编民耕战模式的基本内容,故而只能算"较自由"而非完全自由,只能算是前者在新的历史条件下的变通。依然有如下四个方面未曾或较少发生变化：（1）皇权国家"溥天率土"的最高所有权；
（2）土地买卖、诸子继承等造成的土地兼并周期性危机；（3）帝
制官僚支配社会经济与"权力商品化"；（4）国家榷卖垄断及其
与特权商人勾结。由于这四条基本未变，"士农工商"较自由发
展政策模式虽然经历近千年的曲折进步，从土地占有、赋税、徭
役及百姓人身束缚诸方面较大程度上改变了编民耕战式的官府强
势管制或管控及"国富民穷"阻碍经济发展等弊病，但其管制或
管控只是放松，而非放弃。而且，该模式只是临民理政方式的相
对进步，并非彻底解决帝制传统社会基本矛盾的"灵丹妙药"。
特别是以上四个未变中的后三项，还成为中唐以降较突出的遗
患，严重影响制约着宋、元、明、清"士农工商"较自由发展政
策模式本身乃至社会经济的整体进步。

第一，皇权国家仍然保持对"溥天率土"的最高所有权。

在编民耕战模式及授田、均田实施之际，土地所有权归国
家，无甚疑义。但在"田制不立"和"不抑兼并"为前提或导
向的"士农工商"较自由发展政策模式下，一方面，皇帝"溥
天率土"的最高所有权，专制皇权对农民的直接统制、隶属等，
因君主官僚政治传统惯力及儒家纲常鼓吹等因素制约，依然长
期延续。另一方面，晚唐至两宋租佃制高度成熟，土地频繁转
移，土地使用、占有和所有权又呈现复杂化，特别是"押租
制""永佃权""一田二主"等渐多出现[1]，造成地主的占有权及
所有权趋于多元且法律保障渐重，国家最高所有权大多是体现
或保持在最终褫夺等层面。这个问题相当复杂，且容另文探讨。

---

[1]　戴建国：《宋代的民田典卖与"一田两主制"》，《历史研究》2011 年第 6 期。

第二，因土地买卖、诸子继承等，土地兼并周期性危机或有加快。

商鞅变法实行开阡陌封疆和"民有二男以上不分异者，倍其赋"①，允许土地自由买卖，强迫分家以增多国家控制人口。它和西周大宗、小宗诸子继承之俗相配合，构成了两千年来制约社会经济结构的五口之家的基本制度。该制度的最大负面作用就是诸子分家及其对土地等有限资源的剧烈角逐，容易引发或加剧土地兼并周期性危机。这是秦至西汉等编民耕战政策模式下的老问题。秦汉隋唐如此，中唐以降也不例外。晚唐至两宋"士农工商"较自由发展政策模式定型之后，仍然无力根治土地自由买卖和强迫分家政策给后世造成的持续性遗患，无法挣脱人口、土地资源和农耕经济发展既相互依存促进又相互对立冲突的"两难"纠结。即使是唐宋"敬宗收族"为特征的宗族，绝大多数也是分财分家。诸子分家及其对土地等有限资源的剧烈角逐，应是致命和劣根性的②。特别是中唐以降"田制不立""不抑兼并"和商品经济繁荣，"贫富无定势，田宅无定主，有钱则买，无钱则卖"③，"千年田八百主"，土地交易转移愈加频繁，士、农、工、商之间，贫富之间的相互流动较前容易，土地兼并的频率略有加快。在这个意义上，"士农工商"较自由发展政策模式下的传统社会，依然未能脱离马克思"亚细亚生

① （汉）司马迁：《史记》卷六十八《商君列传》，第 2229—2330 页。
② 人口几何数列增长与粮食算数数列增长间的矛盾，在工业化未到来的传统社会，几乎是无法化解和克服的。尽管我们的先民从黄河中下游农耕起步，继而开发长江中下游，继而岭南、西南，继而东北、西北等边疆地区，甚至移民侨居海外，不遗余力地追逐人口过剩与土地财富的相对平衡。
③ （宋）袁采著，夏家善主编，贺恒祯、杨柳注释：《袁氏世范》卷之下《治家》"富家置产当存仁心"，第 162 页。

产方式"所描绘的循环"怪圈"①，即因土地兼并等，帝制国家在不断重建之初多能促使农民恢复生产与"安居乐业"，一二百年后农民反抗暴动又不断打碎兼并造成的大土地占有制和王朝统治旧秩序。

第三，帝制中央集权官僚制所派生的"权力商品化"愈演愈烈。

自战国秦汉，帝制官僚制高度发展和高度成熟完善，帝制中央集权官僚制支配社会经济，也成为两千年来难以动摇的惯例。如果说秦至西汉等编民耕战政策模式下是通过授田、重农抑商和户籍、里甲、人头税、徭役等行政干预或管制，来实现主导或支配社会经济的，那么，晚唐至两宋"士农工商"较自由发展政策模式下上述行政干预管制或有所放松，其支配社会经济的具体做法即较多放弃行政强制的管控管制，转而较多采用税收和榷卖等财税手段。一方面，该模式依然延续着部分行政干预或管制，"越俎代庖"地配置社会财富资源，违背和粗暴践踏市场价值、供求法则等弊病，仍然不时发生。另一方面，官府与民争利，榷卖和税收等变本加厉（详后）。尤其是科举盛行之后，大批寒门贫穷士人借科考获取功名，改换门庭，凭借官职权力攫取巨额资财，进而使"权力商品化"愈演愈烈。其卖官鬻爵、贪赃枉法、贿赂公行者有之；"纤朱怀金""兴贩禁物茶、盐、香草之类，动以舟车，楸〔贸〕迁往来，日取富足"②，甚至"资之以县官公粟

---

① 参见李根蟠：《"亚细亚生产方式"再探讨——重读〈资本主义生产以前的各种形式〉的思考》，《中国社会科学》2016 年第 9 期。
② （宋）蔡襄：《宋端明殿学士蔡忠惠公文集》卷十八《国论要目·废贪赃》，《宋集珍本丛刊》第 8 册，第 86 页。

之法，负之以县官之徒，载之以县官之舟，关防不讥，津梁不呵"①。总之，此时率多是用官职权势换取财富利益，而且较之自命清高、不屑与民争利的汉魏门阀贵族，更显得格外放肆和明火执仗。

第四，国家榷卖垄断及其与特权商人勾结，导致工商业颇多畸形。

帝制国家征榷及官府与商人从对立走向联手勾结，萌生于齐国管仲，成型于汉武帝，复兴和固定于唐后期刘晏理财。它在某种意义上彰显帝制国家的最高所有权，或保留举国体制的某些遗制。两宋"刻剥之法""皆备"，愈演愈烈。尽管有相关王朝财政亏空压力等直接背景，却又是贯穿汉唐编民耕战和晚唐至两宋"士农工商"较自由发展二政策模式的共有财经现象，且在中唐以降更为常见，更为普遍，对"士农工商"较自由发展模式的影响程度，往往超过前三者。故此处做稍详论述。

如前述，汉武帝借鉴管仲榷盐等，实行盐铁官营、均输、平准和告缗，直接管制盐铁及部分商品流通，攫取或独占工商利润，既抑商，又夺利，在打击抑制商贾的同时，又利用东郭咸阳、桑弘羊等部分大商贾及子弟，充任"兴利之臣"②，用其所长，为财经垄断效力。这是帝制国家榷卖垄断中联手勾结少数商人的起步。唐安史之乱后，第五琦对海盐、池盐、井盐一概实行专营榷卖，官府垄断生产、收购和贩卖。刘晏改榷盐为官督官收商销，以致"天下之赋，盐利居半"③，又实施榷茶、榷酒等，以

---

① （宋）苏洵：《嘉祐集》卷五《衡论下·申法》，《四部丛刊初编》第922册，第3页b。
② （汉）司马迁：《史记》卷三十《平准书》，第1428—1429页。
③ （宋）欧阳修、宋祁：《新唐书》卷五十四《食货志》，第1378页。

补国用。此举正式开始国家榷卖垄断中固定联手勾结商人，与商人分享利益。

宋代继承唐后期的榷卖垄断，而且自始至终对盐、茶、酒、醋、矾、铜、铅、锡、香料等大宗商品实施榷卖，法令严格，措施致密，堪称登峰造极。榷盐创立盐钞法，朝廷由京师榷盐务发售"盐交引"，简称"引"，商人购买后获取贩运销售的特定资格，凭引到指定地点换盐分销。"计每岁天下所收盐利，当租赋三〔二〕分之一。"① 官府获得重大权利，也派生出一批与官府分割榷盐红利的盐商。榷茶法有二：一是在产茶区置"山场"，设官吏，茶农"园户"所采茶叶，部分交纳赋税，其余全部由官府作价收购，全由官府专卖；二是商人到京师榷货务买"交引"，赴场领茶运销。榷酒方式多样，或酿酒卖酒一概官营，或官府课税，或商人包税"买扑"。榷矾采用两种办法：一是官府设场募民制矾统销，二是实行矾引制，官府统买后，卖引给商人分销② 。其他醋、铜、铅、锡、香料等禁榷，恕不细说。征榷为宋廷提供了巨额财政收入，据漆侠先生统计，南宋孝宗时盐利等征榷收入达到 2 400 万贯，占当时全国货币总收入的 40%③ 。朱熹说："古者刻剥之法，本朝皆备……"④ 前揭沈垚言："宋太宗乃尽收天下之利权归于官。"想必都包括居历代王朝之冠的两宋征榷。

---

① （宋）王象之著，赵一生点校：《舆地纪胜》卷四十，杭州：浙江古籍出版社，2012 年，第 1247 页。
② 参见漆侠：《宋代经济史》下册第 3 编，上海：上海人民出版社，1988 年；今据《漆侠全集》第 4 卷，保定：河北大学出版社，2009 年，第 727—905 页。
③ 漆侠：《宋代经济史》下册第 3 编；又载《漆侠全集》第 4 卷，第 905 页。
④ （宋）黎靖德编，王星贤点校：《朱子语类》卷一百一十，北京：中华书局，1986 年，第 2708 页。

这种财经垄断或掠夺，在国家强权管制原则上，与商鞅"抟力"有较多相通处，又大量借用、吸收齐国管仲榷盐和"轻重"理论且为其所用。后世王朝理财，大多把盐铁榷卖等财经垄断奉为圭臬，元明清，概莫能外。榷卖垄断或掠夺中的官商勾结和官商瓜分，表面上是官府向商人的妥协，但更是官府利益最大化的需要，当官府不方便或全面垄断遭遇困难之际，就需准许部分商人出面经营，然后与之共享分沾"公利"。正如欧阳修所云："盖为国者兴利日繁，兼并者趋利日巧，至其甚也，商贾坐而权国利，其故非他，由兴利广也。夫兴利广则上难专，必与下而共之，然后流通而不滞。"[1] 后世的官商勾结合法化或固定化，逐渐在盐商、"开中法"、票号商、皇商等范围内扩展实施，进而形成一种特权商人群体，而且在明清"十大商帮"中占颇大比重。其基本手法是官府给予榷卖活动中与之勾结的少数商人以市场准入等特权，并和他们分割巨额垄断性暴利。正如漆侠先生所说，两宋征榷制度的强化、严密和扩大化，致使帝制国家、生产者、运输者、商人之间的关系极为复杂，不仅是剥削的简单扩大和低层劳动者付出剩余劳动增多及贫困加重，还造成大商人和国家瓜分暴利，不利于经济发展，不利于商品货币经济和资本主义萌芽等新经济因素的健康成长[2]。官与商结成既得利益集团，也是帝制临民理政模式与官僚政治混合作用所产生的毒瘤之一，直接影响四民群体及经济秩序的顺利成长。其后果之一是：财税为主的调节掌控实施之际"尽收天下利权归于官"，经济榨取量过度增大及

---

① （宋）李焘：《续资治通鉴长编》卷一百二十九，康定元年十二月乙巳，北京：中华书局校点本，2004年，第3069页。
② 漆侠：《宋代经济史》下册第3编；今据《漆侠全集》第4卷，第901—904页。

馆會寧浙

▲ 浙宁会馆（《申江
胜景图》）

手段无所不用其极，进而走向反面，导致积贫
积弱。王夫之所云："汉唐之富，富以其无也；
宋之贫，贫以其有也。"据笔者理解，王氏笔
下的汉唐之"无"与两宋之"有"，概言极端
化的盐铁等榷卖垄断及杂税榨取。① 后果之二
是：往往容易破坏市场运作，破坏民间工商

---

① 王夫之说："古今称富者，莫汉若也。……唐得之而海
内之富上埒于汉。宋则坐拥郭氏世积之资，获孟昶、李
煜、刘铱之积，受钱俶空国之献，其所得非汉唐之比
也；乃不数传而子孙汲汲以忧贫，进王安石、吕惠卿以
夺民之锱铢，而不救其亡。合而观之，则贫者富而富者
贫，审矣。所以然者何也？天子以天下为藏者也，知天
下之皆其藏，则无待于盈余而不忧其不足，从容调剂于
上下虚盈之中，恒见有余，而用以舒而自裕。……汉唐
之富，富以其无也；宋之贫，贫以其有也。"（《读通鉴
论》卷二十九《五代中》，下册，第 895、896 页）

业资本的正常成长发展，导致大宗工商业亦官亦私的畸形，直接派生一批"暴富"者，导致社会财富分配的失衡及严重的贫富悬殊。官商勾结，对农工商经济运行抑或行政管理都危害很大，对私营工商业的独立发展和新经济因素的孕育成长的潜在危害，更是不可小觑。正如人们所熟知，中国传统社会的经济总量虽然相当长的时间内曾在世界各国中名列前茅，但15世纪以后难以在农业、手工业、商业中较多孕育和健康发展资本主义生产方式，难以顺利完成资本积累，最终在工业化为主流的世界经济新格局中落伍溃败[1]。究其原因，除去"闭关锁国"的对外政策，国内官与商榷卖勾结所造成的工商业畸形，连同皇权最高所有、土地兼并周期性危机、官僚"权力商品化"等结构性弊病，较多抵消掉了"唐宋变革"焕发的正面能量活力，似乎也难辞其咎。

（原文《中近古"士农工商"较自由发展政策模式探研》，
载《文史哲》2019年第1期）

---

[1]　参见［美］彭慕兰：《大分流：欧洲、中国及现代世界经济的发展》，史建云译，南京：江苏人民出版社，2004年。

试论元明户役当差与吏民依附奴化的回潮

　　20世纪中叶以来，以黄清连《元代户计制度研究》、陈高华《论元代的军户》、大岛立子《元代户計と徭役》、梁方仲《明代一条鞭法年表》、王毓铨《明朝的配户当差制》和刘志伟《在国家与社会之间——明清广东里甲赋役制度研究》等论著为代表，元明户役形态及相关制度的研究取得了显著进展。[①] 黄清连首次系统论述元代户计的划分、地位及控制等，梁方仲提出"洪武型

---

① 鞠清远：《元代系官匠户研究》，《食货》第1卷第9期，1935年。黄清连：《元代户计的划分及其政治社会地位》，《台大历史学报》1975年第2期。黄清连：《元代诸色户计的经济地位》，《食货月刊》（台北）第6卷第3期，1976年。黄清连：《元代户计制度研究》，台北：台湾大学文学院，1977年。萧启庆：《元代的儒户：儒士地位演进史上的一章》，《东方文化》（Journal of Oriental Studies）第16卷第1、2期，1978年。陈高华：《元代役法简论》，《文史》总第11辑，北京：中华书局，1981年，第157—174页。陈高华：《论元代的军户》，元史研究会编：《元史论丛》第1辑，北京：中华书局，1982年，第72—90页。陈高华：《论元代的站户》，元史研究会编：《元史论丛》第2辑，北京：中华书局，1983年，第125—144页。［日］大岛立子：《元代户計と徭役》，《歷史学研究》484号，1980年。梁方仲：《明代一条鞭法年表》，《岭南学报》第12卷第1期，1952年。王毓铨：《明朝的配户当差制》，《中国史研究》1991年第1期。刘志伟：《在国家与社会之间——明清广东里甲赋役制度研究》，广州：中山大学出版社，1997年。刘志伟：《从"纳粮当差"到"完纳钱粮"——明清王朝国家转型之一大关键》，《史学月刊》2014年第7期。

的封建生产关系"，王毓铨深入论述明代"配户当差"等，或筚路蓝缕，或见解透彻，功不可没。然而，迄今元代户计制的探讨尚乏全民当差的视角，明代户役探讨多局限于本朝范围，更未曾有元明户役当差与臣民依附奴化回潮的贯通性考察。鉴于元明户役当差既属帝制国家临民理政的基础性内容，又蕴含蒙古等北族入主的政治影响，笔者草就此文，侧重元诸色户计当差制、明划一"配户当差"和元明吏民的依附奴化，试作如下新的探研。

一、元代诸色户计当差的起源、定制及其在不同地区的实施

元诸色户计当差，肇始于蒙古军前掳掠"生口"及"投拜户"被强制役使。经乙未（1235）、壬子（1252）和至元七年（1270）的三次"抄籍"，终成定制。因军前掳掠、征服先后及原有社会经济结构差异，诸色户计当差以蒙古草原为早期原型，以华北汉地为普遍推行的重心，以江南为移植嫁接，在不同地区的实施情状不尽相同。

1. 诸色户计当差的涵义、起源及其在蒙古草原的早期形态

元代的诸色户计，包括种族、等级、职业、政府指定工役及分拨等内容或名色，又以职业、政府指定工役及分拨等人户为主，通常是指元朝统治者将居民划分为各种户，用以承担国家及贵族所需的各种义务。① 一般地说，"当差"就是"当差发"的

---

① 参见陈高华、史卫民：《中国经济通史·元代经济卷》，北京：经济日报出版社，2000年，第517—519页。

意思。《元典章》言"诸色户计都有当的差发"①，是也。"当差"
又与"当役"同义，如方龄贵先生所云，"当役亦作当差"②。华
北汉地居诸色户计之半的民户，为国家提供"差发"或役的名目
最为周全。其他诸色户计的"差发"或役，又偏重在特定的专项
役。因"工作征戍"之专项役世袭，它与"全户应当"的户役多
半是相通的。就是说，元诸色户计当差又往往呈现"工作征戍"
专项役和"全户应当"户役的混合。③

从"当差"的词义不难窥见，元代诸色户计与"当差"
密不可分。"当差"恰体现诸色户计为国家及贵族承担的各种
义务，也是有元一代设置诸色户计且作为基本秩序长期延续
的目的。离开"当差"或"当役"，元代诸色户计制度就容易
流于一般性的户籍制，而被丢弃因蒙古贵族入主而特有的性
质。这也是笔者把"诸色户计当差"作为不可分割的整体来
考察的缘由。

元代"诸色户计"，肇始于成吉思汗时的军前掳掠和"投拜
户"（降民人户）④。战争掳掠曾经是大蒙古国赏赐军功的惯例及
军事征服的激励动因之一。《黑鞑事略》等史籍云："其国平时无
赏……陷城，则纵其掳掠子女玉帛。掳掠之前后，视其功之等

---

① 陈高华、张帆、刘晓、党宝海点校：《元典章》"新集·户部·差发·回回当差纳
包银"，北京：中华书局；天津：天津古籍出版社，2011 年，第 2113 页。
② 方龄贵校注：《通制条格校注》卷二《户令·户例》，北京：中华书局，2001 年，
第 49 页注 79。
③ （元）徐元瑞撰，杨讷点校：《吏学指南·征敛差发》，杭州：浙江古籍出版社，
1988 年，第 123 页。
④ 《黑鞑事略》载"萧夫人，契丹人，专管投拜户炮车"（《黑鞑事略笺证》，《王国
维遗书》第 13 册，上海：上海古籍书店，1983 年，第 23 页 a）。方龄贵校注：
《通制条格校注》卷二《户令·户例》"好投拜户"，第 16 页。

差……"① 金汴梁"京城下,将士争入俘掠"②。"河南初破,被俘
虏者不可胜计。"③《世界征服者史》和《史集》也说,蒙古西征
攻克呼罗珊的马鲁城后,"除了从百姓中挑选的四百名工匠,及
掠走为奴的部分童男童女外,其余所有居民,包括妇女、儿童,
统统杀掉……"④。"他们在路上攻占了舍马哈城,驱走了许多俘
虏……"⑤ 当时蒙古军前掳掠的"战利品"驱口等数量颇大。譬
如,田雄"以劲卒麾三峰下",平河南,"获生口一十三万七千户
有奇"⑥。"生口"等被掳掠者,部分沦为驱口、驱奴,部分则成
为各类私属人口。中统二年(1261),忽必烈诏曰:"军中所俘
儒士听赎为民。"⑦ 直到世祖初,军前被俘儒士仍需要借赎买来改
变驱奴身份。日本学者大岛立子曾指出,"西征中,奴隶被蒙古
族所需要或利用。他们有时随军队去下一个战场,有时被送回
蒙古高原。或归成吉思汗自己所有,或为对立功者的赏赐品之
一。总之是战利品。以汉民族为对象的元朝诸色户计同样来自
奴隶"⑧。确切地说,蒙古征服战争军前掳掠"生口"包括驱口和

① (宋)彭大雅撰,(宋)徐霆疏,王国维笺注:《黑鞑事略笺证》,《王国维遗书》
　第13册,第15页b。
② (元)王恽:《秋涧先生大全集》卷四十九《南塘王氏家传》,新文丰出版公司编
　辑部编:《元人文集珍本丛刊》第2册,台北:新文丰出版公司,1985年,第
　93页。
③ (元)宋子贞:《中书令耶律公神道碑》,(元)苏天爵编:《元文类》卷五十七,
　《四部丛刊初编》第2032册,上海:商务印书馆,1922年,第15页b。
④ [伊朗]志费尼:《世界征服者史》上册,何高济译,翁独健校订,呼和浩特:内
　蒙古人民出版社,1980年,第189页。
⑤ [波斯]拉施特主编:《史集》第1卷第2分册,余大钧、周建奇译,北京:商务
　印书馆,1983年,第314页。
⑥ (元)李庭:《寓庵集》卷六《故宣差京兆府路都总管田公墓志铭》,新文丰出版
　公司编辑部编:《元人文集珍本丛刊》第1册,第41页。
⑦ (明)宋濂等:《元史》卷四《世祖纪一》,第69页。
⑧ [日]大岛立子:《元代户计と徭役》,《歴史学研究》184号,1980年;收入氏
　著:《モンゴルの征服王朝》,東京:大東出版社,1992年,第159页。

私属两类。这些"生口"和《黑鞑事略》等所见"投拜户"（降民人户）[①]，即所谓"所降下者，因以与之"，"各有所主，不相统属"[②]，正是早期诸色户计的基本来源。

被掳掠的"生口"最初多被强迫承担繁重劳役。《蒙鞑备录》载："凡攻大城，先击小都，掠其人民，以供驱使。乃下令曰：每一骑兵，必欲掠十人。人足备，则每名需草或柴薪或土石若干。昼夜迫逐，缓者杀之。迫逐填塞壕堑立平，或供鹅洞炮座等用，不惜数万人。"[③]"掠其人民，以供驱使"，恰是被掠"生口"第一时间内的直接用场。宋子贞《中书令耶律公神道碑》亦云：窝阔台汗曾采纳耶律楚材的奏议，"将河南残民，贷而不诛"，"实山后之地"，充当一万户"采炼金银、栽种葡萄"[④]劳役。南宋使臣徐霆言："鞑人始初草昧，百工之事，无一而有……后来灭回回，始有物产，始有工匠，始有器械。……后灭金虏，百工之事于是大备。"[⑤]这些西征和灭金屠戮中"惟工匠得免""遂徙朔方"[⑥]者，当是蒙古匠户的最早源头。而后"每岁签军之役，多向日陷虏之人"[⑦]，表明军役等专项役使或来自蒙廷签发俘掠

① 《黑鞑事略》载"萧夫人，契丹人，专管投拜户炮车"（《黑鞑事略笺证》，《王国维遗书》第 13 册，第 23 页 a）。方龄贵校注：《通制条格校注》卷二《户令·户例》"好投拜户"，第 16 页。

② （元）宋子贞：《中书令耶律公神道碑》，（元）苏天爵编：《元文类》卷五十七，《四部丛刊初编》第 2032 册，第 16 页 a。

③ （宋）赵珙撰，王国维笺注：《蒙鞑备录笺证》，《王国维遗书》第 13 册，第 12 页 a。

④ （元）宋子贞：《中书令耶律公神道碑》，（元）苏天爵编：《元文类》卷五十七，《四部丛刊初编》第 2032 册，第 14 页 ab。

⑤ （宋）彭大雅撰，（宋）徐霆疏，王国维笺注：《黑鞑事略笺证》，《王国维遗书》第 13 册，第 18 页 b。

⑥ （明）宋濂等：《元史》卷一百六十三《张雄飞传》，第 3819 页。

⑦ （宋）李曾伯：《可斋杂稿》卷二十三《诏谕北人通事榜文》，四川大学古籍整理研究所编：《宋集珍本丛刊》第 84 册，北京：线装书局，2004 年，第 391 页。

◀ 耶律楚材像

民。有元一代诸色户计属性及其当差服役，与
掳掠"工匠""百工""签军"及被掠"生口"
最初强制服役等，似存在较多的因袭联系。

在蒙古西征和攻西夏、灭金国的过程中，
众多色目人、汉人被掳掠到蒙古草原，构成了
蒙古草原千户民以外的诸色户计及官署。较
早进入蒙古草原且见于史册的，就有史秉直
管领"十余万家""降人家属""迁之漠北"①，

① （明）宋濂等：《元史》卷一百四十七《史秉直传》，第
3478 页。

这似乎来自汉地的"投拜户"。而被掠至哈剌和林的巴黎金匠威廉·布昔尔及其奉命带领的"四十名匠人"，自匈牙利原洛林省梅斯城掠来的妇女帕库特[1]，等等，显然属于军前掳掠"生口"。而后，蒙古草原诸色户计的史事记述，不胜枚举。如漠北"欠州人匠""谦州织工""称海匠户"及"哈剌赤万人"[2]。还有阔列坚孙"诸王兀鲁带部民贫无孳畜者三万七百二十四人"，弘吉剌部驸马"鲁王阿剌哥识里所部三万余人"，汪古部驸马"赵王不鲁纳食邑沙、净、德宁等处蒙古部民万六千余户"[3] 等。参酌《黑鞑事略》"然一军中，宁有多少鞑人，其余尽是亡国之人"[4]，前揭"诸王兀鲁带""鲁王"和"赵王"等部民，多半当是蒙古"大千户"之外"出军时马后稍将来底"或"招收到底"[5]诸色民匠人口。周清澍先生也曾指出，漠南草原德宁路、净州路、集宁路、砂井总管府及其前身民匠总管府等，所辖大抵是"伐金过程中掠得"的驱口和私属民。[6]

大漠草原地带的诸色户计（包括掳掠"生口"及招收"投拜户"），属于"随营""达达数目"，故系元廷"开除""除豁"

---

① 何高济译：《鲁布鲁克东行记》，北京：中华书局，1985 年，第 266、267 页。

② 《元史》卷六《世祖纪三》，至元二年正月癸酉、至元六年二月丁酉，第 105、121 页；卷七《世祖纪四》，至元七年丁亥，第 130 页；卷十一《世祖纪八》，至元十八年六月丙寅，第 231 页；卷十九《成宗纪二》，大德元年三月庚寅，第 410 页；卷二百六《叛臣·阿鲁辉帖木儿传》，第 4597 页。

③ （明）宋濂等：《元史》卷六《世祖纪三》，第 107 页；卷三十四《文宗纪三》，第 763 页；卷三十五《文宗纪四》，第 779 页。

④ （宋）彭大雅撰，（宋）徐霆疏，王国维笺注：《黑鞑事略笺证》，《王国维遗书》第 13 册，第 21 页 a、b。

⑤ 方龄贵校注：《通制条格校注》卷二《户令·户例》，第 16 页。

⑥ 周清澍：《汪古部的领地及其统治制度——汪古部事辑之五》，《文史》总第 14 辑，北京：中华书局，1982 年；收入氏著：《元蒙史札》，呼和浩特：内蒙古大学出版社，2001 年，第 156—160、172 页。

的对象，其身份大抵是怯怜口私属。[1]他们是草原地区蒙古大千户之外"达达数目里有"的另一类人户，也是元代诸色户计的早期原型[2]。就蒙古草原百姓构成而言，诸色户计大致相当于成吉思汗时期"毡帐墙有的"百姓和"板门有的"百姓[3]中的后者，亦即来自境外战争掳掠及"投拜"且另行编组的隶属民，其数量甚多且超过千户正式成员，但毕竟不是蒙古草原百姓的主体。

2. 汉地诸色户计当差的定制与特征

华北汉地是蒙古较早征服和元朝迁都后政治军事统治的核心地带。由于数量颇大的军前掳掠和"投拜户"（降民人户），还有贵族勋臣食邑分封及私属分拨，华北汉地的诸色户计及官署相当多。据有关研究，迄至元七年（1270），中原民户的总数约140万户，汉军军户达30万户以上，站户数超过军户，若加上盐户、儒户、僧户等，民户作为诸色户计之大宗，只是略多于其他诸色户计。[4]无论是数量及官署，华北汉地民户与其他诸色户计几乎是难分伯仲。换句话说，华北汉地随而成为元朝诸色户计当差制最为典型和普遍的地区。该地的所有百姓都被编制在元朝诸色户计及其当差体系内了。[5]

① 姚大力：《草原蒙古国的千户百户制度》，《蒙元制度与政治文化》，北京：北京大学出版社，2011年，第60—63页。怯怜口，蒙古语 ger-ün-köhüd "家中儿郎"和私属人口之意。
② 方龄贵校注：《通制条格校注》卷二《户令·户例》，第15、16、42页。周清澍：《汪古部的领地及其统治制度——汪古部事辑之五》，《文史》总第14辑。
③ 乌兰校勘：《元朝秘史（校勘本）》卷八，北京：中华书局，2012年，第259页。
④ 陈高华、史卫民：《中国经济通史·元代经济卷》，第521、526、507、508、510、512页。
⑤ 参见拙文《在兼容和划一之间：元蒙汉杂糅与明"配户当差"治天下》，《古代文明》2020年第4期。

在华北汉地诸色户计当差定制的过程中，太宗五年（癸巳，1233）"原免"汴民诏旨及拣选诸色户，殊为重要。宋子贞《中书令耶律公神道碑》载，是年攻克汴京后，窝阔台汗采用耶律楚材的意见，"诏除完颜氏一族外，余皆原免。时避兵在汴者户一百四十七万。仍奏选工匠、儒、释、道、医、卜之流，散居河北，官为给赡。其后攻取淮汉诸城，因为定例"①。此处的"选工匠、儒、释、道、医、卜之流，散居河北，官为给赡"，大抵是民户以外承担专项役的其他诸色户计；未被选取者、阿同葛等"括中州户"②及汉世侯所辖百姓等"至是始隶州县"③，又构成诸色户计之大宗的民户。换言之，华北汉地诸色户计当差和所含民户及其他诸色户计，滥觞于1233年耶律楚材等"奏选""原免""避兵在汴者户一百四十七万"和宣差勘事官阿同葛等"括中州户"④。日后攻取江淮及壬子岁、至元七年诸色户计当差逐步定制完善，需参照这个"定例"。

两年后汉地站户设置，役使"拘刷河南被虏人"更为凸显。《经世大典·站赤》载：太宗七年（1235）九月，窝阔台汗命令西京、应州、崞县、忻州、太原、潞州等地"各立一站"，专用于阔出太子征宋"军前使臣骑坐"⑤。近年出土的《刘黑马墓志

① （元）宋子贞：《中书令耶律公神道碑》，（元）苏天爵编：《元文类》卷五十七，《四部丛刊初编》第2032册，第15页a。
② （明）宋濂等：《元史》卷二《太宗纪》，五年八月，第32页。
③ （元）宋子贞：《中书令耶律公神道碑》，（元）苏天爵编：《元文类》卷五十七，《四部丛刊初编》第2032册，第16页a。
④ （明）宋濂等：《元史》卷二《太宗纪》，五年八月，第32页。
⑤ （元）赵世延、虞集等撰，周少川、魏训田、谢辉辑校：《经世大典辑校》下册《第八政典·驿传》，北京：中华书局，2020年，第443页。

▲《大朝故宣差都总管万户成都路经略使刘公（即刘黑马）墓志铭并引》（《元代刘黑马家族墓发掘报告》）拓片

铭》可与之互证："公（刘黑马）自破河南后，见俘虏人口在人之彀中，苦楚凌虐有不忍者，公遂奏于朝：'方今山西等处州郡，经过军马无人起立，可将河南驱掠新民充编户起立。'上从之，随军拘刷河南被虏人万余口，悉皆为良民。"①笔者拙见，刘黑马奏言"将河南驱掠

---

① 陕西省考古研究院编著：《元代刘黑马家族墓发掘报告》，北京：文物出版社，2018年，第26页。

新民""万余口"充"山西等处州郡""起立"事，与前揭窝阔台汗命令河东山西设站赤，或谓同一事，颇像遵窝阔台汗立站命令的具体措施。是时，"各地分蘸"，汉字"蘸"或"站"，开始充任蒙古语 Jam（驿）的音译①而有别于"久立"的原义。刘黑马奏言中的"立"，并非站（或立）之原义"竖立、直立"，而是当役站户的新义。"起"（签起）与"立"的新义站役组合起来，就是签充站役。苏天爵《易州李氏角山阡表》又载："维李氏陈州商水人。岁壬辰（1232），天兵克汴，诏徙河南之民实河北郡县，先曾挈家侨易州。岁乙未（1235），始占驿传户版。时国家设都和林，中外之事由驿传以达，而号令传布遽于星火。曾祖遂迁于涿，以趋事焉。"②所言易州、涿州等站户设置同样在1235年，同样是签取"徙河南之民实河北郡县"者充当。《经世大典·站赤》《刘黑马墓志铭》和《易州李氏角山阡表》，不约而同地记载包括西京、应州、崞县、忻州、太原、潞州、易州、涿州等河东、河北之地"各立一站"而成"驿传户版"，当是华北汉地最早设置的一批站户，签发对象多来自"河南驱掠新民"。他们因此被释为"编户""良民"，但前身即"驱掠新民""俘虏人口在人之彀中"。

窝阔台汗乙未年（1235）、蒙哥汗壬子年（1252）和世祖至元七年（1270）三次"抄籍"的居中功用，更不容小觑。乙未年首次全面抄籍，侧重分拣驱良，划分和初步形成前述诸色户计

① 《黑鞑事略笺证》，第11页b，《王国维遗书》第13册。（明）宋濂等：《元史》卷一百一十四《后妃一》，第2871页；卷一百一《兵志四·站赤》，第2583页。
② （元）苏天爵：《易州李氏角山阡表》，陈高华、孟繁清点校：《滋溪文稿》卷二十，北京：中华书局，1997年，第341页。

制的框架。壬子年第二次重要的户口清查，一是针对人户逃亡较多，二是整顿因诸王及功臣跋扈造成的户籍争执或混乱。① 至元七年"抄籍"，系忽必烈建元朝后对诸色户计的新分拣和新取勘，增加了分拣投下与"大数目"及分拣析居漏籍户等内容，最终确定并完善了元朝的诸色户计当差制。至元八年三月元廷颁布的《户口条画》中"分拣定夺，各各户计"，"所据取勘到合当差发（口）〔户〕数"，"除豁""开除"和"收系当差"等规则及目标，恰恰体现诸色户计当差的定制。还对"五投下军站户""各投下军站户""军户""站赤户""诸色人匠""诸斡脱户""畏吾儿户""答失蛮、迭里威失户""打捕户"和"儒人户计"及当差事宜等，均作了专门条文规定，又区别"达达数目里""除差军站户""发于枢密院收系""依旧当站""依旧充匠除豁"等情况，从户籍归属及当差名色上予以详细甄别界定。② 由此，包含种族、驱良、职业、官府指定供役、分拨投下等若干大类和近百名色的诸色户计当差制度得以正式确定。上述三次抄籍及至元八年《户口条画》的要点有二：一是确定"各各户计"及其当差供役的名色役种；二是确定归属关系及相应"当差"的"收系"或

① ［日］爱宕松男：《蒙古政権治下の漢地における版籍の問題——特に乙未年籍・壬子年籍及び至元七年籍を中心として》，東洋史研究會編：《羽田博士頌壽記念東洋史論叢》，京都：東洋史研究會，1950 年；收入氏著：《東洋史學論集》，東京：三一書房，1988 年，第四卷，第 211—255 頁。［日］松田孝一：《モンゴルの漢地統治制度——分地分民制度を中心として》，《待兼山論叢》11 号，1978 年，第 33—54 頁。［日］池内功：《オゴタイ朝の漢地における戸口調査とその意義》，酒井忠夫先生古稀祝賀記念の會編：《歷史における民眾と文化——酒井忠夫先生古稀祝賀記念論集》，東京：国書刊行會，1982 年，第 383—400 頁。邱树森、王頲：《元代户口问题刍议》，元史研究会编：《元史论丛》第 2 辑，第 111—124 页。李景林：《论元太宗乙未年的户籍清理》，《社会科学战线》1987 年第 2 期。
② 方龄贵校注：《通制条格校注》卷二《户令・户例》，第 16—19、23、24 页。

"除豁"，或归属有司"大数目"，或归属"达达数目里"及相关投下，或良或驱，非此即彼，概莫能外。其中，"五投下军站户"条的一段文句颇具典型意义——"好投拜户及在（外）〔后〕投属，或本投下招收到底人户"，一概"作民当差"，这大致属于华北汉地民户的基本构成。而"委系各人出军时马后稍将来底人口，达达数目里有呵"，则被当作五投下军站户的驱口私属，一概"于当差额内除豁"[①]。由是可窥元廷区别分拣民户和其他诸色户计"当差""除豁"的基本标准。

有必要说明，至元八年（1271）颁布《户口条画》时，蒙古入主中原已 38 年，但南宋尚未平定，其直辖范围主要是蒙古草原和华北汉地两大区域。随着忽必烈迁都至开平和燕京，"腹里"等华北汉地即成为元王朝的政治军事核心地带，所辖人口又最为稠密。该《条画》所界定的"五投下军站户""各投下军站户""军户""站赤户""诸色人匠""诸斡脱户""回回、畏吾儿户""答失蛮、迭里威失户""打捕户""儒人户计"等，既意味着元诸色户计当差制的正式确定，又表明该项制度在华北汉地逐步得到了普遍实施。基于此，华北"汉地差发"[②]亦呈现民户和其他诸色户计两大种类：（1）民户承担官府的税粮，"验丁"纳丁税粟二石，还有科差和杂泛差役；（2）其他诸色户计依职业等分别为官府或投下提供专项役，如军户主要提供兵役，站户主要提供站役，等等。[③]

---

① 方龄贵校注：《通制条格校注》卷二《户令·户例》，第 16 页。

② （宋）彭大雅撰，（宋）徐霆疏，王国维笺注：《黑鞑事略笺证》，《王国维遗书》第 13 册，第 11 页 b。

③ 陈高华、史卫民：《中国经济通史·元代经济卷》，第 546、551、590、684、691—694 页。

关于元诸色户计制度的性质与特征，黄清连认为"元代的户计制度是元政府直接控制人民的一种方法"，亦显现"元代社会基层民众的身份、地位"及"对国家所作的服务"。而"作为控制诸色户计的实际依据"的法律规定，包含法令控制及差别待遇、以籍为定、职业世袭等三项。[①]

黄氏的观点基本正确。需要补充和强调的是，控制民众为帝制国家户籍制度所共有，元代户籍制多半异于中原王朝。倘若泛泛着眼"政府控制"层面，似难揭示元诸色户计制的本质。元代诸色户计制度的基本特征及其与中原王朝户籍制的差别，主要是偏重在"当差""当役"。除了黄氏所云"对国家所作的服务"，还有供投下贵族及使长的役使。在这个意义上，乙未年（1235）、壬子年（1252）和至元七年（1270）三次"抄籍"，既是元朝政权对新旧征服区域的户口编组登记，更是基于蒙古建国初"毡帐墙有的"百姓和"板门有的"百姓的领属习俗，进而确定元诸色户计当差制的关键性程序。对照参考王毓铨先生有关明"配户当差"的论述，笔者认为，作为其前身的元诸色户计当差，基本属性或特征可概括为：据籍当差，户役世袭，各有所属，主从役使。

第一，据籍当差。诸色人户必须按"乙未户帐""壬子籍"特别是至元七年（1270）籍规定的各自户计名色，或为投下领主供役，或为朝廷有司当差。《元典章》云"诸色户计都有当的差发"[②]，是也。具体地说，民户种田提供税粮、科差和杂泛差役

---

① 黄清连：《元代户计制度研究》，第 192—196 页。
② 陈高华、张帆、刘晓、党宝海点校：《元典章》"新集·户部·差发·回回当差纳包银"，第 2113 页。

等，军户主要充军役，站户主要充站役，盐户或灶户主要充煮盐之役，匠户主要充工匠之役，打捕鹰房户主要提供养鹰及打捕禽兽皮货等役，医户主要提供医药之役，也里可温（景教徒）、和尚（僧人）、先生（道士）、答失蛮（伊斯兰教士）及儒户，为皇帝诸王祝天祈福等。[1]由此建构起全民当差服役的秩序，诸色户计无一例外。至元二十七年（1290）八月一件公文载，"辽阳行省所辖澄州站户李小三、金龙伊自言贫乏不堪当役，有司移准按察司，体复相同。行省议于相应户内补换。都省送兵部，议得：既经宪司体复，宜准行省所拟，金户补换，令李小三等为民当差。都省从之"[2]。迄至元二十七年八月，李小三、金龙所当是"站户"之专项役，因"贫乏不堪当役"，经有司申文、"宪司体复"和行省、都省批准而"金户补换"，但李、金两户仍须"为民当差"。无论站户等"专项役"，抑或民户，百姓必须听从官府分拣定夺，只许"补换"，不能逃脱。王结《善俗要义》云"盖有户则有差，有地则有税，以至为军为站，出征给驿，普天率土，皆为一体"[3]，这当是元诸色户计当差的本质和要害所在。在这个意义上，元诸色户计制度与战国以降编户齐民体制下的户籍制已存在某些不同，即承载或强调包括"差""税""出征给驿"在内的当差服役。元诸色户计制下的百姓随而异化为以特定户籍世袭承担相应差发的"差民"或"役户"了。

第二，户役世袭。虞集《天水郡伯赵公（思恭）神道碑》说：

---

① 陈高华、史卫民：《中国经济通史·元代经济卷》，第519页。
② （元）赵世延、虞集等撰，周少川、魏训田、谢辉辑校：《经世大典辑校》下册，第524页。
③ （元）王结：《文忠集》卷六《善俗要义》，《景印文渊阁四库全书》第1206册，台北：台湾商务印书馆，1986年，第253页。

太宗皇帝思养其贤才而用之，乃择知名之士，乘传行郡县，试民之秀异者，以为士籍，而别于民，其尤异者，复其家。而浮图、老子之徒，亦有定数，然后军旅、驿传、工人之役，逢掖不与，得以世修其业。①

以上直接记述释放俘掠"四之一"②的戊戌（1238）选试和"士籍"儒户的由来，同时披露"军旅、驿传、工人之役"及"浮屠、老子之徒"自戊戌岁拣选后"世修其业"之情状。所谓"世修其业"，就是诸色户计一旦入籍，世袭充任，不得自行更改。《经世大典序录·军制》载："天下既平，尝为军者，定入尺籍伍符，不可更易。"③讲的是军户恒定世袭。不仅蒙古军、探马赤军户和汉军世袭出丁服役，后来的新附军也是"所生儿男，继世为军"④。站户一旦被签和登记入籍，同样是世代相承，不许改易⑤。匠户后代不得更籍，其身份世袭⑥。儒户则每家至少有一名子弟世守儒业⑦。其他打捕鹰房户、医户等，一概世代相继，依照各自

<hr>

① 《［朝列大夫、金燕南河北道肃政廉访司事，赠中议大夫、礼部侍郎、上骑都尉、封］天水郡伯赵公（思恭）神道碑［铭］》，（元）虞集著，王颋点校：《虞集全集》下册，天津：天津古籍出版社，2007 年，第 1090 页。

② （明）宋濂等：《元史》卷一百四十六《耶律楚材传》，第 3461 页。

③ （元）苏天爵编：《元文类》卷四十一《经世大典序录·军制》，《四部丛刊初编》第 2027 册，第 60 页 a。

④ 陈高华、张帆、刘晓、党宝海点校：《元典章》卷三十四《兵部一·军户·无夫军妻配无妇军》，北京：中华书局；天津：天津古籍出版社，2011 年，第 2 册，第 1163 页。陈高华：《论元代的军户》，元史研究会编：《元史论丛》第 1 辑，第 76 页。

⑤ 参见陈高华：《论元代的站户》，元史研究会编：《元史论丛》第 2 辑，第 128 页。

⑥ 参见陈得芝主编：《中国通史·元时期》上册，上海：上海人民出版社，2004 年，第 798 页。

⑦ 参见萧启庆：《元代的儒户：儒士地位演进史上的一章》，《东方文化》第 16 卷第 1、2 期，1978 年；萧启庆：《内北国而外中国：蒙元史研究》上册，北京：中华书局，2007 年，第 391 页。

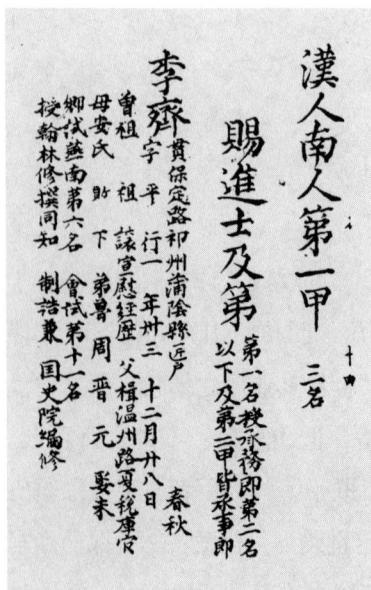

▲ 元统元年（1333）"汉人南人"第一甲第一名进士为李齐，户籍为"匠户"（《元统元年进士题名录》）

役种，成丁一律服役当差。如关汉卿毕生从事勾栏杂剧创作，被誉为"驱梨园领袖，总编修师首，捻杂剧班头"，户籍仍旧是"太医院户"①。《元统进士录》中的不少色目人、蒙古人、汉人子弟得中进士，其户籍也仍然属于"侍卫军户""山东军户""探马赤军户""蒙古军户""左翊蒙古〔侍卫亲军〕户""昔宝赤身役""河南淮北〔蒙〕古军户""军籍""军户""都督府军〔户〕""匠户""奥鲁军户""礼乐户"等。② 这足以反映元后期户籍世袭制的延续及科举的某种冲击。

第三，各有所属。元代各种户计皆由特定的官府管理，不相统摄。如民户由路府州县主管，军户及其兵籍由枢密院、万户、千户、百户等管辖，站户由通政院或兵部、提领、副使、百户等管理，匠户由诸色民匠总管府、提举司、人匠局、织染局、杂造局等管领，盐户由都转运盐使司、盐课提举司、盐场司令等管

---

① （元）钟嗣成等：《录鬼簿（外四种）》卷上，上海：上海古籍出版社，1978年，第8页。蔡美彪：《关汉卿生平考略》，南京大学历史系元史研究室编：《元史论集》，北京：人民出版社，1984年，第647页。

② 萧启庆：《元统元年进士录》，《元代进士辑考》第一部《进士录二种校注》，台北："中央研究院"历史语言研究所，2012年，第55、58、60、64—68、70—73、75—84、86—97页。另，汉人和南人多半注明"民籍""民户"或"屯户"，仅有12人为"儒户"。

辖，打捕鹰房户由仁虞都总管府、管领诸路打捕鹰房总管府、鹰房万户、鹰房提领等管领，医户由官医提举司、医学教授等管理，儒户由儒学提举司、儒学教授、学正等管辖，僧尼由僧录司、僧正司、都纲司等管理，道士由道录司、道正司、道判等管理，也里可温由崇福司管理，穆斯林由哈的大师和掌教哈的所管辖，等等。投下所属诸色户计官府更为零散纷杂。如弘吉剌部驸马在原封千户管辖草原部民之外，另设王傅府、应昌路、全宁路，以及钱粮、人匠、鹰房、军民、军站、营田、稻田、烟粉千户、总管、提举等官 40 余所，管辖本投下诸色人户。[①] 投下官署"十羊九牧"也颇突出，甚而"止管人户一百八十户，设立官吏人等一十五名"[②]。

第四，主从役使。至元八年（1271）《户口条画》"争理户计，往复取勘"的缘由和焦点，既有驱与良的归属，又有投下与"大数目"的归属。这种归属的本质，就是主奴隶属或主从依附，带有较浓厚的北族父权制奴役俗。正如萧启庆先生所说，成吉思汗特别要求臣属（伴当 nököd）对"正主"（ejen）的绝对忠诚[③]。亦邻真精辟指出，"十二世纪蒙古社会已经有完全烂熟了的父权制部落制度，以家长为中心的草原贵族集团支配着包括一定人口的部落"，"父权制形态的奴隶……他们是由被征服的人口组成的"。"门户奴隶……从事放牧、狩猎和家内服役，作战时又作

---

① （明）宋濂等：《元史》卷一百一十八《特薛禅传》，第 2920 页。
② 陈高华、张帆、刘晓、党宝海点校：《元典章》卷十《吏部四·赴任·投下人员未换授不得之任》，第 1 册，第 373 页。
③ 萧启庆：《元明之际的蒙古色目遗民》，《元朝史新论》，台北：允晨文化实业股份有限公司，1999 年，第 124 页。

主人的那可儿（伴当）——护从……既是奴隶，又是伴当。"[1]据笔者理解，此种父权制主奴隶属俗随蒙古贵族南下入主，较多影响渗透到华北汉地。元初三次抄籍直接构建起包括驱口与良人，投下与"大数目"等归属类别的诸色户计制度体系，即亦邻真所揭示的蒙古父权制奴役俗渗透下的户役当差秩序。由于此种渗透，分别归属朝廷有司和投下的诸色户计，即相当于皇帝、贵族领主及使长的"依附人口"或"门户奴隶"。皇帝、贵族领主及使长自然成为所属两大类诸色户计的"正主"（ejen）"主子"。拉施特《史集》如是说："［成吉思汗］在其在位之初，就在最高真理的佑助下，使所有这些部落都听从了他的号令，使［他们］全都作了他的奴隶和士兵。"[2]所谓"奴隶和士兵"，近似于"驱口"、仆从和怯怜口。这显然是来自伊利汗国的对蒙古父权制奴役秩序的诠释"版本"。元中叶浙东衢州郑介夫说："普天率土，尽是皇帝之怯怜口……"[3]郑氏本人曾做过三年皇后怯薛奥剌赤，此为受过怯薛伴当俗熏陶的江南文士对蒙古父权制奴役秩序的诠释"版本"。由是观之，元诸色户计当差的本质就是父权制主从奴役，尽管"大数目"户计中部分保留着汉地王朝编户的某些因素，但诸色役户已然不再是原先意义上的编户齐民，而是沦为皇帝或贵族之依附民"怯怜口"了。

① 亦邻真：《成吉思汗与蒙古民族共同体的形成》，《内蒙古大学学报（社会科学版）》1962年第1期。亦邻真：《亦邻真蒙古学文集》，呼和浩特：内蒙古人民出版社，2001年，第397、399、401页。

② ［波斯］拉施特主编：《史集》，余大钧、周建奇译，第1卷第1分册，第323页；第1卷第2分册，第382页。

③ 邱树森、何兆吉辑点：《元代奏议集录》下册，杭州：浙江古籍出版社，1998年，第108、109页。怯怜口，蒙古贵族的私属人口，蒙古语 ger-ün-köhüd 即"家中儿郎"之意。

◀ 至顺《镇江志》卷三所载户计类别（局部）

3. 诸色户计当差制在江南的移植与嫁接

平南宋初，元廷曾"于江南民户中拨匠户三十万"，至元二十一年（1284）将其中"十九万九百余户""纵令为民"，十余万户仍为匠户。① 此乃北方诸色户计当差在江南推行

---

① （明）宋濂等：《元史》卷十三《世祖纪十》，至元二十一年五月乙丑，第266页。另据王恽《秋涧先生大全集》卷五十八《大元故正议大夫浙西道宣慰使行工部尚书孙公神道碑铭》载，（至元）"十六年冬，授（孙公亮）正议大夫浙西道宣慰使兼行工部事，籍人匠四十二万，立局、院七十余所，每岁定造币缟、弓矢、甲胄等物"（第178页）。

移植之大宗。笔者还注意到，至顺《镇江志》载"民""儒""医""马站""水站""递运站""急递铺""弓手""财赋""梢水""匠""军""乐人""阴阳""打捕""怯怜口""驱""蒙古""畏吾儿""也里可温""河西""契丹""女真""汉人"等户计名目及匠户、站户、医户官署，几乎应有尽有，且多与至元八年《户口条画》"各各户计"相照应。[①] 新发现的元湖州路纸背户籍文书中不乏"应当民役""应当民户差役""弓手差役""应当铁匠差役""应当医户差役""分拣入籍儒户""应当马户差役"等[②]，足见诸色户计当差制向江南的强制移植，确凿无疑。这种移植的实施情况究竟如何？是否与华北汉地没有两样？笔者认为诸色户计当差制在江南的推行移植与华北体制间仍存一定差异，基本表现为与原南宋赋役形态的嫁接。理由如下：

平定南宋，多半是招降而非武力攻略。军前掳掠虽不少，但相当部分是归附复叛的场合。在推行移植诸色户计当差的同时，忽必烈又实行"安业力农"[③]及保护工商业的政策。江南"富户每有田地，其余他百姓每无田地，种着富户每的田地"[④]，依然如故。湖州路纸背户籍文书中的"应当民役""应当铁匠差役""应

---

① （元）俞希鲁编纂，杨积庆等校点：至顺《镇江志》卷三《户口》，卷首《郡县表》，南京：江苏古籍出版社，1990年，第86—98、29—31页。陈高华、张帆、刘晓、党宝海点校：《元典章》卷十七《户部三·户计·籍册》，第2册，第581页。

② 参见王晓欣、郑旭东：《元湖州路户籍册初探——宋刊元印本〈增修互注礼部韵略〉第一册纸背公文纸资料整理与研究》，《文史》，北京：中华书局，2015年第1辑，第107—191页；郑旭东：《诸王朝比较视域下的蒙元户籍文书问题研究》，南开大学博士学位论文，2019年，第206—233页。

③ （明）宋濂等：《元史》卷八《世祖纪五》，第166页。

④ 陈高华、张帆、刘晓、党宝海点校：《元典章》卷三《圣政二·减私租》，第1册，第86页。拙文《元江浙行省户籍制考论》，《首都师范大学学报（社会科学版）》2015年第5期。

当医户差役""分拣入籍儒户""应当马户差役"等，并非来自军前掳掠，多半缘由原职业"营生"，少数系官府"招收""分拣"和"拨充"。① 其原"营生"即体现对原南宋户籍租佃形态的某种承袭，亦即嫁接体的土著枝脉。至元二十二年（1285），江南官府"令其民家以纸疏丁口产业之实"，"遣吏行取之，即日成书"之类的"料民"办法②，可佐证之。故而与灭金战争掳掠之后乙未、壬子和至元七年抄籍重在"分拣""取勘"驱与良、投下与"大数目"等，不尽相同。此其一。

据笔者统计，前揭至顺《镇江志》中民户以外的儒、医、马站、水站、递运站等其他户计，不及该路南人总数的20%。③ 至正《金陵新志》集庆路"军站人匠""医户"等仅占本路南人的13.7%。昌国州"儒户""灶户"等户计仅占总户数的4.57%。嘉兴路"儒""僧""尼"等户计更少至总数的1.29%。据不完全统计，前揭湖州路纸背户籍文书中"应当民役"以外的其他诸色户为21户，约占该文书户计总数（900户）的2.3%。④ 即使考虑到文字缺漏等，似不会超过20%。即使是前揭移植大宗的10万余匠户，也仅占江南户口总数的0.85%，比例仍然较低。就是说，与华北汉地比较，江南军前掳掠及官府签发等相形见绌，民

---

① 参见郑旭东：《诸王朝比较视域下的蒙元户籍文书问题研究》，南开大学博士学位论文，2019年，第217、225、229、232、233页。
② 《户部尚书马公（煦）墓碑铭》，（元）虞集著，王颋点校：《虞集全集》下册，第870页。
③ （元）俞希鲁编纂，杨积庆等校点：至顺《镇江志》卷三《户口》，第86—91页。
④ 参见郑旭东：《诸王朝比较视域下的蒙元户籍文书问题研究》，南开大学博士学位论文，2019年，第206—233页；王晓欣：《宋刊元印本〈增修互注礼部韵略〉纸背户籍文书全书整理小结及所见宋元乡村基层组织和江南户类户计问题探析》，李治安主编：《庆祝蔡美彪教授九十华诞元史论文集》，北京：中国社会科学出版社，2019年，第692、693、704—710页。

户以外的其他诸色户计及其专项役也相对较少，或接近江南人口总数的 20% 左右。80% 左右的多数人口仍然是民户，元廷对其所课役主要是汉地民户式的"杂泛差役"。此乃江南诸色户计类别及劳役等比例结构上与华北汉地的不同，也是造成嫁接状态的基础性因素。此其二。

英宗初，中书省奏议：

> 腹里汉儿百姓当（差）着军站、喂养马驼、和雇和买一切杂泛差役，更纳包银丝线税粮，差（役）〔发〕好生重有。亡宋收附了四十余年也，有田的纳地税，做买卖纳商税，除这的外别无差发，比汉儿百姓轻有。更田多富户每，一年有收三二十万石租子的，占着三二千户佃户，不纳系官差发……①

朱元璋洪武十五年（1382）十一月榜谕曰：

> 近来两浙江西之民多好争讼，不遵法度，有田而不输租，有丁而不应役，累其身以及有司，其愚亦甚矣。曷不观中原之民，奉法守分，不妄兴词讼，不代人陈诉，惟知应役输租，无负官府。②

以上两则官府文书不约而同地披露：元及明初确有相当多

---

① 陈高华、张帆、刘晓、党宝海点校：《元典章》卷二十四《户部十·租税·纳税·科添二分税粮》，第 2 册，第 950 页。
② 《明太祖实录》卷一五〇，洪武十五年十一月丁卯，第 2362—2363 页。

的江南富户占田租佃，只"纳地税"和"商税"，"不纳系官差发"①或"有丁而不应役"。此种指责，难免有北方"汉儿"本位的偏颇。客观地讲，元统治者基于多榨取的实用策略，大抵默许袭用南宋旧例，江南杂泛差役中以资产轮充的差役偏重，雇役和义役也较多，后期又行"助役法"。②其间既有统治者务实策略的因素，又有国家典制与实际执行之间的偏离或变通。如此，百姓课役率多重田产而轻身丁，自然容易发生江南相当多的富户倚仗其财力及官府允许的雇役、"助役"等，规避杂泛差役，以至"其民止输地税、商税，余皆无与"③。这些都与北方"汉儿"呈现较大的反差。元人吴师道所云："民间役法，南北异宜。"④即承认且肯定此差异。上述南北役法的反差，说到底又是诸色户计当差与原南宋赋役形态相嫁接的成果体现。此其三。

总之，肇始于军前掳掠及"投拜"的元诸色户计当差，经乙未、壬子和至元七年三次"抄籍"，以华北汉地为重心，终成定制。其"工作征戍"专项役与"全户应当"户役相混合，据籍当差、户役世袭、各有所属、主从役使等特色鲜明。元诸色户计当差在草原、汉地、江南实施略有区别以及分属国家、投下，既是蒙古征服先后、因俗而治及行汉法不一使然，也是上述三地"南

---

① 此处所言"差发"，包括科差和杂泛差役，且偏在后者。
② 陈高华：《元代役法简论》，《文史》总第 11 辑。陈高华：《元史研究论稿》，第 31—42 页。
③ 《元史》卷二十三《武宗纪二》载："乐实言：'江南平垂四十年，其民止输地税、商税，余皆无与。'"（第 517 页）
④ （元）吴师道著，邱居里、邢新欣校点：《吴师道集》卷十九《国学策问四十道》，《元代别集丛刊》，长春：吉林文史出版社，2008 年，第 396 页。

不能从北，北不能从南"①之类社会经济结构差异的产物。尽管如此，在对后世中国社会造成直接影响的若干制度中，元诸色户计当差恰又是最为深重的一种。②

二、明代"配户当差"及"纳粮也是当差"

明"配户当差"体制，奠基于明初约 1 100 万人规模的大移民③、"授田"垦荒以及军民屯田。如果说移民、授田与军民屯田充当了明代"配户当差"体制的基础，黄册制和里甲制，则相当于该体制最终成型的强制编籍及赋役框架。黄册制推行于全国，民、军、匠，还有灶籍的制盐户以及僧、道、马户、菜户、乐户等 80 余种户计，一概就地附籍。④这肯定不是由宋朝传承，而是直接来自前述元华北汉地等诸色户计制。与黄册制配套的是里甲制，其职司为催办钱粮，勾摄公事，实质是将百姓管束附籍以供赋役。⑤朱元璋平定陈友谅及实行"部伍法"后逐渐形成了卫所军户制。洪武元年（1368），又推行每顷出夫 1 人、农闲服

---

① （元）胡祗遹著，魏崇武、周思成校点：《胡祗遹集》卷二十一《论治法》，李军主编：《元朝别集珍本丛刊》，第 440 页。
② 萧启庆：《蒙元支配对中国历史文化的影响》，《国际中国学研究》（韩国）第 2 辑，1999 年，第 387—410 页；收入氏著：《内北国而外中国：蒙元史研究》上册，北京：中华书局，2007 年，第 46、60、48 页。
③ 王毓铨主编：《中国经济通史·明代经济卷》，第 335 页。曹树基：《中国移民史》第 5 卷《中古时代·明时期》，第 484、524 页。另，徐泓《明初的人口移徙政策》（《汉学研究》[台北] 第 6 卷第 2 期，1988 年）认为，洪武、永乐时期至少迁徙 966 743 人从事垦荒。今暂从前说。
④ （清）张廷玉等：《明史》卷七十七《食货志一·户口》，第 1878 页。
⑤ 白寿彝总主编，王毓铨主编：《中国通史》第 9 卷《中古时代·明时期》上册，第 694—695 页。

役 30 天的"均工夫役"。① 上述卫所军户制和"均工夫役"以及黄册的前身"小黄册"等，表明洪武初"配户当差"在江南的滥觞。而后，又随着北伐和西征，不分南北东西推行到全国。② 正如王毓铨先生所云："帝国虽然这么庞大，经营的原则却是单一的：全以'户役'律，驱使各种役户，强制劳动。"③

千百万军民被强制迁徙，因授田、屯田而在田土及生计上依赖国家，又施以黄册和里甲制等管束。正如梁方仲先生的精辟描述，"人户以籍为断"，皆世其业。"各类户籍的划分，大致以满足当地最简单的经济生活需要为依据，造成了全国各地无数分散的自给自足的小单位。""人民的流动、迁徙，是受限制的。""对于赋役的负担，采取连带责任制。"最核心的是，"对农民建立了一种直接统治和隶属底关系"。又特别名之曰"洪武型的封建生产关系"。④ 王毓铨先生指出，"朱明太祖在开国之初，近承元朝的户役法，远祖周秦以来的传统役法"。还进一步归纳为"配户当差"，"配"即抑配、强制，或曰抑配定户当差。朱元璋所建户役制，驱民之力以供役。以户为编制单位，按照帝制国家的不同需要，将全国人户编为若干不同的役种，为每一役种设立役籍，驱使他们承担各种差役。王先生还深刻揭示"配户当差"户役法的如下四项基本特征：

① （清）张廷玉等：《明史》卷七十八《食货志二·赋役》，第 1904 页。《明太祖实录》卷三〇，洪武元年二月乙丑，第 531 页；卷五四，洪武三年七月辛卯，第 1060 页。
② 参见拙文《在兼容和划一之间：元蒙汉杂糅与明"配户当差"治天下》，《古代文明》2020 年第 4 期。
③ 王毓铨：《明朝的配户当差制》，《中国史研究》1991 年第 1 期。王毓铨：《王毓铨史论集》下册，北京：中华书局，2005 年，第 794 页。
④ 梁方仲：《明代一条鞭法年表》，《岭南学报》1952 年第 1 期。

第一，役皆永充。明廷实行定户当差，迁拨一定数量的人户去应当一定的差役。拨就的人户编在同一版籍里，该版籍规定的役种就是其共同的籍，所以，籍就是役籍。役籍是世籍，父死子继，世代相承。《大明律》等均规定："凡军、民、驿、灶、医、卜、工、乐诸色人户，并以籍为定……役皆永充。"[1]世役世职，不得改籍脱免，是明朝户役制的铁定律条。

第二，役因籍异。不同役籍的役户所配给的徭役各不相同，"役因户而出"[2]。明朝的役基本分为正役和杂泛差役两种：前者为办纳粮草，后者是应当均徭、丁田之役和上命非时的杂役。正、杂二役的差派在各类役籍人户上，有不同的应当情况。民户，正、杂二役全当，既应当正役办纳粮草，又应当杂泛差役。陵户、坟户、坛户、站户、马户、牛户等，前期是专户专役，正、杂二役全免，俾其全力以供本职本役。其他役户，无例外地应当正役办纳粮草，杂泛差役则量予优免。

第三，役有役田。田土既是户役田土，田土相应获得该户役的品格。户役田也就成为当差地。"民户"种民田，充当民役。"军户"种"军田"，充当军役。"匠户"种"匠田"，充当匠役。其余以此类推。于是，种什么役户的田，就得当该役户的差（役）。因为户役田的赋予或授给，以役户执行其本等劳役为前提，某一役户的役户田便与该役户的役籍不可分割，由此具有该役户本等劳役的负担。

---

[1]（明）刘惟谦等：《大明律》卷四《户律一・户役・人户以籍为定》，《续修四库全书》史部第862册，第444页。（清）张廷玉等：《明史》卷七十八《食货志二・赋役》，第1906页。

[2]（明）刘惟谦等：《大明律》卷四《户律一・户役・人户以籍为定・集解》，《续修四库全书》史部第862册，第444页。

第四，以户供丁。户役法是以家庭为供丁单位、供役单位和责任单位。即以户出丁，丁不离户；以户供丁，丁赖其户；以户养丁，子孙相承。可谓名副其实的户役。一旦帝王佥配某些户应当某一差，他便可永享该役户役丁的无偿劳动及其户下的无偿供应。①

朱元璋多次强调："为吾民者，当知其分。田赋、力役出以供上者，乃其分也。""民有田则有租，有身则有役。"②海瑞、宋一韩等朝野吏民也普遍认同："夫民有此身则有此役，以下事上，古之义也。""为王之民，执王之役，分也。"③而且，"编排里甲，纳粮当差，既设都司卫所控制，又设府县管束"④。人户"收管"如牲畜，"仅次于奴隶制"⑤。明户役法是建立在朱明皇帝对全国土地和人口的私人占有基础之上，田是皇田，纳粮当差是土地占有使用的条件。民是皇民，是依附隶属于帝王的编民。编户即役户，无不被分拨承担徭役，为皇帝纳粮当差。民户等所当之差，又大抵分为两类："有赋役，谓有田粮当差者也；无赋役，谓无田粮止当本身杂泛差役者也。"⑥有赋役之差和无赋役之差，二者

---

① 参见王毓铨：《明朝的配户当差制》，《中国史研究》1991 年第 1 期；高寿仙：《关于明朝的籍贯与户籍问题》，《北京联合大学学报（人文社会科学版）》2013年第 1 期。

② 《明太祖实录》卷一五〇，洪武十五年十一月丁卯，第 2362 页；卷一六五，洪武十七年九月己未，第 2545 页。

③ （明）海瑞著，李锦全、陈宪猷点校：《海瑞集》卷二《兴革条例》，海口：海南出版社，2003 年，第 353 页。（明）宋一韩：《牧政日驰振饬宜亟敬陈一得以裨国计疏》，（明）陈子龙等选辑：《明经世文编》卷四百六十七，北京：中华书局影印本，1962 年，第 5127 页。

④ （明）余子俊：《地方事》，（明）陈子龙等选辑：《明经世文编》卷六十一，第496 页。

⑤ 王毓铨：《明朝的配户当差制》，《中国史研究》1991 年第 1 期。王毓铨：《王毓铨史论集》下册，第 823 页。

⑥ 《大明律集解附例》卷四《户律·户役·脱漏户口·纂注》，光绪三十四年（1908）重刊本，第 2 页 b。

都是役，其区别在于有无田土，缴不缴税粮。百司臣僚管理国家，牧养百姓，也是纲纪之仆，同样也是替皇帝当差服役。此乃明配户当差户役法的本质所在。

王毓铨先生曾一针见血地指出，明"配户当差"制下"纳粮也是当差"。对此，笔者很长一段时间似懂非懂。近日研读"赋者，田产税粮；役者，当差。有赋役，谓有田粮当差者也；无赋役，谓无田粮止当本身杂泛差役者也"① 等史料及有关论著，才发觉"里甲正役"应为理解民户等"纳粮也是当差"的关键或枢纽。

如前述，明代里甲应役的职责，即《大明律》规定的"催办钱粮"的"正役"和"勾摄公事"的"杂泛差役"两项。有学者径直将二者分别称为里甲役的"粮役"和"役办"。② 以往人们对包括"勾摄公事"的"杂泛差役"关注颇多。而且从字面上看，明"催办钱粮"和"勾摄公事"，与宋、元耆户长、里正主首差役的两项职司并无二样，故而容易造成对明"催办钱粮""正役"的理解比较浅淡。据有关研究，明"里甲正役"中的"催办钱粮"，实际是增添了洪武初"粮长"所承担的催征、经收和解运③，这恰是明里正"催办钱粮"与宋元的不同或倒退之处。"管征粮者曰催办，近改为总催；管收粮者曰收兑；管解运者曰听解。"④ 三者合为"催办钱粮"。尤其是亲身解运，当时民间已是叫苦不迭，怨声载

---

① 《大明律集解附例》卷四《户律·户役·脱漏户口·纂注》，第 2 页 b。
② 李园：《明代财政史中的"南粮"问题辨析——基于松江府的徭役考察》，《古代文明》2019 年第 3 期。
③ 刘志伟：《从"纳粮当差"到"完纳钱粮"——明清王朝国家转型之一大关键》，《史学月刊》2014 年第 7 期。
④ 万历《上海县志》卷四《赋役志下·徭役》，占旭东点校，《上海府县旧志丛书·上海县卷》，上海：上海古籍出版社，2015 年，第 226 页。

道:"江南之民,运粮赴临清、淮安、徐州上仓,往返将近一年,有误生理。"[1] "江南力役重大莫如粮解,漕粮、白粮两解皆公储也,皆公役也。"[2] 这与元代等"田租输沿河近仓,官为转漕,不可劳民"[3] 的惯例,有所不同。也就是说,田赋实际负担是由缴纳物本身与完成缴纳任务的人力物力支应两部分共同构成。在里长甲首亲身应役的情况下,解运的劳役负担或因隐藏在田赋的背后且不可计量,故容易被忽视。[4] 这又是明人熊明遇《杂役田记》"赋自上供外,强半以馕役,乃东南之民又不免因赋得役"[5] 的由来。《明律》"有赋役,谓有田粮当差者"[6] 中的"赋"即"田粮","役"即"当差",后者实指谓"催办钱粮"背后隐藏着的催征、经收和解运等沉重徭役。相对于"杂泛差役"或"杂役",这就是所谓里甲"正役"。明乎此,"因赋得役""以赋定役"[7] "赋起于田而役困于赋"[8] 等说法,自不难理解。既然"催办钱粮"背后始终隐藏着催征、经收和解运等沉重徭役,明税粮与解运等徭役二者不可分割,"纳粮也是当差",也就昭然若揭了。

---

① 《明宣宗实录》卷八〇,宣德六年六月乙卯,台北:"中央研究院"历史语言研究所,1962年,第1861页。
② (明)陈睿谟:《白粮解役疏略》,乾隆《江南通志》卷七十七《食货志·漕运》,《景印文渊阁四库全书》第509册,台北:台湾商务印书馆,1986年,第241页。
③ (明)宋濂等:《元史》卷四《世祖纪一》,中统二年九月丙子,第74页。
④ 刘志伟:《从"纳粮当差"到"完纳钱粮"——明清王朝国家转型之一大关键》,《史学月刊》2014年第7期。
⑤ (明)熊明遇:《文直行书·文选》卷一,《四库禁毁书丛刊》集部第106册,北京:北京出版社影印本,1997年,第176页。
⑥ 《大明律集解附例》卷四《户律·户役·脱漏户口·纂注》,第2页b。
⑦ (明)雷梦麟撰,怀效锋、李俊点校:《读律琐言》卷四《户律·户役·脱漏户口》,北京:法律出版社,2000年,第118页。
⑧ 崇祯《松江府志》卷十《田赋四·巡抚都御史林公润移文》,《日本藏中国罕见地方志丛刊》,北京:书目文献出版社影印本,1991年,第252页。

尽管明中后期因"里甲银"及"均平法"等改革，力役或可折银，官收官解，里甲正役已有减轻，但毕竟是清康熙后才废除。尽管有一年当役和九年休息的规定，但当役者既负责本户钱粮的解运，还须代办其他九户的催征、经收和解运。由此衍生"分身催比之难，有上城下郭、衙门押保之难，有代人赔贼之难；远之有几年征欠之难，有十年查盘纳罪之难"。时至晚明，依然留有"承此役者身家多丧"，"始也破一家，数岁则沿乡无不破家"[1]等弊害，更遑论明前期。

事实上，明以"配户当差"治天下，是由秦至西汉编民耕战与元诸色户计制二者混合而成的。在迁民、授田、屯田、国家直接统辖役使百姓及重农抑商等环节，明朝主要"远祖"秦、西汉。而在以诸色户计和全民当差制等环节，明朝则"近承元朝的户役法"。结合前述元三大区域实施情况看，其诸色户计分立及当差又径直"近承"元华北汉地体制。此乃明"配户当差"的由来。[2]不分南北"配户当差"治天下，的确能够适时实现元末战乱后土地与劳动者的结合，有利于明初社会经济秩序的恢复与重建，更能充当朱姓皇权与农民间统制、隶属的政治"链条"，达到藏富于国和举国动员，无疑成为削平群雄和缔造明帝国的利器"法宝"。尤其是朱元璋为乞丐和尚出身，毫无家族、财富等实力，这项利器"法宝"就愈显重要。

明朝长期与北元对峙，所辖疆域主要是中原和江南。朱元

---

[1] （清）顾炎武撰，黄坤、顾宏义校点：《天下郡国利病书·苏松备录》，华东师范大学古籍研究所整理，黄坤等主编：《顾炎武全集》第13册，上海：上海古籍出版社，2011年，第650、660页。

[2] 参见拙文《在兼容和划一之间：元蒙汉杂糅与明"配户当差"治天下》，《古代文明》2020年第4期。

璋划一推行与元华北汉地有直接渊源的"配户当差",还与他浓厚的中原情结密不可分。朱元璋起家于濠、泗,"习勤苦,不知奢侈,非若江南耽佚乐者比"①,文化习性及认同更像是中原汉人。又兼苏松"大户"士人率多党附张士诚,朱元璋始终对浙西等江南士人缺乏足够的信赖。虽然他定鼎金陵,但建都诏书又称"大梁"为北京,且早有"都汴、都关中之意"②,这颇符合传统的中原正统论③及靖康以降"北定中原"的朝野舆情,故亦无可厚非。朱元璋北伐"檄谕"曰"天运循环,中原气盛","驱逐胡虏,恢复中华"④,确实能有效动员以中原为文明摇篮的广大汉族民众。然而,拘泥于中原本位、罔顾12世纪后汉地、江南的差异而一味照搬元华北汉地体制,就未免失策。殊不知金元之中原,已非汉唐之中原。由于契丹、女真、蒙古相继南下入主,无论经济文化抑或社会结构,此时的中原已带有包括诸色户计当差在内的较多北方民族元素了。

还需要阐明的是,"配户当差"是否为历代通行的问题。王毓铨先生说:"中国历史上的人民都是'当差人民',明朝也如此。""配户当差役法""被帝王们""持之以恒""利用了几千年"。⑤

---

① (明)谈迁著,张宗祥校点:《国榷》卷二,元至正二十七年九月壬寅,北京:中华书局,1958年,第342页。
② (明)郑晓撰,李致忠点校:《今言》卷四,北京:中华书局,1984年,第158页。
③ 自欧阳修提出"居天下之正,合天下为一,斯正统矣",五德政治转移理论已走向终结。但中原正统论在社会舆论层面仍有较大市场。参见(宋)欧阳修:《正统论下》,《居士集》卷十六,《欧阳文忠公文集》,《四部丛刊初编》第889册,第5页b;刘浦江:《"五德终始"说之终结——兼论宋代以降传统政治文化的嬗变》,《中国社会科学》2006年第2期。
④ 《明太祖实录》卷二六,吴元年十月丙寅,第402页。
⑤ 王毓铨:《明朝的配户当差制》,《中国史研究》1991年第1期。王毓铨:《王毓铨史论集》下册,第817、823页。

显然是主张通行说。梁方仲先生特别名之曰"洪武型的封建生产关系"[1]。何兹全先生则云：元朝始出现全民当差，由编户到差户，"这是中国历史上的一大变局"[2]。笔者拙见，秦汉式编户重在户籍编管，元明差户或役户重在强制世袭当差服役，二者联系较密切，侧重毕竟不同。尽管在授田、屯田、国家直接统辖役使百姓等环节上，明"配户当差"较多仿效秦、西汉等而与之有所相通，但其世袭"户役"及前述"纳粮也是当差"却颇为特殊，既不尽同于汉唐，更有别于两宋，很大程度上是朱元璋变通元华北汉地体制后的"独树一帜"。这恰是明"配户当差"的特定属性。梁方仲先生之所以称之为"洪武型的封建生产关系"，也是在承认其秦汉式"封建主义"属性的同时，又格外突出"洪武型"的特殊性。此特殊性在制度层面颇多表现为对元代世袭户役及全民当差服役秩序的继承，亦即何兹全先生所强调的由编户到差户的"变局"。

三、当差服役秩序与吏民依附奴化的回潮

不难看到，元诸色户计当差与明"配户当差"之间存在歧异和相通的复杂联系。元诸色户计当差是分别归属于国家和投下贵族，不相统摄，均由特定的官府管理。明"配户当差"则归属国家，统一由府州县和都司卫所等管辖。此歧异之一。元诸色户计当差是蒙汉杂糅，草原、汉地、江南实施不尽相同。明"配户当差"则是不分南北，划一推行。此歧异之二。元诸色户计的身份

---

[1] 梁方仲：《明代一条鞭法年表》，《岭南学报》1952年第1期。
[2] 何兹全：《中国社会发展史中的元代社会》，《北京师范大学学报（社会科学版）》1992年第5期。

是国家农奴抑或贵族奴仆，且因蒙古草原旧俗影响，"皇帝之怯怜口"[1]等主从属性偏强。明效仿秦至西汉编民耕战，各有役田，"既以粮赋天下之田，而必以丁定赋役之则"[2]，其"配户"则是清一色的国家农奴。此歧异之三。元代诸色户计当差早期主要源自战争掳掠及"投拜"，明代"配户当差"则是由朱明王朝移民、授田、黄册、里甲等行政强制所打造。此歧异之四。元诸色户计当差与明"配户当差"的相通或共通处又在于：都是户籍即役籍，户计名色与劳役种类相匹配；都是世袭户役，不得随意更改；都是全民当差服役，任何人难以逃脱。在这个意义上，元诸色户计当差与明"配户当差"，一脉相承，前者是源头，后者是"流变"。明末农民起义中"开门迎闯王，不当差，不纳粮"[3]的歌谣，又似专为它们敲响的"丧钟"。

接着讨论元明全民当差服役的历史影响。马端临指出：

古之所谓役者，或以起军旅，则执干戈，冒锋镝，而后谓之役。或以营土木，则亲畚锸，疲筋力，然后谓之役。[4]

国初（引者注：指北宋初）循旧制，衙前以主官物，里正、户长、乡书手以课督赋税，耆长、弓手、壮丁以逐捕盗贼，承符、人力、手力、散从官以奔走驱使，在县曹司至押、录，在州曹司至孔目官，下至杂职、虞候、拣、掐等

---

① 邱树森、何兆吉辑点：《元代奏议集录》下册，第 109 页。

② （清）洪懋德：《丁粮或问》，同治《湘乡县志》卷三下《赋役志》，江苏古籍出版社编选：《中国地方志集成·湖南府县志辑》第 19 册，南京：江苏古籍出版社影印本，2002 年，第 310 页。

③ （清）戴笠、（清）吴殳：《怀陵流寇始终录》卷十七，《续修四库全书》史部第 442 册，第 116 页。

④ （元）马端临：《文献通考》卷十三《职役二》，第 139 页。

人，各以乡户等第差充。①

三代井田之良法坏于（商）鞅，唐租庸调之良法坏于（杨）炎。②

综观两千年帝制国家临民理政基础性内容的赋役制演进历程，不难发现：劳役和兵役类似，原本系男丁亲执之身役。秦汉编民赋役包括田租、人头税和"亲畚锸，疲筋力"③的劳役三部分，人头税往往重于田租，丁男一概岁役一月，后二者即所谓"且税之且役之"④。唐租庸调制虽将丁役减为 20 天且允许收庸代役，人头税"调"也有所减轻，但基于授田百亩的田租、人头税和劳役并存体制未能改变。杨炎"两税法"堪称中近古具有划时代意义的赋役革新⑤，也是"唐宋变革"的核心内容之一。"两税法"的精髓，就是重在据田亩征收夏、秋二税，"不复视其丁中"，进而告别"唐租庸调"的田税、劳役和丁口税三位一体。经历北宋初主户、客户"共分力役"或"计田出丁"⑥的过渡，北宋末河防夫役等"尽输免夫之直，永为定法"，即率多征免夫钱以代身役，甚而"凡役作、工徒、营缮，民无与焉"⑦。还普遍实行"各以乡户等第差充"的衙前、里正、户长、乡书手、耆

① （元）马端临：《文献通考》卷十二《职役一》，第 127 页。
② （元）马端临：《文献通考·自序》，第 4 页。
③ （元）马端临：《文献通考》卷十三《职役二》，第 139 页。
④ （元）马端临：《文献通考》卷十《户口一》，第 106 页。
⑤ 参见陈明光：《20 世纪唐代两税法研究评述》，《汉唐财政史论》，第 245 页。
⑥ （元）马端临：《文献通考》卷十一《户口考二·历代户口丁中赋役》，第 113 页。
（元）脱脱等：《宋史》卷九十四《河渠志》，第 2347 页。
⑦ （元）脱脱等：《宋史》卷一百七十五《食货志》，第 4248 页。（明）朱健：《古今治平略》卷二十五《兵制篇上·宋代兵制》，《续修四库全书》史部第 757 册，第 234 页。

长、弓手、壮丁等职役差役制。尽管两宋"户役"或"徭役"等名称仍间或出现，但多是沿用旧名①，实际演进为轮流性的差役占主导，"丁夫"役降至从属②。由此，国家基本放弃了无差别的身丁劳役旧制，而与秦汉至唐前期的赋役区别显著。这正是"唐租庸调之良法坏于（杨）炎"在身丁劳役层面的要害所在，表明"唐宋变革"中"身丁"无差别劳役的基本消亡已是大势所趋。"亲畚锸，疲筋力"之劳役基本演变为偏重财产的"各以乡户等第差充"的差役，实质上就是百姓从无差别地提供"劳役地租"迈向依据资财"实物"及"货币地租"为主。而百姓被强制人身服役的相应弱化或趋于消逝，又意味着帝制国家依附民或农奴身份的大幅度减褪。

元人徐元瑞言："徭役：科调曰徭，工作征戍曰役。又一身应当曰徭，全户应当曰役也。""差役：谓量其力而差使当役也。"③参酌徐元瑞的解释，宋、元、明的徭役与差役的分辨及沿革，更趋于明晰。两宋主要实行"量其力而差使当役"的"差役"，亦即马端临所云"各以乡户等第差充"，而不再是汉唐式的无差别的身丁劳役。元诸色户计"当差"起源于蒙古征服而重点在华北汉地实施，谁曾料鬼使神差地经明太祖之手的"配户当差"，不分南北，通行天下。元明虽各有上述特殊表现，但它们在相沿建构全民当差服役秩序层面又显露出最基本的共通性。元"诸色户计"和明"配户当差"，既是户籍制度，更偏重在以"户

---

① （元）马端临：《文献通考》卷十二《职役考一》，第 128 页。
② 参见梁太济：《两宋的夫役征发》，杭州大学历史系宋史研究室：《宋史研究集刊》，杭州：浙江古籍出版社，1986 年。
③ （元）徐元瑞撰，杨讷点校：《吏学指南·征敛差发》，第 123 页。

役法"出现的全民当差服役，即无例外地实施户役世袭，强制为
国家或贵族提供"全户应当"之"役"和"工作征戍"之"役"。

封建主义（feudalism）的本质，就是国家占有生产资料并部
分占有劳动者（包括劳动及人身）。而劳役恰恰是衡量传统社会
农民人身被部分占有的基本尺度。元明"户役法"所缔造的全民
当差服役秩序，直接施行于百姓之身，明显是对前述"唐宋变
革"中民众"身丁"劳役基本消逝趋势的逆转。郑介夫说："普
天率土，尽是皇帝之怯怜口。"① 据郑麟趾《高丽史·印侯传》：
"怯怜口，华言私属人也。"因元诸色户计当差，皇帝及贵族领
主俨然诸色户计的"主子"，百姓不复是汉唐式的编户齐民，退
化为当役的"怯怜口"私属。窝阔台汗即位初的一条制书尤其值
得关注："凡我国内黎元，其听朕命，循先训旧章。……尔等纠
汉众官暨降民凡若干，先来服役……"② 言外之意，被征服的汉
官及降民一概成为替大蒙古国"合罕皇帝"当差服役的臣民。明
"配户当差"体制之下，民是皇民，是依附隶属于帝王的役户，
无不被分拨承担徭役，为皇帝纳粮当差。百司臣僚管理国家，牧
养百姓，也是纲纪之仆，同样也是替皇帝当差服役。人户"收
管"如牲畜，"仅次于奴隶"③。"普天率土，尽是皇帝之怯怜口"
与元杂剧"科白""普天下并役当差"④，几乎是一回事。前揭窝
阔台汗制书、郑介夫语及元杂剧"科白"，可谓切中元明户役法

---

① 邱树森、何兆吉辑点：《元代奏议集录》下册，第 109 页。
② （元）赵世延、虞集等撰，周少川、魏训田、谢辉辑校：《经世大典辑校》下册
《第八政典·驿传》，北京：中华书局，2020 年，第 440 页。
③ 王毓铨：《明朝的配户当差制》，《中国史研究》1991 年第 1 期。王毓铨：《王毓
铨史论集》下册，第 823 页。
④ （元）狄君厚：《新编关目晋文公火烧介子推》，徐沁君校点：《新校元刊杂剧三十
种》，北京：中华书局，1980 年，第 498 页。

之要害。由编户变为"差户"，由"王民"变为"怯怜口"，家臣奴役习俗遂较多渗透于全体吏民，百姓对国家或贵族的人身依附再度加重，国家与民众、君主与百姓间的关系日益恶化，严重影响 13 至 16 世纪的整体社会经济结构。①

几乎与百姓依附奴化同步，元明官僚的奴化也愈演愈烈。元朝皇权虽因宗王分封而受一定牵制，但如姚大力所云，"大汗—皇帝相对于其'奴婢'—官僚的至上权威，大体是稳定的"，"泛化的主奴观念渗透到元代君臣关系之间"②。"亲连天家""元勋世德"的"老奴婢根脚"木华黎等，"世享王封"和屡秉国钧的相当普遍。③甚至连南宋归降的"殿帅"范文虎上奏忽必烈时也自称"奴婢"④。这显然是 13 世纪前后游牧君主专制及父权制主从俗较多渗透影响的成果。出身汉军正白旗的湖广总督杨宗仁屡次在奏折中自称奴才，却屡被雍正帝朱批"称臣得体"⑤涂改，又是清朝臣僚奴化的典型事例。这表明北族王朝统治下"奴才"往往是国族亲近臣属的专利，想当皇帝的"奴才"也难，一般汉官更难以企及。此种皇家奴才既贵且难当，客观上或成为元明清臣僚依附奴

---

① 参见拙文《元代及明前期社会变动初探》，《中国史研究》2005 年增刊。

② 姚大力：《论蒙元王朝的皇权》，《蒙元制度与政治文化》，第 167—169、192、193 页。

③ （元）元明善：《丞相东平忠宪王碑》，（元）苏天爵编：《元文类》卷二十四，《四部丛刊初编》第 2022 册，第 1 页 a、b。（元）黄溍：《朝列大夫、金通政院事、赠荣禄大夫、河南江北等处行中书省平章政事、柱国，追封鲁国公札剌尔公（别里哥帖穆尔）神道碑（铭）》，王颋点校：《黄溍全集》下册，天津：天津古籍出版社，2008 年，第 670 页。亦邻真：《关于十一十二世纪的孛斡勒》，元史研究会编：《元史论丛》第 3 辑，北京：中华书局，1986 年，第 28—30 页。

④ 陈高华、张帆、刘晓、党宝海点校：《元典章》卷三十四《兵部一·新附军·招收私投亡宋军人》，第 2 册，第 1178 页。

⑤ 中国第一历史档案馆编：《雍正朝汉文朱批奏折汇编》第 1 册，南京：江苏古籍出版社，1989 年，第 223 页。

化成风的某种激励。拙文《元和明前期南北差异的博弈与整合发展》指出，忽必烈等将草原主奴从属俗带入官场及君臣关系，曾诏谕："凡有官守不勤于职者，勿问汉人、回回，皆论诛之，且没其家。"[1] 朱元璋《大诰》"寰中士夫不为君用，是外其教者，诛其身而没其家"[2]，和忽必烈异曲同工。由此，元明背离唐宋道统高于君统及士大夫"致君行道"的进步趋势，君臣关系步入了"皇帝越威风，士大夫越下贱"[3] 的黑暗时代。官僚士大夫受到皇权的强力压制，蜕变为"纲纪之仆"和听候皇帝差遣的"役"[4]。忽必烈以笞杖待臣僚和朱元璋开创的"廷杖"，多半是针对犯上谏诤官员的肉体和精神打击。而元明籍没转而盛行，更彰显皇帝对吏民家庭、财产等的奴隶般强制褫夺与主宰。元代官僚士大夫近似奴仆，又与元初木华黎、失吉忽秃忽、阿合马等重臣出身于老奴隶或掳掠人口有关。若干汉族臣僚（如刘敏、许衡），也曾有被掳掠的经历。[5] 他们和前述北方汉地等诸色户计的早期来源及身份基本类同。因此，在蒙古草原和汉地等普遍以诸色户计当差为主体的社会经济秩序或土壤中，官僚被奴仆化或家臣化，也不足为怪。尽管明初朱元璋搞过以服饰、语言为重点的"去胡化"，但其"配户

---

[1] （明）宋濂等：《元史》卷十《世祖纪七》，第215页。

[2] （明）朱元璋：《御制大诰三编·苏州人材第十三》，《续修四库全书》史部第862册，第332页。

[3] 吴晗：《论绅权》，《吴晗文集》第3卷，北京：北京出版社，1988年，第428页。

[4] 白寿彝总主编，王毓铨主编：《中国通史》第9卷《中古时代·明时期》上册，第688页。

[5] 乌兰校勘：《元朝秘史（校勘本）》卷四，第125、128页；卷八，第259页。（明）宋濂等：《元史》卷一百一十九《木华黎传》，第2929页；卷一百五十三《刘敏传》，第3609页。（元）欧阳玄著，魏崇武、刘建立校点：《欧阳玄集》卷九《元中书左丞集贤大学士国子祭酒赠正学垂宪佐运功臣太傅开府仪同三司上柱国追封魏国公谥文正许先生神道碑》，长春：吉林文史出版社，2009年，第92页。[波斯]拉施特主编：《史集》第2卷，余大钧、周建奇译，第340页。

当差"最终构建的又是"人君承祖宗之统，为生灵之主"①的皇帝专制与父权制主从奴役的混合秩序。在不分南北一概"配户当差"的森严秩序下，兵部侍郎俞刚和礼部尚书夏言屡屡奏请免除其家匠籍和军籍②，恰是因为即便俞刚、夏言登科居高官之后，除自身外的亲属男丁仍须依照匠籍、军籍等无偿提供劳役。说起汉语"当差"一词，元代大抵是在百姓范围内使用，且与服役含义相近。如元杂剧唱词曰"普天下

▲ 日本学者小山正明最早公布了《永乐大典》卷二二七七《湖州府三·田赋》中所载湖州府"小黄册图之法"，图为局部

---

① （明）丘濬撰，周伟民等点校：《丘濬集·大学衍义补》卷二十一《总论理财之道下》，海口：海南出版社，2006 年，第 400 页。
② 王毓铨：《明朝的配户当差制》，《中国史研究》1991 年第 1 期。王毓铨：《王毓铨史论集》下册，第 817 页。

并役当差"①。时至明清，官员仕宦使用"当差"越来越普遍。如明吴瑞登笔下的"致仕当差"②；清长龄《懋亭自定年谱》中"先令桂轮（吏部右侍郎）起程回京当差"，"再行销假当差"③等。这或许是元明300多年户役当差秩序对君臣关系影响的"硕果"。于是，百姓当差与官僚当差，百姓依附奴化与官僚依附奴化，被牢牢捆绑在一起，相辅相成，彼此渗透支撑。由于民众依附奴化的范围或涉及面既宽且广，故在很大程度上构成了臣僚依附奴化的基础，臣僚依附奴化又是前者在官僚士大夫中的延伸发展。因能和皇帝"人主"直接打交道，臣僚（含妃嫔）依附奴化又表现得最为直接和典型，还时常会自上而下地反作用于民众的依附奴化。

吴晗曾敏锐指出：元明清官僚士大夫"猛然一跌，跌作卖身的奴隶，绅权成为皇帝的奴役了"④。何兹全认为："全国人户都是皇帝当差的，这是明清专制主义的基础。"⑤姚大力和笔者也曾关注这类问题。但学界对元明清皇帝极端独裁、官僚奴化和全民当差三者间的相互关联及背后因缘，迄今未曾详细揭示。众所周知，官僚奴化在先秦和北族政权等场合屡见不鲜。继"唐宋变革"士大夫的政治主体意识形成及谏议制成熟⑥之后，元明清臣

---

① （元）狄君厚：《新编关目晋文公火烧介子推》，徐沁君校点：《新校元刊杂剧三十种》，第498页。
② （明）吴瑞登：《两朝宪章录》卷十三，《四库全书存目丛书》史部第16册，济南：齐鲁书社，1996年，第696页。
③ （清）长龄：《懋亭自定年谱》卷四，《北京图书馆藏珍本年谱丛刊》第121册，北京：北京图书馆出版社，1999年，第529、546页。
④ 吴晗：《论绅权》，《吴晗文集》第3卷，第428页。
⑤ 何兹全：《中国社会发展史中的元代社会》，《北京师范大学学报（社会科学版）》1992年第5期。
⑥ 张广达：《内藤湖南的唐宋变革说及其影响》，荣新江主编：《唐研究》第11卷，北京：北京大学出版社，2005年，第5—71页。

▲《乾隆南巡图·启跸京师》,（清）徐扬绘，中国国家博物馆藏

僚反而陡然跌落为"卖身的奴隶"，确实令人诧异茫然。此处我们基本廓清了元明臣僚奴化与全民当差服役的普遍并存和交互因应联系，基本廓清了元诸色户计当差和明"配户当差"所构建的长达300多年的全民当差服役秩序，充当着元明吏民依附奴化回潮的最深厚、最广阔的社会土壤。这也就找到了元明清官僚奴化的根子。元明清皇帝独裁走向巅峰以吏民依附奴化为牺牲代价的"内幕"，随而也大白于天下。此乃元诸色户计当差和明"配户当差"最主要的负面历史性影响，也是笔者着重考察该问题的价值所在。

最后谈与吏民依附奴化相关的元明清宫妃殉葬和明"廷杖"。

《世界征服者史》载，成吉思汗死后，"挑选四十名出身于异密和那颜家族的女儿，用珠玉、首饰、美袍打扮，穿上贵重衣服，与良马一道，被打发去陪伴成吉思汗之灵"。此事仅见《瓦撒夫书》中旭烈兀以少女陪葬的佐证。[①] 沈德符《万历野获编》言："按太祖孝陵，凡妃嫔四十人，俱身殉从葬，仅二人葬陵之东西，盖洪武中先殁者。"[②] 揆之《明史·后妃传》"太祖崩，宫人多从死"及建文、永乐对"太祖朝天女户"[③] 诸家的优恤，沈德符之说基本可信。明太祖以妃嫔四十人殉葬，或效仿成吉思汗之先例。成祖死后至少有20名左右的妃嫔殉葬[④]，

① 志费尼认为忽必烈三弟、伊利汗国创建者旭烈兀死后曾循蒙古俗，令"星星般明丽的少女"陪葬。参见［伊朗］志费尼：《世界征服者史》上册，何高济译，翁独健校订，第225页注30。
② （明）沈德符：《万历野获编》卷三《英宗敬妃丧礼》，北京：中华书局，1959年，第80页。
③ （清）张廷玉等：《明史》卷一百十三《后妃传》，第3515页。
④ 《大明会典》《万历野获编》和《罪惟录》等均载16人。《朝鲜李朝实录中的中国史料》上编卷四《世宗庄宪大王实录一》"六年十月丙午"条则说30余人（北京：中华书局，1980年，第320页）。

还有明仁宗妃嫔殉葬 5 人，明宣宗 10 人，景泰帝 1 人。[①] 明宗王和清初皇帝亦有数量不等的宫妃殉葬。[②] 或囿于为君父隐恶，晚明史家王世贞等仅一味赞誉"英宗遗命止宫妃殉葬，此诚千古帝王之盛节"，"英宗独见，罢免此举，遂破千古迷谬"[③]，没能敢正面指责太祖等以妃嫔殉葬的行径。今人对宫妃殉葬"堂而皇之的出现在十四五世纪的中国"，更是吃惊和愤懑。有人还简单归罪于宋明理学鼓吹纲常贞节，认为"妇女贞洁观在宫廷中就表现为妃嫔和宫人为先帝守节、殉葬"[④]。必须指出，这种说法并不符合历史真实！孔子曰："始作俑者，其无后乎！"儒家仁爱说原本就激烈反对包括人俑在内的一切殉葬。宋明理学家虽鼓吹纲常贞节，但与认同殉葬毕竟有别。元明宫妃殉葬，大多非其守节志愿，纲常贞节等原因实属次要。这主要应归结为元明太祖极端专制与父权制奴役的混合作用，前述当差秩序及奴化回潮的滋养催生，也难逃其咎。成吉思汗以 40 名"异密和那颜"女殉葬，或是游牧君主和父权制奴役的野蛮俗使然。朱元璋为圆其打倒皇帝做皇帝的美梦，居然让废止近两千年的殉葬在华夏大地上死灰复燃，实属千夫所指的暴戾。而元明妃嫔作为皇帝最亲近的家庭女性成员，既是妻妾，更是专制君主与父权制家长合一的"君父"的女性奴隶。殉葬意味着她们的人身在生前死后都被元明皇帝所占有。专制制度的本质就是使

---

① 参见崔靖：《明朝后妃研究》，南开大学博士学位论文，2014 年，第 227—230 页。
② 参见孙冰：《明代宫妃殉葬制度与明朝"祖制"》，《华中师范大学研究生学报》2010 年第 4 期；黄展岳：《明清皇室的宫妃殉葬制》，《故宫博物院院刊》1988 年第 1 期。
③ （明）王世贞著，魏连科点校：《弇山堂别集》卷十五《殉葬宫妃之典》，北京：中华书局，1985 年，第 273 页。（明）沈德符《万历野获编》卷三《英宗敬妃丧礼》，第 80 页。
④ 崔靖：《明朝后妃研究》，南开大学博士学位论文，2014 年，第 230 页。

人不成其为人。妃嫔们生前死后皆为皇帝之奴仆而丧失人格，何况是一般吏民。元明妃嫔殉葬实乃吏民奴化在宫廷内的范本，也是泯灭人性的腐朽倒退，不仅是"千古迷谬"，更为"千古罪孽"！可悲的是，晚明熟读孔圣的主流史臣居然只批评殉葬为"迷谬"，而讳言"罪孽"，足见其因皇权淫威震慑而噤若寒蝉到何等地步！

王夫之指出：

> 秦政变法，而天下之士廉耻泯丧者五六矣。汉仅存之，唐、宋仅延之而讫不能延之。洪武兴，思以复之，而终不可复。……身为士大夫，俄加诸膝，俄坠诸渊，习于诃斥，历于桎梏，裼衣以受隶校之凌践……北寺之狱，廷杖之辱，死诤之臣弗避焉，忠也。免于狱，不死于杖，沾沾然自以为荣，而他日复端笏垂绅于堂陛，是亦不可以已乎？……人主曰：是尝与囚隶同挞系而不以为耻者也，是恶足改容而礼乎！上弗奖之，下安受之；下既安之，上愈贱之。[1]

沈德符又说：

> 然廷杖一事，则屡见之……虽见辱殿廷，而朝绅视之有若登仙。因思此风为金元夷俗，而本朝沿之，赵宋时无有也。[2]

---

[1] （清）王夫之：《读通鉴论》卷二，第34页。校记1"而讫不能延之"作"女真、蒙古主中国而尽丧之"。

[2] （明）沈德符：《万历野获编》卷十八《廷杖》，第475页。

长期以来，人们对明"廷杖"横行近 300 年，颇感困惑。因儒家士大夫自古秉持"刑不上大夫"和"士可杀不可辱"的信条，较多保留着以天下为己任、救苍生、保社稷等所谓高风傲骨。金元因北族入主和父权制奴役俗熏染，杖笞之风迭起。吴晗说，元代杖责大臣是"军法施于朝堂"[1]。其实，主要还是来自北族父权制家内奴役俗。如金海陵王完颜亮对身旁臣僚所云："朕信任汝等，有过则决责之……已杖则任之如初"，"大臣决责，痛及尔体，如在朕躬，有不能已者。"[2] 此种摧残肉体人格又夹带着脉脉温情，在北族父权制奴役俗及汉地纲常观念中，俯拾皆是，既辱其身，且降其志，颇容易自北而南地影响熏染汉族吏民，以唤醒他们对"君父"的愚忠。明"廷杖"相沿成为"国粹"，官僚士大夫居然能默默忍受"廷杖"酷刑，反而视其为忠君节义，确系咄咄怪事！然而，当我们看看基于全民当差服役和前述吏民依附奴化回潮中"尽是皇帝之怯怜口"的现实世界，就不难发现元明户役当差和吏民依附奴化的现实"时势"所造就的士大夫，不仅因身系"户役"而对当差依附奴化习以为常，身辱志降，斯文扫地。"从奴化教育里成长"，"不提反抗"[3]，昔日傲骨气节消亡太半，还似乎发生了某种程度的人格及认知的裂变。一方面他们仍然以"刑不上大夫"和"士可杀不可辱"的传统理念不时批评"廷杖"。另一方面在批评不奏效的情况下，转而崇奉"人臣之义，生死皆君父之恩"[4]，心甘情愿地承受来自"人主""君父"

---

① 吴晗：《论绅权》，《吴晗文集》卷三，第 428 页。
② （元）脱脱等：《金史》卷七十六《萧玉传》，北京：中华书局，1975 年，第 1735、1736 页。
③ 吴晗：《论绅权》，《吴晗文集》卷三，第 428 页。
④ （明）金日升辑：《颂天胪笔》卷八《赠太仆寺卿黄》，《四库禁毁书丛刊》史部第 5 册，北京：北京出版社影印本，2007 年，第 580 页。

的"廷杖"之辱，甚至"沾沾然自以为荣"，或"视之有若登仙"。其结果大致是"被杖者卒成名士"，既博得效忠"君父"的自我心理抚慰和士林美誉，又能以"朝廷徒受愎谏之名，天下反归忠直之誉"①的方式，对君主独裁淫威作出委婉或变态的抗争。如此，明朝"廷杖"一直打了近300年，遂可在全民当差服役及奴化等较深层次找到合理答案，自然也能被官僚士大夫们长时间地忍受了。

（原载《史学集刊》2021年第6期）

---

① （明）吴应箕：《东林事略》卷中，《续修四库全书》史部第438册，第376页。（清）温睿临、杨凤苞：《南疆逸史》卷十一《祁彪佳》，《续修四库全书》史部第332册，第245页。

南北地域论

两个南北朝与中古以来的历史发展

近十年，正当国内较多学者热烈关注和讨论"唐宋变革"^①之际，部分美国学者却把目光投向"宋元明过渡"问题的探索。史乐民（Paul Jakov Smith）、万志英（Richard von Glahn）等编辑出版的论文集《中国历史上的宋元明过渡》认为，在"唐宋变革"和清代全盛之间又有所谓"宋元明过渡"^②。笔者 2005 年也

① 张泽咸：《"唐宋变革论"若干问题的质疑》，中国唐史学会编：《中国唐史学会论文集》，西安：三秦出版社，1989 年。邱添生：《唐宋变革期的政经与社会》，台北：台湾文津出版社，1999 年。[日] 宫泽知之：《唐宋社会变革论》（游彪译），《中国史研究动态》1999 年第 6 期。张其凡：《关于"唐宋变革期"学说的介绍与思考》，《暨南学报（哲学社会科学版）》2001 年第 1 期。林文勋：《唐宋历史观与唐宋史研究的开拓》，中国史学会、云南大学编：《21 世纪中国历史学展望》，北京：中国社会科学出版社，2003 年。李华瑞：《20 世纪中日"唐宋变革"观研究述评》，《史学理论研究》2003 年第 4 期。葛金芳：《唐宋变革期研究》，武汉：湖北人民出版社，2004 年。《"唐宋时期社会经济变迁"笔谈》，《文史哲》2005 年第 1 期。张广达：《内藤湖南的唐宋变革说及其影响》，荣新江主编：《唐研究》第 11 卷，北京：北京大学出版社，2005 年。柳立言：《何谓"唐宋变革"？》，《中华文史论丛》2006 年第 1 辑。李庆：《关于内藤湖南的"唐宋变革论"》，《学术月刊》2006 年第 10 期。罗祎楠：《模式及其变迁——史学史视野中的唐宋变革问题》，《中国文化研究》2003 年第 2 期。
② Smith Paul & Richard von Glahn, eds. *The Song-Yuan-Ming Transition in Chinese History*. Cambridge, Mass: Harvard University Press, 2003. 参见张祎：《"中国历史上的宋元明过渡"简介》，《宋史研究通讯》2003 年第 2 期（总第 42 期）。

曾撰写《元代及明前期社会变动初探》一文①，论述了与其相类似的问题。萧启庆、王瑞来则相继论及南宋金元南北歧异和宋元变革②。这些对于深化中古以来历史发展的认识，都是有裨益的。然而，进一步研读史书后，笔者逐渐领悟到"唐宋变革"抑或"宋元明过渡""元及明前期变动"等，实际上都和两个南北朝及其带来的南北地域差异发生着密切联系，中古以来的历史发展线索往往是复合而非单一的。鉴于此，笔者试图以"两个南北朝与中古以来的历史发展"为题，谈一些自己的看法，就教于方家同好。

一、第一个南北朝与隋唐的"南朝化"

1944 年陈寅恪先生著《隋唐制度渊源略论稿》③，系统而深刻地探讨隋唐制度的渊源所在，首次提出隋唐制度概有三源：一是北魏北齐，二是梁陈，三是西魏北周。其中，最重要的源头是北魏北齐，梁陈次之，西魏北周影响最微。而北魏北齐一源又是汉魏以降的华夏文化，经由三途至北魏孝文、宣武两朝，取精用宏，熔冶为一。三途之一即残留于中原的汉魏制度，之二即东晋至南齐间对汉、魏、西晋典章文物的继承与发展，之三即永嘉之

① 拙文《元代及明前期社会变动初探》，《中国史研究》中国社会科学院历史研究所建所 50 周年增刊，2005 年。
② 萧启庆：《中国近世前期南北发展的歧异与统合——以南宋金元时期的经济社会文化为中心》，清华大学历史系、三联书店编辑部合编：《清华历史讲堂初编》，北京：生活·读书·新知三联书店，2007 年。[日] 王瑞来：《科举停废的历史：立足于元代的考察》，刘海峰主编、张亚群副主编：《科举制的终结与科举学的兴起》，武汉：华中师范大学出版社，2006 年，第 155—166 页。
③ 陈寅恪：《隋唐制度渊源略论稿·叙论》，北京：生活·读书·新知三联书店，2001 年，第 3 页。

乱后保存于河西的中原文化。北齐又沿袭继承北魏制度。这应为汉魏至隋唐典章文化发展流变的大势。陈寅恪先生的贡献在于他不仅揭示隋唐制度多半出于北朝，还进一步澄清了北朝制度的内涵、流变。从中我们不难得到这样的启示：隋唐制度主要来自北朝，主要是沿袭北魏北齐体制而发展变化，部分又受到南朝的影响。陈登原《国史旧闻》云："大抵政治制度，北方之裔遗不少，士习风尚，南方所存留为多。""如以文物之兼收并蓄言之，则南并于北者固有，而北并于南者，亦未尝无之也。"[①] 此说对我们理解隋唐制度与南朝、北朝的渊源关系不无参考意义。

20 世纪 90 年代，唐长孺先生在《魏晋南北朝隋唐史三论》一书中指出："如前所述，唐代经济、政治、军事以及文化诸方面都发生了显著的变化，它标志着中国封建社会由前期向后期的转变。但这些变化，或者说这些变化中的最重要部分，乃是东晋南朝的继承，我们姑且称之为'南朝化'。"[②]

唐先生的论述独具慧眼，抓住了唐代制度发展的本质与趋向。他的嫡传高足牟发松教授又发表《略论唐代的南朝化倾向》加以阐发弘扬，受到学界的关注，还引起阎步克、胡宝国、陈爽等围绕"北朝化""南朝化"何者为主流的学术争论。按照"南朝化"为主流说，"南朝化"长期存在于南北朝至隋唐近 500 年间，"以汉化改革著称的北魏孝文帝"，曾"主动汲取南朝的制度文物"，"南朝化"至少从北魏已经开始。按照"北朝化"为主流说，"隋唐王朝都是在北朝的基础上建立的"，"北朝社会比南朝社会健康，南朝解决不了的问题，北朝解决了，因此构

---

① 陈登原：《国史旧闻·南北混一》，北京：中华书局，2000 年，第 1 册，第 650 页。
② 唐长孺：《魏晋南北朝隋唐史三论》，北京：中华书局，2011 年，第 468 页。

成历史的出口"①。

其实，以上两说都有史料依据和合理性，又相互抵牾对立，而且单用其中一说似乎难以涵盖这一时期的复杂历史情况。为此，笔者提出一个不太成熟的看法：南北朝、隋朝及唐前期的历史是循着"南朝""北朝"两条并行的线索来发展演化的。两条线索各有其赖以生存和实用的空间地域——南方和北方，又在并行发展中互相交融，互相影响。中国自古以来就拥有与欧洲相近的广袤疆域，由于山川阻隔和交通不便，南方与北方的地域差异本来就明显存在，经历近300年的南北朝分裂对峙，特别是受"五胡乱华"等影响，南方与北方的历史发展线索或制度状况呈现异样，也是可以理解的。②"南朝"线索或状况，主要表现在东晋、宋、齐、梁、陈沿袭汉魏西晋的体制。"北朝"线索或状况，主要表现在北魏、北齐、西魏、北周的体制。诚如阎步克教授所言，"隋唐王朝都是在北朝的基础上建立的"③，故隋朝及唐前期基本实行的是"北朝"制度。而后，隋、唐二王朝又在统一国度内实施了"南朝"线索与"北朝"线索的整合，到中唐以后整合完毕，国家整体上向"南朝化"过渡。笔者的看法大致有三

---

① 牟发松：《略论唐代的南朝化倾向》，《中国史研究》1996年第2期。阎步克、胡宝国、陈爽：《关于"南朝化"问题的讨论》，"象牙塔"http://www.xiangyata.net，2003年6月2日。阎步克：《南北朝的不同道路与历史出口》，"国学论丛"http://bbs.guoxue.com，2004年8月24日。将无同（胡宝国）：《关于南朝化问题》，"往复·史林杂识"http://www.wangf.net，2006年4月14日。羯胡：《"历史出口说"的"理论出口"》，http://www.mzyi.cn，2007年3月。

② 桑原骘藏：《歴史上より観たる南北支那》，载《白鳥博士還曆記念東洋史論叢》，東京：岩波書店，1925年，第387—480页。另参见氏著：《历史上所见的南北中国》，载刘俊文主编，黄约瑟译：《日本学者研究中国史论著选译》第1卷《通论》，北京：中华书局，1992年，第19—68页。

③ 羯胡：《"历史出口说"的"理论出口"》，http://www.mzyi.cn，2007年3月。

▲ 明嘉靖刊本《大唐六典》卷三所载"均田令"

条理由，这三条理由恰恰就来自贯穿北朝、隋朝及唐前期的三大主干性制度。下面分别予以阐发。

第一，均田制主要实施于北方及其在中唐的瓦解。

均田制是北魏至中唐的土地制度。它最初是由北魏代北时期的计口授田演变来的，是北方人口减少、土地荒芜、劳动力与土地分离的产物。其主要内容是按照成年人口分授露田（口分田）、桑田（永业田），前者身死还官，后者即为世业。贵族官僚地主则可凭爵品或耕牛等授田。北周、北齐、隋、唐又有过若干改动①。均田制包含原来的私有土地，而能够用来分配的只是无主土地和荒地，数量有限。均田农民授田不足额，露田（口分田）不能按制度还官等情况，比较普遍。虽然均田令限制土地买卖和占田逾制，但均田农民因地少财微、赋役沉重而破产逃亡，地主兼并土地等现象，无不在北魏、东西魏、北齐、北周、隋、唐中后期愈演愈烈。需要指出的是，（1）南北朝时期，均田制只实行于北朝，南朝依然是延续魏晋的大土地所有制。正如陈寅恪所云："北朝政府保有广大之国有之土地。此盖承永嘉以后，屡经变乱，人民死亡流散所致。故北朝可以有均给民田之制，而南朝无之也。"②即使隋唐统一后均田令颁行于全国，但江南地区基本没有实施均田。（2）唐高宗以后均田制逐渐破坏，玄宗朝土地还授已难以进行，德宗朝最终废弛，均田制被租佃制大土地占有所取代。这二者说明：南北朝时期的土地占有形态始终是南北异制的，存在北方均田制与南方大土地占有并行的两种情况。隋唐统一后，两种情况不仅在延续，还在交融、整合。交融、整合的结果，就是南朝的大土地占有与北方均田制内的土地私有因素汇合上升，最后过渡到南朝式租佃制大土地占有，率先完成了土地制度方面的"南朝化"。换言之，隋唐建立之初的土地制度是以北朝均田制为基础的，但经过南北统一的整合、融汇之后的发展趋势则是南朝式租佃制大土地占有，亦即土地制度"南朝化"。

第二，租庸调制主要实施于北方及其在中唐的瓦解。

---

① （北齐）魏收：《魏书》卷一百一十《食货志》，第 2853—2854 页。（唐）魏徵等：《隋书》卷二十四《食货志》，第 677—682 页。（后晋）刘昫等：《旧唐书》卷四十八《食货志上》，第 2088—2089 页。另参见韩国磐：《北朝隋唐的均田制》；［日］堀敏一：《均田制の研究》，東京：岩波書店，1975 年。
② 陈寅恪：《隋唐制度渊源略论稿》，第 156 页。

北魏创立均田制之际，相应规定了均田农民以一夫一妻为单位向官府交纳帛一匹、粟二石的户调。因其包含粟、帛，后人亦称租调。北齐、北周租又有垦租、义租之别，还具体规定充役时间及年龄。隋唐实行租庸调制，减轻租调和力役负担，尤其是允许输庸代役和改征丁男，堪称进步。南朝宋、齐、梁、陈大体是沿用东晋的计丁输租的田租制，户调方面，宋、齐实行计户纳布，梁、陈改作计丁为布，按丁纳调①。表面上看，北朝的租调与南朝的田租户调似乎相近，大体都趋于按丁征课。隋朝和唐前期全国统一实施租庸调制，似乎也有较广泛的适应性。然而，南、北方的环境条件有异，北朝是均田自耕农大量存在，南朝则大抵是租佃制大土地占有为主。南朝的按丁征课租调，寓有抑制世家大族荫庇佃客的意义。唐德宗时，由于均田制已经瓦解，租庸调无从征课，改而实行舍丁税地的两税法。这就适应了全国范围内土地占有的变化，也是整合南方、北方赋税体制的结果。陈寅恪说："夫唐代之国家财政制度本为北朝之系统。""……继南北朝正统之唐代，其中央财政制度之渐次江南地方化。""南朝人民所经丧乱之惨酷不及北朝之甚，故社会经济情形比较北朝为进步，而其国家财政制度亦因之与北朝有所不同，即较为进步是也。""其国用注重于关市之税"，而北朝"唯受谷帛之输"。"至唐代社会经济之发展渐超越北朝旧日之限度，而达到南朝当时之历程时，则其国家财政制度亦不能不随之以演进。唐代之新财政制度，初现之似为当时政府一二人所特创，实则本为南朝

---

① （北齐）魏收：《魏书》卷一百一十《食货志》，第 2855 页。（唐）魏徵等：《隋书》卷二十四《食货志》，第 677—680 页。（后晋）刘昫等：《旧唐书》卷四十八《食货志上》，第 2088 页。

之旧制。"因为南朝户租已能折交钱或布，故陈先生把玄宗开元二十五年（737）江南纳布代租的规定视为"唐代制度之江南地方化，易言之，即南朝化者是也"[①]。受陈寅恪先生的启发，笔者进而认为，两税法虽然不是南朝的制度原态，但是，它取代北朝的租庸调，又是和南朝旧制精神相联系的，例如江南租粟的折布交纳和关市之税受重视等。从夏、秋两季征课和依照土地资财多寡征课，不难窥见两税法应是更适合于江南情况的新征税方式。在这个意义上，两税法取代租庸调，可以称为南朝财税制度在中唐以后的继续发展或唐代税制的南朝化。

第三，府兵制主要实施于北方及其在中唐的瓦解。

▲《神策军碑》（局部），北宋拓本，中国国家图书馆藏

府兵制起初是西魏、北周以部落制为基础，选取鲜卑、汉人官吏子弟及关陇富豪子弟而组成。它实行朝廷直辖和兵与农分离，对改变汉魏私兵旧制颇有意义。隋唐沿袭西魏、北周的府兵制，又将府兵编入户贯，寓兵于民，兵农合一，点拣部分均田农民组成鹰扬府或折冲府。这样，府兵制又和均田制捆绑在一起。西魏、北周府兵设于北朝地域，不言而喻。隋唐多达600个以上的军

――――――――――

[①] 陈寅恪：《隋唐制度渊源略论稿》，第156—160页。

府，主要设置在关中、河南、河东，南方则数量很少①。所以，府兵制与均田制、租庸调制类似，也主要实施于北方。南朝虽然有世兵制的旧制，但自东晋末"北府兵"等精锐即来自招募。中唐均田制瓦解以后，折冲府无兵可缴，府兵制随之崩溃。中唐以后神策军、藩镇兵等募兵，或可溯源于南朝，或可谓之兵制的南朝化。

均田制、租庸调制和府兵制，是隋唐王朝立国的三大支柱性制度。说来也巧，三大制度都是主要实行于北方，又都在中唐相继瓦解。取而代之的则是与南朝相近的租佃制大土地占有、两税法和募兵制。这不难说明南北朝、隋朝及唐前期的历史的确存在"南朝""北朝"两条并行的发展线索或迥然有异的两种制度状况。隋朝及唐前期基本实行的是"北朝"制度，但同时存在"在野"地位的南朝因素（主要在江南）。迫于实际需要，隋、唐二王朝又在统一国度内实施了"北朝"线索与"南朝"线索的整合，这既是两种历史线索或制度的整合，又是北方、南方地域因素的整合。到中唐以后整合完毕。租佃制大土地占有、两税法和募兵制，正是上述整合后南朝（或江南）因素转而占上风的结果。于是，国家整体上向"南朝化"过渡。我们后面讨论的"唐宋变革"，实际上也是以上述整合及"南朝化"起步的。

还应该承认，北朝制度并不是完全落后，南朝宋、齐、梁、陈不少东西已经相当腐朽。我们说的"南朝化"，并不是照搬宋、齐、梁、陈的制度，而是在汉晋制度框架内又掺入北朝某些鲜活因素基础上的升华发展。例如，南朝宋、齐、梁、陈虽然总体上属于租佃制大土地占有，但它是部曲租佃制的大土地占有，与租

---

① 参见谷霁光：《府兵制度考释》，第22—160页。

佃制大土地占有原型之间尚有距离。恰恰是北朝"均田制"恢复的编户齐民原则，沉重打击了衰败中的世家大族及部曲制，从而为租佃制大土地占有秩序的重新恢复与进一步发展铺平了道路。东晋末虽然已有募兵，但它多与地位很低的世兵和私兵旧制糅合在一起，后二者往往是主导性的。又恰恰是北朝府兵制的兵为国有和兵卒地位待遇较高的政策，极大地冲击了南朝宋、齐、梁、陈世兵、私兵旧制，从而为中唐以后正规募兵的问世创造了条件。在仕途选官方面取代"九品中正制"的科举制，又是以北朝立国的隋朝所奠定，这项摧毁世家大族政治特权的新制度，也并非南朝"寒人掌机要"[①]的直接产物。

"南朝""北朝"两条略有差异的发展线索的并行，根源在于"五胡乱华"后造成南、北方政权近300年的分立对峙。由于幅员广袤和南北政权分立隔绝而加剧的南方、北方地域差异，又往往和少数民族的影响相混杂。在南、北发展线索或制度的差异中，少数民族因素固然重要，但南、北差异并不是简单和绝对的汉、胡划界，北朝制度的相当部分也来自华夏制度或因素。

二、关于第二个南北朝存在与否的考察

在20世纪的中国史学界，一般只承认第一个南北朝。对五代以后的第二个南北朝，绝大多数论著和教科书并没有提到[②]，

---

① （清）赵翼著，王树民校证：《廿二史札记校证》卷八《南朝多以寒人掌机要》，第172页。
② 迄今唯陈述等少数学者主张"宋辽金时期是祖国历史上再一次南北朝"。参见陈述：《要重视辽金史的研究》，《光明日报》1982年8月30日；赵永春：《辽人自称"北朝"考论》，《史学集刊》2008年第5期。

通常不予认同。

第二个南北朝是否真正存在，不应该主要
着眼现代人的取舍态度，而应该尊重历史事实。

这里，我们列举一些史籍上的有关记载。

较早的南朝、北朝和南北朝称呼，出现于
北宋和辽国对峙之际。《宋史》卷二百四十二
《后妃上·英宗宣仁圣烈高皇后》载，辽道宗
曾告戒其臣属："复勿生事于疆场，曰：'南朝
尽行仁宗之政矣。'"是为辽称北宋为"南朝"。

▼ 辽道宗皇帝契丹
文哀册，辽宁省博物
馆藏

《辽史》卷九《景宗下》乾亨元年（979）春正月丙申条载："长寿还，言'河东逆命，所当问罪。若北朝不援，和约如旧；不然则战'。"是为北宋称契丹为"北朝"。《宋史》卷三百一十《王曾传》载："景德初，始通和契丹，岁遣使致书称南朝，以契丹为北朝。"是为契丹、北宋互称"南朝"和"北朝"。

接着，在两宋与金朝分踞南北的100余年间，彼此依然使用南朝、北朝的称呼。《三朝北盟会编》卷四《政宣上帙》载："阿固达令译者言云：契丹无道，我已杀败……为感南朝皇帝好意，及燕京本是汉地，特许燕云与南朝……"是为金朝称北宋为"南朝"。《宋史》卷三百六十六《刘锜传》载："兀术至城下，责诸将丧师，众皆曰：'南朝用兵，非昔之比，元帅临城自见。'"是为金朝称南宋为"南朝"。《建炎以来系年要录》卷一百八十五绍兴三十年（1160）五月辛卯条载："兵部尚书兼权翰林学士杨椿言于右仆射陈康伯曰：'北朝败盟，其兆已见。今不先事为备，悔将何及。'"是为南宋称金朝为"北朝"。

蒙古灭金后又与南宋相持对峙40余年，他们之间仍然沿用"南朝""北朝"的称呼。《元文类》卷三十七宋衜撰《与襄阳吕安抚书》载："令兄少保制置……南朝列之于三孤……"是为元朝称南宋作"南朝"。《宋史》卷四十五《理宗纪五》：景定元年（1260）三月"丙戌，贾似道言，自鄂趋黄，与北朝回军相遇，诸将用命捍御"。是为南宋称元朝作"北朝"。《文山集》卷十八《指南前录·纪事》："正月二十日晚，敌留予营中，云北朝处分，皆面奉圣旨；南朝每传圣旨，而使者实未曾得到帘前。"是为文天祥笔下同时出现以元朝作"北朝"和南宋作"南朝"的称谓。

《宋史》卷二百八十五《梁适传》："契丹欲易国书称南北朝，

适曰：'宋之为宋，受之于天，不可改也……'"据此，"南北朝"合称，亦始于辽国，当时北宋方面并不情愿接受。后来，至少是在非正式场合，宋臣知制诰程琳等也采用了此称谓[1]。

诸如此类的事例很多，恕不一一胪列。表明在辽金元与两宋 300 多年的对峙过程中，他们已习惯于彼此以"南朝""北朝"称呼，甚至有"南北朝"合称的。

值得高度重视的是，宋真宗朝"澶渊之盟"宋辽盟誓文书中即有"南北朝"的记载。盟誓云：

> 大宋皇帝谨致誓书于大契丹皇帝阙下：共遵成信，虔奉欢盟，以风土之宜，助军旅之费，每岁以绢二十万匹、银一十万两，更不差使臣专往北朝，只令三司差人般送至雄州交割。沿边州军，各守疆界，两地人户，不得交侵。或有盗贼逋逃，彼此无令停匿。至于陇亩稼穑，南北勿纵惊骚。所有两朝城池，并可依旧存守，淘壕完葺，一切如常，即不得创筑城隍，开拔河道。誓书之外，各无所求。必务协同，庶存悠久。自此保安黎献，慎守封陲，质于天地神祇，告于宗庙社稷，子孙共守，传之无穷，有渝此盟，不克享国。昭昭天监，当共殛之。远具披陈，专俟报复，不宣，谨白。[2]

此盟誓文书现存于《续资治通鉴长编》，原由作者李焘摘

---

[1] （宋）李焘：《续资治通鉴长编》卷十五《仁宗》"天圣五年四月辛巳"："契丹遣林牙昭德节度使萧蕴、政事舍人杜防贺乾元节。知制诰程琳为馆伴使……琳又曰：'南北朝安有小大之异？'防不能对。"（第 5 册，第 2439 页）

[2] （宋）李焘：《续资治通鉴长编》卷五十八《真宗》，景德元年十二月辛丑，第 5 册，第 1299 页。

自《两朝誓书册》。据李焘考订，《真宗实录》失载誓书，《仁宗实录》庆历二年（1042）九月乙丑所载契丹誓书与此文大同小异。还说赵宋朝廷抄录"契丹誓书颁河北、河东诸州军"之际，"皆以南北朝冠国号之上"，故引起将作监丞王曾的一番非议。可李焘当年所能见到的《两朝誓书册》和《仁宗实录》，并没有把"南北朝"冠于宋、契丹各自国号之上。李焘为此感到困惑，不得不暂且存疑。笔者以为，王曾的非议，属当时人说当时事，又并见于《宋史·王曾传》和《九朝编年备要》卷七，应该是可信的。后修的《两朝誓书册》和《仁宗实录》或许对盟誓文书做过删节，故前揭《续资治通鉴长编》盟誓文书亦未见此类文字。即便如此，从前揭现存宋辽盟誓文书中"北朝""两地""南北""两朝"等残留词汇，不难窥知北宋方面已经通过盟誓文书的形式承认了"北朝"和"南北朝"现实秩序及称谓。因为"澶渊之盟"的盟誓文书代表宋、辽官方，具有法律效用，它对第二个南北朝称谓在当时的确凿存在，无疑是比较过硬的证据。

我们注意到，在北宋建立的960年到元世祖统一南北的1276年，共计317年。比起第一个南北朝（含东晋）273的历史，第二个南北朝时间并不短，合计起来还多出45年。诚然，第一个南北朝的界限偏南，大抵在淮河一线。北宋与辽朝对峙的167年大抵是以白沟河划界的，而后，金朝、南宋对峙和元朝、南宋对峙的150年，边界才南移至淮河、大散关一线。这又是第二个南北朝不及前者和人们容易对其"南北朝"称谓产生质疑的"短处"。笔者对时间略短略长和疆界或南或北，并不太在意，关键是南北政权的差异及影响。这个问题我们后面再说。

奇怪的是，第一个南北朝并非当时人的称谓，其在史书上的称谓是唐朝人撰修《南史》《北史》后晚至五代才出现的[①]。如前所述，第二个南北朝却是辽、宋、夏、金、元300多年间官方和民间广泛使用且见诸史书的称谓，而且一直使用到元末明初[②]。明初以后此称谓基本绝迹。这或许是始于建文帝的、明朝士人一味尊宋贬元和正统华夷观念偏向汉族本位后的有意"封杀"。同样是后继朝代的唐朝和明朝，前者对第一个南北朝大肆阐发宣扬，后者对第二个南北朝隐匿封杀，确实形成很大的反差。这似乎与唐人文化上的开放心态和明代回归到南宋"内敛"心态[③]有关系。现代人对第二个南北朝称谓的不适应、不使用，估计也是受明人的影响。在太平天国反对清廷、辛亥革命再次高扬"驱除鞑虏"旗帜以及鸦片战争、抗日战争等民族矛盾剧烈的近代中国，受明人华夷之辨思想的影响也是可以理解的。但这并不能改变历史真相，并不能影响第二个南北朝在当时的确凿存在。我们在从事研究之际，理应尊重第二个南北朝确凿存在的历史真相，不必受明人狭隘正统观和华夷观念的桎梏束缚。所以，完全可以放心地认同"第二个南北朝"的命题或概念。

笔者承认，人们只称呼第一个南北朝而不称辽、宋、夏、金、元为南北朝，几乎是600年来的一种约定俗成，估计很难改变。笔者并不执意让人们用"第二个南北朝"改称辽、宋、夏、金、元。笔者之所以强调它的存在，主要是因为下面讨论南、北

---

① 参见（后晋）刘昫等：《旧唐书》卷一百七十三《郑覃传》，第4491页。
② （明）叶子奇：《草木子》卷四下《杂俎篇》。另，《景印文渊阁四库全书》本曰："……此北朝兴衰之一终。"（第866册，第794页上）中华书局1959年本则云："……此天运兴衰之一终。"（第83页）
③ 参见［美］刘子健：《中国转向内在：两宋之际的文化转向》，赵冬梅译，南京：江苏人民出版社，2012年，第7页。

两条发展线索的需要。"第二个南北朝"应该是南、北两条发展线索或制度复合并存的前提。为着学术讨论，必须肯定和承认它的确凿存在。至于平常情况下人们仍然愿意使用辽、宋、夏、金、元的称呼，那就顺其自然好了。

三、"唐宋变革说"与第二个南北朝的发展线索

1921 年日本学者内藤湖南发表的《概括的唐宋时代观》论文，比较系统地提出了"唐宋变革说"，西方称为"内藤假说"，由此还引发了"二战"以后"京都学派"与"东京学派"（历研派）持续数十年的大辩论。"唐宋变革说"打破了传统的王朝史体系，为中国历史研究提供了一条新的思路，无疑是富有创见的。

按照张广达教授的归纳，内藤"唐宋变革说"的内容要点是：（1）贵族政治让位于君主独裁；（2）农民脱离贵族或国家的束缚，土地等私有得到承认；（3）科举普遍化与官僚政治的成熟；（4）朋党由贵族核心过渡到政见斗争；（5）货币大量流通，货币经济盛行；（6）儒学由经学义疏转向理学诠释，文学艺术的自由化、平民化色彩加重。经过国内外学者的讨论和进一步研究，迄今有关"唐宋变革"的认识不断丰富成熟，尽管学者们对变革时间和"近世说"尚存疑义，但对中唐以后社会变革基本表现的认识又趋于一致：经济方面，土地私有合法，两税改革，农作技术改进与农业发达，水稻及茶等商品化作物的增长，烧瓷冶铁等进步，商业繁荣取代官市、关津贸易，货币流通取代钱帛兼行，集市城镇增多，人口激增，北方与南方经济重心易位；社会方面，四民社会阶层的结构性松动，士大夫场域流动及代

际沉浮，地域社会及精英的形成，多样化家族的出现，户等的变化，官私贱民依附关系的蜕变，乡村制度和村落秩序的重建；政治方面，世家贵族的衰败与君主独裁的兴起，君权相权互动之下的君主专制化，律令制瓦解，中央集权与地方势力的消长，士大夫政治文化主体意识形成，科举官僚体制壮大，门第支配演化为科第支配，党争等政治文化的变貌，职役法和胥吏制的出现；文化方面，学术昌明，门类多样，新儒学（理学）的形成，文学

▲ 宋代出现了世界上第一种纸币——交子

与艺术新体裁的出现，庶民文娱活动的繁荣，应用科学与实用技术的显著进步，印刷术促进教育、罗盘促进航海等①。

　　总之，内藤湖南"唐宋变革说"的贡献主要有两条：从内在理路思考中国历史的一项富有创见的发明（前揭张广达文）；基于此说，古代历史大体可以划分为上古、中古、近古三个阶段。可以这样认为，"唐宋变革说"是对中国古代历史纵向宏观认识做出了杰出的贡献。

---

① 张广达：《内藤湖南的唐宋变革说及其影响》，荣新江主编：《唐研究》第 11 卷，第 5—71 页。另参见李庆：《关于内藤湖南的"唐宋变革论"》，《学术月刊》2006年第 10 期。

接着，我们要问："唐宋变革说"能否涵盖第二个南北朝的整体情况？"唐宋变革"在辽、金、西夏及元前期统治下的北朝（或北方）情况又如何？辽、金、西夏、蒙古等少数民族政权，尤其元王朝的大统一，究竟给"唐宋变革"带来何种新的影响？为什么元明许多制度及实施状况与中唐两宋不太一样？为什么明后期的许多情况反与南宋非常相似？

这的确是引入"第二个南北朝"的命题后产生的一系列困惑。由于问题比较复杂，并非三言两语能够解释清楚。给人的初步印象是，"唐宋变革说"虽然非常精彩，能够大体揭示唐宋社会的巨大变化及以后的历史概貌，具有划时代意义，但用它来诠释中唐以后的全部历史似乎不够周延。我们在肯定和重视"唐宋变革说"的同时，不能就此满足或停步。还应该进一步认真注意辽、金、西夏及元前期统治下的北方情况，认真注意 10 至 13 世纪近 300 年的南北异制和元统一后北制的深刻影响，认真注意这一时期是否存在除"唐宋变革"以外对中国社会造成较大影响的他种体制因素。

笔者开头提到的美国学者史乐民、万志英等有关"宋元明过渡"问题的探索及笔者近年所论"元代及明前期社会变动"[1] 即与此有关，可以称作针对上述疑问困惑的最新学术动向。现就笔者所论元朝与"唐宋变革"有明显异常的若干条，予以重点阐发。

1. 职业户籍制与全民服役

秦汉以后，编户齐民和"士农工商"的秩序相继确立。其中，编户齐民最为重要，实乃帝制国家统一编组百姓作为直接赋

---

① 拙文《元代及明前期社会变动初探》，《中国史研究》中国社会科学院历史研究所建所 50 周年增刊，2005 年。

役对象的体制。就赋役负担和国家直接控制而言，天下所有编户都整齐平等，故曰齐民。又规定编户内"士农工商"的四民顺序，四民既是职业排列，又反映官府重士农抑工商的政策趋向。经过"唐宋变革"，"士农工商"的四民秩序出现松动，且不言士大夫场域流动、代际沉浮和工商低贱处境的改变，即使农民的身份及其与国家的关系，也变化很大。宋代的户籍以主户、客户统一编制，农民被分为主户（地主和自耕农）、客户（佃农）两部分而附籍，租佃关系亦被纳入国家户籍制度。官府税收和差役只征及主户。宋代的劳役已不算多，改而以差役的形式大量存在。即使是差役，也要跟百姓财产相应挂钩，以适合其承受能力。元代实行职业户计制度，百姓按照职业被分为各种不同户计，实乃蒙古社会分工进步和成吉思汗征服奴役政策的共同产物。蒙古早期国家是单一游牧，随着军事征服不断扩大，被征服民族一概按职业划定户计，世袭罔替。如种田的称为民户，充军役的称为军户，充站役的称为站户，煮盐的称为盐户或灶户，充工匠的称为匠户。这明显背离"士农工商"四民和宋代主、客户秩序及其社会流动增多的趋势。民户、军户、站户、灶户、匠户以及打捕鹰房、也里可温（景教徒）、和尚（僧人）、先生（道士）、答失蛮（伊斯兰教士）、儒户、医户等，都必须按照职业户计名色为官府提供劳役①。于是就呈现诸色百姓依据自己的职业户计为官府服劳役的新局面。何兹全先生把魏晋南北朝的类似情况与此比较后指出，元朝曾出现全民当差服役，由编户到差户，这是很大的变化。萧启庆先生也说，元代的户计制度"是元朝为着动员人力、

---

① 黄清连：《元代户计的划分及其政治社会地位》，《台大历史学报》1975 年第 2 期。

物力而制定的世袭户役制度"，"妨碍各阶层的自然流动与发展"，是"一股逆流"①。全民服役，无疑意味着百姓对官府的人身依附关系的再度恶化，也与"唐宋变革"的"农民脱离贵族或国家的束缚"（前揭张广达文）格格不入。

2. 贵族分封制与驱口制

以血缘纽带和家产分配为基础的宗室分封，时至唐宋，已名存实亡。正如顾炎武所说："唐宋以下封国，但取空名，而不有其地。"②元朝时期，包括草原封国、中原食邑和投下私属等内容的分封制度，又死灰复燃，尤以北方地区严重。与其相关连的贵族议政、巨额赏赐等也长期遗留。金朝不少贵族军将把俘获人口抑为奴婢，以供驱使，名曰驱口，还有以放免奴隶充当驱军的。正如萧启庆先生所说"金朝带回奴隶制是一种社会逆退现象"③。蒙古灭金及灭南宋时掠民为驱的现象，依然存在，尤其是灭金伊始贵族将校所掠驱口半天下。驱口主要用于家内役使，也用于农牧业和手工业。法律上驱口属于贱人，使长可任意转卖，可支配其婚姻④。元统一前后，由于不断吸收汉地制度，分封制与驱口制得到部分改造或限制，但仍然程度不同地遗留至明代。此二者与"唐宋变革"的"农民脱离贵族或国家的束缚""官私贱民依

---

① 何兹全：《中国社会发展史中的元代社会》，《北京师范大学学报（社会科学版）》1992年第5期。萧启庆：《中国近世前期南北发展的歧异与统合——以南宋金元时期的经济社会文化为中心》，清华大学历史系、三联书店编辑部合编：《清华历史讲堂初编》，第218—219页。

② （清）顾炎武著，黄汝成集释：《日知录集释》卷十四《封国》，上海：上海古籍出版社，1985年，第1110页。

③ 萧启庆：《中国近世前期南北发展的歧异与统合——以南宋金元时期的经济社会文化为中心》，清华大学历史系、三联书店编辑部合编：《清华历史讲堂初编》，第209页。

④ （元）脱脱等：《金史》卷四十四《兵志》，第997页。（元）陶宗仪：《南村辍耕录》卷十七《奴婢》，北京：中华书局，1959年，第208页。

附关系的蜕变"（前揭张广达文），更是背道而驰，也严重违背了秦汉编户齐民的基本制度。

3. 官营手工业的重新繁荣

自战国打破"工商食官"旧制，秦汉私营手工业一度迅速发展。经魏晋到唐前期，官营手工业曾出现回潮，中唐以后特别是两宋，私营手工业又得以迅速自由发展。元代的官营手工业，肇始于成吉思汗军事征服。元朝建立后的官营手工业分为工部、户部、将作院等中央部院，中政院、宣徽院、利用监等宫廷官署，行省、路总管府等地方官府，宗王公主等投下官府等四大系列。包含的主要是纺织、陶瓷、制盐、矿冶、军器等行业[①]。元代官营手工业以规模大、役使工匠多、机构重叠繁杂、管理效益低下而著称。尤其是在杭州丝织业等出现少量自由雇佣劳动的情况下[②]，官营手工业对民间手工业和商品经济的正常发展肯定有妨碍牵制等消极作用。从整体趋势看，它也是对"唐宋变革"的商品货币经济盛行的倒退。

4. 农业经济和财税的南北差异

在唐宋北方与南方经济重心易位的趋势下，因女真、蒙古入主中原和战乱频仍，北方的经济发展水平继续显著落后于南方，原南宋占据的江南地区经济仍沿着"唐宋变革"的模式继续发展繁荣。据初步统计，元代江南江浙、湖广、江西三行省年度税粮数相当于腹里地区（今河北、山东、山西和内蒙古）的 2.86 倍。江南三行省年度商税额比腹里多出近 1/4[③]。国家的财赋不得不进

---

① 参见陈高华、史卫民：《中国经济通史·元代经济卷》第七章，第 294—300 页。
② 参见郑天挺：《关于徐一夔〈织工对〉》，《历史研究》1958 年第 1 期。
③ （明）宋濂等：《元史》卷九十三《食货志一》、卷九十四《食货志二》，第 2360、2398—2401 页。北方腹里年度商税额包括大都和上都商税。

一步仰赖东南，京师等处粮食也依赖江南供给，每年上百万石的稻米海运北上。不仅如此，南北的经济结构特质乃至税收都差别较大。南方沿袭南宋的大土地占有和租佃制，北方自耕农和中小地主的比重较大，还残留一些驱奴私属劳作。南方税粮沿袭南宋的二税制，北方依然停留在丁税、地税混存的状态。科差中北方丝料、包银，南方户钞及包银，名色内容虽不尽相同，但按户征收的原则又是和租庸调制一脉相承。这表明北方的农业经济结构和财税，同样较多背离了"唐宋变革"的轨道。

5. 儒士的边缘倾向与君臣关系主奴化

元朝较早保护儒学，不少儒士进入各级官府，在吸收汉法方面也大量发挥了儒学和儒士的积极功用，还推动程朱理学上升为官学。但是，在蒙古统治者的心目中，儒学始终不是第一位的文化。儒学与儒士也不再是国家体制内的主导，其独尊地位已经丧失，开始被某种程度地边缘化。这是自汉武帝独尊儒术以后，历朝历代未曾有过的。儒士虽然能享受儒户定籍、免除差役、选拔充当教官及儒吏等待遇，但唐宋以来儒士赖以仕进登龙的科举迟迟未开，大多数儒士"学而优则仕"的门径被堵死。尽管有学者对停废科举持比较积极的评价[1]，但元代儒士处境地位降低是不争的事实。儒士充任教官之际，多数属无资品的流外职，薪俸颇低，升迁极慢。世祖朝"九儒十丐"的说法，而后"热选尽教众人取，冷官要耐五更寒"等哀叹牢骚[2]，或可反映儒学与儒士被

---

[1] ［日］王瑞来：《科举停废的历史：立足于元代的考察》，刘海峰主编、张亚群副主编：《科举制的终结与科举学的兴起》，第155—166页。

[2] （宋）郑思肖著，陈福康校点：《郑思肖集·大义略叙》，上海：上海古籍出版社，1991年，第186页。（元）王义山：《稼村类稿》卷一《送余仲谦赴江州教》，《景印文渊阁四库全书》第1193册，第10页上。

某种程度边缘化的尴尬境遇。

春秋以后，君臣关系不断发生进化演变。随着唐宋科举制度发展，稳定的士大夫群体逐渐形成，君臣关系中主从色彩又在逐渐淡化。尤其是理学问世后，士大夫崇奉的儒家思想，有了追求的终极目标：道与理。在君臣关系上，除了强调"忠君"外，还强调"道统"，强调君、臣都要服从道统，道统先于君统①。于是，君臣关系表现出一定的进步迹象。宋代一些皇帝又标榜"与士大夫治天下"②，还有了不杀谏官文臣的不成文规定。可见，宋代士大夫的地位有所提高。时至元朝，情况大变。与儒学、儒士的边缘化同步，忽必烈等将草原主奴从属习俗带入君臣关系，对臣下说打就打，想杀就杀。捶击大臣的例子不胜枚举，杀死宰相及其他大臣，频繁发生。至元十六年（1279）九月，忽必烈诏谕："凡有官守不勤于职者，勿问汉人、回回，皆论诛之，且没其家。"③在忽必烈的眼里，宰相也好，一般臣僚也好，都是自己的奴仆。勤于职守，

▲ 元顺帝像

---

① 参见刘泽华主编：《中国古代政治思想史》，天津：南开大学出版社，1992 年，第 487、551 页；张分田：《中国帝王观念——社会普遍意识中的"尊君—罪君"文化范式》，北京：中国人民大学出版社，2004 年，第 566 页。

② 参见张其凡：《北宋"皇帝与士大夫共治天下"略说》，《宋初政治探研》，广州：暨南大学出版社，1995 年，第 62—68 页；余英时：《朱熹的历史世界》上册，北京：生活·读书·新知三联书店，2004 年，第 220—229 页。

③ （明）宋濂等：《元史》卷十《世祖纪七》，第 215 页。

为主人效犬马之劳，就是称职的好官。反之，格杀勿论。本着这样的信条，王文统、卢世荣、桑哥、郭佑、杨居宽等正副宰相，一个个难逃被诛杀的厄运。元顺帝又步其后尘，被他杀掉的一品大臣据说有500余人①。这与赵宋300多年谏官文臣犯罪一般不会被杀相比，无疑形成了鲜明的对照。这也明显与"唐宋变革"中"士大夫政治文化主体意识形成"（前揭张广达文）相悖逆。

6. 由军事征服派生的行省制和直接治理边疆政策

元世祖忽必烈统一全国前后，自北而南，先后在新征服区域设立陕西、四川、甘肃、云南、江浙、江西、湖广、河南、辽阳、岭北、征东十一行省。十一行省起初就是十一大军区，主要服务于军事控制与镇压，又兼为中央与地方间的财赋中转站和行政节制枢纽。其原型为金行尚书省和蒙古三大行断事官，其机构名称是汉制，实乃金元军事征服所派生。行省具有两重性质，长期代表中央分驭各地，主要为中央收权兼替地方分留部分权力，所握权力大而不专。行省分寄为朝廷集权服务，朝廷集权始终主宰着行省分寄。元行省制创建了13、14世纪中央与地方权力结构的新模式，对明清、近代影响至深且重②。

▲ 江西等处行中书省烧钞库印（《元国书官印汇释》)

---

① 任崇岳：《庚申外史笺证》卷下，郑州：中州古籍出版社，1991年，第156页。另参见姚大力：《论蒙元王朝的皇权》，《学术集林》卷十五，上海：上海远东出版社，1999年，第305页；屈文军：《论元代君臣关系的主奴化》，《江海学刊》2004年第1期。
② 参见拙著《元代行省制度》，北京：中华书局，2011年，第923—945页。

唐宋等汉地王朝治理边疆，都是实行羁縻政策。部落首领既接受朝廷的官爵印信，又保持原有的称号、辖境和权力，自理内部事务。羁縻州只是名义上的府州区划，一般不呈报户籍，不承担贡赋①。元廷因俗设"土官"，通过宣慰司、宣抚司、安抚司、长官司等机构，实行强制性的检括户籍，设立驿站，比较固定的缴税和贡献，强制征调土官土军等②。正如忽必烈对播州安抚司的诏谕："阅实户数，乃有司当知之事，诸郡皆然，非独尔播。"阅户缴税似乎成了归附元朝廷的基本尺度。迫于元廷的强硬政策，土官们或早或晚"括户口租税籍以进"③。在蒙古统治者看来，少数民族地区并非汉人心目中的蛮夷，它和汉地一样，无例外都是被征服的对象。因此，括户缴税等，应当一视同仁。他们根本不去理会唐宋羁縻州政策，而是出于治理被征服地区的理念，独辟军、政、财等较直接管辖的路子。这种直接治理边疆的政策及理念，最初同样为军事征服所派生。

上述变动，有些是改变了"唐宋变革"的部分内容，有些是增添了新的东西。有些是辽、金、元北方民族的前后承袭，如驱奴、投下私属、农业经济和财税等。有些主要是蒙古贵族带入的，如职业户籍制、全民服役、分封制、官营手工业、儒士边缘

---

① 参见马大正主编：《中国边疆经略史》第四、五编，郑州：中州古籍出版社，2000 年。

② 参见方铁主编：《西南通史》第六编第三章，郑州：中州古籍出版社，2003 年，第 526—535 页。

③ （明）宋濂等：《元史》卷十七《世祖纪十四》至元二十九年正月丙辰，卷六十三《地理志六》，卷二十九《泰定帝纪一》至治三年十二月丁亥、泰定元年正月戊申，第 358、1551、642、643 页。（宋）袁桷：《清容居士集》卷二十六《资德大夫绍庆珍州南平沿边宣慰使播州安抚使侍卫亲军都指挥使上护军追赠推忠效顺功臣银青荣禄大夫平章政事柱国封播国公谥忠宣杨公神道碑铭》，《四部丛刊初编》第 1419 册，第 13 页 a、b。

倾向、君臣主奴化、直接治理边疆政策等。对照内藤"唐宋变革"的六条要点，至少有（1）（2）（3）（6）发生了较大异化。由此，构成了北朝体制或发展线索的基本内容。

对于上述异化和变动，英国学者伊懋可（Mark Elvin）曾指出，蒙古入侵带来的科技和经济发展的停滞，带来了元代和其后的明代前期"倒退消沉的黑暗时期"，造成了中国历史的断裂，而从明后期开始的新一轮经济发展则直接继承了唐宋科技革命的成果，并进一步使整个国家的经济整合起来。2003 年，史乐民、万志英等的"宋元明过渡说"，则试图纠正伊懋可的观点，他们认为宋、元、明时期尽管北方地区受到战乱的侵袭，但中国的传统经济文化核心区——江南及其周边地区却没有遭受大规模的破坏，其经济、社会依然继续演变和发展着，这就为后来明清全盛奠定了基础。宋、元、明不是"中国历史的断裂"，而是介于"唐宋变革"、清代全盛之间的"过渡"[1]。萧启庆先生基本赞成"过渡说"，进而精辟论述金朝统治下的北方地区经济、社会、文化与南宋统治的南方的巨大差异及元朝的统合，同时指出"过渡说"忽视北方的缺陷[2]。笔者一度认为元及明前期是"唐宋变革"后的局部性反复曲折或变态发展。现在觉得有必要做若干修正：上述变动，并非简单的反复曲折，而是第二个南北朝辽、夏、金、元北朝方面少数民族因素与南北地域因素长期混合作用

[1] *The Song-Yuan-Ming Transition in Chinese History.* Edited by Paul Jakov Smith and Richard von Glahn, Cambridge (Massachusetts): The Harvard University Asia Center, 2003. 参见张祎:《"中国历史上的宋元明过渡"简介》,《宋史研究通讯》2003 年第 2 期（总第 42 期）。

[2] 萧启庆:《中国近世前期南北发展的歧异与统合——以南宋金元时期的经济社会文化为中心》,清华大学历史系、三联书店编辑部合编:《清华历史讲堂初编》,第 222 页。

的产物。由于 300 年左右的南北对峙隔绝，"唐宋变革"大抵在北宋、南宋持续进行。而在辽、夏、金、元统治的北朝或北方，社会整体结构和社会发展轨迹却出现了较多异化，出现了一些与中唐两宋不同的东西（或者在很大程度上仍然停留在中唐以前的状态），并由此形成了北朝线索。前述"唐宋变革"所反映的中唐两宋传统王朝的发展，就构成了南朝线索。换句话说，第二个南北朝并非沿着"唐宋变革"的单一线索前进发展，相反是呈现"唐宋变革"所反映的南朝（两宋）线索与辽、夏、金、元北朝线索的复合并行发展。还应该指出，上述南朝线索和北朝线索的复合并行，准确地说，实施于 960 年到 1276 年的 317 年间。元朝统一南北后的 1276 年到 1368 年的 93 年间，就是南方和北方二线索的复合并行了。这与隋唐统一后的情况类似。

如果说伊懋可的断裂说的不足，是比较笼统和缺乏详细分析，那么，史乐民、万志英的过渡说又失之片面，即只注重江南的情况而忽视北方的情况。哈佛大学罗祎楠曾经一针见血地批评道："……这种综合却忽视了北部中国的情况。本书（指《中国历史上的宋元明过渡》）实际上并没有很好地解决这一问题。比如，李伯重先生（论文集作者之一）在认定江南地区的人口、社会经济、技术改进、农业经营在宋、元、明时期持续发展这一历史事实的同时，似乎并没有详细说明这种发展和北方地区发展的关系问题。因此，这一结论是否可以运用于这一时期整个的统治版图，则仍然需要进一步论证。"[1] 我们承认史乐民、万志英的

①　罗祎楠：《〈中国历史上的宋元明过渡〉书评》，荣新江主编：《唐研究》第 11 卷，第 713 页。另参见李伯重：《有无"13、14 世纪的转折"？——宋末至明初江南农业的变化》，《多视角看江南经济史（1250—1850）》，北京：生活·读书·新知三联书店，2003 年，第 21—96 页。

"过渡说"比起伊懋可的"断裂说"有了明显的进步，它开始以审视分析而非简单笼统的眼光去看待"宋元明过渡"不可或缺的历史功用，不再简单视为"倒退消沉的黑暗时期"。这无疑是值得称道的。然而，"过渡说"一味注重江南持续发展的作用，对北方的情况置若罔闻。事实上，由于元统一及后述明朱元璋父子的个性政策，北朝线索或北方体制在13至16世纪300年间扮演的角色非常重要，有时甚至是主导性的。16世纪中叶，才最终完成了它与江南体制的复合、交融与整合，最终建构起经济上以江南因素为主、政治上以北方因素为主的混合体。"过渡说"还把中唐以后的历史细分为中唐北宋、南宋元明前期、晚明清朝三段。实际上，这三者都属于中唐至清代的近古或近世历史阶段，都是唐宋（或中唐）变革基本模式的继续与发展，只是因为南方、北方的政权对峙及地域差别而造成了13至16世纪比较复杂的情况。如果人为地再去划分，不免有支离破碎之嫌。笔者上述复合线索的见解，恰恰是兼顾江南和北方不同情况的通盘综合考察，恰恰可以弥补"断裂说""过渡说"的上述缺憾。

还应该看到，伊懋可和史乐民、万志英有关研究的合理部分，又是和笔者上述见解相呼应、相共鸣的。例如，伊懋可关于明后期开始的新一轮经济发展和整个国家经济整合的观点，与笔者不无相通之处。史乐民、万志英反对"断裂说"而主张"过渡说"的基本依据就是：江南走了与北方不同的经济继续繁荣发展的道路。这在某种程度上又是支持笔者的"南朝线索和北朝线索复合并行发展说"。换言之，尽管伊懋可的"断裂说"和史乐民、万志英的"过渡说"都有不太周延和完善的地方，但他们的部分合理看法，又与笔者的新见解有若干相通之处。

四、明前期承袭元制颇多与南、北两线索的整合

元、明二王朝南、北方的差异对立，由来已久，实际上是第二个南北朝长达 317 年的隔绝对峙在元统一以后政治的、文化的惯性持续。这种持续的直观表征往往是：区域上的南方、北方的差异或对立，族群上的南人、北人差异或对立。中国的疆域的确太广阔了。在古代交通工具比较困难的条件下，一道山梁或一条河流都可能造成方言习俗的很大差别，何况幅员近千万平方公里范围内长达 300 余年的隔绝对峙呢？后者所导致的南方与北方、南人与北人的差别和隔膜，就更是不容忽视了。人们所熟知的元代蒙古、色目、汉人、南人四等人秩序，虽然是蒙古统治者政策层面的种族分离和种族压迫，但在某种意义上它又是当时蒙古、色目、汉人、南人四族群政治文化差异的现实反映。元军占领杭州后，南宋遗民汪元量赋诗曰："西塞山前日落处，北关门外雨来天。南人堕泪北人笑，臣甫低头拜杜鹃。"元末叶子奇又云："元朝自混一以来，大抵皆内北国而外中国，内北人而外南人……""南人在都求仕者，北人目为'腊鸡'，至以相訾诟。"①元代南人的含义相对固定，指谓原南宋统治范围内的百姓，一般和四等人中的南人相一致。北人的含义比较复杂，狭义的北人指汉人以外的蒙古人及色目人，广义的北人则是蒙古人、色目人和北方汉人的统称。后者是相对于南人而言的。基于以上界定，汪

---

① （元）陶宗仪：《南村辍耕录》卷五《汪水云》，第 56 页。（宋）汪元量：《增订湖山类稿》卷一《送琴师毛敏仲北行》，北京：中华书局，1984 年辑校本，第 24—25 页。（明）叶子奇：《草木子》卷三上《克谨篇》，第 55、49 页。

元量和叶子奇笔下的北人，应该是广义上蒙古人、色目人和北方汉人的统称。无论是占领杭州后的喜悲反差，抑或元廷内外厚薄偏向及北人对南人歧视，均表明元代近百年南人与北人之间的族群隔膜对立，相当严重。如谈迁所言，元代南、北方的隔膜，南、北人的对立，又一直延续到明代。

应该承认，南北两种历史线索差别和并行是相对的，北朝线索中仍然保留着辽金直接继承唐朝遗制，如丁税、地税混存等，后者无疑属于"唐宋变革"前的华夏体制。即使在并行发展中，它们的相互交融影响还是存在的。元统一等政治变化之后，原有的南朝、北朝线索遂转换为南、北方线索，又很快出现南、北线索或差异的兼容与初步整合。根据萧启庆的研究，元朝统一后南、北方的整合成果主要是：全国交通驿站网、统一货币和度量衡促进了全国经济市场的形成，贸易的发达导致南北经济的互补，道学北传与剧曲南流则是南北文化统合的最大收获。另一方面，经济上的南长北降、经济和社会上南北差异未能有效统合，南北区域的不平衡继续扩大[1]。由于元政权北朝线索的势力过分强大，初步整合的结果，北朝因素往往占上风，前述户籍劳役、分封驱奴、官营手工业、君臣关系、行省和边疆政策等，都发生过不同程度的自北而南的渗透延伸。这与明前期的整合走势相似，而与明中叶以后截然不同。

朱元璋建立的明朝虽然定都南京，但继承元朝制度颇多。这与朱棣迁都燕京及朱元璋、朱棣父子带有个性色彩的南、北政策

---

[1] 萧启庆：《中国近世前期南北发展的歧异与统合——以南宋金元时期的经济社会文化为中心》，清华大学历史系、三联书店编辑部合编：《清华历史讲堂初编》，第216—221页。

有密切关联。郑克晟先生关于明朝南方地主与北方地主对立的研究，日本学者檀上宽关于明朝专制政体历史结构的探讨①，对笔者的启发良多。

从明初的政治格局中，我们可以窥知，朱元璋的旧部集中在"濠、泗、汝、颍、寿春、定远"的淮西贫瘠区域，地跨淮水南北岸，"习勤苦，不知奢侈，非若江南耽侈乐者比"②。该地以前是宋金及宋蒙边境，元世祖末划归河南江北行省，而与江南三行省相隔离。就元明之际的情况看，无论是行政区划抑或

▲ 明洪武十年（1377）白陶南京城砖

风土习俗，朱元璋本人及旧部起家于南、北方交界地区，基本属北方人，而非南方人。又兼他和张士诚、陈友谅长期斗争及多数苏松士人党附张士诚，朱元璋始终没有把江南和江南士人当作自己的依靠力量。相反，朱元璋与江南士人一直是对抗多于合作，甚至实行严厉打击苏松"大户"及士人的政策。对北方士人，朱元璋则格外眷顾，晚年曾以偏袒南士之罪名处死南人主考官白信蹈等，还特意亲自策问擢 61 名北士及第，这就是有名的"南北榜"③。建文帝则重用齐泰、黄子澄、方孝孺等江南士人，主张宽刑和均平江浙田赋，改变朱元璋的猛政峻法和苏松重赋，坚持的

---

① 参见郑克晟：《明代政争探源》，天津：天津古籍出版社，1988 年。[日] 檀上宽：《明朝専制支配の史的構造》，東京：汲古書院，1995 年。

② （明）谈迁著，张宗祥校点：《国榷》卷二，第 342 页。

③ （清）张廷玉等：《明史》卷一百三十七《刘三吾传》、卷七十《选举志二》，第 3942、1697 页。参见 [日] 檀上宽：《明朝専制支配の史的構造》第一部第四章，第 151—184 页。

是与乃祖迥异的南方本位。朱棣"靖难"起兵燕京，军事上的依赖力量之一是元朝降将张玉、火真（蒙古人）以及骁勇善战的蒙古朵颜三卫，北直隶又充当其军力和财赋的可靠后方，燕京及大漠南北还是朱棣戍守征战的功业所在。朱棣最后迁都燕京，又残酷打击包括江南士人在内的建文帝势力，他奉行的无疑是比朱元璋更明确的北方本位。根据郑克晟和檀上宽的研究，明洪武年间的"南北榜"，仁宗朝的"南北卷"，朱元璋接连制造空印案、胡惟庸之狱、郭桓案、李善长之狱、蓝玉之狱和朱棣"靖难"后残酷镇压建文帝阵营的南人集团以及最终迁都北京等，都是以打击江南地主集团，突破明初"南人政权"的狭隘性质，建立朱氏南北统一王朝为最高目标的。正是朱元璋—建文帝—朱棣南、北政策倾向的变异，造成了明前期与元朝相似的南、北方对立的政治格局。正如谈迁所云："地有南北，人亦因之。……此矛彼盾，大抵议论政事，俱视相臣为转移。"[1]《明史·王翱传》说："帝（朱棣）时欲定都北京，思得北士用之。"武宗时内阁大学士焦芳，河南泌阳人，"深恶南人，每退一南人，辄喜。虽论古人，亦必诋南而誉北。尝作《南人不可为相图》进（刘）瑾"[2]。郑克晟先生曾一针见血地指出：南方地主与北方地主的矛盾，始终反映在明廷内部的一些政策中。这种斗争几与明王朝相始终[3]。

总之，朱棣迁都燕京和随之而来的明廷北方本位政策，不仅承袭了元朝南、北方对立的政治格局，也造成明前期国家体制中

① （明）谈迁著，张宗祥校点：《国榷》卷七十九，第4913页。
② （清）张廷玉等：《明史》卷一百七十七《王翱传》，第4699页；卷三百六《阉党传》，第7836页。
③ 郑克晟：《明代政争探源》，第81页。以上还参阅了同书第一编的相关内容。

◀ 明成祖永乐皇帝
朱棣

继承元朝或北方的因素较多。前述元朝与中唐
两宋略有不同的职业户籍制、全民服役、分
封制、官营手工业、儒士边缘化倾向、君臣
主奴化等，对明前期的影响既深且重。明朝
的军户制，"配户当差"的户役法，官府手工
业和匠籍制，纸钞制，政治经济的南北反差，
行省三司制，宗室分封，诛杀功臣士大夫等，
都可以看到元制或北制的影子，都是被明朝统
治者略加变通后沿袭下来的。换言之，第二
个南北朝的北朝或北方线索，在明前期仍然

在顽强地发挥作用，有些甚至是支配性的。由于北朝或北方线索的作用，明王朝以汉族皇帝重新实现南北统一之际，居然长期存在南、北方的差异对立或者南、北两线索复合并行发展的局面。

我们应高度重视朱棣迁都燕京的居中重要作用。如果建文帝继续执政，如果朱棣"靖难"胜利后不迁都燕京，明朝南、北两线索复合并行发展的局面，肯定会比较短暂，以江南为主导的南、北两线索或体制的整合，肯定会大大加快，南朝或南方化的步伐也肯定会大大加快。遗憾的是，历史并没有如此发展，偏偏走上了朱棣迁都燕京的路子。朱元璋、朱棣父子的个人经历和好恶心理等偶然因素，严重地影响了明前期南、北两线索或体制的整合及走向，致使这种整合很大程度上是在北制占优势的前提下进行的。于是，明朝南、北两线索的整合被分为前期和中叶两阶段进行，第一阶段是前期北制占优势的整合，第二阶段则是中叶南制占优势的整合。其结果南、北两线索或体制并行发展的局面就拖延了将近 200 年。如果加上南宋、金、元时期的 242 年，第二个南北朝和元明南、北方两线索并行发展的历程，竟长达四个半世纪以上。于此，人们不能不正视它在"唐宋变革"后的重要性。这也是拙文重点论说第二个南北朝发展线索问题的缘由。

明中叶的情况较前期有了明显改变，南北线索或体制开始实施第二阶段的整合，而且是改为以南制占优势或为重心。这主要表现在军户制，"配户当差"的户役法，官营手工业和匠籍制等相继被南朝或南方的相关形态所代替，结果是"唐宋变革"所代表的南朝线索逐渐成为主流。下面就以军户制，"配户当差"的户役法，官营手工业和匠籍制为例，谈谈明中叶第二次南北线索的整合及其成果。

1. 从军户制到募兵制

明初变通元朝的千户和侍卫亲军制，创立卫所制，但依然沿用元朝的军户制。明前期"靖难之役"与大规模对蒙古用兵，也造成沿用军户制签取军士的急迫需求。卫所军士另立军籍，与民籍截然分开。军籍属都督府管辖，民籍属户部管辖。军户制为世袭兵役制，一人为军，进入军籍，一家人世代充军，不能随意脱籍。军士老病身死，其子弟及族人有义务替代或顶充。军户的身份、法律和

◀ 南京五军都督府
所属豹韬左卫名单
（部分）

经济地位与民户不同，比较低下。既没有元朝军户的四顷赡军田免税的优待，又往往与"谪发"罪犯为伍，故逃亡严重。明朝廷曾频繁实施"清军"和"勾军"，但难以遏止。弘治中，逃军已占卫所军士的十之六七。所以，从英宗正统末开始，朝廷派官员四方募兵，入伍后按日发饷，军饷来自朝廷财税。募兵，起初主要是补充京军和北方九边兵员，后来东南抗倭用兵而组建起来的"戚家军""俞家军"等也属募兵[①]。明后期的募兵，与唐神策军、宋禁军一脉相承，都是职业兵制。经过整合，军户制过渡到募兵制，意味着明代军制的基础部分又回归到"唐宋变革"所代表的南朝线索或体制方面。

2. 从"配户当差"的户役法到一条鞭法

明初沿袭元代的全民服役旧制，实行"配户当差"的户役法，把全国人户分编为若干役种户籍，主要有民户、军户、匠户、灶户四大户计，前期还有油户、酒户、羊户、牛户、马户、果户、菜户、乐户、医户、金户、银户、船户、鱼户等80余种专业户计。当时通行役皆永充，役因籍役，役有役田，以户供丁等强制应役的管理办法。明前期"纳粮即是当差"，赋与役，名可分实不可分。田赋不仅是土地税，也是役，而且是正役。无论赋与役，都是建立在朱明皇帝对全国土地和人口领属占有的基础之上。田是皇田，民是皇民，各色人丁必须收籍当差[②]。朱棣营建北京等重大工程，也带来匠户和徭役的扩大化。这与元代基于

---

① 参见（清）张廷玉等：《明史》卷九十《兵志二·卫所》、卷九十二《兵志二·清理军伍》，第2196—2228、2255—2258页。另参见肖立军：《明代省镇营兵制与地方秩序》第三章第三节"明代募兵的发展"，天津：天津古籍出版社，2010年，第81—92页。
② 参见王毓铨：《明朝的配户当差制》，《中国史研究》1991年第1期。

蒙古大汗黄金家族对全国土地和人口领属占有的全民服役秩序，几乎如出一辙。而与"唐宋变革"的"农民脱离贵族或国家的束缚"，同样是背道而驰。

户役法的松动，可以追溯到英宗正统年间田赋折纳货币的"金花银"。而后，一方面是正役的不断改革，以宣德中"均耗折征"起步，推行核实土地而平其税粮的"均田均粮"，还实行固定役额、缩短轮役时间的里甲正役改革。一方面是徭役（杂役）的改革，重点是银差渐多、计丁验粮轮当、定期审编的"均徭法"，后又辅以"十段册法"来调整均徭负担。最终是万历年间张居正全面推出"一条鞭法"，融入明中叶赋役改革的优秀成果，合并赋役项目且能折银，部分徭役摊入田亩，重新把赋役纳入"两税法"的轨道，且有革新和进步。这又意味着明后期赋役制度同样回归到"唐宋变革"所代表的南朝线索或体制方面。

3. 从官营手工业和匠籍制到民营纳税

明前期沿袭元朝官营手工业制度，官营手工业一直是手工业的主体。还长期实行工匠世袭的匠籍制，一旦进入匠籍，就必须世役永充，以轮班、住坐两种方式，为官府局院无偿服役。明中叶以后，陆续发生变化：一是景泰五年（1454）将原先的五班轮流，一律改为四年一班，以减轻工匠负担；二是成化二十一年（1485）开始全面实施的班匠征银免役[1]。此二者意味着官营手工业和匠籍制趋于瓦解，也是工匠脱离官府束缚而自由劳作的重要转机。由此，明后期的手工业转变为以民营为主和官府重在征税

---

[1] 参见方楫：《明代手工业发展的趋势》，《历史教学问题》1958 年第 4 期；陈诗启：《明代官手工业的研究》，武汉：湖北人民出版社，1958 年，第 73、103 页。

的新体制。这大体恢复到中唐两宋的轨道。

另外，还有儒学重新受重视，海外贸易因海禁而出现逆转，大明宝钞先为主货币，继而银、钱、钞兼用，最后被银和钱所取代。特别是晚明城市商业化的发展较快，东南沿海城镇市民社会或有雏形，儒士世俗化非常明显，思想禁锢大大减少，等等，某种意义上可以视为南宋后期城镇社会的延续与发展。

总之，经过军户制、户役法、匠籍制等内容的南北线索或体制的整合，明后期又重新回归到"唐宋变革"所代表的南朝线索方面。人们在综观10至15世纪500年历史之余，常常会有这样的朦胧感受：明后期与南宋非常相似，万历以后很像是对南宋社会状况的"跨代连接"。其奥秘或许可以从前述南、北两线索的并行、整合与回归之中去探寻。

然而，在某些领域内元朝或北朝的东西或改变无多，或依然如故。明前期的宗王出镇总兵和后期宗室优厚廪养，都有元朝分封制的遗留和"阴影"[1]。元行省分寄式中央集权又改以三司督抚形式，得到新的发展。治理边疆方针大体维持而局部有所后退。依然如故的，主要是南北经济、政治反差，君主独裁与臣僚奴化。尤其是后者，与元朝相比，甚至有过之而无不及。

朱元璋《大诰》直言不讳："寰中士大夫不为君用，是自外其教者，诛其身而没其家。"[2] 这和忽必烈"凡有官守不勤于职者，勿问汉人、回回，皆论诛之，且没其家"的诏谕，大同小

---

[1] 参见拙著《元代分封制度研究（增订本）》，北京：中华书局，2007年，第183—205页。吴缉华：《论明代封藩与军事职权之转移》，《大陆杂志》（台北）第34卷第7、8期，1967年；另载《大陆杂志丛书》第3辑第4册，第9—17页。

[2] （明）朱元璋：《御制大诰三编·苏州人材第十三》，《续修四库全书》史部第862册，第332页。

异，惟妙惟肖。朱元璋直接诋毁宋代理学家有关道统高于君统的学说，有意编造出一套"君主即名教"的荒唐逻辑，作为他镇压诛杀士大夫的理论依据。由此，君臣关系经元入明，进而步入最黑暗的时代。在元代及以前，士大夫普遍遵奉"出处进退必有道"[①]的信条：君主有道，君臣相得，士人可以出而仕；君主无道，君臣不相得，士人可以退而隐。包括元朝在内的历朝历代都有一批名儒士人退而隐居。而隐居山野的名儒士人是否被君主以礼招用，还成了君主有道与否的重要尺度。然而，朱元璋前揭《大诰》面世后，士大夫退而隐居山林的权利或自由，也被剥夺。谁敢隐居"不为君用"，就是大逆不道，就要招致杀身没家之祸。这应是专门打击士大夫的最糟糕的文化专制主义，是对宋代"与士大夫治天下"的彻底背叛，比起清朝的文字狱还要无理荒唐，而且流毒甚远甚广。难怪《明史·隐逸传》所载张介福、倪瓒等 12 人，7 人是由元入明的，其余不仅人数少，诸如刘闵等力辞官职之际，必须由知府"请遂其志"，得到朝廷批准才能合法隐居。估计这都是"后置不为君用之罚"的淫威所致。朱元璋滥杀功臣，对不为所用的士大夫，大开杀戒，好像是学汉高祖刘邦，但从体制上则应该是承袭元制。朱棣镇压建文帝敌对势力，重点打击的又是方孝孺为首的文臣儒士。

尽管明代的科举学校都得到发展，但士大夫并没有恢复到宋代的地位。相反，一直受到皇权的强有力压制，处于被朱明皇帝任意惩处的奴仆地位。廷杖作为明朝的"国粹"，一直打到

①（元）吴澄：《吴文正公集》卷七《复董中丞书》，新文丰出版公司编辑部编：《元人文集珍本丛刊》第 3 册，第 171 页下。

▲ 倪瓒像（《沧浪亭五百名贤像》）

明末亡国。士大夫称谓也渐渐变少，后来索性改称缙绅。除了士大夫回归地域社会的背景外，或许又因为士大夫常受廷杖，有辱"刑不上大夫"的古训。以王阳明为代表的理学也转向"心即理""致良知"的心学系统，不再强调道与道统，更不敢像宋儒那样祭起道统的大旗，与皇帝轮对辩诘，进而约束治道，"致君行道"。在朱明皇帝独裁专制的淫威下，臣僚的"致君行道"，多数只能是伏阙死谏，以尽臣节①。给人的初步印象是，经过元朝和明前期君主独裁与臣僚奴化的政治文化"洗礼"，"与士大夫治天下"的黄金时代早已一去不复返了。元明士大夫较大程度上丧失了宋代那样的追求道与道统的勇敢锐气，主体意识和进取意识显著退化，只是在方孝孺、解缙和李贽等个别非主流和悲剧性人物身上，还能看到宋儒精神的回归及其对独裁专制淫威的某种抗争。不少人对明清皇帝独裁专制比较关注，甚至多有感慨。从理论讲，皇帝独裁专制应该以贵族政治的式微为前提的。但是，在贵族政治基本完结以后的官僚政治条件下，皇帝独裁专制又主要是以臣僚奴化为代价来强化自身的。两宋的皇权虽有加强，但它属于"唐宋变

---

① 参见罗宗强：《明代后期士人心态研究》第一章，天津：南开大学出版社，2006年，第3—51页。

革"中的"君权相权互动之下的君主专制化"（前揭张广达文）。元明承接了第二个北朝臣僚奴化的野蛮旧制，清代也与此相似。所以，这段时期皇帝独裁专制，在贵族政治削弱的情势下反而得到了前所未有的膨胀发展。人们不必过多责怪朱元璋父子个人专横残暴在上述膨胀发展中的角色作用，更应该注重北朝臣僚奴化旧制所形成的历史惯性在助长元明清三代皇帝独裁专制的特殊效用，注重这种情势下君臣关系的理论构架和士大夫的认同是否发生较大的变化。皇帝独裁专制以臣僚奴化为代价来强化自身，这正是元明清皇帝独裁专制与两宋君主专制的差异所在。

众所周知，中古以来 1 600 余年的历史，同属于战国秦朝所肇始的君主专制和地主经济形态。人们也都承认，其间的唐朝中叶发生过所谓""唐宋变革""。种种迹象还表明：两个南北朝所造成的南、北方隔离与差异，直接影响到中古以来的历史发展。恰恰是在"唐宋变革"前后，历史发展的线索是呈现南、北复合状态而非单一。这是深入探究考察中近古历史时应该格外注意的。

第一个南北朝、隋及唐前期的历史是循着"南朝""北朝"两条并行的线索来发展演化的。隋及唐前期基本实行的是"北朝"制度，而后又在统一国度内实施了"南朝"线索与"北朝"线索的整合。到中唐以后整合完毕，国家整体上向"南朝化"过渡。

多方面的探究考察昭示，第二个南北朝及其并行发展的两条线索，都是确凿存在的。南宋承袭"唐宋变革"成果，它所代表的南朝线索充当主流，辽、夏、金、元反映的北朝线索也作用显赫。二者并存交融，先后经历元朝、明前期以北制为主导及明中叶以南制主导的三次整合，明后期最终汇合为一，此乃宋、元、明、清历史的基本脉络和走势。

"唐宋变革"在前后两个南北朝之间，发挥着承上启下的枢纽作用。"唐宋变革"既是第一个南北朝两条发展线索交融整合的结果，又充任第二个南北朝两条发展线索的起点和处于主流的南线。

笔者关于第一个南北朝、隋及唐前期循着"南朝""北朝"两条线索并行发展的看法，赖有陈寅恪、唐长孺两位大师的"南朝化说"及阎步克、胡宝国、陈爽诸教授的相关争论，窃以为基本能立足。容易引起争议的主要是第二个南北朝及两条并行发展的线索问题。此前，萧启庆先生对于金朝统治下的北方与南宋统治下的南方在经济、社会、文化领域的差异，以及元朝统一后的整合，颇多新见和发明①，在许多方面与笔者看法一致，给予笔者很大的支持。但是，萧先生的最终结论是只承认金元时期经济社会的南北差异被扩大，并没有讲到发展线索。

笔者拙见，南北差异与南北并行发展线索的提法，有相通一致的地方，也有程度或性质的不同。如果南北差异只存在于南宋、金、元时期的 242 年间，笔者肯定会谨慎地后退到差异说，与萧先生持完全一致的看法。问题恰恰在于：前述朱元璋、朱棣父子的偶然因素，致使明前期南北差异或两线索的整合及走向与

---

① 萧启庆：《中国近世前期南北发展的歧异与统合——以南宋金元时期的经济社会文化为中心》，清华大学历史系、三联书店编辑部合编：《清华历史讲堂初编》，第 198—222 页。

元统一后相似，很大程度上是北制占优势，明中叶才逐渐变为以南制为重心。其结果是明朝南、北两线索或体制并行发展的局面就被拖延了将近200年。与前242年连起来计算，居然长达四个半世纪，时间上拖的这么长，南北差异的程度或性质，不能不发生根本性变化。况且，第一个南北朝和隋唐已有"南朝化""北朝化"的说法。竺沙雅章教授也曾强调宋、辽、金、元存在"北流"和"南流"两个潮流①。所以，笔者依然认为，南北并行发展线索的表达，比较切合历史事实。

（原文《两个南北朝与中古以来的历史发展线索》，
载《文史哲》2009年第6期）

---

① ［日］竺沙雅章：《征服王朝の時代》，東京：講談社，1977年。另参见［日］竺沙雅章：《征服王朝的时代》，吴密察译，台北：稻乡出版社，2014年，第6页。

元和明前期南北差异的
博弈与整合发展

　　2003 年，史乐民（Paul Jakov Smith）、万志英（Richard von Glahn）等美国学者提出，在"唐宋变革"和晚明清繁盛之间存在所谓"宋元明过渡"，但其编著的论文集内又含有以江南为中心连续探讨中唐至明清社会演进等不同看法。[1] 近年，笔者也曾撰写《元代及明前期社会变动初探》和《两个南北朝与中古以来的历史发展线索》二文[2]，论述了类似问题。萧启庆教授、王瑞来教授也发表讨论近古南北发展歧异及统合变迁的文章。[3] 以上诸文，各自立足于不同的视域或角度，探索争鸣，不断深化了对

---

① Paul Jakov Smith & Richard von Glahn, edstors., *The Song-Yuan-Ming Transition in Chinese History*, Cambridge, Mass: Harvard University Press, 2003. 参见张袆：《"中国历史上的宋元明过渡"简介》，《宋史研究通讯》2003 年第 2 期（总第42 期）。

② 拙文《元代及明前期社会变动初探》，《中国史研究》中国社会科学院历史研究所建所 50 周年增刊，2005 年；《两个南北朝与中古以来的历史发展线索》，《文史哲》2009 年第 6 期。后者即上文。

③ 萧启庆：《中国近世前期南北发展的歧异与统合——以南宋金元时期的经济社会文化为中心》，清华大学历史系、三联书店编辑部合编：《清华历史讲堂初编》，第 198—222 页。[日] 王瑞来：《科举停废的历史：立足于元代的考察》，刘海峰主编、张亚群副主编：《科举制的终结与科举学的兴起》，第 155—166 页。

相关问题的认识。"宋元明过渡说"究竟能否成立？南北地域发展差异与宋、元、明历史进程之间究竟存在何种联系？"唐宋变革"和晚明清繁盛之间社会发展的真实状况又如何？这些问题相当繁杂，恐非一己一文所能论说明白。笔者重点聚焦于南北地域差别及社会关系的变异，再做如下尝试性探研。

一、元朝的北制本位与北制因素的诸表现

继辽、金、西夏等北方少数民族政权之后，蒙古铁骑南下，建立了统一南北的元王朝。在元世祖采用汉法的同时，也构建起蒙、汉二元复合体制。这也是君临草原、汉地南北不同质文明的适应性产物。因军事征服时间先后，反映地域差异的北制及南制（或因素），还相对呈现为前、后两种形态。元朝建立之际的北制及南制，应分别指蒙古草原旧制（包括契丹、女真旧俗遗留）和原金朝统治区的中原汉法。两者在忽必烈即位后的十余年间已大抵完成整合融汇，共同构成了元朝的基本制度。平定南宋统一全国以后，则呈现新的北制与南制（或因素）的并存。此时的北制，即为承袭蒙古草原制度、金朝后期汉法制度以及若干契丹、女真旧俗遗留的混合体；南制是指反映江南社会经济状况的原南宋体制。笔者所讨论的北制及南制，主要是指平定南宋统一全国的后一种形态。

根据萧启庆教授的研究，元统一以前的南宋与金朝、南宋与蒙古对峙的150年间，南方与北方的地域差异突出，"经济、人口的逆退及南北不平衡的扩大都是金、元统治的后果。在社会方面，金、元统治不仅造成中古、近世质素并陈的现象，也扩大了

南、北区域社会的差异"[1]。吸收萧教授等前贤的研究成果，笔者进而认为，元统一后南方与北方的地域差异依然存在，甚至在国家制度或体制层面亦呈现南、北制因素并存博弈的状况。

姑且不论蒙古草原旧俗被大量保留并在较多领域居核心主导，即使统一南北以后，承袭金朝后期汉法制度与蒙古草原制度混合体的第二种"北制"，更是始终充当元帝国广袤国土的制度本位，在政治、经济、社会、文化各领域长期发挥着支配作用。除政治方面的贵族会议、军官世袭、滥行赏赐、民族等级、行省等"北制"形态外，相对于江南南制因素的北制，在社会经济关系等领域又有如下较突出表现：

1. 职业户计制与全民服役

经历"唐宋变革"，秦汉确立的编户齐民秩序出现松动，宋代以主户、客户附籍，租佃关系亦纳入国家户籍。官府税收和差役，只征及主户，劳役则大大减少。元代职业户计制率先实行于北方。从蒙古早期单一游牧民到诸色户计，似带有社会分工的进步趋向，但又大量蕴含游牧贵族主从奴役惯例；诸色户计大多来自被征服百姓的强制编组供役，不可避免地夹带着草原游牧民至上和其他职业户仆从的色彩，其征服奴役属性显而易见。民户、军户、站户、灶户、匠户以及打捕鹰房、也里可温（景教徒）、和尚（僧人）、先生（道士）、答失蛮（伊斯兰教士）、儒户、医户等，都必须按照户计名色为官府或贵族提供劳役。[2] 元诸色户

---

① 萧启庆：《中国近世前期南北发展的歧异与统合——以南宋金元时期的经济社会文化为中心》，清华大学历史系、三联书店编辑部合编：《清华历史讲堂初编》，第221页。

② 黄清连：《元代户计的划分及其政治社会地位》，《台大历史学报》1975年第2期。

计与秦汉"编户齐民"在全民当差上有所相通，但又有不同。秦汉"编户齐民"多是有民爵的平民，有民爵者即享减免刑罚等权利；[1] 元诸色户计没有民爵，甚至没有唐均田民享封的"勋官"[2]，对官府或贵族的从属性较强，当差服役的强制色彩亦较突出。元人郑介夫云："普天率土，尽是皇帝之怯怜口。"[3] 大体正确。百姓按诸色户计世袭当差服役，与"唐宋变革"的"农民脱离贵族或国家的束缚"[4] 格格不入，也意味着对官府的人身依附再度恶化。

2. 贵族分封与驱奴私属制

元代蒙古诸王及功臣分封制度又重新盛行，北方尤为严重。贵族议政、巨额赏赐等也长期遗留。驱奴又较多存在，实为元朝征服掠奴与金驱口旧制相混合所致。[5] 所有被征服者都被泛泛视作黄金家族的奴仆。于是，有关"奴告主""籍没""藏亡"等北俗又较多渗入元代法律中。[6] 私属民专为使长劳役，不受官府控制，同样在蒙古人及汉人中比较普遍。尽管不断吸收汉法，分封制与驱奴私属制得到部分改造或限制，但两者的较多保留，毕竟与"唐宋变革"中"官私贱民依附关系的蜕变"（前揭张广达文），背道而驰。

---

① ［日］西嶋定生：《中国古代帝国的形成与结构——二十等爵制研究》，武尚清译，第 321 页。

② 傅玫：《唐代的勋官》，南开大学历史系《中国史论集》编辑组编：《祝贺杨志玖教授八十寿辰中国史论集》，天津：天津古籍出版社，1994 年，第 99、104 页。

③ （宋）郑介夫：《上奏一纲二十目·怯薛》，邱树森、何兆吉辑点：《元代奏议集录》下册，第 109 页。

④ 张广达：《内藤湖南的唐宋变革说及其影响》，荣新江主编：《唐研究》第 11 卷，第 5—71 页。

⑤ （元）脱脱等：《金史》卷四十四《兵志》，第 994 页。（元）陶宗仪：《南村辍耕录》卷十七《奴婢》，第 208 页。

⑥ 武波：《元代法律问题研究——以蒙汉二元视角的观察为中心》，南开大学博士学位论文，2010 年。

3. 官营手工业重新繁荣与匠户世袭制

肇始于成吉思汗征服的官营手工业局院，规模大，役使工匠多，机构繁杂，效益低下。尤其是使用驱奴和匠户，生产关系陈腐。尽管某些匠户"应役之暇"亦可还家工作[①]，但官府局院强行侵占人力和市场，对民间手工业和商品经济颇多妨碍牵制。显然是对唐宋时期业已发达的民间手工业的倒退。

4. 自耕农略多的土地占有与税粮计丁及劳役恢复

由于金猛安谋克户南徙和屯田军计口赐田等影响，元代北方耕"百亩之田"的自耕农及中小地主居多。北方民户税粮，也模仿唐租庸调法，计丁征收。[②]杂泛力役还没有唐每丁20天的限制。贵由、忽必烈修筑和林、大都曾役使上千民户[③]。汴梁路总管张庭珍修黄河堤防"大发数县民"，"直役一月，逃罚作倍"[④]。成宗初，皇太后修建五台山寺，"工匠夫役，不下数万"[⑤]。表明北方杂泛力役，前后相承，且与丁税共同构成赋役领域的北制因素。

概言之，元职业户计制、分封、驱奴私属、官营手工业及"计丁征派"的赋税劳役等，或部分承袭辽金，或主要来自蒙古旧俗。其形态各异，但无例外体现百姓对官府或贵族的主从依

---

① （宋）郑介夫：《上奏一纲二十目·户计》，邱树森、何兆吉辑点：《元代奏议集录》下册，第 104 页。
② （明）宋濂等：《元史》卷九十三《食货志一·税粮》，第 2357 页。
③ （明）宋濂等：《元史》卷三《宪宗纪》，宪宗元年六月，第 45 页；卷六《世祖纪三》，至元五年十一月癸酉，第 120 页。
④ （元）姚燧：《牧庵集》卷二十八《南京路总管张公墓志铭》，《四部丛刊初编》第 1433 册，第 5 页 a、b。
⑤ （明）宋濂等：《元史》卷一百七十六《李元礼传》，第 4102 页。（元）苏天爵撰、陈高华、孟繁清点校：《滋溪文稿》卷二十三《元故参知政事王宪穆公行状》，第 381 页。

附。此乃元朝北制因素本位的基本内容。诚如萧启庆教授所云，金元北方汉地的一些制度"近似中古"[①]，尚停留在唐朝旧制形态。有必要补充的是，金元，特别是元朝北方汉地制度，实乃唐旧制与蒙古及契丹、女真旧俗的混合体，大抵退回到北方"唐宋变革"以前的状况了。

二、元统一后北制向江南的推广与南、北制因素的博弈整合

元朝统一中国，结束了南北分裂，也给经济文化交流提供了更多的便利。元朝社会经济整体上的发展进步，"唐宋变革"成果在元明的延伸，都有赖于国家统一条件下南、北制因素的融汇互动、博弈整合。然而，由于种种原因，元统一后上述博弈整合并非简单的先进带动落后，它呈现为北制向江南的推广、南制因素遗留及部分上升且影响全国等较复杂的互动过程。

1. 北制向江南的推广

首先是行省制与主奴从属俗的移植。平定南宋后，效仿陕西、云南等行省模式，相继设立了四川、江浙、江西、湖广及河南五行省。行省的直接原型为金行尚书省和蒙古燕京等三行断事官，行省制在江南的推行及其对最高政区建置的改造，同样凸显北制属性。还用北方式的宣慰司、路、府、州、县及录事司体制替代南宋路监司和州县，又在江南推行投下食邑及户钞制。达鲁

---

① 萧启庆：《中国近世前期南北发展的歧异与统合——以南宋金元时期的经济社会文化为中心》，清华大学历史系、三联书店编辑部合编：《清华历史讲堂初编》，第219页。

花赤，群官圆署及匠官、站官、打捕鹰房官等诸色户计管辖机构等也推广于江南。

忽必烈等将草原主奴从属俗带入君臣关系及官场秩序。至元十六年（1279）九月，忽必烈诏谕："凡有官守不勤于职者，勿问汉人、回回，皆论诛之，且没其家。"[1] 在忽必烈看来，宰相等臣僚，都是奴仆，应该勤于职守，效犬马之劳，否则一概诛杀籍没。仁宗加封答剌罕、御史大夫脱欢散官的圣旨说："他是老奴婢根脚有，台里在意行来。"[2] 按草原习俗，奴仆与近贵又混合难分。主子既可对奴仆随意殴杀，又可给予富贵或重任，一概依主子意志为转移。基于此种惯例，世祖朝王文统、卢世荣、桑哥、郭佑等正副宰相，一度权势颇重，但终难逃被诛厄运。元顺帝又步其后尘，被他杀掉的一品大臣据说有 500 余人[3]。捶击答责官员臣僚，更是司空见惯。如真金太子曾用弓击打权相阿合马的头，"把他的脸打破了"[4]。权相对下属官员责打，也颇常见，且推行于南方士人中。世祖后期桑哥柄政，因"至元钞法，滞涩不行"，特派礼部尚书刘宣等，"乘传至江南"，"径答"行省左右司及诸路官。兵部郎中赵孟頫亦因赴官署迟到，被断事官拉去受答。[5] 顺帝时，还有虞集因拟写文宗诏书伤害妥懽帖木尔，而被"以皮绳拴腰，马尾缝眼，夹两马间，逮至大都"，"两目由是丧

---

[1] （明）宋濂等：《元史》卷十《世祖纪七》，第 215 页。

[2] （元）赵承禧等编撰，王晓欣点校：《宪台通纪（外三种）·加脱欢答剌罕大夫散官》，杭州：浙江古籍出版社，2002 年，第 63—64 页。

[3] 任崇岳：《庚申外史笺证》卷下，第 156 页。此 500 余人数字或有夸张，尚待进一步核实。

[4] （明）宋濂等：《元史》卷一百三十《彻里传》，第 3162 页。[波斯] 拉施特主编：《史集》第 2 卷，余大钧、周建奇译，第 340—341 页。

[5] （元）赵孟頫：《松雪斋集》附《大元故翰林学士承旨荣禄大夫知制诰兼修国史赵公行状》，《海王邨古籍丛刊》，北京：中国书店，1991 年，第 4 页 a、b，7 页 b。

明"①的传言。传言或不太可信，但应承认此类刑罚已能施于南人士大夫之身。上述捶击笞责官员，虽然不及明廷杖那么残酷，但在侵辱士大夫肉体上如出一辙。

其次是诸色户计制的移植推广。至顺《镇江志》卷三《户口》云：

▲ 赵孟頫自画像《元赵文敏公像》，美国大都会博物馆藏

润为东南重镇……北南混一，兹郡实先内附，兵不血刃，市不辍肆。故至元庚寅籍民之数，与嘉定等。

土著，户一十万六十五。民八万四千八十三，儒七百三十七，医三百，马站二千九百五十五，水站七百六十一，递运站三十一，急递铺二百四，弓手二百九十二，财赋四千四百八十五，海道梢水三百七十四，匠三千五百八十六，军二千一百六十五，乐人九十，龙华会善友二。

侨寓，户三千八百四十五。蒙古二十九，畏吾儿一十四，回回五十九，也里可温二十三，河西三，契丹二十一，女真二十五，汉人三千六百七十一；民缺，儒八，医五，阴

---

① （清）姚之骃：《元明事类钞》卷二十八《身体门·目》"马尾缝眼"，《景印文渊阁四库全书》第884册，台北：台湾商务印书馆，1986年，第450页。

阳一，站二十六，急递铺二，打捕一十四，匠一十八，军三千三百六十七，怯怜口二十三，□九，乐人四。

客，户五千七百五十三。民五千一百六十九，儒九十二，医二，马站七，□□缺，□□缺，财赋九，梢水一，匠一十九，军二百一，乐人二。①

镇江路原属宋两浙西路，地处长江南岸。上述记载可窥见诸色户计推行江南的真实情况。

其一，所载"侨寓""客"两类，当主要是蒙古人、色目人和中原汉人移居镇江路的。据清刘文淇《校勘记》，"侨寓"是指"久居其地而有恒产者"，"客"是指"暂居其地而无恒产者"。②无论"侨寓"和"客"，都含民、儒、医、阴阳、站、急递铺、打捕、匠、军、怯怜口、乐人等职业名色。"侨寓"类另特有蒙古、畏兀儿、回回、也里可温、河西、契丹、女真、汉人等种族名色。这和前四汗"乙未年""抄数"、"壬子年""再行抄数"和世祖至元八年契丹、女真、汉抄籍中的诸色种族、职业户计等③，大同小异，或可说是前述北方诸色户计的翻版。鉴于此，至顺《镇江志》所载"侨寓""客"类中民、儒、站、打捕、匠、军等职业户计名色及种族户计名色，当是随蒙古、色目、汉人等"北人"寓居镇江路而直接移植来。这些"侨寓""客"类，合计9 598户，大约相当于"土著""单贫""僧""道"类户总数的

---

① （元）俞希鲁编纂，杨积庆等校点：至顺《镇江志》卷三《户口》，第83—84、86—88、90—92、94—95页。

② （元）俞希鲁编纂，杨积庆等校点：至顺《镇江志》卷三《户口》，第109页。

③ 黄时鉴点校：《通制条格》卷二《户令·户例》，杭州：浙江古籍出版社，1986年，第4—13页。

9%，部分改变了镇江路原有的族群成分。

其二，所载"土著""单贫""僧""道"四类，应是本地"南人"。四类户籍同样出现民、儒、医、马站、水站等十六七种名色。其中，有些照搬北方户计名色，如民、儒、医、匠、军、乐人、僧、道、驱等，而军应指谓新附军及通事军等[1]。诸如马站、水站、递运站、急递铺等，是依据江南驿道水、旱混存等，把站户一分为四；[2]弓手、财赋、海道梢水三名色，又来自原捕盗差役、江淮财赋府官佃户和运粮船户等特殊规定；龙华会善友则是指白莲教徒。这些户计名色，虽不乏北方和江南原有形态的混存，但依职业定户计的原则又主要是和北方诸色户计一脉相承。

其三，前揭土著、侨寓、客、单贫等类共含驱口 4 427 人，其中，随北人移入的驱口计 4 189 人，土著等南人占有驱口 238 人。侨寓内含怯怜口 23 户。与同书转载的宋理宗朝镇江府户籍比较，已不再以主、客户反映租佃关系，倒是充分折射出驱奴习俗、职业户计服役和族群等级。

类似情况，在至正《金陵新志》、大德《昌国州图志》和至元《嘉禾志》中，也有较多的反映，还增加了"土土哈户""哈剌赤户""平章养老户"等投下户及"淘金户""贵（赤）户"等。[3]这表明当时北方诸色户计制向江南移植推行并不限于镇江路一隅，而是比较普遍的。

---

① （元）张铉：至正《金陵新志》卷八《民俗志·户口》，《宋元方志丛刊》第6册，第5642—5646页。
② （宋）郑思肖著，陈福康校点：《郑思肖集·大义略叙》，第185页。
③ （元）张铉：至正《金陵新志》卷八《民俗志·户口》，第5642—5646页。（元）冯福京：大德《昌国州图志》卷三《叙赋·户口》，《宋元方志丛刊》第6册，第6078页。（元）单庆修，徐硕纂：至元《嘉禾志》卷六《户口》，《宋元方志丛刊》第5册，第4452页。

江寧縣戶貳萬貳仟柒伯伍拾戶名叁伯肆名
捌伯捌拾貳

男婦壹拾叁萬貳仟柒伯捌
拾柒口

民戶壹萬玖仟柒戶計壹萬肆仟叁
伯伍拾柒口

醫戶柒拾伍伍伯柒拾

淘金戶捌伯貳拾叁口柒仟柒伯玖拾

貳　金陵新志卷之八　六

財賦佃戶伍伯柒拾叁口叁仟貳伯伍
拾壹

儒戶柒拾伍口肆伯貳拾伍

弓手戶捌拾陸口捌伯肆拾陸

樂人戶壹拾陸口壹伯壹拾貳

無名色戶壹萬捌仟伍佰玖口壹
拾萬壹仟叁伯陸拾

軍戶壹仟壹拾叁口叁仟玖伯叁拾

站戶肆伯玖拾壹口伍仟貳伯貳

匠戶叁伯柒拾叁口叁仟壹伯壹拾陸

哈剌赤戶肆伯捌拾叁口肆仟壹伯叁拾
柒

上元縣戶貳萬玖仟貳伯柒拾陸口壹拾

南人戶貳萬捌仟貳伯柒拾陸口壹仟壹伯肆拾陸

儒戶柒拾肆

醫戶柒拾肆

弓手戶柒拾捌

貴戶壹拾壹

金陵新志卷之八　七

財賦佃戶壹仟玖伯伍拾柒

哈剌赤戶柒伯捌拾捌

民戶貳萬肆仟貳伯貳拾柒

軍戶壹伯零陸

急遞鋪夫戶肆拾陸

匠戶肆伯叁拾柒

水馬站戶肆伯肆拾捌

北人戶壹仟壹拾壹

▲ 至正《金陵新志》所载"淘金户""哈剌赤户""贵户"等

204

匠户等在江南的推行，比较特殊。元廷曾于至元十七年（1280）十一月"诏江淮行中书省括巧匠"。至元二十四年五月，又"括江南诸路匠户"[①]。南宋遗民郑思肖说："诸州置机房，抑买江南丝，白役机匠，鞭挞别色技艺人，亦学攀花织造段匹，期限甚严。……北人深叹讶江南技艺之人，呼曰巧儿。"[②]《通制条格·户令·搔扰工匠》、至顺《镇江志·赋税·造作》、至正《金陵新志》卷六等记述详赡，几乎像是为其作诠释说明。此种北来的官府手工业和匠户制，与南宋私人手工业截然不同。尽管不太可能把江南手工业者全部纳入官营局院，但一概编入匠户籍册，被迫提供匠户劳役是毫无疑问的。郑思肖称其"白役机匠"，可谓一语破的。

第三是劳役制、籍没制和儒户制的推行。在诸色户计制移植江南的同时，杂泛力役也接踵而来。昔里哈剌"（至元）二十五年除太中大夫、杭州路达鲁花赤。杭州，故宋之旧都，民欲惰而好侈，逐末而忘本，不（间）〔闲〕于政令，不任于力役。公抚绥而教戒之，弗革者惩之，其民安焉"[③]。所云"欲惰而好侈，逐末而忘本"，符合元初杭州工商业繁荣和城市经济发达的实情。"不闲于政令，不任于力役"等句则披露：江南百姓早已告别官府"力役"，此时慑于官府"抚绥""教戒"及惩治，又不得不重新承受北来的力役。诸多史实证明：江南的确推行了杂泛力役。如世祖末镇南王再征交趾，海北道 19 州"担负远向者，无虑

---

① （明）宋濂等：《元史》卷十一《世祖纪八》，第 227 页；卷十四《世祖纪十一》，第 298 页。
② （宋）郑思肖：《郑思肖集·大义略叙》，第 185、187 页。
③ （元）虞集：《道园类稿》卷四十二《昔里哈剌襄靖公神道碑》，新文丰出版公司编辑部编：《元人文集珍本丛刊》第 6 册，第 277 页下。

千万夫"①。成宗朝刘国杰讨八百媳妇，"大起丁夫，运送军粮"，"其正夫与担负自己粮食者，通计二十余万"②。汉水岸之象鼻嘴"官筑仓于上，岁役民数千人修完之，民不胜扰"③。湖州路长兴县尹梁琮"发民筑防，延数十里，高袤及丈，日急其程，如水朝夕至者"④。征发力役多是野蛮强制，甚至"聚数百人于庭，鞭笞拷掠，责其成于一二日之间"⑤。正如平宋初长兴县尹梁琮禁溺男婴俗檄文所言："若新国也，未知吾元为律，倚市门子犹不敢弃，况兹天民长赖给上力役者……"⑥"给上力役"乃"吾元为律"之法度，江南"新国"亦须遵循。

籍没，通常是指官府登记没收罪犯的家属、奴婢、财产等。秦汉籍没颇盛。唐籍没缩小为"反逆相坐"⑦。宋太宗后多改"配隶边远州郡"，南宋弃而不用。⑧元代籍没却风靡天下，常适用于谋逆、妖言聚众、隐藏玄像图谶、私藏兵器、贪污受贿、私贩榷盐、伪造宝钞等罪。⑨籍没也较多移植于江南。如大德元

---

① （元）姚燧：《牧庵集》卷二十一《少中大夫静江路总管王公神道碑》，《四部丛刊初编》第 1431 册，第 13 页 a。

② （明）宋濂等：《元史》卷一百六十八《陈祐传附陈天祥传》，第 3948 页。（元）吴澄：《吴文正公集》卷四十二《元故荣禄大夫江西等处行中书省平章政事李公墓志铭》，新文丰出版公司编辑部编：《元人文集珍本丛刊》第 4 册，第 22 页。

③ （元）苏天爵撰，陈高华、孟繁清点校：《滋溪文稿》卷十七《元故正议大夫金宣徽院事周侯神道碑铭》，第 284—285 页。中兴路在江北，因原属南宋，故一并论列。

④ （元）姚燧：《牧庵集》卷二十五《奉训大夫知龙阳州孝子梁公神道碣》，第 13 页 b。

⑤ （元）吴海：《闻过斋集》卷一《美监郡遍役叙》，《嘉业堂丛书》第 192 册，第 8 页 a。

⑥ （元）姚燧：《牧庵集》卷二十五《奉训大夫知龙阳州孝子梁公神道碣》，第 13 页 a。

⑦ （唐）李隆基撰，（唐）李林甫注，[日]广池千九郎校注，[日]内田智雄补订：《大唐六典》卷六《刑部·都官郎中》，第 149 页。

⑧ 参见戴建国：《"主仆名分"与宋代奴婢的法律地位——唐宋变革时期阶级结构研究之一》，《历史研究》2004 年第 4 期。

⑨ 参见武波：《元代法律问题研究——以蒙汉二元视角的观察为中心》第五章，第 77—113 页。

年（1297）温州路平阳州陈空崖坐禅说法，"妖言惑众"，中书省奏准："将陈空崖为头来的四个人敲了，断没媳妇、孩儿、家产。"① 是为谋反作乱之籍没。至元十六年（1279）正月，南宋降臣李谅讼王立杀其妻子，忽必烈曾"诏杀立，籍其家赏偿谅"②。是为诉讼补偿受害者之籍没。元末上海县"豪民朱、管坐戮死，籍其家"③。是为土著豪民之籍没。至元十六年二月，饶州路达鲁花赤玉古伦擅用羡余粮 4 400 石，"杖之，仍没其家"；桑哥被诛后，其江浙行省党羽杨琏真加、沙不丁、乌马儿等妻室亦籍没，"并遣诣京师"④。是为蒙古、色目人在江南做官犯罪之籍没。大德七年正月，"命御史台、宗正府委官遣发朱清、张瑄妻子来京师，仍封籍其家赀"⑤。是为南人官员犯罪之籍没。元籍没，与民间"奴或致富，主利其财，则俟少有过犯，杖而锢之，席卷而去"的"抄估"惯例⑥，颇多相似。实质上是驱奴仆从役使在国家层面的延伸。⑦ 北来的籍没，对租佃雇佣及商品经济相当发达的江南，负面影响是深重的。

再说移植于江南的儒户制。从诸色户计制出发，我们对元代儒户，可以有一些较新的理解与诠释。正如《元史》卷八《世祖

---

① 陈高华、张帆、刘晓、党宝海点校：《元典章》卷四十一《刑部三》"谋叛·典刑作耗草贼""大逆·伪说国号妖说天兵"，第 3 册，第 1406、1403—1404 页。黄时鉴点校：《通制条格》卷二十《赏令·告获谋反》，第 249 页。

② （明）宋濂等：《元史》卷十《世祖纪七》，第 208 页。

③ （元）郑元祐：《侨吴集》卷十二《白云漫士陶君墓碣》，《北京图书馆古籍珍本丛刊》第 95 册，北京：书目文献出版社，2000 年，第 827 页。

④ （明）宋濂等：《元史》卷十《世祖纪七》，第 209 页；卷十六《世祖纪十三》，至元二十八年十月己丑，第 352 页。

⑤ （明）宋濂等：《元史》卷二十一《成宗纪四》，大德七年正月乙卯，第 447 页。

⑥ （元）陶宗仪：《南村辍耕录》卷十七《奴婢》，第 208 页。

⑦ 以上参见武波：《元代法律问题研究——以蒙汉二元视角的观察为中心》，第 77—113 页。

纪五》至元十年（1273）四月丁酉载："敕南儒为人掠卖者官赎为民。"同书卷九《世祖纪六》至元十三年三月戊寅，"敕诸路儒户通文学者三千八百九十，并免其徭役；其富实以儒户避役者为民，贫乏者五百户隶太常寺"。元代儒户，源于甄别陷于流离或奴籍之儒人的"戊戌之试"，被掳儒人等是否解脱，是否入选儒户，抑或富者收系民户当差，贫者拨隶太常寺礼乐户当差，完全取决于官府验试和皇帝一道敕令。所谓拨隶太常寺者，即礼乐户，简称乐户，汉魏以来就属于备受歧视的贱民。入元，礼乐户亦为诸色户计之一，"子孙犹世籍"。因怯怜口、驱口等大量存在，元礼乐户的卑微似不十分突出，但仍称"乐工贱伎"[1]。从儒户起初多来自被掳儒人及部分不合格者拣充太常寺礼乐户的层面看，郑思肖"九儒十丐"之说，并非完全的空穴来风。儒户先天就带有受大汗保护或恩典的性质。元统治者对待儒学和儒户，主要是释奴、免役之类的保护或恩典。儒户制作为诸色户计及全民当差体制的组成部分，意味着儒士以学儒读经而与僧侣等同伍，借此和大元皇帝建立起保护与被保护、君主与臣仆间的主从关系。儒户在受到保护和享受赋役等优待的同时，也随之带有部分仆从的色彩。拉施特《史集》曾如是说："［成吉思汗］在其在位之初，就在最高真理的佑助下，使所有这些部落都听从了他的号令，使［他们］全都作了他的奴隶和士兵。"[2]这也可以称得

---

[1] （元）吴莱：《渊颖吴先生文集》卷八《张氏大乐玄机赋论后题》，《四部丛刊初编》第1456册，第7页a。（明）危素：《说学斋稿》卷二《赈恤乐户记》，《景印文渊阁四库全书》第1226册，第681页。（明）戴良：《九灵山房集》卷二十九《题倪乐工琼花灯诗卷》，《四部丛刊初编》第1490册，第8页b。

[2] ［波斯］拉施特主编：《史集》，余大钧、周建奇译，第1卷第1分册，第323页；第1卷第2分册，第382页。

上元代全民当差、全民奴仆的法理源头。前揭郑介夫所云"普天率土，尽是皇帝之怯怜口"，则是对此种法理诠释和理解的汉人"版本"。这种政治文化环境下的儒士地位，自然与宋代"与士大夫治天下"不能同日而语。显然，儒户制起初就属于元代"北制"的范畴，其在江南的推行移植，尽管因免除劳役而能发挥保护儒学文化的功用，但又把保护与被保护、君主与仆从间的主从关系渗透到江南士人中来了。

2. 南制因素遗留与南、北制博弈

诸多研究表明，平宋战争以招降为主，较少杀戮，江南先进农业、原有的土地、租佃、赋税、繁荣的手工业、商贸及海运、理学、科举等制，南宋所继承的"唐宋变革"的主要成果，遂得以基本保留或延续发展。这些又构成与前述北方制度有异的南制因素。

江南农业、手工业及租佃制的持续发展，元代江南农业在南宋的基础上得到一定的发展。尤其是浙西一带圩田及沙涂田等能在人口稠密和土地偏少条件下追逐高于一般田地十倍的收获，仅平江路圩田"共计八千八百二十九围"[1]。李伯重指出，江南农业13 至 14 世纪仍然在持续发展，缓慢增长。[2] 江浙继续充任全国主要粮仓和财赋之区。元末杭州丝织业等还出现了少量的自由雇佣劳动。[3]

---

[1] （元）王祯：《农书》卷十一《农器图谱一·田制门》，《景印文渊阁四库全书》第730 册，第 416 页。（明）卢熊纂修：洪武《苏州府志》卷十《田亩》，《中国方志丛书·华中地方》第 432 号，台北：成文出版社有限公司，1983 年，第 425 页。

[2] 李伯重：《有无"13、14 世纪的转折"？——宋末至明初江南农业的变化》，《多视角看江南经济史（1250—1850）》，第 21—96 页。

[3] 郑天挺：《关于徐一夔〈织工对〉》，《清史探微》，北京：北京大学出版社，1999年，第 254—270 页。

大土地占有和租佃关系在江南依然在延续发展。譬如延祐间，松江下砂场瞿某"括田定役，榜示其家，出等上户，有当役民田二千七百顷，并佃官田共及万顷。浙西有田之家，无出其右者"①。二税制及差役亦在保留沿用，"延祐经理"承南宋"经界法"余绪，虽大抵失败，但其"自实出隐漏官民田土"②，或被当作日后征收租税的依据。

海外贸易及海运。元代海外贸易的海港、贸易伙伴、中外海船的来往、基本贸易制度等，都承袭南宋。这是南制因素在商贸领域内最为活跃且影响全局的突出表现。后又增添两个特别的因素："中买"（宫廷采买）珠宝和权贵代理人斡脱商（斡脱为突厥—蒙古语"合伙"之义。斡脱商通常指受蒙古贵族委托营运的官商）介入，既有扩充财政收入的刺激，还有蒙古贵族利益驱使。元朝大规模的漕粮海运，大规模的海外征伐，均为中国历史上前所未有。③漕粮海运亦由江南朱清、张瑄倡导主持，海外征伐的军士、船只及技术同样主要来自江南。故此三者算是南方航海技术、人力、财力等为元统治者所用的"典范"。日本京都大学杉山正明教授认为，海外征伐和鼓励海外贸易，给元帝国已有的游牧国家与农耕国家混合体带来海洋帝国的性质。④忽必烈为首的元朝统治者曾经酝酿和部分实施过海洋帝国的美梦，曾经破

---

① （元）杨瑀著，余大钧点校：《山居新语》卷四，北京：中华书局，2006年，第233页。
② （元）俞希鲁编纂，杨积庆等校点：至顺《镇江志》卷六《宽赋》，第262页。
③ 详细情况可参见高荣盛：《元代海外贸易研究》，成都：四川人民出版社，1999年，第11页，第18—20页；《元代海运试析》，《元史浅识》，南京：凤凰出版社，2010年，第285—324页。
④ ［日］杉山正明：《游牧民から見た世界史》，東京：日経ビジネス人文庫，2003年，第333—334页。

▲《蒙古袭来绘词》（日本菊池神社藏）是日本镰仓幕府中期画家所绘的关于日军抵抗元军入侵的长卷。此局部图反映的是双方在战船上交战的情景

天荒地在漕运、军事和贸易三领域大踏步地向海洋扩张发展。尤其是元代海运和海外贸易的高度繁荣及其向东海、南海的开拓发展过程中，南制因素厥功甚伟，还持续影响了明清外贸顺差及白银流入等。

儒学与科举，是保留南制因素最多，并在南、北制因素博弈中最能体现南制优长的方面。因北宋末中原士大夫精英南渡，江南在文化上处于绝对优势，理学北上及官方化，朱熹之学正统地位确立，超族群士人文化圈的形成①，北人率多学于南方，或就地贡举，或回乡应试②，等等，都是南制在文化上影响渐重的表征。南方儒士借北游京师、充家庭教

---

① 萧启庆:《元代的族群文化与科举》,台北:联经出版事业公司, 2008 年, 第 62—68 页。
② 拙文《元代乡试新探》,《元代政治制度研究》,北京:人民出版社, 2003 年, 第 614 页。

师等方式，亲近蒙古贵族，在谋求利禄的同时又对蒙古贵族施加先进文化的影响。[1] 而仁宗恢复科举，应是南制因素滋长并冲破蒙古旧俗束缚，得以上升为全国文官选举通行制度的突出成绩。

书院的半官学化，又是南、北制因素融汇交织演变的一个典型。书院原本是朱熹等自由讲学、弘扬义理的私学场所，亦是宋学最富有生机或生命力的地方。入元以后，它却在元朝积极兴办地方儒学和推行儒户制的大背景下，被改造为半官学。经此改造，江南及北方的书院数量增多，形式上得到了发展，但私学传统逐渐被扼杀，由北方儒户制携带来的保护与被保护的主从关系亦渗入其中，故元代书院已非南宋朱熹时代之书院，实质上已蜕变到与州县儒学大同小异的半官学形态。[2]

元统一等重要政治变化之后，原有的南、北方政权各自制度相对于国家整体制度而言，遂转换为南、北制因素，又很快出现南、北制因素或差异的兼容与初步整合。据萧启庆教授的研究，元朝统一后南、北方的整合成果主要是：全国交通驿站网、统一货币和度量衡促进了全国经济市场的形成，贸易的发达导致南北经济的互补，道学北传与剧曲南流则是南北文化统合的最大收获。[3] 经过上述兼容与初次整合，南、北方之间的交流、沟通愈来愈频繁，相互依赖和彼此密不可分，更是大势所趋。元中叶以后，科举制恢复，超族群士人文化圈的逐步形成，大都等城市粮

---

[1] （明）宋濂：《宋文宪公全集》卷四十一《故集贤大学士荣禄大夫致仕吴公行状》，《四部备要》，北京：中华书局，1989年，第477—478页。

[2] 徐梓：《元代书院研究》，北京：社会科学文献出版社，2000年，第128—134页。

[3] 萧启庆：《中国近世前期南北发展的歧异与统合——以南宋金元时期的经济社会文化为中心》，清华大学历史系、三联书店编辑部合编：《清华历史讲堂初编》，第216—221页。

食财赋上对东南海运的极度依赖，等等，都是这方面的丰硕成果。由于元政权北制因素的势力过分强大，初次整合的结果，前述户计、官营手工业、劳役、籍没、分封驱奴、君臣关系、行省等，都发生过不同程度自北而南的移植延伸，总体上北制因素往往占上风，南制因素依旧居从属。这与明前期的整合走势相似，而与明中叶以后的那次整合截然不同。

三、明前期承袭北制颇多与南、
北制因素的两次整合

朱元璋曾以"驱逐胡虏，恢复中华"作为北伐和翦灭元朝的旗号，明朝建立后，也采取过定都南京，惩元末权臣和贪赃之弊，废中书省和丞相，以三司取代行省，创建卫所取代部族兵制，以及"黄册"和"鱼鳞册"等新制度，力图较多摆脱元朝旧制，使国家体制恢复到汉地传统王朝的固有形态上来。但不容忽视的是，朱明王朝自觉不自觉地继承了颇多的元朝制度。这与朱元璋、朱棣父子带有个性色彩的南、北政策及朱棣迁都燕京都有密切关联，客观上更是元朝覆灭后所遗留的社会关系、文化意识等潜在影响使然。

朱元璋及其旧部大都集中在濠、泗、汝、颍、寿春、定远的淮西贫瘠区域，地跨淮水南北，"习勤苦，不知奢侈，非若江南耽侇乐者比"①。该地曾经是宋金及宋蒙边境，早在乃马真皇后称制后期即开始受到蒙古军攻略，蒙哥汗四年（1254）起，已有部分蒙

---

① （明）谈迁著，张宗祥校点：《国榷》卷二，第342页。

古汉军屯戍该地。而后，有名的张柔亳州万户等即以亳州为据点，长期在泗州一带攻略。[①] 该地世祖末划归河南行省，区划上开始和江南三行省相隔离。就元明之际的情况看，无论是行政区划抑或风土习俗，朱元璋及旧部起家于南、北方交界，文化习性上半南半北，多半像北方人，也往往不被江南人认同为南人。又兼元末多数苏松"大户"士人党附张士诚，朱元璋始终没有把江南和江南士人当作可信赖的依靠力量，尽管他在某种程度上亦任用刘基、宋濂等浙东部分士人。总的来说，朱元璋与江南士人一直是合作、对抗相参，有时甚至是对抗多于合作，还以重赋及粮长制等，打击苏松"大户"及士人。对北方士人，朱元璋则较多属意或眷顾，晚年曾以科举偏袒南士罪名处死南人主考官白信蹈等，还特意策问擢 61 名北士及第。由此，还形成了分南、北取士的制度，而与元朝科举相近。[②]

建文帝重用齐泰、黄子澄、方孝孺等南士，主张宽刑和均平江浙田赋，放弃朱元璋的猛政峻法和苏松重赋等，坚持的显然是与乃祖迥异的南方本位及"仁政"。

朱棣"靖难"起兵燕京，其军事上的依赖力量之一是元

▲ 方孝孺像

---

① （明）宋濂等：《元史》卷二《太宗纪》，乙巳年秋，第 38 页；卷三《宪宗纪》，四年，第 48 页；卷一百四十七《张柔传》，第 3475—3477 页。

② （清）张廷玉等：《明史》卷一百三十七《刘三吾传》，第 3942 页；卷七十《选举志二》，第 1697 页。

朝降将张玉、火真（蒙古人）以及蒙古朵颜三卫，北直隶又充当其军力和财赋的后方。燕京及大漠南北还是朱棣戍守征战的功业所在。直到明朝中后期，保定、大同一带长期驻扎着 1 500 人左右的降明蒙古、女真、穆斯林兵卒等组成的"达官军"，后易名"忠顺营"。[①]朱棣最后迁都燕京，又残酷打击包括江南士人在内的建文帝势力，他奉行的无疑是比朱元璋更为明朗的北方本位。[②]

郑克晟教授关于明朝南方地主与北方地主的研究，日本学者檀上宽关于明朝专制政体历史结构的探讨[③]，对笔者的启发良多。洪武"南北榜"，仁宗朝"南北卷"，朱元璋制造空印案、胡惟庸之狱、郭桓案、李善长之狱、蓝玉之狱和朱棣"靖难"后残酷镇压建文帝阵营的南人集团以及最终迁都北京，等等，都是以侧重打击江南地主，突破明初"南方政权"的局限，建立朱氏南北统一王朝为最高目标的。而朱元璋—朱允炆—朱棣三帝南、北政策的摇摆变动，包含着明统治者在南北方略上带有个人好恶的摸索与调整，其结果则加剧了明前期与元朝相似的南北方、南北人间的对立。武宗时原籍河南泌阳的内阁大学士焦芳，"深恶南人，每退一南人，辄喜。虽论古人，亦必诋南而誉北，尝作《南人不可为相图》进（刘）瑾"[④]。郑克晟先生指出：南方地

① （清）张廷玉等：《明史》卷一百四十五《张玉传》，第 4082—4084 页；《火真传》，第 4091 页。彭勇：《明代忠顺营史实初识》，达力扎布主编：《中国边疆民族研究》第 2 辑，北京：中央民族大学出版社，2009 年，第 11—18 页。
② ［美］牟复礼、［英］崔瑞德编：《剑桥中国明代史》上册，张书生等译，北京：中国社会科学出版社，1992 年，第 199、223—224 页。
③ 郑克晟：《明代政争探源》，第 1、2 编，第 1—283 页。［日］檀上宽：《明朝専制支配の史的構造》，第 435—503 页。
④ （清）张廷玉等：《明史》卷三百六《阉党传》，第 7836 页。

▶ 时任吏部左侍郎的焦芳，《十同年图》局部，佚名绘，故宫博物院藏

主与北方地主的矛盾及斗争不仅反映在明廷政策内，而且几与明王朝相始终。[1] 更应注意的是，南北方差异对立，实乃6世纪前后开始的中国经济重心南移，特别是北宋与辽到元与南宋长达317年的隔绝对峙在元、明统一条件

---

[1] 郑克晟：《明代政争探源》，第81页。另可参见同书第1编。

下政治的、文化的惯性持续。其直观表征是：区域上的南方、北方的差异或对立，族群上的南人、北人差异或对立。明朝南北士人的纷争对立，承袭元代南人、北方汉人间的隔膜分野，很大程度上又是以当时南北社会文化差异博弈或冲突为基本动因的。

需要补充说明的是，明成祖曾多次率铁骑亲征漠北蒙古，在武力剿灭北元贵族势力的同时，又不可避免地受到草原野蛮剽悍习俗和蒙古主从关系的影响。藩王时期的朱棣曾奉命征讨蒙古乃儿不花，"倍道趋迤都山，获其全部而还"①。即皇位后，又相继于永乐八年（1410）、十二年、二十年、二十一年和二十二年，"亲征漠北，驾凡五出，年垂二纪"②。即使不论朱棣生母是否蒙古弘吉剌氏③，朱棣本人无意中受到的草原习俗熏染影响，对他实行比乃父更为明朗的北方本位政策，显然是有助力的。

如果说朱元璋实行的是半南半北的政策，眷顾中原北地的倾向尚带有偶然或不稳定性，是以建立朱氏南北统一王朝为最高政治目标，朱棣就与乃父显著不同了。除了前述"靖难"，以燕京和北直隶充当根基地，以蒙古朵颜三卫等为军旅精锐，还应注意他残酷打击镇压建文帝势力，自然容易站在建文帝南方本位的对立面，遂导致"欲定都北京，思得北士用之"④等政策，导致其

---

① （清）张廷玉等：《明史》卷五《成祖纪一》，第 69 页。
② （清）张廷玉等：《明史》卷六《成祖纪二》，第 87 页；卷七《成祖纪三》，第 93、101、103、104 页。（清）谷应泰：《明史纪事本末》卷二十六《太子监国》"谷应泰曰"，北京：中华书局，1977 年，第 1 册，第 398 页。
③ 关于朱棣母亲身份的争论，参见傅斯年：《明成祖生母记疑》，《国立中央研究院历史语言研究所集刊》第 2 本第 4 分册，1932 年；吴晗：《明成祖生母考》，《清华学报》第 10 卷第 3 期，1935 年；朱希祖：《〈明成祖生母记疑〉辨》，《中山大学文史研究所月刊》第 2 卷第 1 期，1933 年。
④ （清）张廷玉等：《明史》卷一百七十七《王翱传》，第 4699 页。尽管朱棣任用的几名大学士解缙、黄淮、胡俨、胡广、杨荣、杨士奇和金幼孜，都是南方文士。

封爵燕王，肇兴且起兵燕邸，最终迁都燕京等以燕京北地为基业所在的新体制。又兼前述他亲征大漠蒙古时易受草原习俗及主从关系等影响，其结果，朱棣实行北方本位政策，就形成主、客观综合支撑等较为成熟、稳定的态势。

朱棣受北方习俗影响和迁都燕京，以及更为明朗的北方本位政策，无意中造成明前期继承元朝或北方的因素较多。明朝的军户制，"配户当差"的户役法，官营手工业和匠籍制，行省三司制，宗室分封及诛杀功臣士大夫，等等，都可以看到元制或北制的影子，都是被朱元璋率先多半保留变通，后又被朱棣等略加改造而长期沿袭下来。

军户世袭制。明初变通元千户和侍卫亲军制，创立卫所制，但依然沿用元军户世袭制。"靖难之役"与大规模对蒙古用兵，也造成沿用军户制签取军士的急迫需求。卫所军士另立军籍，与民籍分离。军户世袭，一人为军，进入军籍，一家人世代为军。其身份、法律及经济地位，比较低下。既无四顷赡军田免税的优待，又常与"谪发"罪犯为伍。[①]

"配户当差"的户役法。明初沿袭元全民服役旧制，实行"配户当差"，分编为若干役种户籍，主要有民户、军户、匠户、灶户四大户计，前期还有油户、酒户、羊户等 80 余种专业户计。统一实施役皆永充，役因籍异，役有役田，以户供丁的户役法。田赋不仅是土地税，也是役。无论赋与役，都是建立在朱明皇帝对全国土地和人口领属占有的基础之上。田是皇田，民是皇民，

---

① （清）张廷玉等：《明史》卷九十《兵志二·卫所》，第 2193—2196 页；卷九十二《兵志四·清理军伍》，第 2255—2258 页。

各色人丁必须收籍当差。[①]朱棣营建北京等重大工程，也带来徭役的扩大化。这与元全民服役秩序，几乎亦步亦趋。

官营手工业与匠籍制。明前期沿袭元朝制度，官营手工业充当手工业的主体。还实行工匠世袭的匠籍制，一旦进入匠籍，就世役永充，以轮班、住坐二方式，为官府局院无偿服役。[②]

我们应高度关注和重视"靖难"、迁都居中的作用。倘若建文帝依然在位，倘若朱棣"靖难"后不迁都燕京，以江南为主导的南、北制因素的整合，南制或南方化的步伐肯定会大大加快。遗憾的是，历史偏偏走上了朱棣迁都燕京的路子。而迁都燕京，应当在明前期政策本位自南而北或南北整合基本以北制为主导的过程中具有关键意义。换言之，朱元璋、朱棣父子，特别是朱棣个人经历和政治、文化心态等偶然因素，严重地影响了明前期南、北制因素的整合及走向，致使此番整合再次以北制占优势。于是，明朝南、北制因素的整合遂被分为前期和中叶两阶段，前期是北制占优势，中叶才是南制占优势。

或许有人会以朱元璋等惩元末权臣当国和法纪废弛等弊端，实行严刑"重典"惩治贪官，屡兴大狱处置触犯皇权的宰相、士大夫等政策，认为明代制度独立自成一体，承袭元制无多。我们承认，在上述几方面，明朝确有自身特殊性。但刑罚宽严，只是王朝政策一个方面，而不是全部。正如秦、西汉法度一严一宽，泾渭分明，并不妨碍在基本体制上的汉承秦制。元、明两代刑罚宽严，与秦汉有类似，只是发生了秦严汉宽和元宽明严的位置颠

---

① 参见王毓铨：《明朝的配户当差制》，《中国史研究》1991 年第 1 期。白寿彝总主编，王毓铨主编：《中国通史》第 9 卷《中古时代·明时期》上册，第 691—698 页。

② 参见方楫：《明代手工业发展的趋势》，《历史教学问题》1958 年第 4 期。

倒而已。社会关系和基本制度，往往会跨越王朝界限，在相连王朝之间前后因袭。秦汉、隋唐、明清都如此，元明亦难例外。我们也承认，朱元璋的独裁专制和虐待士大夫，并非单纯是元旧制使然，相当程度上又是以朱元璋个人"乞丐和尚"卑微出身所萌生的猜疑病态心理以及效仿刘邦等为另一根源的。然而，抛开病态心理等偶然性，剥离由此派生的严酷虐待臣僚等个性政策，与元代亦有共通或相近处：那就是全民当差服役和臣僚奴仆化。这恰恰是明朝继承元制颇多的基本方面。否则，从宋代"不抑兼并"的主、客户制到明代全民当差服役，从宋代"与士大夫治天下"到明代严刑峻法处置士大夫等，都会出现历史的和逻辑的断裂、空白。

明中叶以后较前期明显改变，南、北制因素开始实施另一次的整合，而且是改而以南制占优势或为重心。这主要表现在军户制、"配户当差"的户役法、官营手工业和匠籍制等相继被南制或南方的相关形态所代替，继承"唐宋变革"基本成果的南制因素逐渐上升为主流。

募兵制替代军户制。自英宗正统末，派遣官员四方募兵，官方按日发饷。起初主要是补充京军和九边兵员，后来东南抗倭的"戚家军""俞家军"等也由募兵组建。[1] 明后期的募兵，与唐神策军、宋禁军类似，都是职业兵制。募兵复兴和比重加大，意味着明代军制的基础逐渐回归到代表唐宋变革成果的南方体制方面。

"一条鞭法"取代"配户当差"户役法。户役法松动，可追

---

① 肖立军：《明代省镇营兵制与地方秩序》，第81—92页。

溯正统中田赋折纳"金花银"。一方面，以宣德中"均耗折征"起步，核实土地而平其税粮，实行固定役额、缩短轮役时间的里甲正役改革。另一方面是徭役改革，重点是银差渐多、计丁验粮轮当、定期审编的"均徭法"，又辅以"十段册法"。最终是张居正推行"一条鞭法"，融入中叶赋役改革成果，合并赋役项目

▲ 明代金花银

且能折银，部分徭役摊入田亩。① 这又意味着明后期赋役制同样回归到南制方面。

民营纳税淘汰匠役制。明中叶以后，匠籍制和轮班住坐，陆续变化。一是景泰五年（1454）将原五班轮流，改为四年一班，以减轻负担；二是成化二十一年（1485）实施班匠征银免役。② 官营手工业和匠籍制逐渐趋于瓦解，改而施行民营为主和重在征税。这也大体恢复到中唐两宋的轨道。

总之，明后期，尤其是万历九年（1581）的"一条鞭法"，应该是南、北体制因素的再整合的关键，核心内容当为税粮与徭役"通融科派"③。某种意义上，重在革除徭役的"一条鞭法"，亦是南制因素压倒北制的"里程碑"。

---

① 参见白寿彝总主编，王毓铨主编：《中国通史》第9卷《中古时代·明时期》上册，第699—708、727—752页。
② 参见白寿彝总主编，王毓铨主编：《中国通史》第9卷《中古时代·明时期》上册，第800—802页。
③ 《明世宗实录》卷一二三，嘉靖十年三月己酉，台北："中央研究院"历史语言研究所校印本，第2971页。

令人奇怪的是，张居正推行"一条鞭法"前，江西、南直隶、浙江等地已于嘉靖和隆庆年间率先实施①，但北方实行较晚，阻力颇大。如万历五年（1577）正月户部给事中光懋上奏弹劾："其法在江南犹有称其便者，而最不宜于江北，如近日东阿知县白栋行之山东，人心惊惶，欲弃地产以避之。"②东阿籍进士、官至礼部尚书的于慎行亦撰文质疑"一条鞭法"在北方未必便利和"宜民"③。山东德平籍进士、历官河南巡抚和户部尚书的葛守礼，隆庆初亦奏言："近乃定为一条鞭法，计亩征银，不论仓口，不问石数，吏书夤缘为奸，增减洒派，弊端百出。"竭力强调"愿敕所司，酌复旧规"④。从张居正所拟圣旨和致山东巡抚李世达书信"法贵宜民，何分南北""民苟宜之，何分南北"⑤等措辞中，亦能窥知北方、南方吏民对"一条鞭法"毁誉不一，争议颇大。北方官员士大夫对"一条鞭法"，颇有微词，这不仅仅是北方士人和南方士人营垒对立的缘故，更深刻的根源在于"一条鞭法"主要符合江南社会经济发展及社会关系的需要，而在北方自耕农占多数的场合下，劳动力不值钱，积累、获取白

---

① 参见白寿彝总主编，王毓铨主编：《中国通史》第9卷《中古时代·明时期》上册，第750页；（清）孙承泽《春明梦余录》卷三十五《户部一·一条鞭》载，庞尚鹏嘉、隆之际在浙江奏行一条鞭（北京：北京古籍出版社，1992年，第588—589页）。

② 刘於义等监修：《陕西通志》卷六十《人物六·明》引《延绥志》，《景印文渊阁四库全书》第554册，第670页。《明神宗实录》卷五八，万历五年正月辛亥，第1338页。

③ （明）于慎行：《谷城山馆文集》卷十三《平阴姚侯役法记》，《四库全书存目丛书》集部第147册，第462—463页。

④ （清）张廷玉等：《明史》卷二百一十四《葛守礼传》，第5667页。

⑤ 《明神宗实录》卷五八，万历五年正月辛亥，第1339页。（明）张居正：《张太岳文集》卷二十九《答总宪李渐庵言驿递条编任怨》，《四库全书存目丛书》集部第113册，第672页。

银困难，丁徭旧法等则简单易行，便于征集。自隋唐以来的近千年间，北方实行计丁收税及徭役制的时间长达 650 年左右，实行两税法却只有 350 年左右，无论是官府或百姓对全民当差服役的丁徭旧法，已习以为常。反倒是对计亩征税派役，有些不太适应了。

另外，晚明商品经济和城市商业化的发展较快，东南沿海城镇市民社会或有雏形，儒士世俗化非常明显，思想禁锢大大减少，等等，在某种意义上可以视为南宋后期城镇社会的延续与发展。人们在综观 10 至 15 世纪的历史之余，常常会有这样的朦胧感受：明后期与南宋非常相似，万历以后很像是对南宋社会状况的"跨代连接"。其奥秘或许可以从前述南、北制因素的并存、整合、再整合及回归之中去探寻。诚然，"跨代连接"或回归，只是就脉络方向而言，经上述博弈整合，还在新的条件下滋生或升华出新的发展热点。尤其是在南宋、元朝基础上入超颇丰的海外贸易长足发展所带来的大量白银流入，以取代元和明前期的纸钞，长城"九边"防御体制所造成官府采购对东南工商业的有力刺激，伴随漕运发展起来的运河城镇经济繁荣等。[1] 这三者应该是宋元所未曾有过的，在某种意义上，又是自明中叶南、北制因素的博弈整合、融汇互动之后的新发展和新进步。

然而，在某些领域内北制因素，或改变无多，或依然如故。主要是伴当仆从隶属，籍没制及贱民遗留，内朝官及宦官沿用怯薛家臣制，君主独裁与臣僚奴化等。四者持续通行于元、明两代，对明代朝野的影响普遍而深刻。

---

① 参见［美］牟复礼、［英］崔瑞德编：《剑桥中国明代史》下册，张书生等译，第385—390 页。

1. 伴当仆从隶属

在《蒙古秘史》中，"伴当"当作蒙古语"那可儿"（nükür-nöker）的汉译，起先多表示同伴、朋友之义，1206年，成吉思汗组建万人怯薛之际，伴当已含有"随从"等衍生义了。[①]是时伴当对使长的主从依附隶属，已显著增强。成吉思汗曾以"这等人如何教他做伴？"为由，毅然杀掉背叛使长的桑昆之伴当阔阔出，西征时又诛杀钦察部告主之奴。[②]元代奴婢私属通常不敢侵犯使长，或与成吉思汗上述严厉举措有一定因果联系。入元以后，或许受蒙古"门户奴隶""既是奴隶，又是伴当"[③]习俗的影响，伴当亦逐渐偏向仆从、随从。如元杂剧杨显之《临江驿潇湘秋夜雨》第四折驿丞坐场诗曰："管待钦差犹自可，倒是亲随伴当没人情。"[④]此处"钦差"的"亲随伴当"，肯定是意为仆从、随从了。傅衣凌先生《伴当小考》指出："关于伴当的起源及其使用的年代……当知其在于元明两代。……它和随从、家仆、梯己百姓、奴婢以及部曲户、乐户等，同是元代社会中的不自由贱民。"[⑤]明代军官占用和役使"军伴"，非常普遍且长期合法，明廷曾多次颁布"镇守总兵、分守、守备内外官员"合法占用役使"军伴"60名至1名不等的规则。[⑥]万历

---

① 额尔登泰、乌云达赉校勘：《蒙古秘史（校勘本）》，呼和浩特：内蒙古人民出版社，1980年，第76节，第936页；第224节，第1022页。
② 额尔登泰、乌云达赉校勘：《蒙古秘史（校勘本）》，第188节，第998页。（明）宋濂等：《元史》卷一百二十一《速不台传》，第2976页。
③ 亦邻真：《成吉思汗与蒙古民族共同体的形成》，《亦邻真蒙古学文集》，第401页。
④ 张月中、王钢主编：《全元曲》上册，郑州：中州古籍出版社，1996年，第760页。
⑤ 傅衣凌：《明清社会经济史论文集》，《傅衣凌著作集》，北京：中华书局，2008年，第306—307页。
⑥ 《明英宗实录》卷二二四，景泰三年十二月甲午，第4863页。《明宪宗实录》卷一七七，成化十四年四月丁未，第3196—3197页。

諭八旗大臣內務府總管直隸州縣緝拏逃盜每蹤跡

二十九日

身且及於後裔著該撫查明定議具奏

此等之人應予開豁為良俾得奮興向上免至污賤終

上下之分不過相沿惡習耳此朕得諸傳聞者若果有

以箠楚迨究其僕役起自何時則皆茫然無考非實有

之事此姓即往執役有如奴隸稍有不合人人皆得加

欽定四庫全書　世宗憲皇帝上諭內閣

村莊相等而此姓乃係彼姓儅世僕彼姓凡有婚喪

業下賤幾與樂戶惰民相同又其甚者譬如二姓丁戶

州府則有伴儅寧國府則有世僕本地呼為細民其賤

使為良民所以勵廉恥而廣風化也近聞江南省中徽

以自新之路如山西之樂戶江之惰民皆除其賤籍

上諭朕以移風易俗為心凡習俗相沿不能振拔者咸與

又奉

親詣行禮著康親王崇安恭代

皆本於實心並無一毫矯飾何況祭祀大典此次停止

▲《世宗宪皇帝上谕内阁》雍正五年（1727）四月二十七日豁除"伴当""世仆"的上谕

中，仍有江西南昌卫等军官"滥捉余丁，充役奴隶"，"由祖及孙，世属其奴隶"①。时至清雍正朝，江南徽州、宁国二府依然有"伴当""世仆"等残余②。傅衣凌先生曾把元明伴当普遍使用的原因，主要归结于避免重税和经商便宜或政治压迫。需要补充的是，元代率先实施于北方而后又移植于江南的驱口和"怯怜口"役使，也应是元明伴当普遍使用的另一重要背景。

---

① （明）陈有年：《陈恭介公文集》卷二《酌议军余丁差以苏疲累事疏》，《续修四库全书》集部第1352册，第634—638页。

② 《清世宗实录》卷五六，雍正五年四月癸丑，北京：中华书局，1985年，第863页。

2. 籍没制及贱民遗留

元代籍没的沉渣泛起，不仅移植于江南，也影响到明代。朱元璋兴胡、蓝之狱，连坐族诛功臣及亲属4万余人。[1]朱棣诛杀建文帝余党，又滥用株连籍没。齐泰、黄子澄、方孝孺等被株连九族、十族，或称"瓜蔓抄"[2]。当时率先使用了《逆臣录》《昭示奸党录》等，还由此形成籍没"律止是三条：谋反、叛逆、奸党"[3]。万历年间，才限定于"谋反及大逆"[4]。朱元璋《大诰》直言不讳："寰中士夫不为君用，是外其教者，诛其身而没其家。"[5]又欲将籍没滥用于不愿为其所用的士大夫身上。永乐中，翰林学士解缙被下诏狱处死，"籍其家，妻子宗族徙辽东"；忠诚伯、兵部尚书茹瑺子茹铨等27人及田庐亦被籍没。[6]此后，诸

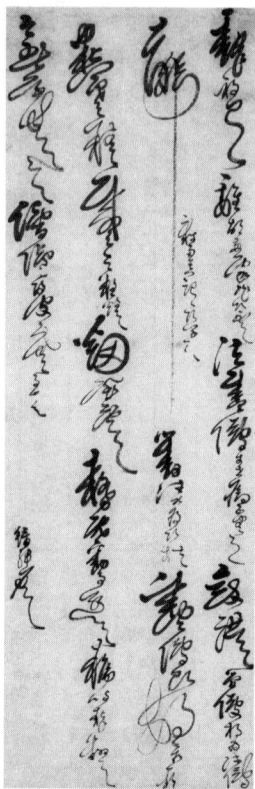

▲ 解缙《草书书论》手迹，台北何创时书法艺术基金会藏

[1] （清）张廷玉等：《明史》卷一百三十二《蓝玉传》、卷三百八《胡惟庸传》，第3866、7908页。

[2] （清）爱新觉罗·弘历：《钦定皇朝通志》卷五十三《谥略六》，乾隆四十三年十一月谕旨，《景印文渊阁四库全书》第644册，第666页。

[3] （明）王世贞著，魏连科点校：《弇山堂别集》卷九十九《中官考十》，嘉靖十年十二月，第1889页。

[4] （明）申时行等修，（明）赵用贤等纂：万历《大明会典》卷一百六十八《刑部十·律例九·谋反大逆》，《续修四库全书》史部第792册，第56页。

[5] （明）朱元璋：《御制大诰三编·苏州人材第十三》，《续修四库全书》史部第862册，第332页。

[6] （清）张廷玉等：《明史》卷一百四十七《解缙传》，第4122页；卷一百五十一《茹瑺传》，第4174页。《明宣宗实录》卷三，洪熙元年七月戊寅，第89页。

如大臣显宦于谦、严嵩、张居正①,佞幸江彬、钱宁,宦官王振、汪直、刘瑾、谷大用、冯保、魏忠贤、王体乾等,皆遭籍家之祸。②阉党、东林党之争中亦有个别被籍没者③。民间反叛贼寇"不分首从,律斩枭首示众",家属也籍没为奴。④被籍没者一是"俱发功臣家为奴",一是充官奴"谪戍"边疆。⑤300年后,清雍正朝批准出贱为良的山西、陕西等处乐户,即来自永乐时被没入教坊司的建文帝余党亲属,长期沦为官妓乐人,永在贱籍。⑥

3. 内朝官及宦官沿用怯薛家臣制

一般认为,元代的怯薛宿卫与明代宦官,属于不同朝代、不同性质的宫廷组织或势力。需要注意的是,两者在具有诸多本质差异的同时,亦存在一些类同的地方。其一,宫廷内外职司,特别是执掌内朝相近。其二,与皇帝的主从或主奴关系格外牢固。

无论元代怯薛宿卫抑或明代宦官,其职司大抵能够分为掌管宫廷机务、掌管环卫宫禁、掌管生活服侍和掌管皇帝产业四大类。它们皆组成"内朝",协助皇帝实施最高决策并处理机务。

---

① (清)张廷玉等:《明史》卷一百七十《于谦传》、卷二百一十三《张居正传》、卷三百八《严嵩传》,第 4550、5651、7921 页。

② (清)张廷玉等:《明史》卷三百七《江彬传》,第 7889 页;《钱宁传》,第 7892 页;卷三百四《王振传》,第 7773 页;《汪直传》,第 7781 页;《刘瑾传》,第 7791 页;《谷大用传》,第 7794 页;卷三百五《冯保传》,第 7803 页;《魏忠贤传》,第 7824 页;《王体乾传》,第 7825 页。

③ (清)张廷玉等:《明史》卷三百六《张䌽传》,第 7841 页。

④ 《明孝宗实录》卷二六,弘治二年五月庚午,第 584 页。

⑤ (清)张廷玉等:《明史》卷三百七《江彬传》,第 7889 页;《钱宁传》,第 7892 页。

⑥ (清)阮葵生:《茶余客话》卷二,雍正元年御史年熙奏,《续修四库全书》子部第 1138 册,第 60 页。(清)萧奭著,朱南铣校点:《永宪录》卷二上,《清代史料笔记丛刊》,北京:中华书局,1959 年,第 102—103 页。

与元怯薛比较，明代内阁和宦官组合成的"内朝"，有如下三点值得注意：

第一，元代的"内朝"，基本上由四怯薛长及怯薛亲近执事组成，仅夹入个别宠信的宦官（如朴不花）；明代则是内阁"票拟"与司礼太监"批红"的组合，是凭借"批红"的宦官在内朝常居主导，且导致宦官专权。

第二，元世祖以后的中书省等朝廷枢要机构，是基于蒙古国时期汗廷大断事官和必阇赤长，吸收汉法宰相制度而逐渐发展起来的，它与怯薛长及执事等"内朝"之间此消彼长，大体上处于逐步发展、逐步上升的状态。元末还形成了兼掌侍卫亲军等的权相当国。[1] 明代则与此相反，中书省和丞相等明初即退出政治舞台，从而导致宦官与内阁首辅相勾结而权重，以及皇帝对宦官主导的"内朝"的极度依赖。正如明熹宗的自我强辩："如不用妇寺，何人答应？便著吏部等衙门尚书等官进内侍奉？"[2]

第三，明宦官和元怯薛近侍不仅均是"内朝"的主导势力，而且在皇帝家奴身份方面有较多的相似处。明宦官的皇帝家奴身份，自不待言，元代怯薛近侍与大汗之间，原本就基于草原贵族君主与那可儿（伴当）、使长与"门户奴隶"间的主从隶属关系。元末，脱脱15岁担任"皇太子怯怜口怯薛官"，后位居右丞相，但仍尊称顺帝为"郎主"而自谓"奴婢"。[3]世祖朝近侍符宝郎董文忠的家内奴婢角色，最为彰显。姚燧《董文忠神道碑》

---

[1] （元）陶宗仪：《南村辍耕录》卷二《权臣擅政》，第29页。

[2] （明）叶向高：《蓬编》卷十二，北京：中国文史出版社，2014年，第91页。

[3] （明）宋濂等：《元史》卷一百三十八《脱脱传》，第3341页。任崇岳：《庚申外史笺证》，第52、28页。

载：董文忠常侍御榻，世祖皇帝视之为螟蛉养子，甚至能够"夜杂妃嫔候侍，休寝榻下"①，毫不回避。像董文忠等替代宦官负责内廷生活服侍的怯薛近侍，为数不少，且未见其淫乱后宫。究其根源，估计是他们与皇帝后妃间不可动摇的主奴关系使然。明宦官不仅沿用了元代怯薛近侍诸职能和"内朝"体制，还在与皇帝的主奴关系格外牢固方面，与元怯薛近侍大同小异。明后期，万历皇帝居然称太监冯保为"大伴"，意即大伴当。②此时在皇宫内伴当与家奴，似可画等号。或者可以说，元怯薛近侍和明宦官在"家臣治国"方面③，如出一辙。如果说仰仗皇帝对家奴的信赖及秉笔"批红"操控"内朝"，是明宦官突破朱元璋"内臣不得干预政事，预者斩"的铁牌圣谕而逾制专权的法宝，明宦官内部"各家私臣"和层层奴化的秩序④，或是受到元宫廷怯薛组织内的"门户奴隶"主尊奴卑⑤及"重台""人奴之奴"等习俗的较多影响。⑥后者又可能是明代宦祸最烈，却没有像汉唐宦官废立皇帝如同儿戏的深刻根源之一。⑦

---

① （元）姚燧：《牧庵集》卷十五《董文忠神道碑》，第 24 页 b。
② （清）张廷玉等：《明史》卷三百五《宦官二·冯保》，第 7801 页。侯震旸《门军法纪全弛疏》天启元年载："又有大伴当，各ρά相下占军一百一十四名。"（《御选明臣奏议》卷三十六，《景印文渊阁四库全书》第 445 册，第 609 页）
③ 参见张帆：《元代宰相制度研究》，北京：北京大学出版社，1997 年，第 216 页。
④ 白钢主编，杜婉言、方志远著：《中国政治制度通史》第 9 卷《明代》，北京：人民出版社，1996 年，第 54、56 页。
⑤ （明）宋濂等《元史》卷一百二十五《布鲁海牙传》载：元初，"奴有罪者，主得专杀"（第 3071 页）。又，卷一百二十一《速不台传》载，成吉思汗曾曰："奴不忠其主，肯忠他人乎？"（第 2976 页）
⑥ （元）陶宗仪《南村辍耕录》卷十《重台》云："凡婢役于婢者，俗谓之重台。"（第 129 页）（明）宋濂等：《元史》卷十四《世祖纪十一》，至元二十三年夏四月己未，第 289 页。
⑦ 另外，明代调兵权集中于皇帝及兵部，宦官内部亦有厂卫等掣肘，同样影响到宦官难演弑君废君的闹剧。

4. 君主独裁与臣僚奴化

元朝北制虽不能简单地和君主独裁专制画等号，北制中尚含有贵族特权和宰相"委任责成"及权臣当国等因素[①]，但官僚臣仆化等又带有劣根特质。如南宋末郑思肖所说："诸酋称虏主曰'郎主'，在郎主傍素不识'臣'，唯称曰'鞯奴婢'。'鞯'者，至微至贱之谓。""受虏爵人，甲可挞乙，乙可挞丙，以次相制，至于伪丞相亦然。挞毕，仍坐同治事，例不为辱。"[②]元末叶子奇亦云："尝读《酉阳杂俎》书，见其记汉礼，天子临朝……尚犹存此等体貌大臣之礼。……后世之待大臣，直奴仆耳，直牛羊尔。"[③]可谓洞见底里。

前揭朱元璋"寰中士夫不为君用，是外其教者，诛其身而没其家"之言和忽必烈"凡有官守不勤于职者，勿问汉人、回回，皆论诛之，且没其家"的诏谕，虽有编造"君主即名教"和追究勤惰等细微差别，但在野蛮处置臣僚士大夫上又如出一辙。由此，君臣关系经元入明，步入最黑暗的时代。朱元璋滥杀功臣，对不为所用的士大夫，大开杀戒，好像是学汉高祖刘邦，但从体制上承袭元朝的几率应是比较高的。可以说，元仁宗、文宗等从理学为代表的江南文化中学到了相当多的仁和、儒雅、柔弱之风，而明初朱元璋、朱棣父子却从北方蒙古贵族那里学到许多野蛮、专横习气。后者又是和朱元璋"乞丐和尚"所萌生的对"开国勋臣"及"读书人"的猜疑等病态心理相杂糅，又是和朱棣残暴镇压建文帝势力等报复心理相杂糅。尽管明代的科举学校得到长足的发展，但士大夫一直受到皇权的强有力压制，一直

---

① 张帆：《元代宰相制度研究》，第 216 页。
② （元）郑思肖著，陈福康校点：《郑思肖集·大义略叙》，第 182 页。
③ （明）叶子奇：《草木子》卷三下《杂制篇》，第 60 页。

处于被朱明皇帝任意惩处的奴仆地位。廷杖作为"国粹"和法外刑，"杀人至惨，而不丽于法"，从明初一直打到明末亡国，明末还形成某种固定程序。① 经过元朝和明前期君主独裁与臣僚奴化的"洗礼"，类似"与士大夫治天下"的黄金时代早已一去不复返了。元明士大夫仍然不乏追求道与道统的勇敢执着，但和宋儒相比，主体意识和自为精神则显著退化，只是在方孝孺、解缙和李贽等个别非主流和悲剧性人物身上，还能看到宋儒精神的回归弘扬及其对独裁专制淫威的努力抗争。

两宋的皇权虽有所加强，但它属于"唐宋变革"中的"君权相权互动之下的君主专制化"（前揭张广达文）。元明承接了第二个北朝"家臣治国"和臣僚奴化的野蛮旧制，清代在某种意义上也与此相似。明清废掉宰相和相权，进而取消了士大夫官僚体制内制约皇权的代表性力量，取消了"君权相权互动"的机制，为皇帝独裁专制的非正规性或随意性大开"绿灯"。仅保留的丧失宰相名分及权力的"内朝"御用秘书班子，还始终与北朝"家臣治国"及臣僚奴化的野蛮旧俗，掺和混杂在一起。吴晗先生曾概言，元明清三代君臣关系转变为主奴化②，可谓独具慧眼。这段时期皇帝独裁专制，随意性和非正规性的成分增多，在贵族政治削弱的情势下反而得到了前所未有的膨胀发展。皇帝独裁专制以臣僚奴化为代价来强化自身，恰是元明清皇帝独裁专制与两宋君主专制的差异所在。我们应该注重北朝"家臣治国"和臣僚奴化旧制所

---

① （清）张廷玉等：《明史》卷九十五《刑法志三》，第 2329—2331 页。参见徐春燕：《明代廷杖探析》，《辽宁大学学报（哲学社会科学版）》2010 年第 3 期。
② 吴晗：《论绅权》，吴晗、费孝通等：《皇权与绅权》，天津：天津人民出版社，1988 年，第 54 页。

构成的"长时段"社会文化规范在助长元明清皇帝独裁专制过程中的特殊效用，注重这种情势下君臣关系的文化构架和士大夫的认同是否发生较大的变化。正是上述渗透着主从隶属色彩的社会基本关系，构成了广泛而深厚的文化土壤或社会氛围。

四、结　语

多方面的探究考察昭示，由于中古社会经济与民族融合的混合作用，元朝统一以后南方与北方的地域差异依然显著存在，导致国家制度或体制层面亦呈现南北因素的并存博弈。元政权北制因素的势力过分强大，北方制度向江南的推广移植明显多于南制因素的保留及北上影响，初次博弈整合的结果，北制因素稳居上风。元明鼎革，明前期继承元朝制度颇多，南、北制因素复合并存还在继续。朱元璋、朱棣个人因素与社会关系的顽固力量等，致使明前期南、北制因素的那次整合仍然是北制多占优势。明中叶以后，南、北制因素或体制开始实施另一次整合，且改为南制占主导。先后经历元朝、明前期以北制为主导和明中叶以后南制为主导的三次整合，明后期才重新回归到代表"唐宋变革"成果的南制方面且得以升华发展。此乃元、明二朝因南北差异而展现的社会整合发展的基本脉络和走势。

我们承认史乐民、万志英的"宋元明过渡说"比起伊懋可"倒退消沉黑暗说"，有了明显的进步。实际上，从"唐宋变革"到晚明清繁盛的数百年间，南方和北方差异很大，南方大体承袭"唐宋变革"而延续发展，北方则出现断裂或"倒退消沉黑暗"。在实现南北统一后，又借元明三次南、北制因素的博弈整合、融汇互动,迎来了全国范围内新的发展高潮。其中,博弈与整合的机制,尤为显著,很大程度上是为全国规模的新发展或新升华提供了基本动力与路径。又兼,南宋始终坚持和发展"唐宋变革"的成果,将其列入"过渡",似乎欠妥。明后期是社会经济发展新高潮的开始,将其归入"过渡",也不太适宜。鉴于此,将史乐民、万志英所谓"宋元明过渡"描述为"元和明前期整合与发展",似乎更为确切。无独有偶,"唐宋变革"在某种意义上亦涵容着隋唐统一后南朝、北朝二因素的博弈整合且演化升华的意思。

谈到元明南制、北制因素的本质差异,情况比较复杂,似难用几句话说得清楚。就社会形态的核心——社会关系而言,主从隶属依附,大抵是北制的要害;租佃雇佣,大抵是南制的真谛。前者偏重于超经济的人身强制,后者偏重于经济的契约强制。前、后二者,恰又反映着"唐宋变革"的核心对象与成果。以驱口奴婢为例,郑介夫说"南北之风俗不同,北方以买来者谓之驱口,南方以受役者即为奴婢"。郑思肖亦云"被掳男女曰'驱口',即江南之奴婢,皆绝买,死乃已"①。这里北方"买来者"或"皆绝买",即《辍耕录》所云"红契买到者"。因元制良贱界限森严且禁止"买良为奴",故此"买来者"原本就是元初军前掳掠,后由"元主转卖于人"。其主奴隶属牢固,"所生子孙,永为奴婢",人身强制可超越或主宰经济强制,还出现"奴或致富,主利其财,则俟少有过犯,杖而锢之,席卷而去,名曰抄估"②

---

① (元)郑介夫:《上奏一纲二十目·厚俗》,邱树森、何兆吉辑点:《元代奏议集录》下册,第76页。(宋)郑思肖著,陈福康校点:《郑思肖集·大义略叙》,第182页。
② (元)陶宗仪:《南村辍耕录》卷十七《奴婢》,第208页。

等奇特情况。"受役者"，应指两宋及元代江南流行的"典身"或"雇身"奴婢，即良人因穷困借贷，以人身作抵押，借典雇契约与使主结成的役使依附关系。至于前述普通百姓的诸色户计制和配户当差，亦可凸显国家对百姓超经济的人身强制。元明盛行的籍没制、"家臣治国"和臣僚奴化，同样贯穿着主从隶属的人身强制。换句话说，前述贯穿通行于元明的伴当仆从隶属、籍没制及贱民遗留、内朝官及宦官袭用怯薛家臣制、君主独裁与臣僚奴化四者，尽管表现层面或侧重有异，其共同的内核却都是主从隶属依附。而两宋主户、客户制和两税法、明一条鞭法等，其契约等经济强制的性质，又昭然若揭。两宋"与士大夫治天下"及"学得文武艺，货于帝王家"，则颇能体现君臣关系层面的雇佣或"致君行道"色彩。概言之，北制式的社会关系，大抵停留在隋唐均田民及部曲等阶段；南制式的社会关系，则主要体现为"唐宋变革"后的主户、客户等租佃经济关系。笔者论述的"南北差异的博弈与整合发展"，核心亦着眼于社会关系层面。因为唯有主要从社会关系的"窗口"去透视观察，"元和明前期南北差异的博弈与整合发展"才能论说得清楚，探究得明白。

经过元明南北差异的三次博弈整合，百姓身份及君民关系的进步显著，"一条鞭"等改革，致使诸色户计制和配户当差等制度解体，百姓与官府的关系，比较彻底地回归到"唐宋变革""两税法"的轨道且有所前进。然而，君臣关系及籍没制等依然保留较多臣僚奴化的北制色彩。原因是多方面的，其后清朝统治者再次带入八旗、包衣等旧俗，也值得注意。

元人胡祗遹说：

◀ 八旗士兵(《中华
帝国》)

　　法之不立，其原在于南不能从北，
北不能从南。然则何时而定乎？莫若南
自南而北自北，则法自立矣。以南从北，
则不可。以北从南，则尤不可。南方事
繁，事繁则法繁；北方事简，事简则法
简。以繁从简，则不能为治；以简从繁，
则人厌苦之。设或南北相关者，各从其
重者定。①

————————

① （元）胡祇遹著，魏崇武、周思成点校：《胡祇遹集》卷
二十一《论治法》，《元朝别集珍本丛刊》，第440页。

应该承认：由于疆域过大、经济重心南移及北方游牧文明与中原农耕文明间的复杂联系，中近古乃至现代，我国经济发展、社会结构、文化水平等方面的南北地域不平衡长期存在。胡氏承认南北差异，正视南北不平衡，主张依据实际情势制定相应政策的看法，是很有见地的。但胡氏只说对了一半，需要补充说明的另一半是，南制因素大体是"唐宋变革"成果的发展趋势，北制因素的核心则是北方民族频繁带入的主从隶属。像元明的军户世袭、"配户当差"户役法和籍没法以及臣僚奴化等，无不渗透着北制因素。后者对元明清社会和官僚秩序等都产生了多种负面的影响。[①]代表"唐宋变革"成果的南制因素，则是先进的，引领潮流的，理应得到肯定和支持。诸如诸色户计"配户当差"与主、客户租佃制之间，臣僚奴化"廷杖"和赵宋"与士大夫治天下"之间，野蛮与开明、落后与进步的差别，洞若观火，泾渭分明。只有在承认和支持南制因素的先进性的前提下，兼顾北方，鼓励推动南制因素主导下的南北整合发展，"南北相关者，各从其重者定"，才能顺乎潮流，才是理性和有益的。

元和明前期南北差异博弈整合的探讨，还能给予我们一些有益的启迪与思考：数十年来，受"大一统"观念的影响，用单一范式命题去描述全国的体制、社会关系和社会发展，几乎习以为常。其实，"大一统"本身，不仅和经济发展、民族文化等发生制约、互动，同时也和地域差异等发生制约、互动等联系。由于

---

① 诚然，北方王朝及其北制的性格，并不完全是落后因素，经常表现为多面特征。有些场合下，北制亦可带入一定的新鲜、有活力的因素。如行省分寄式中央集权和直接治理边疆政策等。在一定的条件下，北制鲜活因素与南制的融合，又能带来新的提升和发展。

中国幅员辽阔，民族众多，特别是因北方民族多次入主中原而直接导致的经济、文化中心南移及社会精英群体南渡，单一或整体一元化的思维范式和命题描述，往往不够周全，容易给揭示古代社会发展真相造成一定的障碍或困惑。就中国古代的实际情况而言，社会经济及民族交融，固然是历史发展的基础或主线，其作用也大体是关键性的。但是，中国的地域毕竟太大，社会经济及民族交融等往往是和南北地域差异混合在一起，共同影响制约着历史发展进程。尤其是东晋和南宋两次南渡以及随之而来的两百年左右的南北分裂对峙，尤其是 10 世纪以来长江中下游文明地带崛起及其与黄河古老文明地带、大漠草原文明等并存，于是导致淮河、秦岭为界的南方、北方，长期构成社会经济发展水平、民族文化及区域子文明等颇有差异的两大地域承载板块。以上历史时期的社会经济及民族交融等主线因素，遂经常是以南北地域为载体，来施展或表现。南北地域等不平衡发展的"累积性影响和连续的相互作用导致了社会几乎所有方面的根本性变化"[①]。在这个意义上，"唐宋变革"抑或元明整合发展，都隐含着南北地域差异的博弈整合的内容。换言之，考察中国古代历史，在通常关注社会经济及民族交融等主线的同时，应格外重视南北地域关系的视角，格外重视前者借后者为载体来施展表现的情势或机制。唯有如此，才能准确全面地把握古代历史发展的真相与全貌。

（原载《历史研究》2011 年第 5 期）

---

① Robert M. Hartwell, Demographic, Political, and Social Transformations of China, 750-1550, *Harvard Journal of Asiatic Studies*, vol.42, no.2. (Dec., 1982), pp365, 426.

中古以来南北差异的整合发展与江南的角色功用

5 000 年的连绵发展，是中华文明独有的优长与特色。疆域广袤和地理风俗多样，又导致中华文明的长期繁荣很大程度上需要依赖于内部若干地域子文明间的碰撞和整合。在若干子文明整合发展过程中，中原、关陇、海岱、江南等区域均在各个时期发挥了不可替代的历史作用[①]。笔者拟在前人研究的基础上，试从傅斯年"夷夏东西说"的贡献、东汉以后南北地域差异的博弈整合、江南居中的角色功用等方面，予以进一步探索，就教于方家同好。

一、傅斯年"夷夏东西说"的贡献

鸟瞰 5 000 年的中华文明，"共时性"地存在若干个地域子

[①] 傅斯年：《夷夏东西说》，欧阳哲生主编：《傅斯年全集》第 3 卷，长沙：湖南教育出版社，2003 年，第 181—232 页。萧启庆：《中国近世前期南北发展的歧异与统合——以南宋金元时期的经济社会文化为中心》，清华大学历史系、三联书店编辑部合编：《清华历史讲堂初编》，第 198—222 页。拙稿《两个南北朝与中古以来的历史发展线索》，《文史哲》2009 年第 6 期；《元和明前期南北差异的博弈与整合发展》，《历史研究》2011 年第 5 期。

文明板块：以文明属性划分，可分为游牧文明和农耕文明两大板块；即使在农耕文明内部也存在东部与西部，黄河中下游与长江中下游等板块分野。"历时性"地纵观 5 000 年中华文明，大致发生过如下八次较大规模的地域子文明的整合发展：

（1）黄帝与炎帝"阪泉之战"、黄帝与蚩尤"涿鹿之战"——传说中华夏先民部落在黄河中游的初步整合；

（2）大禹治水创建夏朝与汤灭桀建商朝——第一次东、西地域的整合发展；

（3）武王克商与西周封邦建国——第二次东、西地域的整合发展；

（4）嬴政翦灭六国与秦朝郡县制统一天下——第三次东、西地域的整合发展；

（5）汉武帝征讨匈奴与汉地、漠北及西域的首次整合、融汇；

（6）魏晋南北朝和隋唐时期第一次南北地域的博弈整合；

（7）辽、宋、金、元、明、清时期南北地域的进一步整合；

（8）民国"五族共和"为代表的多子文明整合与现代中华民族的形成。

1933 年，傅斯年先生曾撰《夷夏东西说》，首次阐发了夏商周三代"夷与商属于东系，夏与周属于西系"，东、西二系"因对峙而生争斗，因争斗而起混合，因混合而文化进展"①的重要观点。此文堪称廓清上古东、西地域子文明共存整合的里程碑式的论著，首次解决了前述一至四次东、西子文明相互关系的基本问题，拓荒开创，功莫大矣。美籍华人历史学家、考古学家张光

---

① 傅斯年：《夷夏东西说》，欧阳哲生主编：《傅斯年全集》第 3 卷，第 181—182 页。

夷 夏 東 西 說

傅 斯 年

這一篇文是我在「九一八」以前所作「民族與古代中國史」一書中的三章。 這一書已成之稿大致寫在「九一八」前兩年至半年間，這三章是二十年春天寫的，因時局的影響，研究所道德漸次，我的工作全不能照預定呈現，所以這一書始終不曾整理完。 現在把其中的三章，即本文的三章，編成一文，敬為 蔡子民倒壽。 因為本是一部書，所以中間常提到他章，現在改作「別見某文，未刊」，這一書中的中央思想，是我十餘年前的見解，此數章寫成亦在數年前。 這幾年中我覺有在這一線上用工夫，所以像字句略加修正及束一節去外，幾全是當年的原文。 此文本應附圖，現在未暇不及作了。

二十三年十月

自東漢末以來的中國史，常常分南北，或者是政治的分裂或者由於北方為外族所統制。 但這個現象不能倒安在古代史上。 到東漢，長江流域纔大發達，到孫吳時，長江流域纔有獨立的大政治組織。 在三代時及三代以前，政治的演進，由部落到帝國是以河、濟、淮、江流域為變的。 在這一片大地中，地理的形勢有東西之分，並無南北之限。 歷史憑借地理而生，這兩千年的對峙，是東西面不是南北。 現在以考察古地理研究古史的一個道路，似足以證明三代及近于三代之前期，大體上有東西不同的兩個系統。 這兩個系統，因對峙而生爭鬥，因爭鬥而起混合，因混合而文化進展。 夷與商屬于東系，夏與周屬于西系。 這四章是為求能沿明這個設定而寫的。 先從商代說起，上溯及于後世，因為後王事蹟多，容易看清楚，先討論他，於了解此文之命意上似乎便當些。

—1093—

▶《国立中央研究院庆祝蔡元培先生六十五岁论文集》下册刊发傅斯年《夷夏东西说》一文（局部）

直教授对傅斯年和他的《夷夏东西说》推崇备至，认为："傅先生是一位历史天才，是无疑的。他的《夷夏东西说》一篇文章奠定他的天才地位是有余的。这篇文章以前，中国古史毫无系统可言。傅先生说自东汉以来的中国史，常分南北，但在三代与三代以前，中国的政治舞台……地理形势只有东西之分，而文化亦分为东西两个系统。自傅先生夷夏东西说出现之后，新的考古资料全部是东西相对的：仰韶——大汶口，河南龙山——山东龙山，二里头（夏）——商，周——商、夷。……这样的文章可以说是有突破性的。""他的东西系统成为一个解释整个中国大陆古史的一把总钥匙。"[1] 尔后，虽然出现了少量试图质疑该说的文章[2]，但也仅是批评其有关夏文化地域的某些局部不足。如同任何经典宏论在阐发主流、本质的同时不可避免地舍弃偏枝末节的惯例，上述不足亦属正常。故而少量质疑，无关宏旨，也无法撼动"夷夏东西说"的基本立论及贡献。

二、东汉以后南北地域差异的博弈整合

对傅先生 80 年前业已指出的"自东汉末""常常分南北"，即东晋和南宋南渡后各二三百年分裂所导致南方、北方颇有差异的两大地域子文明或承载板块间的关系，笔者勉为"续貂"，曾撰《两个南北朝与中古以来的历史发展线索》和《元和明前期南北差异的博弈与整合发展》两文[3]。兹简述其内容梗概。

先说南北朝与隋唐的"南朝化"。

1944 年，陈寅恪著《隋唐制度渊源略论稿》，揭示隋唐制度多半出于北朝，又受到南朝的部分影响，进而澄清了北朝制

---

① 何兹全：《傅斯年的史学思想和史学著作》，《历史研究》2000 年第 4 期。
② 杨向奎：《夏民族起于东方考》，《禹贡》第 7 卷，第 6、7 合期，《禹贡》半月刊（影印本），北京：中华书局，2010 年，第 6081—6098 页。程德祺：《略说典型龙山文化即是夏朝文化》，《苏州大学学报（哲学社会科学版）》1982 年第 1 期。沈长云：《夏后氏居于古河济之间考》，《中国史研究》1994 年第 3 期。温玉春、张进良：《夏氏族起于山东考》，《河北师范大学学报（哲学社会科学版）》2000 年第 4 期。
③ 皆收入本书，详见"南北地域论"前二文。

度的内涵、流变①。20 世纪 90 年代，唐长孺《魏晋南北朝隋唐
史三论》指出："唐代经济、政治、军事以及文化诸方面都发
生了显著的变化……这些变化中的最重要部分，乃是东晋南朝
的继承，我们姑且称之为'南朝化'。"②而后，阎步克、胡宝
国、陈爽等又围绕隋唐"北朝化""南朝化"何者为主流，展
开争论③。

　　以上两说皆有合理性，单用其中一说又难以概括隋唐历史
的复杂情况。笔者拙见：南北朝、隋朝及唐前期的历史是循着
"南朝""北朝"两种体制或线索来发展演化的。两者各有其赖
以生存和实用的空间地域——南方和北方，又在并存发展中互
相交融，互相影响。正如人们熟知的，随着秦汉"大一统"帝
制的问世，黄河中下游东、西子文明的整合也基本完成。而东
晋以后经济重心及文化精英的南移，以淮河等为界限的南北两
大地域的差异转而上升和凸显。经历近 300 年的南北朝分裂对
峙，特别是受"五胡乱华"等影响，南方与北方的制度状况或
发展线索呈现异样，也是情理中事。"南朝"状况或线索，主要
表现于东晋、宋、齐、梁、陈所沿袭汉魏西晋的体制。"北朝"
状况或线索，主要表现在北魏、北齐、西魏、北周的体制。隋
朝及唐前期基本实行的是"北朝"制度。尔后，隋、唐二王朝

---

① 陈寅恪：《隋唐制度渊源略论稿·叙论》，第 3—4 页。
② 唐长孺：《魏晋南北朝隋唐史三论》，第 468 页。
③ 牟发松：《略论唐代的南朝化倾向》，《中国史研究》1996 年第 2 期。阎步克、胡
宝国、陈爽：《关于"南朝化"问题的讨论》，"象牙塔" http://www.xiangyata.net
2003 年 6 月 2 日。阎步克：《南北朝的不同道路与历史出口》，"国学论坛" http://
bbs.guoxue.com 2004 年 8 月 24 日。将无同：《关于南朝化问题》，"往复·史林杂
识" http://www.wangf.net 2006 年 4 月 14 日。羯胡：《"历史出口说"的"理论出
口"》，http://www.mzyi.cn 2007 年 3 月。

又相继实施"南朝"体制与"北朝"体制的整合，到中唐以后整体上向"南朝化"过渡。替代均田制、租庸调和府兵制的租佃制大土地占有、两税法和募兵制，正是整合后的结果。北制诚为隋唐立国之本或入口，南制则是其演化趋势或出口。从某种意义上说，由"南朝化"起步的"唐宋变革"，就是革均田、租庸调、府兵等三制度的"命"。

再谈元、明帝国南北差异的博弈整合。

继辽、金、西夏之后，蒙古铁骑南下，建立了统一南北的元王朝。元统一后"南不能从北，北不能从南"①等抵牾差异依然存在，甚至在国家制度层面亦呈现南、北制因素的并存博弈。蒙古草原制度与金朝后期汉法制度混合体的"北制"，更是始终充当元帝国的制度本位，在政治、经济、社会、文化各领域长期发挥着支配作用。相对于江南南制因素的北制表现为：职业户计制与全民服役，贵族分封制与驱口制，官营手工业的重新繁荣，儒士的边缘倾向与君臣关系主奴化。元朝社会经济整体上的发展进步，"唐宋变革"成果在元明的延伸，都有赖于国家统一条件下南、北制因素的融汇互动、博弈整合，"唐宋变革"和晚明清繁盛之间"过渡"或整合发展，同样是在此类融汇整合中逐步得以实现。不过，元统一后上述博弈整合，呈现为北制向江南的推广、南制因素遗留及部分上升且影响全国等较复杂的互动过程。由于元政权北制因素的过分强大，元统一后整合的结果，总体上是北制因素占上风，南制因素依然居从属。

朱元璋曾以"驱逐胡虏，恢复中华"为旗号，重建了汉人

---

① （元）胡祗遹著，魏崇武、周思成校点：《胡祗遹集》卷二十一《论治法》，《元朝别集珍本丛刊》，第440页。

为皇帝的明王朝，也曾采取废中书省和丞相，卫所取代部族兵制，以及"黄册"及"鱼鳞册"等新制度，力图恢复到汉地传统王朝的形态上来。但是，朱明王朝继承了颇多的元朝制度。这既与朱元璋、朱棣父子个性色彩的南北政策密切关联，更是元朝所遗留的社会关系、文化意识等潜在影响使然。如果说朱元璋实行的是半南半北的政策，朱棣就与乃父不同了。朱棣"靖难"，以燕京和北直隶充当根基地，其军旅精锐包含蒙古朵颜三卫等，自然容易站在建文帝南方本位的对立面。又兼他五次亲征大漠蒙古时难免受到草原习俗及主从关系等影响，其结果，朱棣实行北方本位政策，形成政治驱动颇强，主、客观综合支撑等较为成熟、稳定的态势，就成为势在必行的了。明朝的军户制，"配户当差"户役法①，官营手工业和匠籍制，行省三司制，宗室分封及诛杀功臣士大夫，等等，都可以看到元制或北制的直接影响。朱元璋，特别是朱棣个人经历和政治、文化心态等偶然因素，严重地影响了明前期南、北制因素的整合及走向，致使明前期北制仍占优势。明中叶以后南、北制因素开始实施另一次的整合，而且是以南制为重心。主要表现在：募兵制逐步占据主导，"一条鞭法"取代"配户当差"户役法，民营纳税淘汰匠役制，隆庆海禁开放，等等。尤其是万历九年（1581）重在革除徭役的"一条鞭法"，亦是南制因素压倒北制的"里程碑"。然而，在某些领域内北制因素改变无多。主要是伴当仆从隶属、籍没制及贱民遗留、君主极端专制和臣僚奴化，这四者对明代朝野的影响长期而深刻。

---

① 参见王毓铨：《明朝的配户当差制》，《中国史研究》1991年第1期。

三、5 至 16 世纪江南在南北地域整合
发展中的能动角色

据唐长孺先生研究，南朝在孙吴豪门地主经济的基础上发展
为大地主山林屯墅和田园形态，荫占佃客及其他依附民劳作。商
业方面不仅建康城（今江苏南京）有四个市场及其与官廨、住宅
的杂处，还出现了不少非官方市镇草市。率多从事商贾致富，泛
舟贩运交易、海外商贸频繁及贵族官僚经商盛行，私人作坊出现
和官府作坊的和雇、召募等萌生。估税、关津税、市税等名目的
商税及包税，相继问世。[1] 陈寅恪也说：南朝"国用注重于关市之
税"[2]。东晋和刘宋主要沿用世袭兵制，刘宋中叶募兵增多，齐梁募
兵完全取代了世袭兵制[3]。令人有些感叹的是，唐前期的地税和户
税，实乃和南朝梁陈据田亩征租及据赀征调，一脉相承。而杨炎
"两税法"的计亩征税及田亩归属户产的原则，本来就是"南朝成
法"。唐代不仅江南商业活动仍然沿袭南朝，诸如沿江草市和北方
店铺兴盛，坊市制破坏，海外贸易发展，货币交换比重增长，行
税、住税和盐、茶、酒税等商税征收，都带有南朝的因素。唐代
商品经济和财税规制无疑是沿袭南朝的轨迹而发展起来的。开元
二十五年（737）以后，取代府兵制的募兵，又能够从南朝募兵找
到类同物[4]。足见，中唐发生的一系列社会变动，大多可以溯源于

---

① 唐长孺：《魏晋南北朝隋唐史三论》，第 100—106、125—141 页。
② 陈寅恪：《隋唐制度渊源略论稿》，第 160 页。
③ 唐长孺：《魏晋南北朝隋唐史三论》，第 179 页。
④ 唐长孺：《魏晋南北朝隋唐史三论》，第 280、299、301—319、411 页。

南朝。中唐以后之所以南朝因素占上风或以南制为"出口"，之所以租佃制大土地占有、两税法和募兵制成为中唐那次整合后的基本成果，就是因为均田、租庸调和府兵等北制大抵未在江南推行，南朝和隋唐时期的江南较为先进的经济社会秩序一直未曾被改动。

由于忽必烈平宋战争以招降为主，江南的先进农业、原有的租佃制、赋税、繁荣的手工业、商业、海外贸易、理学等，得以基本保留。浙西一带圩田及沙涂田等能够追逐高于一般田地十倍的收获。[①] 元末杭州丝织业还少量出现了雇佣劳动。[②] 大土地占有和租佃关系依然在发展。譬如松江"多田翁"瞿霆发"有当役民田二千七百顷，并佃官田共及万顷"[③]。二税制及差役亦沿用保留。海外贸易的海港、贸易伙伴、中外海船来往、基本制度等，仍承袭南宋。后又增添宫廷"中买"珠宝和斡脱商两个特别的因素。漕粮海运亦由浙西朱清、张瑄倡导主持，海外征伐的军士、船只及造船和航海技术同样主要来自江南。故海外贸易、海运和海外征伐三者都算是南方技术、人力、财力等为元统治者所用的"典范"。尤其是元代海运和海外贸易的高度繁荣及其向海洋扩张发展过程中，南制因素厥功甚伟。儒学与科举，保留南制因素最多，也最能体现南制的优长。理学北上及官方化，朱熹之学正统地位的确立，超族群士人文化圈的形成[④]，表明江南在儒学文化上处于绝对优势。而仁宗朝恢复科举，应是南制文化因素滋

---

① （元）王祯：《农书》卷十一《农器图谱集一·田制门》，《景印文渊阁四库全书》第730册，第416页。（明）卢熊纂修：洪武《苏州府志》卷十《田亩》，《中国方志丛书·华中地方》第432号，第424页。
② 郑天挺：《关于徐一夔〈织工对〉》，《清史探微》，第254—270页。
③ （元）杨瑀著，余大钧点校：《山居新语》卷四，第233页。
④ 萧启庆：《元代的族群文化与科举》，第20、62—69页。

长并冲破蒙古旧俗束缚,跻身国家文官选举的突出成绩。尽管元代整体上南制因素依旧居从属,但经历上述初次整合,南北方的交流、沟通愈来愈频繁,相互依赖和彼此密不可分,更是大势所趋。忽必烈为代表的元朝统治者的可贵贡献,不仅在于首次完成了以少数民族为主角的空前规模的多民族国家大统一,还在于在南北整合中坚持北制本位的同时又实行南北异制,比较完整地保留了江南最富庶、最发达的经济实体,不自觉地保留或继承了南方"唐宋变革"的成果,从而为14世纪以后南北进一步整合发展奠定了良好的基础。

尽管朱元璋父子在江南的"划削"富民和"配户当差",导致明前期江南社会经济结构的严重蜕变,南方"唐宋变革"的成果一度被毁坏大半。但明中叶以后江南农业、手工业和商业得到恢复发展,以富民为主导的农商秩序也逐步恢复重建。隆庆开放海禁,海外贸易迅速恢复发展,外贸入超颇丰所带来的大量白银流入,刺激了东南商品经济的再度繁荣[1]。"一条鞭法"推行之前,江西、南直隶、浙江等地在嘉靖和隆庆年间率先实施[2],"一条鞭法"不仅符合江南社会经济关系的需要,更有利于徭役锐减后地主、自耕农兼做工商,增添了晚明商品经济的活力。商品经济和城市商业速度加快,东南城镇市民社会或有雏形,儒士世俗化明显,思想禁锢显著减少,等等,或可视为南宋及元东南城镇社会的重建与发展。李伯重所云"江南早期工业化",也主要针

① 参见晁中辰:《明代海禁与海外贸易》,北京:人民出版社,2005年,第244—277页。
② 参见白寿彝总主编,王毓铨主编:《中国通史》第9卷《中古时代·明时期》上册,第750页。(清)孙承泽《春明梦余录》卷三十五《户部一·一条鞭》载,庞尚鹏嘉、隆之际在浙江奏行一条鞭(第588—589页)。

对明嘉靖中叶的 1550 年至 1850 年的苏、松、常、镇江、江宁、湖、嘉兴、杭及太仓八府一州之地。尽管此种工业化具有重工业畸轻而轻工业畸重的"超轻结构"特点，但毕竟属于因劳动分工和专业化能带来较高效率的"斯密型成长"，又兼江南与中国其他地区之间所构成的地区产业分工与专业化，使中国国内贸易充任着江南早期工业化的主要推动力量，最终造就了江南一度成为世界最发达的工业地区之一①

　　生产力无疑是经济和社会发展的"火车头"。我们注意到，10 世纪以后手工业、农业等生产力方面的显著进步，大多是率先出现于江南。诸如宋元两浙涌现出专门从事丝织业的家庭机户，随之又有染色业独立和印花布风行。元黄道婆轧棉搅机、绳弦大弓等棉织工具改进及"错纱配色，综线挈花"等法，也发生在松江府乌泥泾②。陶瓷烧制方面，南宋官窑和龙泉哥窑的析晶釉，建窑兼有的分相釉和析晶釉，龙窑的普遍采用；景德镇以瓷石加高岭土二元配方，采用进口青钴料烧制的元青花瓷，以及烧制难度更大的釉里红等③。火器方面，"蒺藜火球"、铁火炮和"水底火炮"是南

▲ 黄道婆纪念邮票

---

① 李伯重：《江南的早期工业化》，北京：社会科学文献出版社，2000 年，第 19、523、536、542 页。。
② 漆侠主编：《辽宋西夏金代通史·社会经济卷》上册，北京：人民出版社，2011 年，第 284 页。（元）陶宗仪：《南村辍耕录》卷二十四《黄道婆》，第 297 页。
③ 漆侠主编：《辽宋西夏金代通史·教育科学文化卷》，第 186 页。陈高华、史卫民：《中国经济通史·元代经济卷》，第 318—319 页。

宋最先使用的陆地及水下爆炸性火器，寿春府等处制造的突火枪又是最早的管型火器和近代火枪的前身。造船技术在已有福船、沙船和广船等船型的基础上，率先采用世界上最先进的"水密舱结构"和"平行式梯形斜帆"[1]。护田挡水和水渠灌溉的圩田及相关水道疏浚，也集中于宋元频临长江的湖泊沿岸等低洼地带[2]。以上生产工具和生产技术的大幅度推进与提升，与这一时期以长江三角洲为首的早期工业化之间，似乎是互为因应的，同时也大大增强了整个江南地区经济繁荣及领先全国的原动力。

葛金芳还主张，宋以降长江三角洲等狭义的江南地区，属于典型的"农商社会"。此江南"农商社会"具有五个特征：商品性农业的成长导致农村传统经济结构发生显著变化；江南市镇兴起、市镇网络形成，城市化进程以市镇为据点不断加速；早期工业化进程启动，经济成长方式从"广泛型成长"向"斯密型成长"转变；区域贸易、区间贸易和国际贸易扩展、市场容量增大，经济开放度提高，一些发达地区由封闭向开放转变；纸币、商业信用、包买商和雇佣劳动等带有近代色彩的经济因素已然出现并有所成长[3]。上述观点可以得到斯波义信、李伯重、樊树志等诸多经济史学者一系列论著的有力支持，也与20世纪"资本主

---

[1] 李曾伯：《可斋续稿·后集》卷五《条具广南备御事宜奏》，《景印文渊阁四库全书》第1179册，第662页。（元）脱脱等：《宋史》卷一百九十七《兵志十一·器甲之制》，第4923页。漆侠主编：《辽宋西夏金代通史·教育科学文化卷》，第172—174、176—178页。

[2] 漆侠主编：《辽宋西夏金代通史·社会经济卷》上册，第220页。陈高华、史卫民：《中国经济通史·元代经济卷》，第212—214页。

[3] 葛金芳：《"农商社会"的过去、现在和未来——宋以降（11—20世纪）江南区域社会经济变迁论略》，南开大学历史学院、北京大学历史学系、中国社科院历史所编：《中国古代社会高层论坛文集：纪念郑天挺先生诞辰一百一十周年》，第384—400页。

义萌芽"有关讨论相呼应。即使有人不愿意使用"农商社会"的说法，可谁也难以否认：宋、元、明、清长江三角洲一带较多存在"农商并重"和"商业上升为社会生活繁荣的主要基础之一"的"世相"，进而悄然形成"农业和商业共同支撑社会经济的格局"①。诚然，广义江南地区内部的经济文化发展水平也呈现不平衡状态。长江三角洲等为中心的地区自 5 世纪以后的经济富庶和文化繁荣一直居全国之首，同时又是整个江南最发达的地区。湖北和湖南北部稍次之，16 世纪长江三角洲一带"早期工业化"推进之际，农业重心逐步转移至湖广，随而出现"湖广熟，天下足"的局面。而江西和岭南尚处于晚近逐步开发的区域。

如果我们把唐宋前后的三四次南北博弈整合及"唐宋变革"的内容做一对照，不难发现，北朝到唐前期的体制（科举例外）、元诸色户计全民当差和明前期的"配户当差"户役法等，大抵属于"唐宋变革"以前的旧形态，或者是北方民族入主对"唐宋变革"的某种逆转。而南朝统治下的江南经济及财税体制大抵是对"唐宋变革"的某种良好酝酿或准备。中唐两宋的江南无疑属于"唐宋变革"高潮中经济文化最先进和最具活力的区域。元代及明中后期的江南也属于承袭南宋"唐宋变革"成果最多的区域。换言之，5 世纪以后的江南，逐渐成为中国经济重心和文化主脉所在，成为中国"富民"和农商并重秩序②成长发展的"风水宝

---

① 前揭葛金芳文第 384 页。赵轶峰：《明清帝制农商社会论纲》，南开大学历史学院、北京大学历史系、中国社科院历史所编：《中国古代社会高层论坛文集：纪念郑天挺先生诞辰一百一十周年》，第 477 页。

② 林文勋：《唐宋社会变革论纲》，第 328—340 页。另参见林文勋：《中国古代富民社会——宋元明清的社会整体性》，载林文勋、张锦鹏主编：《中国古代农商·富民社会研究》，北京：人民出版社，2016 年，第 54—80 页。

地"。尤其是宋、元、明、清的江南依然代表着社会经济发展趋势，依然是统一国家的条件下南北博弈整合中新兴的动力渊薮。在唐宋前后南北地域差异的上述三四次博弈整合中，承载着中国经济重心及文化精英的江南地区的角色及能动功用，至为关键。

四、余　　论

东汉以后南北差异的整合发展与江南的角色功用，很大程度上是游牧文明和农耕文明两大板块及农耕文明内东部与西部，黄河中下游与长江中下游等板块分野在 5 000 年发展演进的产物。由于我国疆域广袤和地理风俗多样，20 世纪初，蒙文通先生就曾提出江汉（炎族）、河洛（黄族）、海岱（泰族）的古史三系之说①。就是说，东周时代，地处江汉、江淮的楚、吴、越等文明发展水平，已仅次于河洛、海岱等中原文明核心地带，在华夏诸地域子文明中位列第三。其水利、气候、植被、文明传统等方面的良好基础，再开发和后来居上的潜力，又是其他地区无法比拟的。又兼，前述东晋和南宋两次南渡，造成中原文明南下且与江汉等文明的交融汇合，以及若干次江南开发的浪潮，最终使江南后来居上成为现实。

10 世纪前后，航海技术的长足发展、海上丝绸之路和海外贸易的繁荣，使地处东亚大陆相对独立地理单元的中国，获得了与域外其他主要文明交流沟通的新的航海通道，同时也给江南特别是东南沿海带来了巨大的域外刺激。这在客观上促进了秦汉"头枕三河（河内、河东、河南），面向草原"到唐宋以降的

---

① 蒙文通：《古史甄微》，载《蒙文通文集》第 5 卷，成都：巴蜀书社，1999 年，自序第 4 页，第 33—62 页。

"头枕东南，面向海洋"经济趋势的重大转折①。在此形势下，江南在全国南北差异整合中的角色功用显赫，就是顺理成章了。而大运河也生逢其时，沟通南北水系交通，适应政治上北支配南、经济上北依赖南的错位需要，充当了南方在经济文化上支撑、带动、辐射北方，推动全国整合发展的特有管道。

我们还可以从更长的时段和更广阔的视野来观察思考：由于长城南北农耕文明和游牧文明两大板块的长期并存、冲突和融汇，东汉以后的中国，先后发生"五胡乱华"和女真、蒙古等南下入主，黄河中下游的华夏先进经济和文化曾经被基本中断两三次。万幸的是，华夏经济和文化，借东晋和南宋南渡在江南得以延续，随着千年来江南的开发而不断扩展和提升，进而在唐宋前后数次南北博弈整合中积极影响全国，推动华夏经济和文化在南北统一国度下继续繁荣，不断进步。这就最终避免了欧洲因 5 世纪日耳曼蛮族南下中断或暂时毁灭希腊罗马文明而整体步入黑暗中世纪的悲剧性道路。在这个意义上，中华文明 5 000 年延续至今，总体上未曾中断，在世界范围独一无二，江南的历史性作用，功不可没。

（原载《文史哲》2015 年第 1 期）

---

① 葛金芳教授认为，秦汉和隋唐帝国以黄河中下游为政治、经济、文化中心，以自给自足的农业经济为基础，特别是为防御匈奴、突厥等，主要向西北开拓延伸其势力范围。此时期的基本格局可称为"头枕三河（河内、河东、河南），面向草原"。而中唐以后传统社会的经济重心已由黄河中下游转移到长江中下游。特别是长江三角洲为主体的东南沿海地区，以发达的农业、手工业和商品经济为后盾，开始表现出向海洋发展的强烈倾向。此时期的基本格局又可称为"头枕东南，面向海洋"（《"头枕东南，面向海洋"——南宋立国态势及经济格局论析》，北京大学中国古代史研究中心编：《邓广铭教授百年诞辰纪念论文集》，北京：中华书局，2008 年，第 219—220 页。另参见张邦炜：《战时状态与南宋社会述略》，《西北师大学报［社会科学版］》2014 年第 1 期）。就经济发展趋势而言，笔者基本同意葛教授的观点。

元至明前期的江南政策与社会发展

关于元、明江南社会状况及统治政策，前人已有一些基础性研究，但对元朝和明前期江南的贯通比较迄今鲜见[①]。2011年，笔者曾撰写《元和明前期南北差异的博弈与整合发展》[②]，部分涉及忽必烈和朱元璋、朱棣父子在江南颇有歧异的举措。鉴于该文主题是南北差异，难免有意犹未尽之憾。元朝统治政策与江南社会状况如何？朱元璋父子的个性政策使江南社会发生了怎样的蜕变？两相比较，元、明江南政策给"唐宋变革"[③]在14世纪以后

[①] ［日］植松正：《元代江南政治社会史研究》，東京：汲古書院，1997年。王秀丽：《文明的吸纳与历史的延续——元代东南地区商业研究》，澳门：澳亚周刊出版有限公司，2005年。姚恩权：《元代江南地租形态的演变及其影响》，《东北师大学报（哲学社会科学版）》1990年第1期。刘志伟：《在国家与社会之间——明清广东地区里甲赋役制度与乡村社会》，北京：中国人民大学出版社，2010年。李伯重：《多视角看江南经济史（1250—1850）》。胡果文：《元末明初社会变迁对江南地区商业活动的影响——以沈万三为例》，《社会科学》2006年第10期。栾成显：《宋元明时代经济发展的新趋势与明太祖的经济政策》，中国明史学会编：《明史研究》第10辑，合肥：黄山书社，2007年。

[②] 拙文《元和明前期南北差异的博弈与整合发展》，《历史研究》2011年第5期。已收入本书"南北地域论"。

[③] 中日学者有关唐宋之际社会变迁的讨论，大致有重在分期说和重在社会变革说二类型。前者主要是20世纪前半日本京都学派与东京学派有关宋代是否"近世"的争论，后者则为侧重社会经济嬗变的泛化说，即远溯明人陈邦瞻"三变说"，（转下页）

的命运乃至近古历史的走向带来何种影响？笔者试做如下较系统探讨，所讨论的地域范围是广义上的江南①。

一、元朝统治政策与江南社会状况

提起元朝统治江南政策，人们很容易想到"内北国而外中国"的"四等人"民族压迫和"贫极江南，富称塞北"②的财富掠夺，但这仅是元朝江南政策的某些侧面。元末不少南人进士"仗节死义"，入明之后仍然有南方士人怀念元朝等③，表明元朝江南政策复杂多面，至少包括"四等人"制、北方诸色户计制嫁接、"安业力农"和"重商"等诸多内容，其社会影响也呈现繁复错综。

1. 四等人、诸色户计制的移植及影响

元朝"四等人"民族压迫政策及内容为人们熟知，兹不赘述。稍作说明的是，该政策推行和操作中，元朝统治者对第四等级中的南人豪富和官僚士大夫等采取了两面策略：一是政治歧视与压迫，二是与之交结联手。平南宋不久，江南富民倚仗丰厚财

（接上页）近绍胡如雷等"分水岭说"，着重阐明这一时期的社会变革（参见葛金芳：《唐宋变革期研究》，《导论：唐宋变革期略说》，武汉：湖北人民出版社，2004年，第1—4页；张广达：《内藤湖南的唐宋变革说及其影响》，荣新江主编：《唐研究》第11卷，第5—71页）。笔者采用后说。

① 关于江南，学术界向来存在狭义和广义的界定。狭义的江南，通常是指明清时期的苏州、松江、常州、镇江、江宁、杭州、嘉兴、湖州八府及太仓州（参见李伯重：《简论"江南地区"的界定》，《中国社会经济史研究》1991年第1期）。广义的江南，又指今浙江、福建、江西、湖南和江苏、安徽、湖北长江以南的区域。

② （明）叶子奇：《草木子》卷三上《克谨篇》，第55、51页。

③ （清）赵翼撰，王树民校证：《廿二史札记校证》卷三十《元末殉难者多进士》、卷三十二《明初文士多不仕》，第705、741页。

富，"白身滥受宣敕""窜名宿卫"以及交结达官权贵的，不在少数。"世守不易"的北人"长军之官"，"多与富民树党，因夺民田宅居室"。文宗朝，"平章政事曹立，累任江浙，今虽闲废，犹与富民交纳"①。蒙思明所云"贵族而隐匿富户,官吏而漏富差贫，达官与富民交纳，地主与官贵婚媾，商人之商税，常因贵族、寺院之包隐而获免，地主之差役税，亦缘僧道、投下之冒入而得脱"②，在江南尤为突出。由于元朝对江南统治较粗疏，统治势力难以深入到城乡基层社会，致使南人富民士大夫对江南社会的原有支配得以继续维持。而儒学教育持续发展和元后期科举恢复所形成的"多族士人圈"③，遂致南人居中的文化主导角色十分牢固。

元代诸色户计制，主要来自对被征服百姓的强制编组供役，主从奴役俗蕴含其中④。至元十三年（1276）南北混一后，又发生了北方诸色户计制向江南的部分移植。据至顺《镇江志》卷三《户口》载，长江南岸镇江路户籍中的"侨寓""客"两类（指蒙古人、色目人和中原汉人移居镇江路者）⑤，囊括民、儒、医、阴阳、站、急递铺、打捕、匠、军、怯怜口、乐人等职业名色。"侨

---

① （明）宋濂等：《元史》卷二十六《仁宗纪三》延祐五年十一月丁卯、卷二十七《英宗纪一》延祐七年二月戊午、卷三十五《文宗纪四》至顺二年四月庚戌、卷九十九《兵志二·镇戍》至元十七年三月，第 587、598、782、2541 页。

② 蒙思明：《元代社会阶级制度》，上海：上海人民出版社，2006 年，第 130 页。

③ 萧启庆：《元代的族群文化与科举》第三章"论元代蒙古色目人的汉化与士人化"，第 55—84 页。

④ 黄清连：《元代户计的划分及其政治经济地位》，《台大历史学报》1975 年第 2 期。另参见本书"政治支配论"第三文《试论元明户役当差与吏民依附奴化的回潮》。

⑤ （元）俞希鲁编纂，杨积庆等校点：至顺《镇江志》卷三《户口》，第 83—84、86—88、90—92、94—95、109 页。据清刘文淇《校勘记》，"侨寓"是指"久居其地而有恒产者"，"客"是指"暂居其地而无恒产者"。

寓"类另有蒙古、畏兀儿、回回、也里可温、河西、契丹、女真、汉人等种族名色。"土著""单贫""僧""道"等名目的"南人"，同样囊括民、儒、医、马站、水站等十六七种职业名色。其中有些明显照搬北方户计名色，如民、儒、医、匠、军、乐人、僧、道、驱等。而马站、水站、递运站、财赋、海道稍水等名色，或为宋代遗留，或依江南情况适度变通①。但是在按职业定户计和世袭冈替上，多是与北方式户计一脉相承。类似情况在至正《金陵新志》、大德《昌国州图志》及至元《嘉禾志》中也有较多的反映②。这表明诸色户计向江南移植并不限于镇江路一隅，而是比较普遍的现象。尤其在江南行御史台治集庆路、江浙行省治杭州路以及万户府镇戍地镇江路、庆元路等，名色分类及北人等户明显较多。

引人注目的还有，前揭至顺《镇江志》中土著、侨寓、客、单贫等类共含驱口 4 427 人，怯怜口 23 户。至正《金陵新志》所载"南人"中，含"哈剌赤户" 3 220 户，"秃秃哈户" 1 139 户，"平章养老户" 4 户，"也速歹儿元掳驱口" 870 户。以上大多为私属，"也速歹儿元掳驱口"则系驱奴③。概言之，北方式的私属及驱口占有也一定程度地南侵了。

---

① 宋代社会最常见、最普遍的是"官户和民户""乡村户和坊郭户""主户和客户"及"五等和十等主户"四类基本户名或户口区分。此外还有并非法定户名的单丁户、吏户、寺观户、军户、菜园户、酒户、坑户、窑户、匠户、机户、船户、舶户、市户、纸户等诸多习惯称呼。后者在管理方式和内涵上与元代诸色户计明显不同。参见王曾瑜：《宋朝户口分类制度略论》，《涓埃编》，保定：河北大学出版社，2008 年，第 183—196 页。

② （元）张铉：至正《金陵新志》卷八《民俗志·户口》，《宋元方志丛刊》第 1 册，第 5642—5646 页。（元）冯福京：大德《昌国州图志》卷三《叙赋·户口》，《宋元方志丛刊》第 6 册，第 6078 页。（元）单庆修，徐硕纂：至元《嘉禾志》卷六《户口》，《宋元方志丛刊》第 5 册，第 4452 页。另，昌国州和嘉兴路户口，未分南人、北人。

③ ［日］太田彌一郎：《元代の哈剌赤軍と哈剌赤戶》，《集刊東洋学》46 卷，1981 年。

我们也看到，至顺《镇江志》中"侨寓"等北人户数，大约相当于南人户数的9%。至正《金陵新志》中北人户数，又相当于南人的1.94%。而在占镇江路户口91%的"土著"等"南人"（104 620户）内，民户约占80.37%，儒、医、马站、水站、递运站等诸色户计不及20%。集庆路南人中的"民户"以外的"军站人匠""医户"等诸色户计30 526户，也仅占本路南人总户数的13.7%。昌国州"儒户""灶户"等诸色户计仅1 034户，约占总户数的4.57%。嘉兴路"儒""僧""尼"等诸色户计合计5 948户，约占总户数的1.29%。以上3路1州，皆在元江浙行省辖区。与南宋的镇江府、建康府、嘉兴府和昌国县比较，虽然不再以主户、客户之称直接反映租佃关系，可在占总户数80%以上的民户内"富户每有田地，其余他百姓每无田地，种着富户每的田地"[①]式的租佃关系，依然如故。换句话说，元统一之后北方诸色户计制向江南移植推行，效果是局部和有限的。尽管在与北方距离较近的长江南岸镇江路和集庆路，民户以外的诸色户计比例偏高且接近15%—20%。

四等人制和诸色户计制向江南的移植，尽管带有强制性，但无法根本触动或改变原有的社会经济秩序。若论其直接后果，前者造成江南种族等级与社会经济阶级二系统的错综复合[②]，后者亦带来诸色户计与原南宋大土地占有及租佃制的"嫁接"复合。随着时间的推移，上述复合系统内部的冲突、混合、此消彼长及

---

① 陈高华、张帆、刘晓、党宝海点校：《元典章》卷三《圣政二·减私租》，第1册，第86页。按：元代镇江路、嘉兴路和昌国州皆隶属于江浙省，亦即"杭州省"，故《减私租》成宗初"杭州省官人每"奏言，在镇江等三路州颇有针对性。
② 蒙思明：《元代社会阶级制度》，第70—103页。

逐步转换，亦不可避免。由于江南大土地占有及租佃制等经济阶级秩序树大根深、源远流长，越到后来其凭借雄厚实力而上升的势头就越发难以遏止。

2. 忽必烈"安业力农"、纵容大土地占有及租佃制的继续发展

至元十二年（1275）五月，忽必烈对新归降的原南宋湖北制置副使高达说：

> 今欲保守新附城壁，使百姓安业力农，蒙古人未之知也。尔熟知其事，宜加勉游。湖南州郡皆汝旧部曲，未归附者何以招怀，生民何以安业，听汝为之。[1]

这段话通常被视作忽必烈不嗜杀和委付南宋降官抚治江南的表征。这当然有道理。然而，联系两年后行御史台《合行条画》"今已抚定，宜安本业。仰各处正官每岁劝课，如无成效者，纠察"[2]，此"安业力农"抑或"宜安本业"及"每岁劝课"，并不局限于恢复农桑，而是重在保护江南发达的农耕经济及工商业。自4世纪中国经济重心南移，江南未曾遭受大的战争动乱，其农业经济及工商业水平，已超越久罹战祸的中原。尤其是忽必烈告诫征南宋统帅伯颜效仿曹彬不嗜杀[3]，江南发达的农商经济及租佃制遂得以保留。

---

① （明）宋濂等：《元史》卷八《世祖纪五》，第166页。
② 陈高华、张帆、刘晓、党宝海点校：《元典章》卷五《台纲一·行台体察等例》，第1册，第150页。
③ （明）宋濂等：《元史》卷一百二十七《伯颜传》，第3100页。

再来看英宗即位初中书省的一段奏议：

> 亡宋收附了四十余年也，有田的纳地税，做买卖纳商税，除这的外别无差发，比汉儿百姓轻有。更田多富户每，一年有收三二十万石租子的，占着三二千户佃户，不纳系官差发，他每佃户身上要的租子重，纳的官粮轻。[①]

忽必烈"安业力农"政策在四十余年后又有了可观的成效。首先是江南地主、自耕农及商人能够享受比中原较多的赋税优惠，"比汉儿百姓轻有"，尽管英宗时调整为"科添二分税粮"。其次，依旧优惠保护大土地占有及租佃制。迄仁宗朝，松江下砂场瞿某"有当役民田二千七百顷，并佃官田共及万顷"[②]。"富户"执把"护持玺书"侵占民田，或将学田"献佃"诸王权贵者甚夥[③]。仁宗延祐"经理"承袭南宋"经界"，重在核实田亩和多征税，并非改变土地不均，"自实出隐漏官民田土"[④]，或被当作日后征税依据。这等于变相纵容大土地占有及租佃关系的发展。就是说，延祐"经理"及英宗"免役法"，也不外是维持江南大土地占有而欲改善赋役征派的尝试。

3. 忽必烈"重商"、重市舶与江南商业经济的长足发展

元军平定南宋之际，除常州、沙洋堡、静江外，绝大多数城

---

① 陈高华、张帆、刘晓、党宝海点校：《元典章》卷二十四《户部十》"租税·纳税·科添二分税粮"，第 2 册，第 950 页。

② （元）杨瑀著，余大钧点校：《山居新语》卷四，第 233 页。

③ （明）宋濂等：《元史》卷二十《成宗纪三》大德六年正月庚戌，第 439 页。缪荃孙：《镇江路儒学复田记》《镇江路儒学复故鼻庄本末》，《江苏金石志》卷二十，载《石刻史料新编》第 13 册，台北：新文丰出版公司，1986 年，第 9958—9959、9961 页。

④ （元）俞希鲁编纂，杨积庆等校点：至顺《镇江志》卷六《宽赋》，第 262 页。

市均因谕降而幸免战火，故大体保留原有的"销金锅儿"[①]式的繁荣秩序。汪元量的诗可为证："衣冠不改只如先，关会通行满市廛。北客南人成买卖，京城依旧使铜钱。"[②]更重要的还是元廷出于财政等需求，"重商"和重市舶，带来江南商业经济的继续繁荣。

就全国而言，元廷实行的是"重农不抑商"，这与南宋朝野认同的"士农工商"，"同是一等齐民"[③]观念，基本一致。由于商业经济的良好基础和忽必烈等"嗜利"，江南一直被元代统治者视为获取财货及奢侈品的渊薮，故而在江南实行重商。官方重商促进江南大小商业经济长足发展，形成"举世治筐箧"，"人多好市井牟利之事"[④]浪潮。余阙曰："混一以来，其俗益降……纷趋于末，以争夫鱼盐之利。"[⑤]吉水萧雷龙"折节治货区，不数年间，竟倍加于昔"[⑥]。常州张文盛"从计然之术"，"懋迁络绎，资用丰沛"。不少人因科举废止被迫"作技巧鬻贩以为工匠商贾"[⑦]。或有宁为商贾，不愿做官的。金陵李汝成谢京官劝告，不求仕进，"贾六合市

---

① （宋）周密：《武林旧事》卷三《西湖游幸都人游赏》，《景印文渊阁四库全书》第590册，第199页。

② （宋）汪元量撰，孔凡礼校辑：《增订湖山类稿》卷一《醉歌》其六，北京：中华书局，1984年，第15页。

③ （宋）黄震：《黄氏日钞》卷七十八《词讼约束》《又晓谕假手代笔榜》，《景印文渊阁四库全书》第708册，第802、787页。参见漆侠主编：《辽宋西夏金通史·社会经济卷》上册，北京：人民出版社，2011年，第362页。

④ （元）王结：《文忠集》卷一《张梅友编修以古诗四首见赠次韵答之》，《景印文渊阁四库全书》第1206册，第204页。（宋）周密撰，吴企明点校：《癸辛杂识·别集》卷上《天市垣》，北京：中华书局，1988年，第255页。

⑤ （元）余阙：《青阳先生文集》卷九《两伍张氏阡表》，《四部丛刊续编》第72册，上海：商务印书馆，1934年，第11页a。

⑥ （明）宋濂撰，罗月霞主编：《宋濂全集·翰苑续集》卷七《元故秘书著作郎芳洲先生萧府君阡表》，杭州：浙江古籍出版社，1999年，第906页。

⑦ （元）陆文圭：《墙东类稿》卷十三《巽溪翁墓志铭》，《元人文集珍本丛刊》，第603页。（明）宋濂等：《元史》卷八十一《选举志一》，第2017页。

上,物价减恒市人之半"①。就连湖广行省左丞相阿里海牙之孙贯云石,也自翰林学士退隐钱塘,"诡姓名","卖药市肆"②。

又有回回人亦官亦商与斡脱商等南下牟利。回回商扑买财税和中买珠宝,始于窝阔台汗时期。世祖朝,回回权臣阿合马曾"挟宰相权,为商贾,以网罗天下大利"③。"天戈一日南指,多少贾胡留"④,大批回回人随军旅下江南经商牟利。其首要业务是替宫廷"中买"珠宝。大德七年(1303),"西域贾人有奉珠宝进售者,其价六十万锭"。泰定朝张珪等批评:"……斡脱中宝之人,妄称呈献,冒给回赐,高其直且十倍,蚕蠹国财。"⑤马祖常诗曰"翡翠明珠载画船,黄金腰带耳环穿。自言家住波斯国,只种珊瑚不种田"⑥,就是描绘赖东南海外贸易中买珠宝而大发横财的波斯商人。其次是充当盐商。大德十一年(1307),回回商怯来木丁进献宝货,武宗回赐盐万引,特许续购盐引九万,兼取巨利⑦。顺帝至正年间,福建"番大商以货得参省政","胁户部令夺下四场引盐自为市"⑧。是为亦商亦官,特权势霸占盐利。

元廷曾于至元十七年(1280)设泉府司,专掌斡脱事宜,五

① (明)宋濂撰,罗月霞主编:《宋濂全集·芝园续集》卷五《李信甫墓铭》,第1559页。
② (元)欧阳玄撰,魏崇武、刘建立点校:《欧阳玄集》卷九《元故翰林学士中奉大夫知制诰同修国史贯公神道碑》,《元代别集丛刊》,第104页。
③ (明)宋濂等:《元史》卷二百五《阿合马传》,第4560页。
④ (元)曹伯启:《汉泉曹文贞公诗集》卷十《水调歌头次复初韵》,《北京图书馆古籍珍本丛刊》第94册,北京:北京图书馆出版社,1998年,第392页。
⑤ (明)宋濂等:《元史》卷一百七十《尚文传》、卷一百七十五《张珪传》,第3988、4077页。
⑥ (元)马祖常撰,王嫒点校:《马祖常集》卷四《绝句十六之十五》,《元代别集丛刊》,第123页。
⑦ (明)宋濂等:《元史》卷二十二《武宗纪一》大德十一年九月丙子,第487页。
⑧ (元)卢琦:《圭峰先生集》卷下《卢平阳哀辞》,《北京图书馆古籍珍本丛刊》第96册,第174页。

年多后，管理海外贸易的市舶司又隶属于泉府司[①]。兼管诸位下斡脱总管府的答失蛮，也曾将近 10 万锭宝钞贷于"海舶市诸番者"[②]。南下的斡脱特权商从蒙古贵族处贷取资本，大肆介入海外贸易及食盐贩卖，加重了江南商业的畸形倾向。

元代榷盐只允许从官府购买盐引的盐商经营贩运，海外贸易则实行"双轨制"，同时允许官本和民间商人介入。由于巨额利润的刺激，一批土著南人竭力挤入盐商和海外贸易经营。"家家浮生多在船"，"竞卖田宅行盐钱"，"罗衣熏香钱满箧，身是扬州贩盐客"[③]。元中叶以后，海外贸易和盐商等，还催生了东南豪富巨商的崛起[④]。"嘉定州大场沈氏，因下番买卖致巨富"；上海朱国珍、管明"为奸利海中"；苏州沈万三"富甲天下，相传由通蕃而得"[⑤]。马祖常诗曰："甬东贾客锦花袍，海上新收翡

---

① （明）宋濂等：《元史》卷十一《世祖纪八》至元十七年十一月己巳、卷十四《世祖纪十一》至元二十三年八月己亥，第 227、292 页。

② （元）姚燧：《牧庵集》卷十三《高昌忠惠王神道碑》，《四部丛刊初编》第 233 册，上海：商务印书馆，1922 年，第 9 页 a。答失蛮，四库馆臣改作"达实密"。

③ （元）王逢：《梧溪集》卷二《忧伤四首上樊时中参政苏伯修运使》之四《江海壖》，《北京图书馆古籍珍本丛刊》第 95 册，第 454 页。（元）马祖常撰，王媛点校：《马祖常集》卷二《湖北驿中偶成》，第 25 页。（元）杨维桢撰，邹志方点校：《杨维桢诗集·铁崖乐府》卷五《盐商行》，杭州：浙江古籍出版社，2010 年，第 58 页。

④ 以上参见王秀丽：《文明的吸纳与历史的延续——元代东南地区商业研究》，第 328—415 页。

⑤ （元）陶宗仪：《南村辍耕录》卷二十七《金甲》，第 342 页。（明）宋濂撰，罗月霞主编：《宋濂全集·銮坡前集》卷三《元故嘉议大夫吏部尚书致仕汪先生神道碑》，第 380 页。乾隆《吴江县志》卷五十六《旧事》，第 9 页 a。顾诚《沈万三及其家族事迹考》（《历史研究》1999 年第 1 期）认为，沈万三家族基本属于以租佃和兼并等传统方式致富的大地主，也可能借经商牟取更多的财富。另，乾隆十二年《吴江县志》卷五十六《旧事》载，元末张士诚占据苏州，沈万三"二子茂、旺密以海道运米至燕京"。笔者拙见，倘若沈万三二子沈茂、沈旺海道运粮属实，自然娴熟航海，在元后期市舶获暴利的风气下，沈氏家族成员利用平江路长洲县周庄地近刘家港出海口的便利，直接或间接卷入东南海外贸易的可能性颇大。

▲ 杨柳青年画《沈万山接财》
（沈万山即沈万三）

翠毛。买得吴船载吴女，都门日日醉醺醺
醪。"[1] 说的就是浙东宁波等商贾收购"海
上""翡翠毛"而暴富。其他跻身豪富或巨商
的还有昆山顾瑛，仅松江府就有青龙任仁发、
小贞曹知白、下沙瞿霆发、张堰杨谦、陶宅
陶与权、吕巷吕良佐、祥泽张氏、干巷侯氏，
等等[2]。

　　谈起元代江南"富民"农商经济的延续发
展，请看表1数据：

---

① （元）马祖常撰，王媛点校：《马祖常集》卷四《绝句
　　十六之十六》，第123页。
② （明）何良俊：《四友斋丛说》卷十六，北京：中华书
　　局，1959年，第136页。

表 1　元代江南三行省及部分路州农业税与商税一览

税名\地名	税粮	商税（中统钞）	税粮折钞与商税之比①	备注
江浙行省	岁入粮 4 494 783 石 天历元年夏税中统钞 57 830 锭 40 贯	269 027 锭 30 两 3 钱	3.556：1	（明）宋濂等：《元史》卷九十三《食货志一·税粮》卷九十四《食货志二·商税》，第 2360—2361，2400—2401 页
江西行省	岁入粮 1 157 448 石 天历元年夏税中统钞 52 895 锭 11 贯	62 512 锭 7 两 3 钱	4.549：1	
湖广行省	岁入粮 843 787 石 天历元年夏税中统钞 19 378 锭 2 贯	68 844 锭 9 两 9 钱	2.733：1	
镇江路	夏税：丝 8 447 斤 25 两 9 钱 3 厘，绵 1 991 斤 3 两 3 分 8 厘，中统钞 9 441 两 1 钱 3 分 7 厘，大麦 8 658 石 1 斗 2 升 5 合 2 勺，小麦 12 272 石 6 斗 7 升 3 合 4 勺 2 撮；粳米 146 250 石 9 斗 2 升 8 合 4 勺，白粳米 5 197 石 6 斗，籼米 27 865 石 2 斗 4 升 6 合 2 勺，白糯米 749 石，香糯米 9 433 石 6 升，黄豆 613 石 4 斗 3 合，中统钞 16 601 贯 4 钱 1 分	190 756 贯 2 钱	11.167：1	（元）俞希鲁编纂，杨积庆等校点：至顺《镇江志》卷六《赋税》，第 232—234，240—242，254 页

① 元代中统钞一锭相当于 50 贯（两），据陈高华先生研究，元统一南北前后的米价为每石中统钞 1 贯，14 世纪初每石中统钞 10 贯。参见陈高华、史卫民：《中国经济通史·元代经济卷》，第 406，433 页。此处税粮折钞与商税之比，按一锭为 50 贯和 14 世纪初米价每石 10 贯计算。

税名地名	税　　粮	商税（中统钞）	税粮折钞与商税之比	备　　注
徽州路	延祐三年计拨定夏税，中统钞363锭15两8钱6分9厘，丝39619斤5两8钱3分4厘，绵6358斤4两1钱3分4厘；秋粮，米19037石8斗7升8合	4366锭29两80文9分	0.962：1	弘治《徽州府志》卷三《财赋二·财赋》，《天一阁藏明代方志选刊》第21册，上海：上海古籍书店，1962年，第15页b、16页a、20页a
嘉兴路	米602069石5斗8升9合8勺4抄7撮，豆131石6斗9升5合，小麦84石6斗6升5合1勺	3486锭1两1钱	3.455：1	至元《嘉禾志》卷六《赋税》，《宋元方志丛刊》第5册，第4455—4456页
庆元路	秋粮，米130552石1斗8升4合，中统钞136锭11两6钱3分7厘；夏税，中统钞4298锭19两5钱9分6厘	6201锭20两9分3厘	4.926：1	延祐《四明志》卷十二《赋役考》，《宋元方志丛刊》第6册，第6291—6292页；另，至正《四明志》卷六《赋役》所载税粮数稍有变化
广州路	民粮（阙）；田钱，175贯245文4分	2061锭45两2钱3分6厘		大德《南海志》卷六《税赋》，《宋元方志丛刊》第8册，第8416、8420页

税名\地名	税　粮	商税（中统钞）	税粮折钞与商税之比	备　注
松江府	米 305 819 石 1 斗 2 升 3 合 3 勺 3 抄，豆 115 石 2 斗 5 升 1 合 2 勺，小麦 84 石 6 斗 6 升 5 合 1 勺	1 020 锭 245 两	59.7：1	至元《嘉禾志》卷六《赋税》，《宋元方志丛刊》第 5 册，至 4455—4458 页。按：元之二十五年撰修《嘉禾志》之际，松江府尚属嘉兴路，三年后直隶江浙行省
江阴州	夏税丝 1976 斤 2 两 9 钱 8 分 4 厘，绵 2 242 斤 14 两 4 钱 1 分 2 厘，中统钞 9 000 锭 34 两 2 钱 9 分 8 厘；秋粮，米 79 722 石 4 斗 9 升 3 合	1 108 锭 9 两 1 钱	22.51：1	嘉靖《江阴县志》卷五《课程》《田赋》，《天一阁藏明代方志选刊》第 13 册，第 16 页 a、b，26 页 b
浦江县	至正十一年夏税中统钞 49 锭 25 两 6 钱 1 分 1 厘；秋税，米 10 067 石 7 斗 3 升 5 合	157 锭 15 两 2 厘	13.11：1	嘉靖《浦江志略》卷五《税粮》《课程》，《天一阁藏明代方志选刊》第 19 册，第 4 页 a、7 页 a
黄岩州	夏税中统钞 1 486 锭 24 两 7 钱 4 分 6 厘；秋粮，米 36 996 石 5 斗 8 升 1 合	州税务 315 锭 8 两 5 钱，松门税务 95 锭 16 两 4 钱	21.65：1	万历《黄岩县志》卷三《食货志》《田赋》《天一阁藏明代方志选刊》第 18 册，第 2 页 b、12 页 a

税名\地名	税　粮	商税（中统钞）	税粮折钞与商税之比	备　注
集庆路录事司	小麦447（硕）〔石〕2斗4升9合，黄豆租钱231锭44两4钱9分，粳米1石3斗8升8合	在城税务5174锭15两5钱6分6厘	0.0796：1	至正《金陵新志》卷七《田赋志·贡赋》，《宋元方志丛刊》第6册，第5631—5632页
溧水州	丝13 049斤15两6分8厘，绵7 657斤7两5分7厘，钞136锭1两5分1厘，粳米89 726石6斗1升5合，麦740石8斗9升6合，豆20石4斗4升4合，糯米243石1斗2升4合	在城务、官塘务、东坝务、高淳务岁计总办795锭48两5钱2分5厘	22.97：1	至正《金陵新志》卷七《田赋志·贡赋》，《宋元方志丛刊》第6册，第5635—5636页
溧阳州	丝7 058斤1两4钱9分8厘，绵3 215斤1两5钱3厘3毫，折钱141锭4两7钱8厘8毫，粮39 096石2斗3升7合	在城务、前陈务、举善务岁办1 033锭47两2钱	8.666：1	至正《金陵新志》卷七《田赋志·贡赋》，《宋元方志丛刊》第6册，第5636—5637页

税名 地名	税　　粮	商税（中统钞）	税粮折钞与 商税之比	备　　注
句容县	丝 11 609 斤 9 两 7 钱 6 分，绵 2 895 斤 8 两 3 厘，中统钞 62 锭 22 两 2 钱 4 分 4 厘，官米 3 905 石 1 斗 2 合，民米 33 676 石 5 斗 4 升 9 合	县务 359 锭 29 两 5 钱 4 厘，常宁务 284 锭 14 两 8 钱 8 分，白土务 218 锭 32 两，东阳务 130 锭 25 两	7.632：1	至正《金陵新志》卷七《田赋志·贡赋》，第 6 册，第 5634—5635 页；弘治《句容县志》卷三《税粮》《课程》，《天一阁藏明代方志选刊》第 11 册，第 9 页 b，10 页 b
昌国州	秋粮 2 699 石 9 斗 8 升 9 合，夏税中统钞 161 锭 49 两 9 钱 6 分 7 厘	"在末以海乡散漫，止产鱼盐，商贾之所不至，故无征禁。至元二十五年始置，每月柜办中统钞一十八两六钱，今增至一定二定半有奇矣。"延祐增至 103 锭 37 两 1 钱 4 分 6 厘	6.765：1	大德《昌国州图志》卷三，《宋元方志丛刊》第 6 册，第 6078、6082 页；延祐《四明志》卷十二《赋役考》，《宋元方志丛刊》第 6 册，第 6292 页

上表披露，元代江浙、江西、湖广三行省范围内农业税和商税的比例，大致在 3∶1 到 5∶1 之间。另据表中不完全统计，江南部分路府州县及录事司的比例高下不等，既有最低 0.079 6∶1 者（集庆路录事司），亦有个别高至 59.7∶1 者（松江府）。上述三行省比例和部分路府州县及录事司比例不尽相同，存在一定差异。这应如何解释呢？

笔者注意到，江浙、江西、湖广三行省数据完整具体，而部分路府州县及录事司则是不完全统计的结果。《元典章》卷九又载，杭州路的在城、江涨、城南 3 税务的年税额分别高达 10 000 锭以上，平江、潭州、武昌 3 路年税额在 5 000 锭以上，建康、温州、泉州、庆元、镇江、福州、龙兴、吉安 8 路及清江镇的年税额亦在 3 000 锭以上[①]。其中除镇江、建康（集庆）、庆元 3 路见于《一览表》外，杭州路的在城、江涨、城南 3 税务和平江、潭州、武昌、温州、泉州、福州、龙兴、吉安 8 路及清江镇 3 000—10 000 锭的税务数据，多因农业税等史料缺失，并没有进入表 1 统计数值之内。而松江府地处浙西太湖之滨的粮食高产区，两宋以来，因境内淀山湖等湿地湖沼偏多，盛行圩田及柜田而尽成膏腴。世祖末，曾征用民夫 20 万疏浚"太湖、练湖、淀山湖等处并通江达海，河港又加以修筑围岸，自此岁获丰收"。大德二年（1298）和泰定二年（1325），曾经设都水庸田司，专掌浙西等河渠水利[②]。

---

① 陈高华、张帆、刘晓、党宝海点校：《元典章》卷九《吏部三》"场务官·额办课程处所"，第 335—336 页。

② （元）任仁发：《水利集》卷一《大德二年立都水庸田司》《泰定二年八月立都水庸田使司》，《四库全书存目丛书》史部第 221 册，第 72、78 页。（明）宋濂等：《元史》卷三十《泰定帝纪二》泰定三年正月壬子，第 667 页。参见陈高华、史卫民：《中国经济通史·元代经济卷》，第 157—158、209、212 页；李伯重：《宋末至明初江南人口与耕地的变化——十三、十四世纪江南农业变化探讨之一》，《中国农史》1997 年第 3 期。

元松江府成为漕粮所赖的稻米高产区及其税粮与商税间 59.7∶1 的较高比率，居诸路府州之首，当属例外。鉴于以上情形，笔者认为，表 1 中江南部分路府州县及录事司所统计的比例，除去松江府的特殊情况外，其他 12 路州县的平均比例在 8.9∶1。若是加上因农业税等史料缺失的杭州路的在城、江涨、城南 3 税务和平江、潭州、武昌、温州、泉州、福州、龙兴、吉安 8 路及清江镇的失载部分，估计能够接近 5∶1 左右。故而江浙、江西、湖广三行省农业税和商税 3∶1 到 5∶1 的比例，大致可信。

概言之，元代江南地区农业税和商税的比例当是保持在 5∶1 左右。此数据雄辩表明：忽必烈等实行南北异制，其"安业力农"、"重商"、重"市舶"政策，造就了元代江南农商并重的经济结构，不自觉地维系保护了"唐宋变革"后江南"富民"农商秩序且有所繁荣发展①。

二、朱元璋父子的个性政策与江南社会蜕变

如果单纯凭主观想象，汉人皇帝朱元璋"驱除胡虏"而建立

---

① 关于宋、元、明、清社会经济形态，葛金芳、赵轶峰冠名为"农商社会"，林文勋主张是"富民社会"（参见葛金芳：《"农商社会"的过去、现在和未来——宋以降（11—20 世纪）江南区域社会经济变迁论略》，南开大学历史学院、北京大学历史系、中国社科院历史所编：《中国古代社会高层论坛文集：纪念郑天挺先生诞辰一百一十周年》，第 384—400 页；赵轶峰：《明清帝制农商社会论纲》，南开大学历史学院、北京大学历史系、中国社科院历史所编：《中国古代社会高层论坛文集：纪念郑天挺先生诞辰一百一十周年》，第 475—480 页；林文勋：《唐宋社会变革论纲》，第 328—340 页）。栾成显也曾指出，元朝在允许、扶植、参预工商业、推动海外贸易方面与宋朝一脉相承，造就了以东南沿海地区为先导的全国性经济繁荣（栾成显：《宋元明时代经济发展的新趋势与明太祖的经济政策》，《明史研究》第 10 辑，第 192—201 页）。笔者撷取诸家之长，认为"社会"之称尚需慎重，名曰"富民"农商经济秩序，则大体不差。

的明王朝，理应在江南实施"唐宋变革"式的社会经济政策。然而，事情真相却令人大失所望。

1. 江南卫所军户、"均工夫"配户和里甲"画地为牢"定制

朱元璋起家于濠泗，先削平江南群雄，平定陈友谅后即实施"部伍法"，卫所军户制遂基本奠定。其诸卫、千户所及军户世袭等，大抵来自元朝制度。总体上看，明朝平定江南在先，卫所军户制同样是起步于江南，而后借北伐和西征，随军事政治统一而推行全国，该制对原红巾军、"义兵"两大地方军事势力及元军残余的收编迁戍及利用等效用相当大。与南宋募兵比较，起步于江南的明卫所军户制，仍属于元朝式落后的世袭兵役制。

洪武元年（1368），为修筑南京城，施行验田出夫的"均工夫役"，每顷每年出夫 1 人，农闲赴京师服役 30 天[1]。此举主要实施于江南，其佥派徭役不计身丁而计田亩的做法，尽管含有"正视土地不均"等内容，但毕竟是继前述元移植嫁接之后徭役在江南的严重回潮[2]，且达到了 35 万丁夫的较大规模。

洪武二年（1369），命令军、民、医、匠、阴阳人户各以原报户籍为定。翌年，"创户帖以便稽民"[3]，规画户籍样式，颁行半印勘合户帖制。现存洪武四年徽州府祁门县谢允宪户帖明载该户"见当民差"，恰与元纸背公文纸湖州路户籍册中的"应当民役"，

---

① （清）张廷玉等：《明史》卷七十八《食货志二·赋役》，第 1904 页。《明太祖实录》卷五四，洪武三年七月辛卯，第 1060 页。
② 两宋和元代江南民间以差役为主，徭役比重颇有限，故称洪武元年开始的"均工夫役"为徭役在江南的回潮。
③ （清）张廷玉等：《明史》卷二百八十一《陈灌传》，第 7187 页。

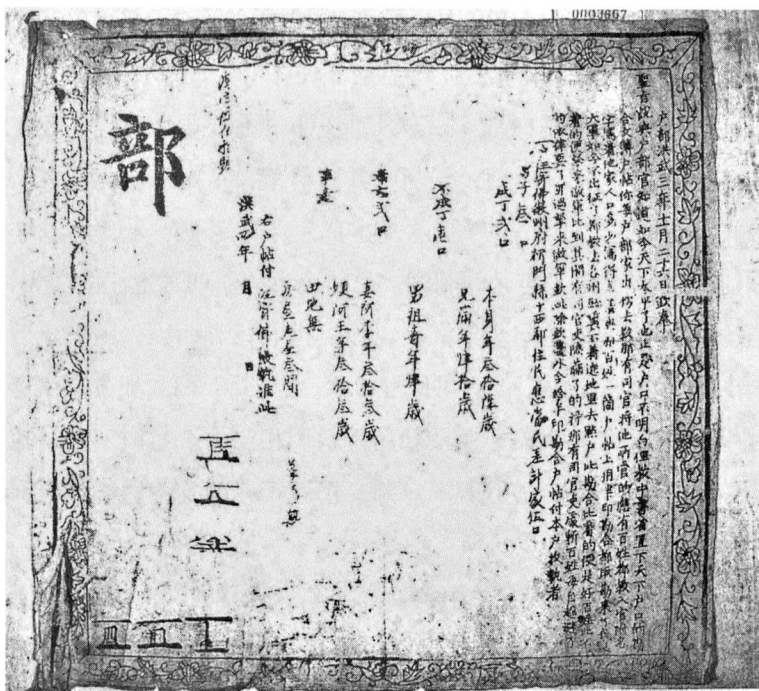

▲ 洪武四年（1371）徽州府祁门县汪寄佛户帖（《明代黄册研究》）

如出一辙①。这表明将诸色户计固定化且作为征派赋役的依据的户帖制，大体沿袭元制。洪武十四年又建黄册制，严格规定民、军、匠三大类户籍，还有灶籍的制盐户等，全体百姓一概就地附籍②。黄册制以刑罚规范民、军、匠、灶

① 《直隶徽州府祁门县县民谢允宪户口单》，中国第一历史档案馆、辽宁省档案馆编：《中国明朝档案总汇》第1编第1册，桂林：广西师范大学出版社，2001年影印本，第1页。王晓欣、郑旭东：《元湖州路户籍册初探——宋刊元印本〈增修互注礼部韵略〉第一册纸背公文纸资料整理与研究》，《文史》2015年第1期。
② （明）申时行等修，（明）赵用贤等纂：（万历）《大明会典》卷二十《户部七·户口二·黄册》，《续修四库全书》史部第789册，第336页。

等世袭罔替，成为比元朝等更为严格的户籍控制制度。

与黄册配套的是里甲制，规定：110户为一里，以丁粮多者10户为里长，其余100户分为10甲，每甲10户[1]。其职司为管束百姓，以供赋役[2]。里甲综合吸收秦汉乡亭里、宋都保及元千户制等十进位原则，通常在"都"范围内编制，并不与自然村落一一对应，"其实只是一种相对独立于村落和地域性区域系统之外的户籍组织"，宗旨"是要建立一种'划地为牢'的社会秩序"[3]。故而较之宋元者户长、里正、主首等乡役属性明显倒退，反倒是汉唐式乡官管制型基层组织的色彩有所加重。此乃"唐宋变革"后乡村基层秩序和百姓人身依附关系的一种逆转。

江南"均工夫役"与黄册、里甲等融汇，进而升格为配户当差被推行于全国。

2. 明初三迁富豪与江南"富民"率多破家

明初在江南和北方实行了规模空前的移民。江南移民，大致有洪武三年（1370）、洪武十五年、洪武二十二年和洪武二十七年四次。北方则有著名的洪洞县大槐树等大规模移民。还有屯田移民、卫所军籍移民。这三类移民综合计算，数量巨大，有学者认为，洪武时期民籍和军籍移民总数达到1 100万人，占全国人口的15.7%；永乐年间，民籍和军籍移民总数达230万人，

---

① （明）申时行等修，（明）赵用贤等纂：（万历）《大明会典》卷二十《户部七·户口二·黄册》，《续修四库全书》史部第789册，第336页。（清）张廷玉等：《明史》卷七十七《食货志一》，第1878页。

② 白寿彝总主编，王毓铨主编：《中国通史》第9卷《中古时代·明时期》上册，第694—695页。

③ 马新：《试论宋代的乡村建制》，《文史哲》2012年第5期。梁方仲：《明代一条鞭法年表》，《梁方仲经济史论文集》，北京：中华书局，1989年。刘志伟：《在国家与社会之间——明清广东里甲赋役制度研究》，第47、53、57页。

占全国人口的 3.3%[①]。这堪称中国历史上最大规模的官府强制移民，而且大部分是在中央政府严密"胁迫"下进行，官府对移民数和分布区域等皆有规定，亦可视为明初城乡居民结构的一次重新"洗牌"，其对近古社会的影响甚是深重[②]。被迁徙民众在田土及生计上依赖于国家，无形中增强了对百姓的人身控制，增强了"配户当差"遍行于全国的重要根基。

江南富民的较大规模迁徙，据徐泓、李龙潜、曹树基等研究，主要有吴元年（1367）、洪武二十四年（1391）、永乐元年（1403）三次[③]。三次强制迁徙富户达七八千户，约占洪武三十年浙江等七布政司及直隶应天十八府州富户 14 341 户的一半以上。强制性迁徙，对江南原有富民及农商经济秩序的冲击影响不可小觑。

迁徙富民，大致分为举家俱迁和抽取支系两种情况。

举家迁谪惩罚富户。如吴元年（1367）迁徙平江（今苏州）富民居濠州，大抵是举家俱迁。平江人吴宽云："洪武之世，乡人多被谪徙，或死于刑，邻里殆空。"吴江县原户部侍郎莫礼"当洪武之末，不幸坐累，没于京师，举族谪戍边徼，第宅荡然"[④]。后述顾瑛等举家徙临濠，亦属此类。

---

① 葛剑雄主编，曹树基著：《中国移民史》第 5 卷《中古时代·明时期》，第 472 页。
② 葛剑雄主编，曹树基著：《中国移民史》第 5 卷《中古时代·明时期》，第 534—535 页。另，云南大学校办副主任王某等自述：云南红河州徙自南京回回王氏等和贵州安顺屯堡一带移民后代中普遍流传的"解手"一词自原义"分手"等向俗用语"便溺"的衍化，以及田间农民"反剪手"习惯等，足以彰显当时移民的强制性。
③ 参见徐泓：《明洪武年间的人口移徙》，《第一届历史与中国社会变迁研讨会论文集》，台北"中央研究院"，1982 年，第 235—293 页；李龙潜《明初迁徙富户考释》，《中国社会经济史研究》1988 年第 3 期；葛剑雄主编，曹树基著：《中国移民史》第 5 卷《中古时代·明时期》，第 45—47 页。
④（明）吴宽：《匏翁家藏集》卷五十七《先世事略》、卷三十五《东村记》，《四部丛刊初编》第 255 册，第 12 页 b、6 页 a。

洪武二十四年（1391）迁徙富户 5 300 户，大抵是抽取富户支系成员。史称，"洪武辛未秋，徙富民"，袁州府胡姓三兄弟争先离家徙京，其母黄氏"徇幼弟意而遣之行"；泰和县"刘添详在富民列。将行，其子允仕暨厥侄允诚代之往"①。"永乐初，徙南方富民实北京"②，官长或批准子代父行。抽取支系亲属虽非举家迁徙，但遗留江南原籍的亲属"仍应本籍徭役"，对北徙应役支系亲属亦负有供送财物的义务。此种双重赋役沉重不堪，宣德三年（1428）才规定"应当富户之家所在官司，再免二丁杂泛差役，以备供送"③。

被迁徙的大家富户不仅"俾自营生业"④，还要"受廛"为里甲编民，承担官府徭赋，故率多赤贫破产。鄞县黄润玉迁徙北京，"与同役筑室城北间，倾赀给徭赋，垦圃鬻蔬以为生，人或不堪其劳瘁"⑤。长洲县徐孟声随父徙南京，"日躬治徭赋"⑥。江南首富沈万三及顾瑛二家族成员所受摧残打击，最为惨痛。顾诚曾考证沈万三迁徙云南之讹，认为沈万三元末已死，并未入明⑦。所考基本信实。即便如此，沈氏家族在洪武朝的覆败和满门籍

---

① （清）谢旻等：《江西通志》卷三十九《古迹·袁州府二·慈孝堂》，《景印文渊阁四库全书》第 514 册，322 页。（明）梁潜：《泊庵集》卷五《赠刘氏二生序》，《景印文渊阁四库全书》第 1237 册，第 291 页。

② （清）张廷玉等：《明史》卷一百六十一《黄润玉传》，第 4385 页。

③ （明）申时行等修，（明）赵用贤等纂：（万历）《大明会典》卷十九《户部六·户口一·富户》，《续修四库全书》史部第 789 册，第 332 页。

④ （明）梁潜：《泊庵集》卷五《赠刘氏二生序》，《景印文渊阁四库全书》第 1237 册，第 291 页。

⑤ （清）张廷玉等：《明史》卷一百六十一《黄润玉传》，第 4385 页。（明）杨守陈：《南山黄先生墓碣铭》，载（明）徐纮：《明名臣琬琰续录》卷十三，《景印文渊阁四库全书》第 453 册，第 414 页。

⑥ （明）杨士奇：《东里续集》卷三十一《徐孟声甫墓表》，《景印文渊阁四库全书》第 1239 册，第 69 页。

⑦ 顾诚：《沈万三及其家族事迹考》，《历史研究》1999 年第 1 期。

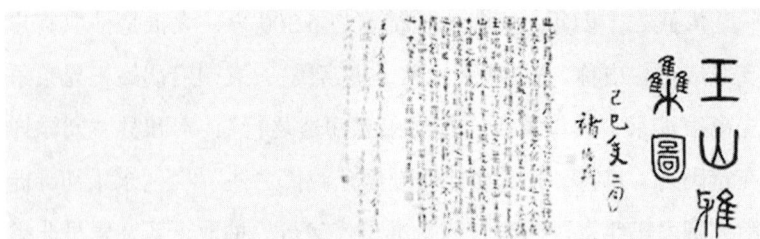

▲ 清华喦所绘《玉山雅集图》（台北故宫博物院藏），描绘了元末顾瑛召集当时名流雅集的盛况

没，乃是不争的事实。顾文亦承认《明史》纂修者或是将沈氏二子沈茂、沈旺向朱元璋献上大批金银误认作沈万三兄弟。另据顾文所引弘治《吴江志》卷十二《杂记》"路逢过客问云南，问道云南何日到"句，似难排除沈氏部分亲属谪戍云南之可能。元末昆山海商豪富

顾瑛，亦在洪武元年（1368）随苏州富户首批举家迁徙临濠，翌年死于临濠管编地，其家族遂破败。苏松"杼轴人家户户空"①，殷实富民普遍生计废弛，贫无所有。

徙富民，又是朱元璋以峻法"划削"东南富民政策的组成部分。贝琼云："三吴巨姓""数年之中，既盈而覆，或死或徙，无一存者"。吴宽说："豪民巨族，划削殆尽。"方孝孺亦言："太祖高皇帝……疾兼并之俗，在位三十年间，大家富民多以逾制失道亡其宗。"杨复吉则曰："明祖之籍富民，岂独路氏，就松属若曹、瞿、吕、陶、金、倪诸家，非有叛逆反乱谋也，徒以拥厚赀而罹极祸，覆宗湛族，三世不宥。"②迁徙和划削富户，非因犯罪，"徒以拥厚赀而罹极祸"，客观上对缓和江南土地占有过度集中有一定积极意义，但自南朝到宋元主导江南社会经济的富民，毕竟受到千年未有的重大劫难。就文化而言，"尤其是在苏南和浙北地区，被暴力胁迫的外迁人口有相当一批是富户或文化阶层，这对迁出区域来说，向外的移民同时意味着本区域文化的衰落"③。

① （清）董潮：《东皋杂钞》卷一，《丛书集成初编》第2963册，北京：中华书局，1985年，第4页。（清）卞永誉：《式古堂书画汇考》卷十九顾瑛《登虎丘有感》，《景印文渊阁四库全书》第827册，第844页。参见杨镰：《顾瑛与玉山雅集》，（元）顾瑛辑，杨镰、叶爱欣整理：《玉山名胜集》上册，北京：中华书局，2008年，第1—13页。

② （元）贝琼：《贝琼集》卷十九《横塘农诗序》，《元代别集丛刊》，第112页。（明）吴宽：《匏翁家藏集》卷五十八《莫处士传》，《四部丛刊初编》第255册，第13页 b。（明）方孝孺撰，徐光大点校：《逊志斋集》卷二十二《故中顺大夫福建布政司左参议郑君墓表》，宁波：宁波出版社，2000年，第742页。（清）杨复吉：《梦阑琐事》，《昭代丛书癸集萃编》卷三十八，上海：上海古籍出版社，1990年影印本，第673页。

③ 葛剑雄主编，曹树基著：《中国移民史》第5卷《中古时代·明时期》，第506页。

3. 抑商与"海禁"

洪武十四年（1381）颁贱商令："商贾之家止许穿布。"[1] 商贾被编入市籍，"非占商籍不许坐市廛"[2]，并强制提供无偿劳役及货物[3]。不少商人"一挂商籍，其家立罄"[4]。又实行对行商的"路引"及"店历"等管制。无路引而经商，"重则杀身，轻则黥窜化外"[5]。上述恢复唐前期"市籍""坊市"等旧法规，对商业经济繁荣发达的江南颇具破坏性。

朱元璋等还实施严酷的海禁。洪武十四年（1381）前后，屡次"申禁人民不得擅出海与外国互市"[6]。《大明律》规定："若将人口、军器出境及下海者，绞。"[7] 朱元璋又说："朕以海道可通外邦……苟不禁戒，则人皆惑利而陷于刑宪矣。故尝禁其往来。"[8] 实施海禁，盖出自对商人"惑利"的憎恨和维护朱明王朝"刑宪"秩序。"寸板片帆不许下海"[9] 的海禁，摧毁了宋元东

---

[1]（明）徐光启：《农政全书》卷三《国朝重农考》，《景印文渊阁四库全书》第731册，第40页。另参见（清）张廷玉等：《明史》卷六十七《舆服志》洪武十四年令，第1649页。

[2]（明）文章、张文海：嘉靖《增城县志》卷九，《天一阁藏明代方志选刊续编》第65册，第12页b。

[3]（明）顾起元撰，陈稼禾点校：《客座赘语》卷二《铺行》，北京：中华书局，1987年，第66页。

[4]（明）王元翰：《凝翠集·圣泽诞被困商偶遗疏》，《云南丛书》集部之七第21册，北京：中华书局，2009年，第11386页。参见白寿彝总主编，王毓铨主编：《中国通史》第9卷《中古时代·明时期》下册，第985—998页。

[5]（明）朱元璋：《御制大诰续编·验商引物第五》，《明朝开国文献》，台北：学生书局，1966年，第102页。

[6]《明太祖实录》卷一三九，洪武十四年十月己巳，第2197页；卷二〇五，洪武二十三年十月乙酉，第3067页；卷二五二，洪武三十年四月乙酉，第3640页。

[7]（明）刘惟谦等：《大明律》卷十五《兵律三》"关津·私出外境及违禁下海"，《续修四库全书》史部第862册，第523页。

[8]《明太祖实录》卷七〇，洪武四年十二月乙未，第1307页。

[9]（明）王忬：《条处海防事宜仰祈速赐施行疏》，（明）陈子龙等选辑：《明经世文编》卷二百八十三，第2997页。

◀ 明郑和铸青铜钟（中国国家博物馆藏），其下部一周有"大明宣德六年"等54字铭文，据考为郑和第七次出使西洋所铸，旨在祈求出海航行平安

南沿海繁荣鼎盛的海外贸易及江南商品经济，一味收缩内敛和管控，随之造成长达200年的闭关锁国。直到隆庆开禁，海外贸易才迅速恢复，刺激白银内流和东南商品经济再度繁荣[①]。

关于海禁与郑和下西洋的关系，笔者赞同将后者视作"政治利益高于经济利益"的"军事外交游行"，及其开拓域外"朝贡贸易"体

---

① 参见晁中辰：《明代海禁与海外贸易》，第244—277页。

系的基本评价①，进而认为郑和下西洋所开拓的"朝贡贸易"本身就是和海禁政策相辅相成。由此形成的明清域外"朝贡贸易"体系，又与宋元海外贸易南辕北辙，背道而驰。它严格将对外经济交往控制在官府"朝贡"的桎梏内，严格排斥民间介入海外贸易，故而可以称为朱元璋父子海禁政策的组成部分。其结果就是郑和庞大官府船队七次远航西洋和民间"寸板片帆不许下海"闭关锁国的荒唐"背反"。

上述卫所军户、"均工夫"配户、里甲"画地为牢"、移民徙富和抑商海禁等，基本是和宋元的江南政策背道而驰。言其颠覆"唐宋变革"后的江南秩序，毫不过分。正如梁方仲先生归纳总结明初社会经济结构的若干特征："人户以籍为断"，皆世其业；各类户籍的划分，大致以满足当地最简单的经济生活需要为依据，造成了全国各地无数分散的自给自足的小单位；人民的流动、迁徙，是受限制的；对于赋役的负担，采取连带责任制；最核心的是"对农民建立了一种直接统治和隶属底关系"②。王毓铨先生径直将上述体制概括为"配户当差"③。以上颇有见地的阐发，虽然针对的是全国，但因上述政策多半起步或重点实施于江南，且对江南触动极大，以此描述明初江南同样是恰当和切中事理的。率先实施于江南的"配户当差"，无疑是对宋元江南持续继承的"唐宋变革"成果的一种反动。

为加深对明前期江南原有社会经济秩序被破坏的认识，我们不妨来看表2：

---

① ［美］牟复礼、［英］崔瑞德编：《剑桥中国明代史》上卷，张书生等译，第233页。李新峰：《论元明之间的变革》，《古代文明》2010年第4期。
② 梁方仲：《明代一条鞭法年表》，《梁方仲经济史论文集》，第564页。
③ 王毓铨：《明代的配户当差制》，《中国史研究》1991年第1期。

表 2 明初江南部分府州农业税与商税一览

地名 ＼ 税目	税　　粮	商　税　等	税粮折钞与商税之比①	备　　注
松江府	永乐十年，夏税大麦9008石7斗2升9合3勺，小麦95901石3斗5升4合6勺；秋粮秔米826231石9斗5升7合5勺，糯米1265石7斗5合6勺，赤米280279石5斗7升6合6勺，黄豆86690石5斗3升6合9勺，斑豆9537石2斗5升6合7勺，绿豆32石7斗8升5合4勺，赤谷879石6斗7升4勺	永乐十五年，商税钞17212锭1贯990文	444.9∶1	正德《松江府志》卷七《田赋中》，第3页a、b，第4页a；卷八《田赋下·税课》，《天一阁藏明代方志选刊续编》第5册，上海：上海书店出版社，1990年，第21页b
江阴县（常州府）	永乐十年，夏税小麦41487石4斗9升2勺，秋粮米102396石7斗7升9合9勺，山租钞78756文	永乐十年，钞18258锭2贯840文	45.01∶1	嘉靖《江阴县志》卷五《食货记第四上·田赋》《课程》，《天一阁藏明代方志选刊》第13册，第17页a，27页a

① 据王毓铨先生研究，大明宝钞一锭为5贯，永乐五年米1石折钞30贯，小麦和豆1石折钞25贯，丝每斤40贯。此处税粮折钞与商税之比，按上述折换计算。参见王毓铨主编：《中国经济通史·明代经济卷》，第777、773、784页。

地名 税目	税　粮	商　税　等	税粮折钞与商税之比	备　注
浦江县（金华府）	永乐十年，夏税麦1345石9斗6升3合5勺，秋粮米16364石7斗2升8合7勺，科丝21斤1两2厘	洪武三年，立税课局，十三年裁减，设大使一员。岁办商税课1098锭1贯200文（弘治间革去，印记间本县带管）	95.68：1	嘉靖《浦江志略》卷五《财赋志·税粮》《天一阁藏明代方志选刊》第19册，第4页a、b、7页b
黄岩县（台州府）	永乐十年，夏税麦1274石4斗9升6合8勺，钞540锭2贯865文，夏苗麦5356石9斗2升7合4勺，夏租钞2贯155文，秋粮米43755石2斗1升8合5勺，秋租米19976石8升7合2勺，租钞152锭1贯301文，税钞583锭627文，赁钞580锭4贯413文	永乐实额商税课钞946锭1贯716文	440.52：1	万历《黄岩县志》卷三《食货志·田赋》《天一阁藏明代方志选刊》第18册，第3页a、b、12页a
乐清县（温州府）	永乐十年，夏税麦3075石8斗8升5合，钞359锭28文，秋粮米15689石4斗3升4合，钞593锭4贯585文	钞601锭930文	183.8：1	永乐《乐清县志》卷三《税粮》《各色课程》《天一阁藏明代方志选刊》第20册，第15页b、16页b
广昌县（建昌府）	永乐十年，秋租粮：官米1125石3斗7升4合，民米11744石8斗7升3合4勺；夏税：农桑丝11斤6两2钱5分	商税课钞263锭2贯750文，钱2635文5分	292.59：1	正德《建昌府志》卷四《课程》《天一阁藏明代方志选刊》第16册，第16页b、17页a、27页b

以上表 2 所示永乐年间的松江府及江阴、浦江等 5 县农业税和商税比例大抵在 444∶1 到 45∶1 之间。即使考虑到松江府稻米高产和苏松重赋等因素而省略松江府比率，上述江阴、浦江等 5 县农业税和商税的平均比率也高达 211∶1。由于其余府州县高下有差且史料阙如，笔者将此比率调整为 100∶1，似乎比较妥当。他如邵武府、海门县、安溪县、惠安县等场合，又不乏"旧为税课司，（弘治）十三年始于各县均徭编征解府"，"货物弛不复税，课额尚存。今每岁就均徭中编一十九两五钱九分解府"，"吾邑局亦例革，县官兼管之。而货物弛不复税，课额倚办于巡拦，岁编有力人户充之"①。商品交换和商税一并严重衰微。换言之，明永乐末江南农业税和商税的比例，大致相当于元代相关比例的 20 倍，当是不争的事实。如果说卫所军户、"均工夫"配户、里甲"画地为牢"、移民徙富和抑商海禁等是前因，永乐年间的松江府及江阴、浦江等 5 县农业税和商税间 100∶1，则是上述江南政策的"丰硕成果"（还应附带考虑明初战乱破坏）。明初江南商业活动遭受摧残而严重萎缩，宋元江南"富民"农商经济被无情颠覆，几乎倒退至单纯自然经济的状态，恰能够得到松江府及江阴、浦江等 5 县农业税和商税悬殊比率的有力印证，成为难以否认的"铁案"。

留意元明江南的学者不难发现：元代有关江南富民生计、商业和士人活动等记载相当丰富，与南宋相比毫不逊色。但明前期

---

① 嘉靖《邵武府志》卷五《版籍·赋》，《天一阁藏明代方志选刊》第 30 册，第 8 页 a、14 页 b、15 页 a。嘉靖《安溪县志》卷一《贡赋》《商课》，《天一阁藏明代方志选刊》第 33 册，第 57 页 b。嘉靖《惠安县志》卷六《田赋》，第 7 页 a、b；卷七《课程》，《天一阁藏明代方志选刊》第 32 册，第 4 页 b、5 页 a。

的江南，类似记载却几乎销声匿迹，后世追述议论也寥若晨星，嘉靖前后才陆续有所恢复，甚至容易给人以明前期江南曾发生"文化断裂"的感觉。仔细考量斟酌，此"文化断裂"，似乎只能从明初大规模迁徙富民且破其家等社会变动中寻找答案。"皇明受命，政令一新，豪民巨族，划削殆尽"之后，富民多半徙居京师或边地，迫于生计，"给徭赋，垦圃鬻蔬"①，自然无暇舞文弄墨，也无心情记述自身穷愁潦倒、破落窘困的状况。而江南残留的部分富民难逃衰微厄运，或在高压之下不敢直言心声。富民和士人所承载的江南文化由此发生衰败乃至"断裂"，也就可以理解了。

三、"唐宋变革"视域下元、明江南政策的比较

先谈元代江南政策的"双面刃"效应：继承"唐宋变革"成果和农商畸形经济。

元江南政策的积极方面，主要是对南宋"唐宋变革"成果的继承，维持和保护"富民"农商经济。明人吴宽所云"吴自唐以来，号称繁雄。延及五代，钱氏跨有浙东西之地，国俗奢靡……至于元，极矣。民既习见故俗，而元政更弛，赋更薄，得以其利自私，服食宫室，僭拟逾制"②，正是元廷宽纵豪富政策，滋润养育了以苏松为中心的一批大地主富商。除前揭松江府朱国珍、管

---

① （明）吴宽：《匏翁家藏集》卷五十八《莫处士传》，《四部丛刊初编》第255册，第13页b。（明）杨守陈：《南山黄先生墓碣铭》，（明）徐纮编：《明名臣琬琰续录》卷十三，《景印文渊阁四库全书》第453册，第414页。

② （明）吴宽：《匏翁家藏集》卷五十八《莫处士传》，《四部丛刊初编》第255册，第13页b。

明、任仁发、曹知白、瞿霆发、杨谦、陶与权、吕良佐、张氏、侯氏及平江路沈万三、顾瑛等，吴江州"莫氏以赀产甲邑中，所与通婚姻，皆极一时富家"[①]。元苏松为首的东南地带，无疑构成了富民财富集中和势力膨胀的地区。在持续繁荣的海外贸易中，进口货物种类除象牙、犀角、鹤顶、珍珠、珊瑚、翠毛、龟筒、玳瑁等珍宝香货外，扩充至木棉、苎麻、布匹、木材、铁材、黄蜡等，大众商品明显增多；输出则包括丝织品、棉织品、陶瓷器、金属器具、漆器、纸札等，仍以纺织品和陶瓷器为主，陶瓷器比重进一步加大。这对浙西、福建丝织业及景德镇等制瓷业的兴盛，对于市场经济性质的江南工商业的发展，均

◄ 龙泉窑瓷碗　1969年广东珠海蚊洲岛海底元代沉船出水，中国国家博物馆藏

① （明）吴宽：《匏翁家藏集》卷五十八《莫处士传》，《四部丛刊初编》第 255 册，第 13 页 b、12 页 a。

285

发挥了促进作用①。从历史的长时段看，以忽必烈为代表的元朝统治者的可贵贡献，不仅在于结束近 300 年的分裂割据，完成了空前规模的多民族国家的大统一，还在于比较完整地保留了江南最富庶、最发达的经济实体，不自觉继承了南方"唐宋变革"的成果。

言其负面效应，主要表现有四：

第一，放纵大土地占有及租佃制的膨胀。元中叶，不少军政官员与豪富勾结，"富民黠吏，并缘为奸"②。"江南富户侵占民田，以致贫者流离转徙"的情状，连元成宗都有耳闻，也曾降圣旨追收"护持玺书"，防止"以欺贫民"。然而元廷仅制止"护持玺书""侵占民田"③，对一般"富户侵占"，依然熟视无睹。

第二，原有"销金锅儿"④式的奢侈消费在蒙古贵族和豪富范围内有所加重。元后期，不仅威顺王宽彻不花"起广乐园，多萃名倡巨贾以网大利"，"渔夺山泽之利尤甚"⑤，东南地主商人等豪富竞相穷奢极欲，挥霍无度。义乌楼士祥"理财殖产"，"日充月拓，卒为巨室"，"子弟厮役皆衣绮绣，善骑马，臂鹰走狗，驰逐为乐"⑥。"珊瑚未数绿珠楼，家僮多似临邛卓。十牛之车三百车，

---

① 参见陈高华、史卫民：《中国经济通史·元代经济卷》，第 501—504 页。

② （明）宋濂等：《元史》卷九十三《食货志一·经理》，第 2353 页。

③ （明）宋濂等：《元史》卷二十《成宗纪三》大德六年春正月庚戌，第 439 页。

④ （宋）周密：《武林旧事》卷三《西湖游幸（都人游赏）》，《景印文渊阁四库全书》第 590 册，第 199 页。

⑤ （明）宋濂等：《元史》卷一百四十四《星吉传》，第 3438 页。（明）宋濂撰，罗月霞主编：《宋濂全集》《朝京稿》卷一《元赠开府仪同三司上柱国录军国重事江西等处行中书省丞相追封咸宁王谥忠肃星吉公神道碑铭》，第 1644—1645 页。（元）王逢：《梧溪集》卷三《故内御史捏古氏笃公挽词》，第 463 页。

⑥ （明）方孝孺：《逊志斋集》卷二十二《楼君墓铭》，《四部丛刊初编》第 254 册，第 759 页。

雪象红牙水犀角。养犬喂肉睡毡毯，马厩驴槽亦丹腆。"① 就是东南豪富可敌国的写照。

第三，盐商、舶商、斡脱商等特权商贾的"暴富"，也刺激或派生出一批私盐贩和海盗。顺帝初，两浙"私盐出没，侵碍官课，虽有刑禁，难尽防御"②。广东私盐贩动辄数万。张士诚兄弟四人"并驾运盐纲船，兼业私贩"；方国珍起家"渔盐负贩"，后为"海贼"③。

第四，社会关系上的士商亲融与贫富悬隔。因重开科举偏晚及民族压迫，在功名仕途上失意的江南士人，难免有"胸蟠万卷不疗饥，孰谓工商为末艺"④ 等牢骚。迫于生计，他们多半羡慕和接近商贾，富商大贾则常向士人施以援手。士人、商贾、地主等荟萃一堂的"玉山雅集""西湖梅约"等⑤，在红巾军蜂起情势

▲ 张士诚像

---

① （元）方回：《估客乐》，《元诗选》初集卷七，《景印文渊阁四库全书》第 1468 册，第 128 页。（元）余阙：《青阳先生文集》卷九《两伍张氏阡表》，《四部丛刊续编》第 72 册，第 11 页 a。

② （明）宋濂等：《元史》卷九十七《食货志五·盐法·两浙之盐》，第 2496 页。

③ （明）陶宗仪：《南村辍耕录》卷二十九《纪隆平》，第 356 页。《明太祖实录》卷七，己亥年正月乙卯，第 78 页。（明）宋濂等：《元史》卷一百八十八《石抹宜孙传附迈里古思传》，第 4311 页。

④ （明）袁华：《耕学斋诗集》卷七《送朱道原归京师》，《景印文渊阁四库全书》第 1232 册，第 314 页。（元）方回：《估客乐》，《元诗选》初集卷七，《景印文渊阁四库全书》第 1468 册，第 128 页。

⑤ 杨镰：《顾瑛与玉山雅集》，（元）顾瑛辑，杨镰、叶爱欣整理：《玉山名胜集》上册，第 1—13 页。

下频频登场。士商亲近交融，彼此酬唱，提携标榜，狎妓纵欲，花天酒地。和富民奢侈挥霍、纸醉金迷形成极大反差的是，多数下层农民相继赤贫，贫富悬隔异常严重。"富家巨室，不以富有之际结人之心，行方便，种德阴子孙，往往剥人之肉以取丰己。""富者愈富，而贫者愈贫。"[①]朱元璋父母长兄因天灾瘟疫而死，"殡无棺椁，被体恶裳，浮掩三尺，奠何肴浆"，"皇天白日，泣断心肠"[②]。如此凄惨泣述，令人肝肠寸断！现代经济学的基尼系数可测定收入分配差异度。高收入与低收入家庭的比率曲线越接近 0，收入分配越趋向平等；越接近 1，越趋向不平等。0.4 以上表示差距较大，达到 0.6 时，则为悬殊。洪武三年（1370），苏州府年纳粮一百石到四百石的 490 户；洪武三十年，浙江等七布政司及直隶十八府州，占田七顷以上的达 14 341 户[③]。这些巨富的财富占有，与片瓦皆无的赤贫相比，确是天壤之别。

上述膨胀、混存和悬隔等，致使江南"富民"农商经济呈现某种畸形。元朝统治下的江南遭遇多重挑战：官府统治与富商大地主经济放纵自由的"背反"，官场腐败与贫富悬殊相叠加，最终招致"官逼民反"和"富逼穷反"。

再说明前期政策颠覆江南原有经济秩序。

"均工夫"配户和里甲制，还有"划削"迁徙江南富民等，共同汇成了明前期驱民以供役的"配户当差"。即以户为编制单

---

① （明）长谷真逸辑：《农田余话》卷上，《四库全书存目丛书》子部第 239 册，第 324 页。蒙思明：《元代社会阶级制度》，第 216 页。

② （明）朱元璋撰，胡士萼点校，刘学锴审订：《明太祖集》卷十四《皇陵碑》，合肥：黄山书社，1991 年，第 271—272 页。

③ 《明太祖实录》卷四九，洪武三年二月庚午，第 996 页；卷二五二，洪武三十年四月癸巳，第 3643 页。

位，以里甲为赋役管制组织，依照专制国家需要，把全国人户分编为不同役种和役籍，以"民有田则有租，有身则有役"①为目标，役皆永充、役因役籍、役有役田、以户供丁。由于朱元璋效仿刘邦和不自觉地承袭元中原当差制，此种"配户当差"，实乃秦汉编户耕战体制与元诸色户计当差的混合体，它背离"唐宋变革"趋势，率先在江南实施管制农商和"划削"富民。而且，全民"配户当差"，一概纳粮服役，不分南北，通行全国。

请看洪武十五年（1382）朱元璋晓谕两浙、江西之民的一段榜文：

> 上命户部榜谕两浙、江西之民曰："……近来两浙、江西之民多好争讼，不遵法度，有田而不输租，有丁而不应役，累其身以及有司，其愚亦甚矣。曷不观中原之民，奉法守分，不妄兴词讼，不代人陈诉，惟知应役输租，无负官府。是以上下相安，风俗淳美，共享太平之福。以此较彼，善恶昭然。今特谕尔等宜速改过从善，为吾良民。苟或不悛，则不但国法不容，天道亦不容矣。"于是，户部以所谕颁于浙江、江西二布政使司及府州县，永为遵守。②

由于元朝南北异制，迄洪武十五年（1382），"中原之民"与两浙、江西之民在"趋事执役以奉上"③方面，略有区别。前者

---

① 《明太祖实录》卷一六五，洪武十七年九月己未，第 2545 页。参见王毓铨：《明代的配户当差制》，《中国史研究》1991 年第 1 期。
② 《明太祖实录》卷一五〇，洪武十五年十一月丁卯，第 2362—2363 页。
③ 《明太祖实录》卷一一一，洪武十年二月丁卯，第 1847 页。

"应役输租"，同时承担税粮和杂泛差役；后者主要承担夏秋二税及差役，虽已行"均工夫役"，但"有田而不输租，有丁而不应役"者仍不少见。是年之后，两浙、江西等地也须仿效中原模式，一概"应役输租"。此榜文披露明初户役法来自元中原全民当差制且被朱元璋强制推行于江南"永为遵守"。朱元璋"民有田则有租，有身则有役"谕旨，恰能在元代找到类同物。诚如在元汉地流传较广的王结《善俗要义》云"盖有户则有差，有地则有税，以至为军为站，出征给驿，普天率土，皆为一体"①，是也。换言之，朱元璋"民有田则有租，有身则有役"谕旨，应直接来自元中原汉地"有户则有差，有地则有税"等制度，只是改"户"为"身"，更强调百姓亲身执役（最不利于富民）。

上述"富民"农商秩序的破坏与"配户当差"户役法的建立，一破一立，导致明代江南社会经济结构的严重蜕变，动摇和变更了"唐宋变革"前后江南近千年以富民大地主为核心的农商体系，取而代之的是与北方相差无几的"配户当差"。前者的破坏是后者建立的前提或基础，后者又是破坏前者的直接目标。只有把富民"划削殆尽"，百姓才能贫富划一，才能营造编户齐民"配户当差"的一元化体制。"商鞅变法"和秦至西汉奖励耕战、重农抑商，如此行事，一千多年后朱元璋"划削"富民和"配户当差"，也与之一脉相承。而且，在利用皇帝专制强权干预、变更社会经济秩序方面，又是惊人的相似。正如栾成显所云，明朝建立后，推行重农抑商政策，用强化里甲、限制人地分离、加重商税、歧视商人、厉行海禁等一系列措施，全面改变了宋元以来

---

① （元）王结：《文忠集》卷六《善俗要义》"十曰办差税"，《景印文渊阁四库全书》第 1206 册，第 253 页。

的经济发展趋势①。尽管该政策对明初恢复社会经济具有合理性，但整个国家特别是江南已由"农商"繁荣，倒退为比较单一的农耕自然经济。直到明中叶，国家对经济的过度管制才逐渐松弛。

发人深省的是，元和明前期的江南政策及社会发展恰恰是和忽必烈、朱元璋的个性，纠缠在一起。元、明统治者的急迫个性需要，居然让元朝在江南选择了宽纵豪富，居然让明朝选择了管制农商，从而导致两项政策模式在 13 至 16 世纪江南的前后交替。忽必烈以"嗜利黩武"②而著称，朱元璋以"仇富平均"为特性。由于"嗜利黩武"，竭力向北输送巨额粮食财物以支撑帝国财政及贵族奢侈赏赐，忽必烈等元朝皇帝"南北异制"，在江南采取粗疏放纵和实用主义的策略，满足于较多征收赋税，对南人地域社会几无触动，继续维持"富民"农商经济体制。而"富民多豪强，故元时此辈欺凌小民，武断乡曲，人受其害"③语，则是将朱元璋出于亲身贫寒的切肤之痛，仇恨富户、杀富济贫的心理特性表露无遗。基于此，明初转而在江南厉行"配户当差"与"划削"富民，不惜颠覆江南原有的经济秩序。朱元璋的"划削"富民，起初很大程度上是针对元末的贫富悬隔，但整体效果又偏在朱明皇室垄断天下财富而不许百姓富有。

若是孤立论及元、明二断代，两种模式似乎都可视作利弊相参或利大于弊。然而，从长时段看，从"唐宋变革"的历史趋势和江南在中近古社会发展中的角色看，答案就是另一番模样了。

---

① 栾成显：《宋元明时代经济发展的新趋势与明太祖的经济政策》，载中国明史学会编：《明史研究》第 10 辑，第 192—201 页。

② （清）赵翼撰，王树民校证：《廿二史札记校证》卷三十《元世祖嗜利黩武》，第 684 页。

③ 《明太祖实录》卷四九，洪武三年二月庚午，第 966 页。

战国以降，在临民理政方面长期存在两种性质有异又相互交替或补充的政策模式：管制农商与安富宽商。"商鞅变法"开管制农商的先河，秦至西汉和隋及唐前期步其后尘。齐国"通商工之业"和"跨本肇末"[①]，为安富宽商模式的早期代表，赵宋"不抑兼并"又意味着安富宽商模式的高度成熟[②]。前者强调藏富于国和官府支配经济活动，凭借奖励耕战和管制农商，直接用授田、劳役或人头税控制和役使编民，达到举国动员和富国强兵。后者主张藏富于民和先富民后富国，允许租佃制和工商业较自由发展，重在借富民来培植税源，进而增加税收以富国。

总体上看，秦汉至隋唐的一千年间，管制农商的编民耕战模式合理性居多，亦占主导，尤其是对政治军事统一和开拓疆域的功用几乎不可替代。然而，商鞅等管制农商的编户齐民耕战模式，只能暂时带来社会经济的恢复发展和富国强兵，又兼对地主经济的干预过度强硬，征发农民劳役、人头税及抑制商人等超经济强制过于野蛮，严重阻碍了社会经济的进步与发展，也无法从根本上遏止地主经济所特有的周期性兼并。"唐宋变革"过程中，"不抑兼并"安富宽商的新模式转而占据主导。尽管两宋榷卖和重税始终如一及"王安石变法"不乏"抑强扶弱"等干预，但在两宋士大夫政论中，"抑强扶弱"常常和"恤贫""安富"相伴而

---

① （汉）司马迁：《史记》卷三十二《齐太公世家》，第 1480 页。《国语》卷六《齐语》，《四部丛刊初编》第 45 册，第 3 页 a。

② 虽然赵宋"不抑兼并"重在容许土地买卖并使之合法化，又始终对盐、酒、茶、矾、醋、香料、矿产等实行榷卖，对富民和商人课以重税，"王安石变法"中的方田均税、免役及青苗等还蕴含"抑强扶弱"的干预调节。笔者认为，此种"不抑兼并"是政策主体（田制为代表），行政干预层面的'摧抑兼并'为其补充，二者主辅结合，恰恰反映"王安石变法"后赵宋"不抑兼并"安富宽商政策的不断完善与成熟。

行①。"唐宋变革"及士农工商较自由发展模式，在社会经济层面大抵是与商鞅等编民耕战模式"分道扬镳"，是对商鞅所奠定的管制农商旧制的重大改变或扬弃②，所实行的"田制不立"及"不抑兼并"，就大大减轻对农民和商人的超经济强制，鼓励农业和工商业的较自由发展，以建立"富民"农商经济秩序。在某种意义上，"唐宋变革"直接是革"均田""府兵"等三大制度的命，也是革商鞅编民耕战模式的命。从"唐宋变革"中"不抑兼并"占主导的历史趋势看，元代在江南"安业力农"和宽纵豪富，客观上符合历史潮流，因而是比较进步的。而明初在江南"配户当差"、徙富抑商和实行海禁，则基本是逆"唐宋变革"潮流而动的。

早在东周，楚、吴、越等文明发展水平，已仅次于河洛和海岱，位列第三③。江南水利、气候、植被、文明传统等良好基础及再开发潜力，又是其他地区无法比拟的。东晋和南宋两次南渡，造成中原文明南下，且与江汉等文明的交融汇合，以及若干次江南开发的浪潮，由此江南逐渐后来居上。南朝统治下的先

---

① （宋）吕祖谦《东莱别集》卷十二《读书杂记一·己丑课程》载："大司徒以保息六安万民。三曰振穷，四曰恤贫，六曰安富。后世之政，自谓抑强扶弱者，果得先王之意欤？"（《景印文渊阁四库全书》第1150册，第317页）（宋）朱熹《晦庵先生朱文公集》卷十三《奏札·延和奏札三》载："恤贫安富，两得其所。"（《四部丛刊初编》第176册，第12页 a）（宋）蔡戡《定斋集》卷四《奏议·乞戒谕守令恤民札子》载："夫单产贫民，固在矜恤，富家大室，犹欲安全之者，盖君民相通，富藏于民故也。"（《景印文渊阁四库全书》第1157册，第606页）（宋）黄榦《勉斋先生黄文肃公文集》卷二十八《公札·申安抚司辨危教授诉熊祥事》载："为政之道，抑强扶弱，不宜有偏；安富恤贫，要当两尽。"（《中华再造善本》影印中国国家图书馆藏元延祐二年［1315］刻本，第25册，第6页 a、b）（宋）真德秀《西山先生真文忠公文集》卷三《对越甲稿·直前奏札一（癸酉十月十一日上）》载："夫安富恤贫，（三）〔王〕者之政也。"（《四部丛刊初编》第208册，第7页 b）
② 关于古代编民耕战政策模式与"士农工商"较自由发展政策模式，参见本书"政治支配论"。
③ 蒙文通：《古史甄微》，载《蒙文通文集》第5卷，自序第4页，第33—62页。

进经济及财税体制，大抵是对"唐宋变革"的某种良好酝酿或准备。中唐发生的一系列社会变动，多半可以溯源于南朝[①]。10世纪前后，手工业、农业等生产力的显著进步，也大多率先出现于江南。特别是航海技术的长足发展、海上丝绸之路和海外贸易的繁荣，使长期依赖陆地丝路与西方交往的中国，获得了与世界主要文明交往的新的航海通道，同时也给东南沿海带来巨大的贸易文化等域外刺激。这就客观上促进了从汉唐"头枕三河（河内、河东、河南），面向西域"到宋元"头枕东南，面向海洋"的重大转折[②]。于是，9世纪以降的江南无疑成为经济文化最先进和最具活力的区域，成为中国经济重心和文化主脉所在，成为"富民"农商经济成长发展的"风水宝地"，同时也是"唐宋变革"或南北博弈的主要原动力地带[③]。元代相关政策顺应和推动了中近古江南经济开放繁华的历史角色的发挥，因而值得基本肯定。明前期的管制农商，重点实施于"唐宋变革"原动力所在和农业、工商业最为发达的江南地区，妨碍破坏其历史角色的发挥，且肇始闭关锁国，后果又多是灾难性的。

西方学者一般认为，宋元时期"中国的农业和工业生产、国内贸易及与'外部世界'的经济联系都发生了急剧的扩张，所达到的水平远远超过了已知的中国历史上以往的一切时代"[④]，且居于世界前列。明清则长期停滞不前，尤其是14世纪后半大抵是

① 唐长孺：《魏晋南北朝隋唐史三论》，第280、299、301—319、411页。
② 葛金芳：《"头枕东南，面向海洋"——南宋立国态势及经济格局论析》，北京大学中国古代史研究中心编：《邓广铭教授百年诞辰纪念论文集》，第219—220页。葛教授主张汉唐曾是"头枕三河，面向草原"。笔者基本同意。就对外交往趋势而言，言其为"头枕三河，面向西域"，似更为贴切。
③ 以上可参见上文《中古以来南北差异的整合发展与江南的角色功用》。
④ ［英］崔瑞德、［美］牟复礼编：《剑桥中国明代史》上册，张书生等译，第354页。

中国锁国落后或停滞的开端。笔者以为，宋元先进或明清落伍的要害，就在于江南农商并茂及海外贸易秩序的保与损。请注意：14世纪前后，中国最先进富庶的江南社会经济秩序，居然在蒙古族皇帝忽必烈手里得到了延续和一定发展，居然在汉人乞丐皇帝朱元璋统治下受到无情的摧残与颠覆。如此戏剧般的"你方唱罢我登场"，恰恰成为中国经济由先进跌入落伍的转捩点。假设明建文帝开始回归宋元江南政策模式，中国社会经济发展前景可能会比较光明。遗憾的是，历史进程从来就不理睬假设。

由此我们能够得到如下有益的启迪：即使"唐宋变革"鼓励农商较自由发展，也需要"公权力"调节（譬如"王安石变法"），但调节应积极理性，不宜过度或滥用，不能以破坏经济发展为代价。元代江南政策的负面在于放弃调节，一味宽纵；明前期江南政策的"败笔"又在于滥用管制，一味恢复编民耕战旧模式，还掺入元朝全民当差等野蛮因素。正确的选择应是以"不抑兼并"为主导，辅以积极、合理的"公权力"调节，既要积极推进经济繁荣发展，又须避免贫富不均所带来的动荡骚乱。

（原载《历史研究》2016年第1期）

大运河的漕粮北输与
中近古南北社会发展

　　20 世纪中叶以来，特别是被列入"世界遗产名录"后，大运河备受学界和社会舆情的青睐。然而，有关大运河的功能及价值，近千年来评说纷纭，见仁见智。既有唐宋"盖有害于一时，而利于千百载之下者"①等说，又有明末王夫之一"利"五"劳"之论②及发人深省的"利玛窦难题"③。鉴于中古大运河始终以南粮北输为基本功能，同时又是官府行政运作与民间经济活动的高度混合，坚持历史唯物主义，摆脱单纯的制度史或经济史研究的窠臼，综合审视大运河在中近古南、北方社会发展中的作用功能，揭示其独特的历史地位及深远影响，依然是新时期大运河研究不可或缺的任务。笔者吸收前人诸多研究成果，着眼南北地域融通发展的视角，试从维护国家政治统一、南北经济文化的交流

---

① （宋）卢襄：《西征记》，《四库全书存目丛书》史部第 127 册，第 542 页。
② 王夫之云："其迹甚便，其事若简，其效若速，一登之舟，旋运而至，不更劳焉，此转漕之见为利者也。……闸有闭启，以争水之盈虚，一劳也；时有旱涝，以争天之燥湿，二劳也；水有淤通，以勤人之之浚治，三劳也；时有冻冱，以待天之寒温，四劳也；役水次之夫，夺行旅之舟以济浅，五劳也。"（《读通鉴论》卷十九《隋文帝》，中册，第 543 页）
③ 解扬：《"利玛窦难题"与明代海运》，《读书》2010 年第 6 期。

互动、时代局限与元明以降的历史地位等方面予以新的探研。

一、大运河保障漕粮北输和维护南北政治统一

1. 南北政治经济中心错位格局与中古贡纳漕运的新发展

早在周秦时代，我国的广袤疆域就因地理风俗分别形成了黄河中下游、长江中下游、塞外草原等三大主要板块地带。黄河中下游，曾经是中华文明最早成长的发祥地和农耕文明最为先进的地区。长江中下游地区，在中华文明诸地域子文明中仅次于中土。20 世纪初，蒙文通先生曾揭示黄河中下游与长江中下游在 5 000 年中华文明发展历程中的重要性及各自优势，也披露这两大板块的互动共荣。① 塞外草原等长城以北以西，则是以游牧为主的北方民族世代栖息的广袤地域。需要指出的是，历代王朝的都城选址及确定，皆受到政治和社会控制、疆域交通条件和经济生活资源等因素的制约。上古和中古诸王朝的都城无一不设置在黄河中下游，都城所在兼具政治中心、经济中心和文化中心②。如周、秦、汉、唐王朝的国都主要在黄河中游的镐京、咸阳、长安及洛阳，北宋东移至黄河下游的汴梁，元明清的都城又北移至燕京。由于 4 世纪和 10 世纪北方民族两次大规模南下和东晋、南宋南渡，以及若干次江南开发的浪潮，最终使长江中下游等江南地带后来居上。尽管隋、唐、宋、元、明、清诸王朝的都城依然设置在黄河中下游，经济及文化重心却发生了东晋和南宋两次

---

① 蒙文通：《古史甄微》，载《蒙文通文集》第 5 卷，自序第 4 页，第 33—62 页。
② 李久昌：《国家、空间与社会——古代洛阳都城空间演变研究》，西安：三秦出版社，2007 年。

大规模的自北向南的转移。在这两次南移之前，北方中原地区的经济文化是非常先进的。但在这两次南移之后，特别是晚唐五代和契丹、女真、蒙古南下或入主，都城所在的北方中原地带战乱频仍，屡遭严重破坏，户口凋零，昔日的经济富庶和文化繁荣陡然褪色，黄河中下游与长江中下游的经济发展差距日渐拉大。大致在6世纪以后，经济重心已逐步转移至江南，供养官吏、军队的财税漕粮等不得不主要依赖南方[①]，在南北关系上遂呈现政治中心、经济中心错位和经济上北依赖南、政治上北支配南的格局，且延续千年以上。

在此之前，秦汉帝国基于"定九州，制土田，各因所生远近，赋入贡棐，楸（贸）迁有无，万国作乂"的传统，建立起了郡县制中央集权式的贡赋—贡纳体制，以及与之配套的"漕转关东粟以给中都官"[②]等转输各地粮食赴京师的漕运法规。此种中央集权式的贡赋—贡纳体制，往往是与王朝扩张过程同步，形成所谓"基于需求的多样化和地域自然禀赋差异产生的物资调运供应网络"[③]。更重要的是，它打破了商周内、外服"各因所生远近，赋入贡棐"的陈规，开始不分远近，一概在郡县制范围内绝对服从国家的统一征集调度。基于这种体制，定都在长安、洛阳和汴梁的隋、唐、北宋王朝，根据上述南北（隋、唐二王朝主要表现为关中与东南）政治、经济中心错位的需要，长期依赖大运河把三五千里之外的东南财赋资源运送到黄河水

---

① 张家驹：《两宋经济重心的南移》，武汉：湖北人民出版社，1957年。郑学檬：《中国古代经济重心南移和唐宋江南经济研究》，长沙：岳麓书社，2003年。

② （汉）班固：《汉书》卷二十四上《食货志上》，第1117、1127页。

③ 刘志伟：《贡赋体制与市场：明清社会经济史论稿》，北京：中华书局，2019年，第18、19页。

系，最后转运至京师。定都北京的元明清王朝，更是需要将漕粮较快地北上运至燕山南麓的北京。总之，大运河的开凿与运作，是中古经济、文化重心南移和北、南方政治、经济中心错位的派生物，同时也体现着隋唐以降国家贡纳漕运与之相适应的新发展。

2. 水路南北贯通与南粮北输的显著效益

众所周知，自秦始皇开驰道，全国陆路运输主要依靠以都城为中心的网络状驿路驰道，水路则靠河流及少量运河[①]。在长达千里以上远途贡纳输运方面，陆路的耗费成本较水路漕运通常要高出若干倍，故而历代贡纳输运率多以水路漕运为首选。然而，因国土地形地势整体上的西高东低，主干河流大多数是自西向东，南北走向的河道则偏少。此乃中近古帝制国家南粮北输巨大需求下水路交通的严重短板缺陷，在海河、黄河、淮河、长江四大流域的东部地带，尤其是如此。大运河工程，显著改善中近古水路交通设施，弥补了南北走向河流偏少和陆路交通艰难等缺陷，长期充任南粮北输的"黄金水道"。全长1 300余里的隋通济渠，在古鸿沟和汴渠的基础上首次成为沟通黄河、淮河、长江三大水系的主干水道；全长2 000余里的隋永济渠又沟通沁水到涿郡的漕运干道。元会通河和御河等直线南北穿越山东，将京杭大运河由隋唐时的5 400余里缩减为3 580余里。就当时的交通条件而言，其运输效益或近似贯通南北的现代铁路，而且充当北方政治中心与江南经济重心之间的交通大动脉，为帝制国家的政治军事控驭和财赋支撑提供了极

---

① 参见韩国磐：《隋炀帝》，武汉：湖北人民出版社，1957年，第35页。

▲ 隋运河示意图（《明清漕运史》）

大的便利。

漕粮主要满足帝制国家的官俸、军饷和宫廷靡费等三大需求。从 6 世纪末到 19 世纪，历代统一王朝无不仰赖东南财赋来支撑国计民生，运河漕粮北输也由此成为帝制国家财政贡纳的重要命脉。唐人李吉甫称"隋氏作之虽劳,后代实受其利焉" ①。李敬方诗曰"东

---

① （唐）李吉甫撰，贺次君点校：《元和郡县图志》卷五《河南道》，北京：中华书局，1983 年，第 137 页。

南四十三州地，取尽脂膏是此河"[①]。宋人亦云："……今则东南岁漕上给于京师（指汴梁）者，数千百艘……盖有害于一时，而利于千百载之下者。天以隋为吾宋王业之资也。"[②]元人称赞：会通河开凿后，"江淮、湖广、四川、海外诸番土贡粮运，商旅懋迁，毕达京师"[③]。明人丘濬亦言："今国家都燕，岁漕江南米四百余万石以实京师……""国家都北而仰给于南，恃此运河以为命脉。"[④]王在晋又说："国家奠鼎幽燕，京都百亿万口抱空腹以待饱于江淮灌输之粟。一日不得则饥，三日不得则不知其所为命。……则国之紧关命脉，全在转运。"[⑤]清代运河漕粮仍被称为"天庾正供""国家攸关"和"兵民所急"，"京师王公、百官禄糈及八旗官兵俸饷，胥仰给于此"[⑥]。除元代南米近 400 万石主要采用海运而河漕数额相应减少至数十万石外，其他王朝的南方漕粮几乎都由运河输送，数额大多维持在 400 万石左右。故彭云鹤说"漕运史也可称为'南粮北调'史"[⑦]。以上赞誉议论，持之有据，基本属实。

---

① （唐）李敬方：《汴河直进船》，载《全唐诗（增订本）》卷五百八，北京：中华书局，1999 年，第 5818 页。

② （宋）卢襄：《西征记》，《四库全书存目丛书》史部第 127 册，第 542 页。

③ （元）苏天爵辑撰，姚景安点校：《元朝名臣事略》卷二《丞相淮安忠武王》，北京：中华书局，1996 年，第 20 页。

④ （明）丘濬：《大学衍义补》卷二十四《治国平天下之要·制国用·经制之义下》，卷三十四《治国平天下之要·制国用·漕挽之宜下》，周伟民等点校：《丘濬集》，海口：海南出版社，2006 年，第 455、595 页。

⑤ （明）王在晋：《通漕类编·序》，《四库全书存目丛书》史部第 275 册，第 242—243 页。

⑥ （清）刘锦藻：《清朝续文献通考》卷七十五《国用考十三·漕运·职司》，上海：商务印书馆，1936 年，万有文库第二集，第 8332 页。

⑦ 彭云鹤：《明清漕运史》，北京：首都师范大学出版社，1995 年，第 207 页。

唐、宋、元、明、清漕粮数量统计表

朝代	总额（万石）	区域	省、府名称	漕粮（万石）	白粮（万石）	备　注
唐	230—250					（后晋）刘昫等：《旧唐书》卷四十九《食货志下》，第 2116 页。（宋）欧阳修、宋祁：《新唐书》卷五十三《食货志三》，第 1358 页
宋	800	南北方				（元）脱脱等：《宋史》卷三百三十一《孙长卿传》，第 10462 页。（宋）欧阳文忠公集》卷二十六《资政殿学士尚书户部侍郎简肃公（向）墓志铭》，《四部丛刊初编》，第 7 页 b
元	约 350 万石（海运多至 330 万石，河运数十万石）	江南				（明）宋濂等：《元史》卷九十三《食货志一·海运》，第 2369 页。（明）陈邦瞻：《元史纪事本末》卷十二《运漕》，北京：中华书局，1979 年，第 91 页

朝代	总额（万石）	区域	省、府名称	漕粮（万石）	白粮（万石）	备注
明	"成化八年始定四百万石"；"通计兑运、改兑加以耗米入京、通两仓者，凡五百十八万九千七百石"	北粮	河南、山东	75.56		（清）张廷玉等：《明史》卷七十九《食货志三》，第1918、1923页
		南粮	南直隶、浙江、江西、湖广	324.44		
		南粮	苏、松、常、嘉五府		17.004	
清	"每岁额征漕粮四百万石"	北方	河南	正兑27，改兑11		赵尔巽等：《清史稿》卷一百二十二《食货志三·漕运》，第3566页
		北方	山东	正兑20，改兑9.56		
		江南	江南	正兑150，改兑29.44		
		江南	浙江	正兑60，改兑3		
		江南	江西	正兑40，改兑17		
		江南	湖广	正兑25		
			苏、松、常、嘉、湖五府及太仓州		正米20.7 耗米1.1	

3. 对南北政治统一的助推保障

傅斯年曾精辟指出，夏商周东西二系统"因对峙而生争斗，因争斗而起混合，因混合而文化进展"。东汉以来则经常表现为南北关系及进展[①]。黄河中下游、长江中下游等南北两大板块地带等整合发展，至关东汉以后的国家政治统一大局。换言之，就中古历史进程而言，维护大一统帝国的政治统一及其对各地的有效控驭等，离不开以京师为中心的黄河中下游、经济文化后来居上的长江中下游等南北两大板块的地缘整合。有学者称："运河与漕运则是我们幅员辽阔、人口众多国家，一直能够长期保持统一、走向发展强盛的交通大动脉。"[②] 在保障漕粮自南输北和维护南北政治统一的层面，中古大运河所发挥的巨大功用应予以高度重视和充分肯定。

以唐中后期为例，安史之乱爆发，河北、河南、山东经常陷入战乱，藩镇纷然林立，甚而割据或半割据，"中原释末，辇越而衣，（曹）〔漕〕吴而食"；"赋取所资，漕挽所出，军国大计，仰于江淮"[③]。大运河转输的江淮漕粮遂成为关乎唐政权安危的生命线。763 年安史叛乱平息，唐代宗任用刘晏为转运租庸盐铁使，实施疏浚汴水、"盐利"充漕运"顾佣"和分段组纲等改革，使江淮漕粮勉强达到 110 万石[④]，从而替转危为安的唐政权提供了宝贵的财赋支持。782 年淮西节度使李希烈叛唐，又攻占汝州

---

① 傅斯年：《夷夏东西说》，欧阳哲生主编：《傅斯年全集》第 3 卷，第 181—182 页。
② 彭云鹤：《明清漕运史》，第 208 页。
③ （唐）吕温：《吕和叔文集》卷六《韦府君神道碑》，《四部丛刊初编》第 702 册，第 4 页 a。（唐）权德舆：《权载之文集》卷四十七《论江淮水灾上疏》，《四部丛刊初编》第 676 册，第 1 页 b。
④ （后晋）刘昫等：《旧唐书》卷一百二十三《刘晏传》，第 3511—3515 页。（宋）欧阳修、宋祁：《新唐书》卷五十三《食货志三》，第 1368 页。

等地。唐德宗仓皇调集泾原兵赴关东作战，但因江淮漕运大半受阻而赏赐菲薄，反而引发所调兵途经长安的"泾原兵变"及德宗播迁"奉天之难"[1]。唐宪宗武力平定"淮西"之乱，委任王播、程异为正、副转运使，整顿南方各地财赋，"取其羡助军"[2]，重新控制和调集江淮财赋北输京师，终于取得唐廷制约藩镇跋扈的显著胜利，史称"元和中兴"。时至 875 年，王仙芝、黄巢起义爆发，扫荡半天下。杨行密等军阀混战江淮，决开汴水，壅塞漕路，其他各地军阀或废罢贡赋，或扣留纲运，江淮漕粮遂告断

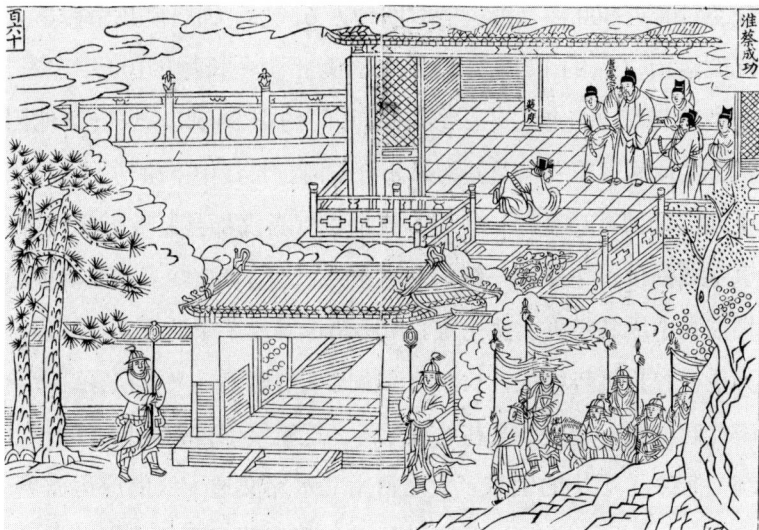

▲《帝鉴图说》之"淮蔡成功"。淮西节度使吴元济造反，唐宪宗果断任命裴度为宰相并支持他赴前线督战，最终平定了叛乱

---

[1] （后晋）刘昫：《旧唐书》卷十二《德宗纪上》，建中三年十一月，建中四年正月庚寅、十月，第 335、337 页。

[2] （宋）王钦若等编纂，周勋初等校订：《册府元龟（校订本）》卷四百八十四《邦计部二·经费》，元和十二年正月甲申，南京：凤凰出版社，2006 年，第 5491 页。

绝，唐王朝荡然覆亡[1]。在这个意义上，中晚唐政权几乎是与大运河漕运安危与共了。其他王朝除仰漕粮供给京师官民之外，北宋应对辽金挥戈南下，明成祖朱棣迁都燕京后亲征大漠和后期针对蒙古的"九边"军事防御，乃至清朝入关而抚定天下，等等，无不紧密仰赖大运河的漕运军粮财赋。其保障北方都城为中心的财赋贡纳需求（包括粮食、榷盐、商税、钱币等）和维护政治统一的功效，甚为显著。

再看 2 000 年来的长时段，据粗略统计，大运河修凿之前的秦、汉、魏、晋、南北朝 800 年间，南北统一的时间约 500 年，分裂对峙近 300 年，统一的时间约占 62.5%。而自隋炀帝修凿京杭大运河之后的 1 300 年间，中国南北统一长达 1 100 年左右，分裂对峙仅 200 年左右，统一的时间约占 84.6%。除去其他因素，大运河南粮北输及其沟通整合黄河、长江中下游两大地域版块等，可谓厥功至伟！也就是说，尽管秦汉郡县制及五铢钱等，奠定或提供了华夏大一统的基本条件，但在 1 300 多年政治中心长期在中原和经济、文化重心南移错位等复杂条件下，地域离心力往往容易趁势增强，长江、淮海等天然阻隔，又会在客观上给南北政治统一造成了某些地理障碍。这就给中古南北地域的整合统一带来了不小的困难。大运河南北水路交通干线的应运而生，将海河、黄河、淮河、长江和钱塘江等东部广袤地域纵向贯通，

---

① 《册府元龟（校订本）》卷四百八十三《邦计部一·总序》云："至光启中，所在征镇，自擅兵赋，皆不上供，岁时但贡奉而已。由是江淮转运路绝，国命所能制者，唯河西、山南、剑南、岭南西道。"（第 6472 页）另见（宋）王溥：《唐会要》卷八十七《转运盐铁总叙》，中和元年，《丛书集成初编》，第 1594 页。（宋）司马光编著，（元）胡三省音注，"标点资治通鉴小组"校点：《资治通鉴》卷二百九十二，显德二年十一月乙未，第 9532 页。参见全汉昇：《唐宋帝国与运河》，重庆：商务印书馆，1944 年。

连为一体，从而使南北政治统一及维护的有利因素大抵超过了不利因素。前述南北统一时间段由其先的 62.5% 上升至 84.6%，足见大运河对中近古南北政治统一的助推保障作用巨大。

顺便说说元明清定都燕京后大运河助推南北大一统功能的扩展与提升。隋唐巩固发展了秦汉郡县制的华夏一统，除经略安西四镇，还风行"天可汗"及华夷"爱之如一"①等开明观念，其华夷一统的尝试或见端倪。然而，随着契丹南下和燕云十六州丧失，北宋不得不放弃"华夷一统"的努力，不得不后退到"汉唐旧疆"的话语范畴②。蒙古"起朔漠，并西域，平西夏，灭女真，臣高丽，定南诏，遂下江南，而天下为一"③，首次将塞外草原、黄河流域、长江流域一并囊括在版图之内，首次完成了上述地域范围内的"华夷一统"。明成祖五次亲征漠北，迁都北京也旨在"控四夷，制天下"④，试图以汉族皇帝争夺"华夷一统"的主导权。遗憾的是朱棣病逝榆木川，特别是"土木之变"之后，明朝被迫内敛于长城以南。清朝入主中土，又将蒙古、新疆、西藏、东北等塞外极边再次俱归版图，建立起满汉一体"中外一家"⑤的华夷一统。这期间，北京"枕居庸，奠朔方"，"南控江淮，北

---

① （宋）司马光编著，（元）胡三省音注，"标点资治通鉴小组"校点：《资治通鉴》卷一百九十八《唐纪十四》，贞观二十年八月庚辰，第 6240 页；贞观二十一年五月庚辰，第 6247 页。

② 黄纯艳：《"汉唐旧疆"话语下的宋神宗开边》，《历史研究》2016 年第 1 期。

③ （明）宋濂等：《元史》卷五十八《地理志一》，第 1345 页。

④ 《明太宗实录》卷一八二，永乐十四年十一月壬寅，台北："中央研究院"历史语言研究所，1962 年，第 1965 页。

⑤ 《清世祖实录》卷八三，雍正七年七月丙午，《清实录》第 8 册，北京：中华书局，1985 年，第 99 页上。关于"华夷一统"及其对华夏一统的提升再造问题，参见本书"民族融汇论"后二文。

连朔漠"①，成为控驭塞外草原、黄河流域、长江流域三大区域的枢纽。而京杭大运河恰是以北京为漕运终点，对元、明、清三王朝控驭上述三大区域板块，对元、清二王朝"华夷一统"的实现与维系，同样具有不容小觑的保障助推作用。

二、大运河与南、北方经济文化的交流互动

附属于帝制国家贡纳体系的中古大运河，主旨是官方漕运，是最大限度地满足帝制国家养官、养兵及南北经济政治错位的财政需求，客观上却容纳和牵动了南北商贸交通，促进了南方、北方经济社会的结构性演进。

1. 连通东部五大经济区与中原先进文明的南传

一般说来，因山川形便和水陆交通等环境条件的制约，秦汉以降的经济文化区域单元相对偏小，如关中、巴蜀、河东、河内、河南、燕赵、代北、齐鲁、梁宋、吴越、荆楚，以及渐次发展起来的八闽、岭南、湘湖、云贵、陇右、辽阳等。至于上述经济文化区域之间的沟通交流，往往比较困难。大运河作为中近古王朝南粮转输的基本通道，不仅对维护多民族国家的政治统一具有战略意义，同时还带来了南北交通运输的便利发达，促使中央与地方、地域与地域之间经济联系的加强，有助于"楙（贸）迁有无"和商业城镇的发展，有助于商品市场的扩大与统一。易言之，大运河在中近古南北经济文化交流发展中持续发挥着难以估量的积极作用。尽管这种作用是在贡纳漕运的牵动下实现的。

---

① （元）陶宗仪：《南村辍耕录》卷二十一《宫阙制度》，第250页。（明）宋濂等：《元史》卷一百一十九《木华黎传》，第2942页。

　　大运河充任沟通黄河中下游板块与长江中下游板块的商贸干道，首次将司马迁时代的燕、赵、魏、宋、齐、鲁、徐、吴、越等相对独立的经济区①自北向南连成一体，为中近古时期南北经济交流提供了极大的便利，尤其是有益于海河、黄河、淮河、长江、钱塘江东部五大富庶地区的经济文化交流与互动发展。随着水道畅通，南来北往商货丰富，大运河在主要承担官府漕运职能的同时，又充当南北商品贸易的大动脉。如杜佑所云：大业元年（605）开通济渠，"自是天下利于转输"，"西通河洛，南达江淮……其交、广、荆、益、扬、越等州，运漕商旅，往来不绝"②。大批南北各地的商人、货物被吸引到运河漕道及沿途城镇，燕赵、中原、齐鲁、江淮、闽越等地域之间的商品贸易往来更为便利，经济交流更为频繁。

　　大运河颇有利于中原先进经济文化的南传和江南的逐步开发。唐后期"两京蹂于胡骑，士君子多以家渡江东"；"中夏多难，衣冠南避，寓于兹土"③。大量北方人口率多沿大运河南迁至东南江淮一带，带来了中原先进的耕作技术，遂使江淮成为继黄河中下游之后的又一农业富庶区，尤其是长江三角洲的经济得以较快的发展繁荣。

　　扬州位于邗沟入长江之处，隔江相望就是江南运河的起点镇江。通济渠与邗沟、江南河、长江在附近交汇沟通，扬州遂成为

---

① （汉）司马迁：《史记》卷一百二十九《货殖列传》，第3261—3270页。
② （唐）杜佑著，王文锦等点校：《通典》卷十《食货十·漕运》、卷一百七十七《州郡七·古荆河州》，北京：中华书局，1988年，第220、4657页。
③ （后晋）刘昫等：《旧唐书》卷一百四十八《权德舆传》，第4002页。（唐）梁肃：《吴县令厅壁记》，（清）董诰等编：《全唐文》卷五百一十九《梁肃三》，北京：中华书局，1983年，第5273页。

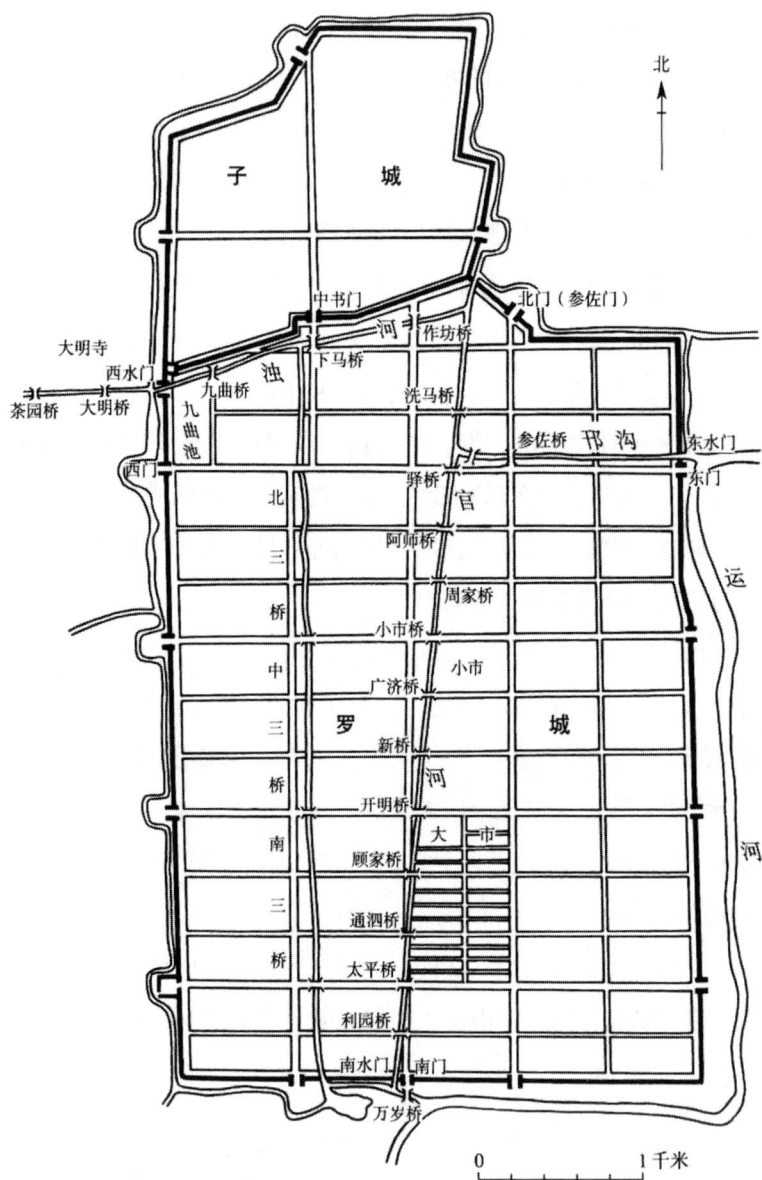

北

子　城

中书门

作坊桥

北门（参佐门）

河

浊

大明寺

西水门

下马桥

九曲桥

茶园桥

大明桥

九曲池

洗马桥

参佐桥　邗　沟

东水门

西门

驿桥

官

东门

北

阿师桥

运

三

周家桥

桥

小市桥

中

广济桥

小市

三

罗

城

桥

新桥

河

南

开明桥

三

大　　市

桥

顾家桥

通泗桥

太平桥

利园桥

南水门　南门

万岁桥

河

0　　　　　　　1 千米

▲　唐扬州城图（《扬州城——1987—1998 年考古发掘报告》）

全国漕运枢纽和重要的水路交通中心，"自扬、益、湘南至交、广、闽中等州，公家运漕，私行商旅，舳舻相继"[①]。便利的交通和扬州周围富产粮食及锦、镜、铜器、海味[②]，造就了唐代"扬一益二"和"十万人家如洞天"[③]的繁荣景象。又兼扬州周围即两淮产盐之地，中唐以后亦即盐铁使及四场十监所在，其榷盐收入可"当百余州之赋"[④]。"军国费用，取资江淮"[⑤]，由此扬州又居名副其实的全国经济中心。地处江南运河畔的"三吴"苏州、润州、湖州等地户口增多，经济更为富庶，"国用半在焉"。晚唐的苏州户口已增至 10 万余，跃居常州、润州、湖州和越州之前[⑥]。

始于东晋的江南千年大规模开发，大体是与中原向东南移民，东南向江西移民，再向湖广移民等相伴而行的。以太湖为中心的东南地区走在江西、湖广之前，率先成为江南经济最发达的地带，成为 10 世纪以降"江西填湖广""湖广填四川"等[⑦]自东向西经济开发的策源地带。这显然和前述大运河开凿后唐五代扬州及"三吴"等率先迅速发展繁荣息息相关，也与建炎之后江、

---

① （唐）李吉甫撰，贺次君点校：《元和郡县图志》卷五《河南道》，第 137 页。
② （后晋）刘昫等：《旧唐书》卷十五《韦坚传》，第 3222 页。
③ （唐）赵嘏：《送沈单作尉江东》（一作许浑），《全唐诗》卷五百四十九《赵嘏一》，第 6408 页。
④ （宋）欧阳修、宋祁：《新唐书》卷五十四《食货志四》，第 1378 页。
⑤ 《上尊号赦文》（宪宗元和十四年七月十四日），（清）董诰等编：《全唐文》卷六十三《宪宗八》，第 677 页。
⑥ （唐）李吉甫撰，贺次君点校：《元和郡县图志》卷二十五《苏州》，第 600 页。（唐）杜牧：《樊川文集》卷十四《唐故银青光禄大夫检校礼部尚书御史大夫充浙江西道都团练观察处置等使崔公行状》，《四部丛刊初编》第 751 册，第 13 页 a。以上参见白寿彝总主编，史念海主编：《中国通史》第 6 卷《中古时代·隋唐时期》上册，第 779—784、795 页。
⑦ 张国雄：《明清时期的两湖移民》，西安：陕西人民教育出版社，1995 年。凌礼潮：《"江西填湖广"与"湖广填四川"比较研究刍议》，《北京科技大学学报（社会科学版）》2014 年第 1 期。

浙、湖、湘、闽、广一带，西北流寓之人渐多，"扶老携幼渡江"而南者无虑数十百万[①]，难以分割。就是说，大运河南北水路的空前畅通，对长江三角洲等东南地区的率先发展繁荣进而充任10世纪以后江南全境开发的策源区，作用不容小觑。

2. 拉动商贸商帮与催生北段运河城镇

大运河上的商品流通，一是靠商船往来货运，二是靠漕船带货。早在唐宋时期，业已有少量漕运人员附载私货异地买卖。元代漕粮以海运为主，"运河二千余里，漕公私物货，为利甚大"，"商旅懋迁，毕达京师"[②]，其商贸功能由是得到大幅度提升。明清运河再度变为国家漕粮的主渠道，官府对漕运兵丁附载商货遂有了较严格的数量限制。万历至康熙年间只允许附载"土宜"60石。雍正帝曾言："旗丁运驾辛苦，若就粮艘之便，顺带货物，至京贸易，以获利益，亦情理可行之事。"[③]而后放宽至120石。康熙二十二年（1683）议准漕船回空时在"不致迟误"情况下可"些少揽载"[④]。乾隆初又规定回空船"各帮例带米及梨枣之类"[⑤]，"贸易土宜，利倍什一"[⑥]，由此才相对合法。漕船附载来的外地

---

① （宋）袁甫：《蒙斋集》卷六《奏备边四事札子》，《景印文渊阁四库全书》第1175册，第403页。参见韩茂莉：《论北方移民所携农业技术与中国古代经济重心南移》，《中国史研究》2013年第4期；张菁：《试论古代江南经济后来居上的三大因素》，《中国农史》1999年第3期。

② （元）苏天爵辑撰，姚景安点校：《元朝名臣事略》卷二《丞相淮安忠武王》，北京：中华书局，1996年，第20页。（明）宋濂等：《元史》卷六十四《河渠志一·御河》，第1600页。

③ 《清世宗实录》卷八一，雍正七年五月甲子，《清实录》第8册，第71页。

④ 《清圣祖实录》卷一九，康熙二十二年四月庚寅，《清实录》第5册，第111页。

⑤ （清）王庆云：《石渠余纪》卷四《纪漕船运军》，《续修四库全书》史部第815册，第341页。

⑥ （清）爱新觉罗·弘历：《钦定皇朝通典》卷十一《食货志十一·漕运》，《景印文渊阁四库全书》第642册，第137页。

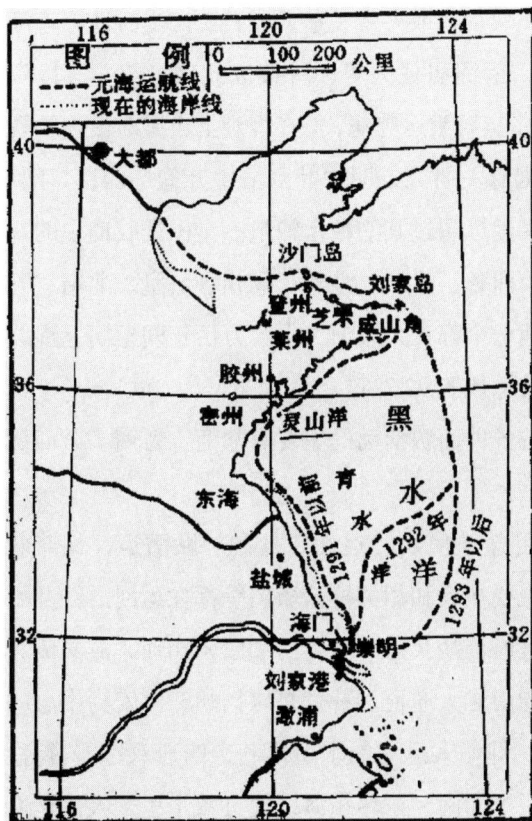

◀ 元代海运示意图
（《明清漕运史》）

商货也备受青睐，"漕船到水次，即有牙侩关说，引载客货"[1]，"沿途居民藉此以为生理者，亦复不少"[2]。另一方面，清廷又禁止漕船"于城市货物辐辏之处，逗留迟延，冀多揽载"，

---

[1] 赵尔巽等：《清史稿》卷一百二十二《食货志三·漕运》，第3584页。

[2] （清）爱新觉罗·胤禛：《世宗宪皇帝朱批谕旨》卷一百三十八下，谢旻"酌陈停运漕粮之议"，雍正九年正月二十四日，《景印文渊阁四库全书》第422册，第282页。

禁止通同商贾大量私贩货物或夹带私盐、私钱①。当时已不乏漕运人员盗卖漕粮和"沿河居住人等，皆赖以此项米粮，买以资生"②。迟延或盗卖，实属漕运弊病，但在客观上也是对沿途物资贸易流通的补充。据有关研究，明中叶到清中叶的三四百年间，运河的商品流通量又远远超过其漕粮运输量。全国征收商税的八大钞关（崇文门、河西务、临清、淮安、扬州、浒墅、北新、九江）除九江外，其他七个都在大运河之上，万历年间运河七钞关的商税已占到八钞关总数的 92.7%③。

在运河沿线进行各种商贸活动的主要有盐商、晋商、徽商等商帮。

自唐后期刘晏等盐铁使兼转运使以盐利补贴漕运，又兼两淮、山东、长芦等主要盐场和相关榷盐衙门等都在运河沿线及毗邻，大运河往往和官府榷盐及盐商经营活动紧密相连，故又成为历朝盐商行盐贩运的南北大通道。特别是以扬州、淮安为中心的两淮榷盐产量最多，仰赖大运河的水运便利，四通八达，"行盐地方，南尽湖广，西抵河南，东尽东海，地方数千里，人民亿万家"④，"国用所需，边饷所赖，半出于兹"⑤，盐商随而成为运河沿线财力最雄厚和官府背景最深的特权商人。

---

① 赵尔巽等：《清史稿》卷一百二十二《食货志三·漕运》，第 3584 页。
② 《漕运则例纂》卷十六《通漕禁令·侵盗折干》，《四库未收书辑刊》第一辑第 23 册，北京：书目文献出版社，2000 年，第 637 页。
③ 许檀：《明清时期运河的商品流通》，《历史档案》1992 年第 1 期。
④ （明）霍韬：《淮盐利弊疏》，嘉庆《重修扬州府志》卷六十三《艺文志二》，《中国地方志集成·江苏府县志辑》第 42 册，南京：江苏古籍出版社，1991 年，第 416 页。
⑤ （明）佚名：《嘉靖乙巳重浚风井运河记》，（清）王定安等：《重修两淮盐法志》卷一百五十九《杂记门·艺文七·碑记》，《续修四库全书》史部第 845 册，第 716 页。

明"开中法"以盐引招商运粮北边，以及丝绸、瓷器、茶叶、木材等官民采购贩运等，也需要依赖大运河通道。因"开中法"而崛起的晋商等，长期活跃于运河沿线城镇，尤其是在盐业运输销售上或有垄断。如清乾隆时长芦山西盐商王太来商贸"字号各处有之"，"其家产现银一千七百万有奇，他物称是"[1]。还经营粮食、纺织业、制陶业、典当、票号等。徽商"业盐于两淮为著"[2]，明末在两淮的势力已超越晋商，且多担任两淮总商。茶业、木材、典当等也是徽商经营之大宗。史称，两淮山西盐商王履泰、尉济美和"徽商如鲍有恒（鲍氏行盐牌号）""皆挟千万金资本，行之数十年"[3]。还有浙、闽、湘、赣等商人[4]。

这些商帮和商人游走于运河沿线，拉动商业贸易鼎盛，同时也刺激运河沿线的农民由以物易物的简单交换走向市场，促进商品经济渗入农村和农副产品进入商业流通，推动各地商品市场的形成发展和新经济因素的成长。

大运河南粮北输还催生了商丘、淮安、济宁、聊城、临清、德州、沧州、通州、天津等一批北方运河城市，以及张秋、谷亭、南阳、夏镇等"镇城"[5]。此类城镇具有如下四个特点：第一，部分原本并非行政中心所在城邑，部分是由政治性的府州县城转化而来。第二，多半处于运河经过的河川、陆路交汇地，也

---

① （清）萧奭：《永宪录》卷二下，《清代史料笔记丛刊》，第 130 页。
② 道光《徽州府志》卷三之一《营建志》，《中国地方志集成·安徽府县志辑》第 48 册，第 221 页。
③ （清）姚莹：《上陆制府（建瀛）九江卡务情形禀》，（清）王定安等：《重修两淮盐法志》卷一百五十七《杂记门·艺文五·议说》，《续修四库全书》史部第 845 册，第 682 页。
④ 张海鹏、张海瀛主编：《中国十大商帮》，合肥：黄山书社，1993 年。
⑤ 傅崇兰：《中国运河城市发展史》，成都：四川人民出版社，1985 年，第 70—101 页。

常是"闸漕中枢"所在。第三，漕卒、河工、纤夫等较多汇集。第四，诸色商旅和手工业、商业店铺等较多汇集，多系流通枢纽，山陕商、徽商等会馆林立。总之，运河城市皆因漕运而兴盛，当是汉唐长安等政治型都邑城市之外的另一类商业城镇。

譬如临清，元代仅是濮州属县，因漕运曾设临清御河运粮上万户府，迄元末所在山东一带"多是无人之地"[1]。随着明初罢海运和运河漕粮的鼎盛，1369 年县城迁至临清闸，1450 年又徙治闸东北三里的新筑城。1489 年升为临清州，1776 年升为直隶州。临清南接会通河，北通御河而达天津，西会卫河[2]。由于"实据河漕之喉，当南北之冲"[3]，"每届漕运时期，帆樯如林，百货山

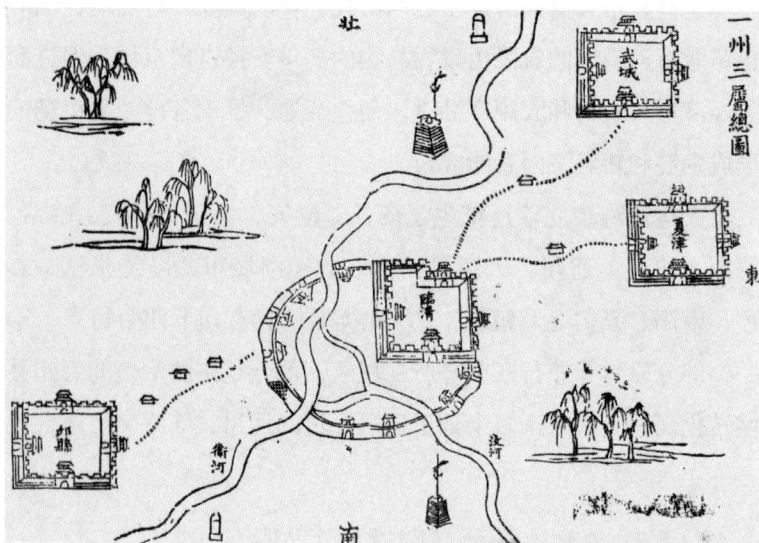

▲ 临清直隶州及其所属三县示意图（乾隆《临清直隶州志》卷首）

---

[1] （清）顾炎武著，（清）黄汝成集释：《日知录集释》卷十《开垦荒地》，第 787 页。
[2] （清）张廷玉等：《明史》卷四十一《地理志二》，第 946 页。
[3] 康熙《临清州志》卷一《河渠附论》，临清市人民政府编：《临清州志》，济南：山东省地图出版社，2001 年，第 32 页。

积。经数百年之取精用宏，商业遂勃兴而不可遏。当其盛时，北至塔湾，南至头闸，绵亘数十里，市肆栉比，有肩摩毂击之势"①。明清时期,临清已成为以中转贸易为主的北方最大的商业城市，还获得"富庶甲齐郡"，"繁华压两京"，"南有苏杭，北有临张"等美誉。

又如淮安，居江南、华北两大经济区的交界处，北枕黄河，西滨洪泽湖，运河绕城而过。明清漕运总督在此驻扎，"仓司屯卫星罗棋布，俨然省会。夏秋之交，粮艘衔尾入境"，"经漕督盘查，以次出运河"②。明中叶以后，淮安已然成为运河沿线重要的商业码头。居民从事商业、服务业者众多，"豪右竞势逐利，以财力侈靡相雄长，细民争趋末利"，"百工居肆倍于土著"③。外来客籍商贾云集，主要来自安徽、江西、江苏、福建、浙江和山西。商品贸易以粮食为最大宗。清乾隆年间，淮安关年征税额已升至运河七税关的第二位。据统计，该关税数额中的粮食贸易占60%，北上绸布、杂货等约占20%，南下棉花、枣梨、烟叶等约占10%④。"米豆船只往南运贩者多,回带杂货亦多。"⑤ 由此窥知淮安在南北方运河贸易中的枢要角色和明清南、北方农副业产销关系的沿革变迁。

---

① 民国《临清县志·经济志十一》,《中国地方志集成·山东府县志辑》第95册，第139页。
② 宣统《续纂山阳县志》卷一《疆域》，民国十年（1921）刊本，第2页a。同治《重修山阳县志》卷四《漕运》，同治十二年（1873）刻本，第1页b。参见傅崇兰：《中国运河城市发展史》，第320页。
③ 乾隆《淮安府志》卷十五《风俗》，《续修四库全书》史部第700册，第72、75页。
④ 参见许檀：《明清时期运河的商品流通》，《历史档案》1992年第1期。
⑤ 乾隆七年六月十五日管理淮安关税务叶拉齐奏折、乾隆三十八年二月十五日两江总督高晋奏折，中国第一历史档案馆档案。参见方行等主编：《中国经济通史·清代经济卷》中册，第874页。

3. 促进南北商品市场流通、文化互动及链接海陆丝路

7 世纪以后的大运河，还颇有利于发挥江南经济文化的带动和辐射作用，颇有利于促进北方社会经济的恢复发展。元明清前述淮安、济宁、聊城、临清、德州、沧州等运河城镇的兴盛，主要集中在淮河以北，由于晚唐以降中原经济破坏严重，前述运河城镇遂形成北方新的经济增长发展地带，对北方经济的恢复发展和商品贸易的重新繁荣，发挥了较大的带动效应。据许檀教授研究，山东临清凭借运河、卫河、汶河三水道在境内分合，构建起以北达京津、南抵苏杭、西及汴梁为主干的商品流通网。该流通网使临清充当着身兼三级功能的综合市场：零售商业构成的消费市场、农产品集散市场和多种商品的中转批发市场。临清商业既作为地方性市场为本城居民、手工业者及附近州县的农民服务，又作为区域性市场为鲁西、豫东和直隶一个相当广大地区的商品流通服务，同时还作为商品转运枢纽在全国性经济运转中为南、北两大经济区的物资交流服务。明代临清全国性中转市场的作用极为突出。而在清代，因北方经济的发展，其区域性市场的功用又明显上升①。令人喜悦的还有，清前期在距离临清东北 200 多公里处的山东腹地，还出现一座以手工业繁荣著称的商业城市——淄博，而且是当时北方唯一的新兴"辐射型"商业城市②。临清等运河城镇的迅速发展，其加强地区间的经济联系，

---

① 许檀：《明清时期山东商品经济的发展》，北京：中国社会科学出版社，1998 年，第 158、170、171 页。

② 据有关研究，清代商业城市可分为聚集型、辐射型和中转型三种类型。临清、济宁、淮安等运河城市，属于中转型商业城市。山东淄博则属于以手工业著称的辐射型商业城市。参见方行等主编：《中国经济通史・清代经济卷》中册，第 1248、1249 页。

优化市场商品流通调配，带动刺激周边区域经济等积极作用，可见一斑。

大运河有助于创造较为发达的跨地域商业走廊，极大推进了南方与北方间的经济贸易和经济交流。譬如，明代"吉贝则泛舟而鬻诸南，布则泛舟而鬻诸北"[1]。华北所产棉花大量运销江南，江南棉布和丝织品则运销华北，纺织品相对落后而形成的北方消费市场对江南丝、棉织品的依赖，使纺织品贸易成为明代运河流通的最主要内容。由于北方经济相对落后，南下输出的主要是初级农产品且数量有限。时至清代，随着华北本地棉纺织业的发展，纺织品贸易在运河商品流通中的比重明显下降，粮食转而成为运河流通中的最主要商品。而且，以华北经济发展及相对独立为背景，南下商品数量还超过北上商品，进而在运河商品流通中占据主要的位置。另外，以商品流通为媒介，明清之际的运河商品流通已日益与长江、沿海相联系，正在形成一个新的流通格局[2]，由此积极能动地助推以东南及运河为主干的全国性商品流通市场的不断成熟发展。诚然，这种流通市场并非单纯的市场行为，而是在大运河所属的帝制国家贡赋—贡纳体制主导牵动下实现的[3]。

千余年间，大运河还对南方、北方东部的社会文化彼此交流及结构优化带来了深刻影响。隋唐以降的科举、任官迁转和元汉军镇戍、明卫所屯戍、清八旗绿营屯戍等推行之后，南方人游宦

---

① （明）徐光启著，石声汉点校：《农政全书》卷三十五《蚕桑广类·木棉》，第749页。
② 许檀：《明清时期运河的商品流通》，《历史档案》1992年第1期。
③ 刘志伟：《贡赋体制与市场：明清社会经济史论稿》，第21、31页。

和驻戍北方、北方人游宦和驻戍南方等情况日渐频繁，大运河遂成为官员、士人、兵将等南北往返的主要通道，无形中对南、北方社会文化彼此交流带来了良好的影响。尤其是成年累月的漕运和贸易逐渐广泛渗透到北方运河沿岸各地的经济和社会中，让一群漕卒、河工、纤夫、工匠等职业进入当地民众，包括"南人"在内的一批批商贾客户和官绅文士等也随水路漕船往来，有些甚至寓居下来，与当地土著一起生活。史称，"济州，南北之交，而物产人物之盛，甲于齐鲁。于是名公巨卿、文人墨士往往安其风土而寄迹焉，故侨寓特多"①。没有田地的新移民——商人、工匠等，大多数的生计依附于运河上的南北贸易与生产。他们与土著民混居杂处，急剧扩大了城镇实体，也改变着新城镇的经济生活和社会结构，甚至使山东运河南段传统的耕读传家、淳朴节俭和安土重迁等道德规范，悄然发生变化，渐染奢侈之风。"……自是商舶流通，文物浸盛……惟是纷奢之习，颇为耗蠹之资；而估贩之赢，不胜络绎之扰。居恒以声华诧境外，而枵中实甚，所为砥柱其颓风……"②换言之，江南后来居上的经济文化优势及辐射力，借大运河而影响带动北方。位于大运河中段的济宁因其"毗邻南省"，明清时期甚至发生了"南方化"，且有了与南方城市存在很多共同特点的"小苏州"称号③。地理方位偏北的临清，则在同时期呈现徽商主宰地方经济，且在当地的社会生活中扮演

---

① 乾隆《济宁直隶州志》卷二十八《人物六·侨寓》，中国国家图书馆藏乾隆五十年（1785）刻本，第10页a。
② 道光《济宁直隶州志》卷末，《中国地方志集成·山东府县志辑》第77册，第144页。
③ 以上参见孙竞昊：《一座中国北方城市的江南认同：帝国晚期济宁城市文化的形成》，陈丹阳译，胡克诚校，《运河学研究》第1辑，北京：社会科学文献出版社，2018年，第145—174页。

主导角色①。

此外，元明以来，因驻军、经商及仕宦等，运河沿岸城镇还成为回族荟萃聚居之处。沧州清真北大寺和建国清真寺，泊头清真寺、清真东寺和八里庄清真寺，枣庄清真寺，济宁东大寺和柳行东寺，德州北营清真寺，临清老礼拜寺和大清真寺，临西洪官营清真寺，张秋清真东寺，台儿庄北关清真寺，镇江古润礼拜寺，苏州砂皮巷和丁家巷二清真寺，太仓铁锚弄清真寺，扬州普哈丁墓园，杭州凤凰寺，等等，就是历史见证②。这类问题颇有宗教文化和民族融合等独特寓意，限于篇幅，恕不赘言。在这个意义上，中古大运河又充任南方、北方地域文化间最为便捷通畅的沟通交流管道。

10世纪前后，航海技术的长足发展、海上丝绸之路和海外贸易的繁荣，使地处东亚大陆相对独立地理单元的中国，在陆地丝路之外获得了与域外其他主要文明交流的更为便利的航海通道，同时也给江南特别是东南沿海带来了巨大的域外刺激。这在客观上促进了秦汉"头枕三河（河内、河东、河南），面向草原"到唐宋以降的"头枕东南，面向海洋"经济趋势的重大转折③。大运河也生逢其时，在适应政治经济错位需要，充当南方带动、

① 许檀：《明清时期的临清商业》，《中国经济史研究》1986年第2期。
② 郑自海：《明清伊斯兰教在运河沿岸的传播》，《中国文化报》2013年9月12日。
③ 葛金芳教授认为，秦汉和隋唐帝国以黄河中下游为政治、经济、文化中心，以自给自足农业经济为基础，特别是为防御匈奴、突厥等，故而主要是向西北开拓延伸其势力范围。此时期的基本格局可称为"头枕三河（河内、河东、河南），面向草原"。而中唐以后传统社会的经济重心已由黄河中下游转移到长江中下游。特别是长江三角洲为主体的东南沿海地区，以发达农业、手工业和商品经济为后盾，开始表现出向海洋发展的强烈倾向。此时期的基本格局又可称为"头枕东南，面向海洋"。详见《"头枕东南，面向海洋"——南宋立国态势及经济格局论析》，北京大学中国古代史研究中心编：《邓广铭教授百年诞辰纪念论文集》，第219—220页。

▲ 漕船（漕舫）（《天工开物》）

辐射北方特有管道的同时，还具有南北链接海上丝路和陆地丝路（包括长安通西域丝路和北京经多伦、恰克图连通草原丝路）的重要功能。

附带说明的是，元代在开创漕粮海运的同时，还相应实施商贸及官民水上南北交通以河运为主干的体制。利用京杭大运河航道，"……海外诸番土贡粮运，商旅懋迁，毕达京师"[1]。除了"江南行省起运诸物,皆由会通河

————————

[1] （元）苏天爵辑撰，姚景安点校：《元朝名臣事略》卷二《丞相淮安忠武王》，第 20 页。

以达于都"，南北商业贸易活动也赖此更为便利频繁，而且规模显著变大。甚至有"……权势之人，并富商大贾，贪嗜货利，造三四百料或五百料船，于此河行驾"[1]。元人诗歌也留有生动翔实的描绘："吴中富儿扬州客，一生射利多金帛。去年贩茶溢浦东，今年载米黄河北。……近日船行御河里，顺流日日南风喜。"[2]后者又能得到《通制条格》御史台上奏的印证："大都里每年百姓食用的粮食，多一半是客人从迤南御河里搬将这里来卖有。"[3]由于大运河沿线的南北商业贸易的繁盛，官府商税也随之增加。据《元史·食货志二》，大运河沿岸城市自北向南河间路、高唐州、濮州、东昌路、东平路、济宁路的年度商税额均达到中统钞2 000锭以上，在北方诸路州中名列前茅。尤其是济宁路和河间路分别高达12 403锭和10 466锭，位居腹里第四和第七。元漕粮海运与客商河运的分类专用及配合，既顺应大航海时代潮流而降低漕运成本，又直接带来了南北民间商业贸易的诸多利好。

三、大运河的时代局限与元明以降历史地位嬗变

说起东方和我国古代水利工程，人们自然会联想起闻名遐迩的埃及尼罗河灌溉、幼发拉底河与底格里斯河灌溉、印度河灌溉、大禹治水、大运河，以及都江堰、河套灌溉、新疆坎儿井，等等。毋庸置疑，前三项灌溉工程曾经是古埃及文明、古巴比伦

---

① （明）宋濂等：《元史》卷六十四《河渠志一·会通河》，第1611页。
② （元）傅若金著，史杰鹏、赵或校点：《傅若金集·傅若金诗集》卷三《覆舟叹》，长春：吉林文史出版社，2010年，第61页。
③ 方龄贵校注：《通制条格校注》卷二十七《杂令·拘滞车船》，第640页。

文明和古印度文明璀璨辉煌的"守护神"！4 000 年前大禹"疏川导滞"[①]，"导河积石，至于龙门"[②]，东入沧海，虽带有一定的神话传说成分，但依然堪称上古华夏先民战胜洪水的伟大工程。中古大运河则是在近 1 300 年保障漕粮自南输北、维护国家政治统一方面的建树功勋，无与伦比。皮日休诗曰："尽道隋亡为此河，至今千里赖通波。若无水殿龙舟事，共禹论功不较多。"[③] 大运河的开凿堪称我国古代劳动人民改造自然的伟大成就，"是中华民族文明发达的象征和杰作，是人类史上的奇迹"[④]。尽管有"水殿龙舟"劳民伤财等负面评价（详后），大运河仍能与大禹治水相提并论。防御游牧铁骑的万里长城，声名远扬海内外，但就其对国计民生的综合功效而言，却明显逊色于大运河。至于秦始皇陵，明清宫殿、皇陵等大工程的劳民奢靡，其正面效益更是与大运河有天壤之别了。

中古大运河在维护南北统一和促进南北经济文化交流等方面作出不可磨灭的巨大贡献的同时，也存在一定的时代局限。大运河本身即为中古贡赋—贡纳体制的组成部分和直接工具。民众徭役又是隋朝等修凿维护大运河的特定运作机制。马克思曾精辟指出，古代东方政府部门及职能不外三项：财政、军事和水利工程。中古大运河不仅较集中地体现了帝制国家"对内进行掠夺"的财政职能和水利工程职能，以及"中央集权的政府来干

---

① （晋）杨泉：《五湖赋》，（清）严可均辑：《全上古三代秦汉三国六朝文》，北京：中华书局，1987 年，第 1453 页。
② （汉）孔安国传，（唐）孔颖达疏，廖名春等整理：《尚书正义》卷六《禹贡第一》，《十三经注疏》整理本，北京：北京大学出版社，2000 年，第 192 页。
③ （唐）皮日休：《汴河怀古二首》，《全唐诗（增订本）》卷六百一十五，第 7150 页。
④ 彭云鹤：《明清漕运史》，第 208 页。

预"①，而且在动用民众徭役等举国运作以全力实现帝制贡纳漕粮转输方面表现得淋漓尽致。换言之，贡纳体制工具与徭役物化成果，遂成为中古大运河工程的时代局限。正是这种时代局限的制约，中古大运河工程不可避免地表现出利弊相参的"双刃剑"效用。

大致以元代海运漕粮取得成功为界限，大运河的"双刃剑"效用和历史地位发生了根本性变化：此前大运河的"双刃剑"效用并不十分明显，尤其是在隋唐及北宋时代，大运河上述维护国家政治统一和促进南北经济文化交流的正面历史作用十分巨大，生态等负面影响偏小，且尚处于无碍大局的非主流方面，或者可以说是"当时历史背景下别无选择的必然产物"②。而在元代海运漕粮取得成功后，因海运顺应大航海历史趋势却发生明永乐废止海运而固守河漕的逆转，元明以降大运河的利弊"双刃剑"效用遂发生突变性反差。换句话说，元江南漕粮改为海运，显著减少运河在国家漕运中的比重，漕粮海运与客商河运分类专用及配合，无疑是降低社会成本和顺应大航海潮流的历史性进步。明永乐废海运而恢复河漕的绝对主渠道，可谓抱残逆行，致使大运河转型为商贸专用交通干道的优化方案被扼杀，故而其滥用百姓徭役、不计经济成本代价和损害生态环境等负面影响未减反增，大运河的历史地位由此发生悲剧性的颠覆或下跌。

明丘濬说："自古漕运所从之道有三：曰陆，曰河，曰海。陆运以车，水运以舟，而皆资乎人力。所运有多寡，所费有繁

① ［德］马克思：《不列颠在印度的统治》，《马克思恩格斯选集》第 2 卷，北京：人民出版社，1995 年，第 64 页。
② 邹逸麟：《从生态文明角度看大运河的负面影响》，《中国社会科学报》2014 年 2 月 4 日。

省。河漕视陆运之费省什三四, 海运视陆运之费省什七八。"① 阮元言, 明清每岁河运漕粮定额 400 万石, 直接耗费即高达 800 万石。若是海运, 耗费仅 160 万石②。加上维持运道及治河, 清代需支出数百万甚至千万两白银, 且占到清中期年度直省 4 000 万两左右财政总收入③的 1/5 左右。有人曾留意测算, 嘉庆年间江南漕米运抵京师, 每石耗费白银 18 两, 当时的市场米价每石仅 1 两左右。面对河漕成效与经济成本相差十六七倍的赔本工程, 连明末远涉重洋来华的利玛窦都表示质疑和惊讶。这就是所谓 "利玛窦难题"④。

人们不禁要问：为什么中外明眼人一目了然的巨额赔本工程, 朱棣等明清统治者却视若罔闻, 偏偏在 "大航海" 到来之际却反其道而行之, 废海运固守河运且在长达四五百年间愚顽不化地迟迟未能迈向海运呢?

关于废罢海运的原因背景, 吴缉华说, 营建北京、向北方发展和运河航道疏通是直接动因⑤。魏林认为, 主要是防范 "倭寇" 和实行 "海禁" 的政治需要所致⑥。马俊亚说 "相当程度是既得利益集团为了一己之利所造成的"⑦。樊铧则强调山东官民的经济

① （明）丘濬：《大学衍义补》卷三十四《漕挽之宜下》, （明）丘濬著, 周伟民等点校：《丘濬集》, 第 582 页。
② （清）阮元：《海运考》（上）, （清）魏源辑：《皇朝经世文编》卷四十八, 《魏源全集》第 15 册, 长沙：岳麓书社, 2004 年, 第 575 页。
③ （清）王庆云：《石渠余纪》卷三《直省岁入总数表》, 《续修四库全书》史部第 815 册, 第 335 页下。
④ 解扬：《"利玛窦难题"与明代海运》, 《读书》2010 年第 6 期。
⑤ 吴缉华：《明代海运及运河的研究》, 台北："中央研究院"历史语言研究所, 1961 年, 第 47、48、76—82 页。
⑥ 魏林：《明初废罢海运试探》, 《郑州大学学报（哲学社会科学版）》1987 年第 5 期。
⑦ 马俊亚：《集团利益与国运衰变——明清漕粮河运及其社会生态后果》, 《南京大学学报（哲学·人文·社会科学版）》2008 年第 2 期。

利益和地缘政治参预①。笔者拙见，就废罢海运的决策出笼而言，迁都、北征、"海禁"防倭及运河航道疏通，无疑是主要和基本原因。之所以固守河运且四五百年未迈向海运，官商利益地缘集团作祟和明清统治者对江南的政治、财富双重控制需要等，或许作用更为突出。

《明史·宋礼传》谈及明初海运效益偏低："海运经历险阻，每岁船辄损败，有漂没者。……计海船一艘，用百人而运千石……"② 根本原因是海运与海禁及管控东南沿海百姓的既定政策，格格不入。元代海运"禁网疏阔"，率多"召募两浙富户素习海涛之人"，且给予耗米、行盐、载私货和回盐等"以酬其劳"。明初海运则是靠收编留用张士诚、方国珍麾下的部分水军来运作的。永乐十二年（1414）之际，"编定里甲，递年轮差，夹带私盐者没入"之类的管制已实施数十年。这帮曾充当元代海运依赖力量的海民，亦即明初沿海百姓中的不安分者，此时已不再享受昔日的优待，动辄逃亡出海，又容易接触或受纳海盗及海外异端等，故而成为明廷海禁及迁海等政策的重点打击对象。海禁及迁海等恰恰从根本上摧毁了原东南水军的后备来源，造成海运中"素习海涛之人"的断层与匮乏，以至官府不得不使用普通官军或"强定腹里军民不习水性之人，以败乃事"③。易言之，海运严重背离明廷控制沿海百姓的既定政策，其自身也因海禁和里甲禁锢海民等而屡现败坏。

---

① 樊铧：《明初南北转运重建的真相：永乐十三年停罢海运考》，《历史地理》第 23 辑，上海：上海人民出版社，2008 年。
② （清）张廷玉等：《明史》卷一百五十三《宋礼传》，第 4204 页。
③ （明）郑若曾：《郑开阳杂著》卷九《海运图说》，《景印文渊阁四库全书》第 584 册，第 631 页。

▲《潞河督运图》，（清）江萱绘，中国国家博物馆藏。该图描绘了乾隆时期潞河漕运及沿岸商业繁荣景象。此为局部图，从图中可见部分漕船已经卸载完毕，部分漕船正在卸货

表面看来，宋礼、陈瑄成功修治会通河"初运二百万石，浸至五百万石，国用以饶"①等突出成效，与明初海运似乎形成鲜明对比。不过，此种成效掩盖或隐藏着明初河漕的特殊秘密：负责大运河漕粮运输的官军只部署在江北，不负责江南。江南等各省百姓必须按照十年一轮差的里甲正役，依道里距离自行送往江北的德州、临清、徐州、淮安四处官仓，再交官军从运河运送北京。即便是后来实行交纳耗米的"支运"和"兑运"，江南百姓也须自运至淮安和瓜州②。宋礼只计算运军的成本效益，恰恰没有将百姓里甲正役、耗米、造船、堤坝维修、官吏盘剥等计算在内，因而既与丘濬、阮元等所言亏盈效果截然相反，也和仁宗遗诏"南北供亿之劳，军民俱困"③之语相抵牾。换言之，明代河运是多数情况下将近半的运输负担转嫁给江南等百姓，由他们承担的劳役来换取官府河漕财政费用的暂时减轻。而在明洪武皇帝奠定"纳粮也是当差"④秩序下，这不仅简便易行，更是承受北征、北京营建等巨额财政耗费压力的朱棣很愿意看到的。

朱棣废海运而固守河运，虽然是营建北京和北征等大量钱粮物资的直接依赖（包括营建新都的大量木材、"金砖"等物资皆赖运河输送）⑤，但在迁都完成和对蒙古改而采取军事防御之后，自北向南严密控制运河沿线，进而控驭南京为首的江南广大地区，遂成为另一项战略需要。后者又是朱棣及其继承人所面临的崭新政治课题。揆以朱棣"靖难"时曾率兵在运河沿线与建文帝

① （清）张廷玉等：《明史》卷一百五十三《陈瑄传》，第 4207 页。
② （清）张廷玉等：《明史》卷七十九《食货志三》，第 1916、1917 页。
③ 《明仁宗实录》卷一〇，洪熙元年五月辛巳，北京：中华书局，2016 年，第 306 页。
④ 王毓铨：《纳粮也是当差》，《王毓铨史论集》下册，第 756—777 页。
⑤ （清）张廷玉等：《明史》卷八十五《河渠志三·运河上》，第 2081 页。

官军逐城争夺四年，一度在东昌府（今山东聊城市）遭都督盛庸等官军阻击而溃败 [1]，翌年，特意绕过官军重兵屯守的德州、济南、东昌、徐州、凤阳、淮安等城，麾师长驱南下，攻克东平、汶上、沛县、宿州、盱眙、扬州，直捣南京。途中特别派兵偷袭官军运河枢纽的漕运储积，焚烧济宁谷亭、沛县、淮河五河口等处粮船数万艘 [2]。对于大运河沿岸枢纽城镇乃兵家必争之地，大运河交通线在迁都北京后政治上以北制南和经济上以南供北等要害效用等，"雄武之略" [3] 的朱棣，肯定了然于胸。平心而论，曾命令郑和率庞大船队六次下西洋的朱棣，实际上并不十分"害怕海洋和侵扰海岸的海盗"，也不会太在意"从海路向朝廷运送供应品会更危险得多" [4]。只不过他会从"靖难"经历中更为深切感知到河漕比起海运，能够获取借运河控制东南漕粮财富和从政治军事上牢牢控驭南京为首的整个江南等双赢成效。此种政治意愿，即使对急切迁都和北征的朱棣，至少也是附带考虑的因素之一。"国家两都并建，淮、徐、临、德，实南北咽喉。" [5] 借运河交通命脉控制江南等政治、财赋需求，对后世的明清统治者而言，或许更为凸显和必要。清统治者自东北入关灭南明统一全国，与朱元璋北伐得天下的情势有异，但与朱棣自运河南下"靖难"且迁都燕京，或有异曲同工之"妙"。所以，朱棣之后的明清统治者固守河运且在长达四五百年愚顽不化地迟迟未能迈向海

---

[1] （清）张廷玉等：《明史》卷五《成祖纪一》，第70—75页；卷一百四十四《盛庸传》，第4607—4608页。（清）谷应泰：《明史纪事本末》卷十六《燕王起兵》，第252页。

[2] （清）谷应泰：《明史纪事本末》卷十六《燕王起兵》，第264页。

[3] （清）张廷玉等：《明史》卷七《成祖纪三》，第105页。

[4] 解扬：《"利玛窦难题"与明代海运》，《读书》2010年第6期。

[5] （清）张廷玉等：《明史》卷七十九《食货志三》，第1921页。

运的主要原因，似乎就偏重于借运河控制东南漕粮财富和从政治军事上牢牢控驭南京为首的整个江南等双赢成效。仁宗后期，一度欲将都城迁回南京，肯定也与此"偏重"意向相近。如马俊亚和樊铧所云，明清出面反对海运的主要是漕司、山东府州官员及其身后的官商利益集团①。官商利益集团等更多谋取的是发漕运之财。明清统治者追求的是最大的政治效益，即维护其"家天下"的万世一系及严密控驭江南。二者上下呼应，可谓各取所需，既得利益分沾。利益的诱惑，往往能使人的智商成倍降低。正是此种利益"绑架"始终左右着漕运决策的"低智商"走向，致使明初及此后的河运与海运之争，发生长期废止海运的可悲逆转，跌入枉顾经济成本乃至殃民误国的"陷阱"。

朱棣及明清统治者之所以不计经济成本，还有个根本原因：那就是东汉以降的历代王朝基于普天率土皆为王臣的传统，相沿将《汉书·食货志》"财者，帝王所以聚人守位，养成众生，奉顺天德，治国安民之本也"②，奉为圭臬。他们曲解附会《易》经，否认财富为天下人劳动所得而为天下人共有，蓄意将帝王等同于圣人，一味将天下财富视作帝王"养成众生""治国安民"的根本与工具。既然是帝王之财，亏盈皆是帝王家天下及"贡赋—贡纳体系"之内的事情，故不必计较经济成本的多少，更不会顾忌亿万百姓最终承受巨额成本时的深重苦难。尽管司马迁早已有"百里不贩樵，千里不贩籴"和财富"善因论"等一系列的

---

① 马俊亚：《集团利益与国运衰变——明清漕粮河运及其社会生态后果》，《南京大学学报（哲学·人文·社会科学版）》2008年第2期。樊铧：《明初南北转运重建的真相：永乐十三年停罢海运考》，《历史地理》第23辑，2008年。
② （汉）班固：《汉书》卷二十四上《食货志上》，第1117页。

天才揭示[①]，但还是长期遭受冷遇，甚至被无情地抛在脑后。

因弃而不用较先进的漕粮海运与客商河运的分类专用及配合，大运河自开凿逐年累积的如下四种负面效用，错失借海运大势降低减少的良机，反而消极守旧地持续且加重巨额的社会成本。随着时间的推移，负面效用及社会成本不断上升凸显，逐渐部分掩盖或抵消正面效用。其历史地位陡然褪色或下跌，自是情理中事了。

1. 开凿和维护运河造成南、北方百姓的沉重劳役

无论运河的开凿维修，抑或漕粮输送，一概体现民众徭役的物化成果。第一，开凿维修之役。恰是在隋和元、明修凿大运河的三个时段，官府征发的百姓劳役最为繁重。如大业元年（605）"发河南诸郡男女百余万"修凿通济渠；"又发淮南民十余万开邗沟，自山阳至扬子入江"[②]。大业四年正月"发河北诸郡男女百余万开永济渠，引沁水南达于河，北通涿郡"[③]。动辄征发民众百余万，"丁男不供，始以妇人从役"[④]。元修会通河"起堰闸以节蓄泄，完堤防以备荡激"，"征旁郡丁夫三万"，"凡役工二百五十一万七千七百四十有八"[⑤]。明永乐九年（1411）调集山东、直隶、徐州民三十万修复元末淤塞的会通河[⑥]。英宗时修仪真以北

---

① （汉）司马迁：《史记》卷一百二十九《货殖列传》，第 3271、3256、3258、3281、3282 页。参见胡寄窗：《中国经济思想史简编》，北京：中国社会科学出版社，1981 年；刘社建：《"善因论"：司马迁的经济理论》，《殷都学刊》1996 年第 3 期。

② （唐）魏徵等：《隋书》卷三《炀帝纪上》，第 63 页。（宋）司马光编著，（元）胡三省音注，"标点资治通鉴小组"校点：《资治通鉴》卷一百八十《隋纪四》，大业元年三月戊申，第 5618 页。

③ （唐）魏徵等：《隋书》卷三《炀帝纪上》，第 70 页。

④ （唐）魏徵等：《隋书》卷二十四《食货志》，第 687 页。

⑤ （元）杨文郁：《开会通河功成之碑》，（明）谢纯：《漕运通志》卷十，《续修四库全书》史部第 836 册，第 170 页。（明）宋濂等：《元史》卷六十四《河渠志》，第 1608 页。

⑥ （清）张廷玉等：《明史》卷一百五十三《宋礼传》，第 4204 页。

运道，"大役军夫数万"。万历时挑朱旺河，征"丁夫数十万人"，"州县官分地而浚，急于竣事，多私派夫，民怨苦"[①]。平时还征集或募用多种夫役："浅夫"捞浚河道，导引船只；"堤夫"巡视维修堤防；"闸夫"管理闸门闭启维修；"坝夫"修理坝堰，挽船过坝；"溜夫"河流湍急处牵挽船只；"泉夫"疏浚泉源，防止盗水；"湖夫"和"塘夫"，挑浚蓄水湖塘。成化时夫役达 47 000 余人，万历时尚有 34 000 余人，多是编民徭夫，另有"借派民间"的"白夫"[②]。第二，漕粮输送之役。包括自备车船直接输送京师，或送至淮安等水次仓[③]。明初粮长、"白粮"及官府特殊旨意等，是为前者。王夫之所谓"役水次之夫"，是为后者。

开凿、维护和输送等徭役，或导致百姓"死者大半"[④]，或带来当役之家"十年后无不破"[⑤]等灾难。在这个意义上，如同秦皇修驰道、筑长城，也属"功魁祸首"。

2. 漕粮、耗米、造船等代价繁重

据《明史·食货志》和《清史稿·食货志》统计，明代江南漕粮共计 324 万石（不含白粮），相当于河南和山东的 4.3 倍。清代江南漕粮共计 324.44 万石（不含白粮），相当于河南、山东总额的 4.8 倍。二者均占全国漕粮总额的 81%。这种南方、北方漕粮数量的悬殊，无疑是唐后期以降经济重心南移和政治上北

---

① （清）傅维麟：《明书》卷六十九《河漕志》，《中国野史集成》编委会、四川大学图书馆编：《中国野史集成》第 20 册，成都：巴蜀书社，1993 年，第 72 页。另见《丛书集成初编》，第 1405 页。

② （明）张萱：《西园闻见录》卷三十八《户部七·漕运后》引周梦旸语，《续修四库全书》子部第 1169 册，第 118 页。参见封越健：《明代京杭运河的工程管理》，《中国史研究》1993 年第 1 期。

③ 杨亚非：《试论明代漕运方式的变革》，《社会科学战线》1986 年第 2 期。

④ （唐）杜佑著，王文锦等点校：《通典》卷七《食货七·历代盛衰户口》，第 148 页。

⑤ （清）张廷玉等：《明史》卷七十九《食货志三·漕运》引陆树德语，第 1923 页。

支配南、经济上北依赖南的大势使然，更是帝制国家中央集权在贡赋层面的表征。后者又偏于江南对朝廷的无条件财赋贡纳和百姓沉重漕粮负担。明清相继实行与民运衔接的"支运""兑运""长运"和"改兑"等，明宣宗以降还出现"专令南军转运"及官军12万等规定[①]。此举虽可减轻百姓劳役，但又需交纳数量不等的耗米及"轻赍银"[②]，而耗米等竟多达漕粮总额的1/4。

隋以降，运河相关的筑闸坝、造船舶、修道路、建仓库等亦投入巨大。尤其会通河直接穿越山东而北上之后，放弃唐刘晏"江船不入汴，汴船不入河，河船不入渭"[③]的分段转运方式，改用越闸过坝直达南北。顾炎武《天下郡国利病书》言，明清运河各坝每日过船定为100艘，遇风雨减半。因需大力绞拽，"船过必损"。若遇干旱乏水，"甚至掘坝接潮以救粮运"。若遇运河水大，则决岸倒坝，各种修筑费用动辄以千万两计。漕船越闸过坝，"起若凌空，投若入井"[④]。尤其是临近淮河的天妃闸遇洪水季节，"飞瀑怒涛，惊魂夺魄，下水放闸之船，疾如飞鸟，若坠深渊，浮沉难定，一入回溜，人船两伤"[⑤]。如隆庆四年（1570），共损毁船800余艘，溺人千余，失粮226 000石[⑥]。明漕船通常

---

① （清）张廷玉等：《明史》卷一百四十五《朱能附朱勇传》，第4087页；卷七十九《食货志三》，第1921页。

② （明）申时行等修，（明）赵用贤等纂：万历《大明会典》卷二十七《脚耗轻赍》，《续修四库全书》史部第789册，第484页。

③ （宋）欧阳修、宋祁：《新唐书》卷五十三《食货志三》，第1368页。

④ （清）顾炎武撰，黄坤、顾宏义校点：《天下郡国利病书·扬州府备录·仪瓜工部分司志》，上海：上海古籍出版社，2012年，第1278页。

⑤ （清）傅泽洪：《行水金鉴》卷一百三十五，上海：商务印书馆，1937年，第1952页。

⑥ 马俊亚：《集团利益与国运衰变——明清漕粮河运及其社会生态后果》，《南京大学学报（哲学·人文·社会科学版）》2008年第2期。

"皆工部给价,令有司监造"①。每艘造价银 95 两至 115 两,年度浅船总造价约 186 990 两,按市价可兑换 75 万余石粮食②。如此,官府造船支出亦接近漕粮总额的 1/6。

清人陆世仪言:"……岁漕江南四百万石,而江南则岁出一千四百万石,四百万石未必尽归朝廷,而一千万石常供官旗及诸色蠹恶之口腹……"③换言之,明清漕粮与耗米、造船等成本的比例约为 1∶2.5,还不包括夫役。

由于运河漕粮需借用黄河及其支流水源,特别是元开凿会通河以后,既须"引黄济运",又需要"避黄保漕",防止其淤塞运道。明清长期设置河道总督,专门负责黄河堤防和疏浚,与漕运总督或并立或兼理。清代每年整修黄河等 300 万两以上的"河工"经费,或成为漕运役费的连带部分④。

3. 官吏侵蚀官费民财

在千余年的运河漕政中,官吏乘机贪赃,也日渐严重。前揭陆世仪所谓"一千万石常供官旗及诸色蠹恶之口腹"中的后者,当指谓官吏贪腐盘剥。漕司及相关地方官吏,是河漕的直接"受益者"。沿途浮收勒索,"水次""过淮""抵通""过坝"等陋规名色,不一而足⑤。清人言:"夫南漕自催科、征调、督运、验收,经时五六月,行路数千里,竭百姓无数之脂膏,聚吏胥无数

---

① (清)张廷玉等:《明史》卷七十九《食货志三》,第 1918 页。
② 谢文森:《明代漕运成本问题探究》,《绥化学院学报》2017 年第 5 期。
③ (清)陆世仪:《漕兑揭》,(清)魏源辑:《皇朝经世文编》卷四十六,《魏源全集》第 15 册,第 472 页。
④ 王英华:《清代河工经费及其管理》,中国水利水电科学研究院水利史研究室编:《历史的探索与研究——水利史研究文集》,郑州:黄河水利出版社,2006 年,第 135—142 页。
⑤ (清)王命岳:《漕弊疏》,(清)魏源辑:《皇朝经世文编》卷四十六,《魏源全集》第 15 册,第 478—479 页。

之蠹贼，耗国家无数之开销……"[1] 州县官吏的盘剥勒索，亦司空见惯，或云"每办一漕，额多之州县官立可富有数十万之巨资"[2]。官吏贪赃，侵蚀官费民财，无疑额外增大了漕运成本。

4. 对黄河、淮河和海河流域生态环境的损害

关于中古大运河工程客观上给生态环境带来的损害，邹逸麟等已有精彩研究[3]。这里仅做扼要概述与补充。

徐光启说：

> ……河以北诸水，皆会于衡、漳、恒、卫，以出于冀。河以南诸水，皆会于汴、泗、涡、淮，以出于徐。则龙门而东，大水之入河者少也。入河之水少，而北不侵卫，南不浸淮，河得安行中道而东出于兖，故千年而无决溢之患也。有漕以来，惟务疏凿之便，不见其害。自隋开皇中，引谷洛水达于河，又引河通于淮海，人以为百世利矣。然而河遂南入于淮也，则隋炀之为也。自元至元中，韩仲晖始议引汶绝济，北属彰御。而永乐中潘叔正之属，因之以成会通河，人又以为万世利也。然禹河故道，横绝会通者，当在今东平之境。而迩年张秋之决，亦复近之。假令寻禹故迹，即会通废矣。是会通成而河乃不入于卫，必入于淮，不复得有中道也，则

---

① （清）胡燏棻：《上变法自强条陈疏》，《皇朝经世文三编》卷十六《治体四》，光绪石印本，第 2 页。

② 《上海县续志》卷三十《杂记三》，《中国方志丛书·华中地方》第 14 号，台北：成文出版社有限公司，1970 年，第 1769 页。

③ 邹逸麟：《从地理环境角度考察我国运河的历史作用》，《中国史研究》1982 年第 3 期。邹逸麟：《历史上的黄运关系》，《光明日报》2009 年 2 月 10 日。邹逸麟：《从生态文明角度看大运河的负面影响》，《中国社会科学报》2014 年 2 月 4 日。

◀ 利玛窦与徐光启像

仲晖之为也。故曰漕能使河坏也。[1]

徐光启是明末较多吸收西方知识的著名科学家，他对大运河的议论，可谓切中底里。开凿大运河之前，黄河是沿着"北不侵卫，南不浸淮"的"安行中道而东出于兖"进入大海的。有关统计表明，东汉王景治河之后黄河进入近 800 年的"安澜期"，较少发生"决

---

[1] （明）徐光启：《漕河议》，（明）陈子龙等选辑：《明经世文编》卷四百九十一，第 5426 页。

溢之患"。然而，大运河却人为地改变了此种状态。

先看黄河与淮河流域。隋炀帝在古鸿沟和汴渠的基础上修通济渠，引黄河"通于淮海"，"南入"淮河流域，首次开凿沟通黄河、淮河、长江三大水系的人工水道，"人以为百世利矣"，却留下黄河淤塞或冲决运河、淮河等水道的隐患。据邹逸麟研究，由于北方气候比较干燥，雨量偏少且集中在夏秋季节，运河在北方长期受此限制。隋炀帝开凿通济渠（唐宋"汴河"），大抵以黄河为水源，不仅多沙，且随季节枯盈，时通时滞，频繁泛决。尤其是元世祖朝接受寿张县令韩仲晖的建议修会通河，"引汶绝济"，明永乐时潘季驯等又集其大成，"人又以为万世利也"。但是，黄河"故道""在今东平之境"被会通河"横绝"，"不复得有中道也"。而且自元末夺淮河入海，而后每逢战乱决口，黄河频繁顺汴河等南侵夺淮入海。"引河济运"或"借黄行运"的结果，就是汴河流域的破坏首当其冲，淮河与运河也相继为黄河所害，或陷入黄河、淮河、运河俱坏的恶性循环[①]。特别是官府"保漕"及保明皇陵祖陵的政策之下高筑运河堤坝而形成了南北走向的另一"悬河"后，"江北竟无一东出入海之干川，而仅有一南下入江之运道"[②]。淮河流域（主要是淮北）多数支流的东去河道因之被阻断破坏，排泄困难，内涝严重[③]。"人知黄河横亘南北，使吴、楚一线之漕莫能达，而不知运河横亘东西，使山东、河北之

---

① 邹逸麟：《从地理环境角度考察我国运河的历史作用》，《中国史研究》1982 年第 3 期。邹逸麟：《历史上的黄运关系》，《光明日报》2009 年 2 月 10 日。
② 武同举：《江苏江北水道说》，《两轩滕语》，国家图书馆藏民国十六年（1927）复印本，第 4 页。
③ 邹逸麟：《从生态文明角度看大运河的负面影响》，《中国社会科学报》2014 年 2 月 4 日。

水无所归。"[1]

黄河南侵夺淮之后形成了汴、泗、颍、睢、涡五条河流泛道及泥沙大量淤积，特别是黄河泛淮或夺淮后多以分流或漫流的形式存在，流路并非线状，而是呈现面状分布，进而导致淮河中下流域遭受灭顶式的洪涝灾害，包括泗州、下邳等古城相继被淹漂堙没。在公元 1194 年以前的 1 300 多年间，黄河南泛合计 16 次。而在 1194 年以后的 660 年间，黄河南泛夺淮多达 135 次[2]。而且，这种破坏是长久性的。直至 20 世纪五六十年代，较多采用现代技术治理淮河以及黄河回归"中道"自西向东贯穿山东入渤海，才得到根本性改变。

再看北段的海河流域。海河水系是由潮白河、永定河、大清河、子牙河等在天津汇合而成的。隋炀帝修永济渠，成为沟通沁水到涿郡的人工水道，不仅截断衡、漳、恒、卫等天然河道，对海河水系同样具有多数支流东去河道被人为严重阻隔等破坏。最终造成上述河流的排泄困难，导致运河西雨季内涝严重而运河东盐碱化严重等负面作用。[3]据不完全统计，1368 年到 1990 年的 600 多年间，海河流域发生过 298 次严重水灾[4]，天津市被淹泡过 70 多次。直到 20 世纪 60 年代，根治海河时独流等 19 条减河开挖，才基本解决了因河道入海受阻隔而内涝等弊病。

---

[1] 中华书局编辑部编：《魏源集》上册，北京：中华书局，2018 年，第 415 页。

[2] 吴海涛：《淮北的盛衰：成因的历史考察》，北京：社会科学文献出版社，2005 年，第 165 页。

[3] 杨持白：《海河流域解放前 250 年间特大洪涝史料分析》，《水利学报》1965 年第 3 期。

[4] 刘宏：《海河流域六百年来水灾频发的警示》，《中国减灾》2007 年第 12 期。

四、结　语

大运河居我国古代重大水利工程之首，堪称劳动人民改造自然的伟大成就。大运河的修凿和营运，既是中古帝制贡纳及漕运制度的新发展，又是中古经济重心南移和北、南政治、经济中心错位的派生物。它显著改善中古的交通基础设施，弥补南北走向河流的偏少，充当中原政治中心与江南经济重心之间的交通大动脉，为诸王朝的财赋支撑和政治军事控驭提供了极大便利。隋以降"国家都北而仰给于南，恃此运河以为命脉"[①]。其维护南北政治统一，促进黄河中下游、长江中下游的地缘整合，推动南方、北方经济社会的结构性演进，大运河的历史功绩，无与伦比。它还是贡纳体制与民间商贸的混合体现，非常有利于中原先进经济文化的南传和江南的逐步开发，有利于催生北方运河城镇和辐射带动北方经济恢复发展，有利于助推以运河为南北通道的全国性商品市场的发展。

明末徐光启云："夫漕者，天下之大利大害也。中都之中，自上供以至百官十二军仰给万里之外，岁转输数十百万，不胫而驰，岂不为利？然而漕能使国贫，漕能使水费，漕能使河坏。"[②] 因贡纳体制等时代局限，中古大运河前700年利大于弊，后500年弊大于利。元代海运未成之前，其利大于弊。元海运已成及大

---

① （明）丘濬：《大学衍义补》卷三十四《治国平天下之要·制国用·漕挽之宜下》，第595页。

② （明）徐光启：《漕河议》，（明）陈子龙等选辑：《明经世文编》卷四百九十一，第5425页。

航海时代到来之际，统治者废止海运而一味固守河运。其滥用百姓徭役，漕粮、耗米、造船、官吏侵蚀等成本代价甚巨，损害黄河、淮河和海河流域生态环境等负面影响凸显攀升。随着时间推移，负面效用逐渐部分掩盖或抵消其正面效用。其历史地位陡然褪色或下跌，自然就弊大于利了。这也是明中叶以后丘濬、王夫之、徐光启、阮元等批评日多的缘由。

（原文《大运河的漕粮北输与中近古南北社会发展新论》，
载《文史哲》2023 年第 1 期）

民族融汇论

民族融汇与中国历史发展
第二条基本线索

民族和民族关系，向来是中外历史研究的热门话题之一。迄今中国民族关系史的相关研究论著，不胜枚举[①]。笔者拟在前人诸多研究的基础上，侧重于农牧地理格局与多元一体融汇，后期轮流为主及华夷涵化，第二条历史基本线索与江南、北方民族角色等，谈一些粗浅看法，就教于方家同好。

一、农耕、游牧南北并存格局与中华民族 多元一体融汇进程

中华民族自古以来繁衍生息在幅员辽阔的东亚大陆。由于东南临太平洋，北边是大漠及西伯利亚，西面为帕米尔高原，西南横亘着世界最高峰所在的喜马拉雅山脉，崇山峻岭、荒漠和第一大海洋的四面围隔，致使中国疆域相沿构成与大多数亚洲、欧洲及美洲古老文明距离甚远且相对独立的地理单元。

---

① 参见达力扎布主编：《中国民族史研究 60 年》，北京：中央民族大学出版社，2010 年，第 12—53 页。

广袤的东亚陆地内，又依气候、地形地貌等自然条件，分为东部季风区、西北干旱区、半干旱以及青藏高寒区等大自然区，而且在植被、水资源等自然赐与方面，表现出很大的反差或不平衡。因地理环境和经济生存条件差异，从新石器时代开始，中华民族大体步入种植族群和游牧族群的长期并存。后来，根据栖息地不同自然条件及传统，从事种植业的族群和从事游牧业的族群又呈现地域上的分离。如《辽史》所云，"长城以南，多雨多暑，其人耕稼以食，桑麻以衣，宫室以居，城郭以治。大漠之间，多寒多风，畜牧畋渔以食，皮毛以衣，转徙随时，车马为家。此天时地利所以限南北也"①。拉铁摩尔（Owen Lattimore）则这样表述：从东北向西南大致以长城为界，以南以东适合农耕，农作物茂盛，人口稠密；以北以西属干燥地带，不能直接靠种植为生，系游牧天地②。《大戴礼记·用兵》云，南部农耕民为"粒食之民"③。《汉书·匈奴传》称北部游牧民"随草畜牧而转移"④，以肉及乳制品为食。长城内外农耕民与游牧民及其不同生活方式的世代并存，也是中华民族与生俱来的特色之一。这就构成了中国历史上民族融汇所依赖的基础性地理格局。

5 000年来，无论是族群范畴的中华民族，还是文化综合体的中华文明，皆无例外地呈现"多元一体格局"⑤。中华文明多元融汇

---

① （元）脱脱等：《辽史》卷三十二《营卫志中》，第373页。
② ［美］拉铁摩尔：《中国的亚洲内陆边疆》，唐晓峰译，南京：江苏人民出版社，2008年，第16—19页。
③ （清）王聘珍：《大戴礼记解诂》，北京：中华书局，1983年，第220页。
④ （汉）班固：《汉书》卷九十四上《匈奴传上》，第3743页。
⑤ 费孝通：《简述我的民族研究经历和思考》，《北京大学学报（哲学社会科学版）》1997年第2期。费孝通主编：《中华民族多元一体格局（修订本）》，北京：中央民族大学出版社，1999年。

与大一统，应该是我们多民族统一国家成长发展的显著特征之一。

回溯 5 000 年来多民族统一国家的成长发展，"历时性"地呈现先秦、魏晋南北朝、晚唐辽宋金元和明中叶到近代四次民族大融汇，以及在此基础上实现的大一统进程。不难窥见，四次民族大融汇内几乎都曾有一段政权割据、族群纷争和族群交融，之后又多是政治大一统。夏、商、周以黄河中下游及长江中下游为重心，实现首次的夷夏蛮狄的民族融汇，其后迎来了秦汉大一统。东汉末到南陈灭亡是长达 400 余年的割据分裂和"五胡乱华"，以及汉族、匈奴、鲜卑、柔然、突厥等民族融汇，其后迎来的是隋唐大一统。晚唐、五代、辽、宋、夏、金又为长达 400 多年的政权分裂对峙和汉族、回鹘、契丹、党项、女真、蒙古等第三次民族融汇，其后就是元帝国的大一统及朱元璋建明王朝。"明清鼎革"和满族入主，造就汉、满、蒙、回、藏等第四次民族融汇，之后就是西方列强入侵，各兄弟民族携手抵御和反抗，以及抗日战争前后现代中华民族的最终确立。可以说，政权分裂和民族融汇是我们多民族统一国家成长中难以避免的过渡路径，大一统则是它的升华趋势和发展成果。前者凸显经济、文化和民族的多元或不平衡，后者又显示中华民族在多元融汇基础上的政治总体走向。

各兄弟民族和各地域子文明的血脉交融，汇聚互动，共同缔造了 5 000 年中华文明的辉煌。栖息在黄河中下游和长江中下游的汉族，最初是由夷夏不同族群先民融合而成，实乃多元一体的先驱典范。汉族人数最多，所在中原地区农耕经济最成熟、最富庶，文化最先进，对周边民族具有很强的吸引力。匈奴、乌桓、鲜卑、柔然、突厥、回鹘、吐蕃、契丹、党项、女

▶ 金代龙纹砖（金上京历史博物馆藏）出土于内蒙古自治区巴林左旗林东镇南上京遗址内的"白城"，显示了金代皇帝有龙崇拜意识，并作为皇权的象征，是女真人汉化的重要物证

真、蒙古等，先后栖息在北方草原及西部干燥或半干燥地带，主要从事游牧及狩猎。因与农耕民交换贸易需要及中原吸引力，他们频繁挥戈南下，或入主中原，或内迁与汉族融汇。13世纪以后蒙古族和满族甚至与汉族轮流登上中华大一统帝国君主的舞台。正如《读通鉴论》所云："自拓跋氏之兴，假中国之礼乐文章而冒其族姓，隋、唐以降，胥为中国之民，且进而为士大夫以自旌其阀阅矣。高门大姓，十五而非五帝三王之支庶，婚宦相杂，无与辨之矣。"[1] 王夫之所述当主要是东汉末到隋唐黄河中下游的民族融汇，亦即第二次民族大融汇。不难窥见，历史上各民族之间虽然有军事冲突或战争，更常见的是贸易、聘使、和亲、风俗熏染等和平交往，你中有我，我中有你，相互吸收，血脉交融，

---

[1]（清）王夫之：《读通鉴论》卷十二《惠帝》，上册，第315页。

联系日益紧密，逐渐形成强大的内聚潮流，由内聚逐步达到包括中原、江南、东北、大漠草原、西北、西南在内的全国性共同体。到近代，各兄弟民族携手抵御西方列强，特别是抗日战争前后最终汇聚确定为多元一体、休戚与共的现代中华民族。换言之，汉族与各兄弟民族携手共同创造多元一体的中华民族，共同创造多元一体的中华文明，是难以回避的历史逻辑与历史真实。

扼要谈谈"征服王朝论""新清史"及其和中华民族多元一体的歧异与抵牾。

"征服王朝论"是 1949 年美籍德裔学者魏特夫在《中国社会史·辽（907—1125）》导言中提出的，后经日本学者田村实造、村上正二等进一步充实完善。该理论认为：北方民族所建王朝大略可划分为两类：第一类为"渗透王朝"（Dynasties of Infiltration），以十六国、北魏为代表；第二类为"征服王朝"（Dynasties of Conquest），辽、金、元、清，是也。二者对汉文化的态度也有差别："征服王朝"较倾向于抵制，"渗透王朝"较倾向于吸收。在诸"征服王朝"中，又因文化背景、生活方式的差异，辽、元较倾向于抵制，金、清较倾向于吸收。[①]

1996 年以来，美国学者欧立德（Mark Elliot）、罗友枝（Evelyn S. Rawski）等提出的"新清史"，是美国近十年来较有影响力的学术话语之一。其理论要点，一是重视满、蒙等北方民族文字史料的利用；二是重视清朝统治的满族元素，挑战费正

---

① K. A. Wittfogel and Feng Chia-Sheng, *History of the Chinese Society, Liao (907–1125)*. Phila., American Philosophical Society, 1949. pp.1–32；［美］魏复古著：《征服王朝论文集（修订版）》，郑钦仁、李明仁编译，台北：稻乡出版社，2002 年。

清、何炳棣的"汉化"和"朝贡体系"为主线的历史叙事，强调清朝统治与历代汉族中原王朝的区别，强调内陆亚洲文化自成体系及其在清帝国的地位及作用。不过，持"新清史"说的美国学者或反复声明，他们只是强调清朝的独特性，无意于政治领域的阐释。"政治干扰"则为某些人的预设 [①]。

客观的说，"征服王朝论"和"新清史"两说对北方民族所建王朝较多关注，将北族王朝划分类型进行分析观察，或者从"中国的"和"内亚的"两个维度开展研究，自有其可取之处 [②]。但二者又都存在片面性的缺陷。"征服王朝论"片面地夸大北方民族王朝"征服"或"渗透"的主导性，而与其双向涵化的观点或自相矛盾。"新清史"则片面强调清王朝与蒙古、西藏、新疆等内陆亚洲间文化联系的重要性，有意或无意地忽视、掩盖满族文化与汉地文化间的密切程度远超前者的历史事实。这种片面性被人为强化的背后，还隐藏着某种危险倾向：有意无意地杜撰或企图构建"内陆亚细亚"文化本位，脱离历史实际地强调其自成独立体系，以此与中原王朝、与中华文明相抗衡或相割裂，从而弱化乃至否定汉族与各兄弟民族共同缔造中华文明，弱化乃至否定中华民族多元一体。

历史的真实情况是：自古以来，依赖长城南北的自然环境，包括中土汉人和北方民族在内的汉族与各兄弟民族的先民，世世

[①] ［美］欧立德：《满文档案与新清史》，《故宫学术季刊》（台北）2006 年第 2 期；亦收入刘凤云、刘文鹏编：《清朝的国家认同："新清史"研究与争鸣》，北京：中国人民大学出版社，2010 年，第 391 页。定宜庄、［美］欧立德：《21 世纪如何书写中国历史："新清史"研究的影响与回应》，彭卫主编：《历史学评论》第 1 卷，北京：社会科学文献出版社，2013 年，第 116—146 页。

[②] 参见姚大力：《不再说"汉化"的旧故事》，《东方早报》2015 年 4 月 5 日。

代代在东亚大陆上栖息和交往。北方民族所建王朝确实发生过多次西征和西迁，或在经营西部疆域等方面功业斐然。然而，由于空间距离及交通比较便利，北方游牧经济与中原汉地农耕经济彼此间天然的互补性、依赖性，致使北方民族与汉地民众的南北经济贸易、文化沟通、使节往来、军事战争等颇为密切且越来越频繁。以"澶渊之盟"之后为例，从1004年到1121年的117年间，宋、辽互遣各类使节多达682次①。双方还在雄州、霸州、安肃军、广信军等处设置河北四榷场，商贸繁荣，"互市不绝"②。其结果就是，这些北族王朝南下征战功业及其和中原汉地的政治、经济、文化联系，总体上远超其西部经略。况且，汉、唐等在大漠南北及东北地区曾实行羁縻州、羁縻都督府等形式的管辖。特别是张骞通西域之后，先后在西域设置西域都护、安西都护府和安西四镇等，有效地行使了主权。③今长城以北、东北、新疆、西藏一带相继进入中华民族多元

▲ 甘肃简牍博物馆馆藏的敦煌悬泉置木简（出土编号为 II 90DXT 0213 ③ 135）简文中有"使都护西域骑都尉、安远侯吉"等字样，"使都护西域骑都尉"是西域都护早期的正式官名，这无疑是西汉王朝对西域行使管辖权的有力佐证

---

① 聂崇岐：《宋辽交聘考》，《宋史丛考》下册，北京：中华书局，1980年，第334—375页。
② （元）脱脱等：《宋史》卷一百八十六《食货下八》，第4562—4563页。
③ 马大正主编：《中国边疆经略史》，郑州：中州古籍出版社，2000年，第40、56、108、142—145页。

一体的融汇进程。罔顾这些历史事实和汉唐以来在北部和西北边疆汉族与各兄弟民族贸易、聘使、和亲、风俗熏染等密切交往，以及中原王朝的较积极经营，有意无意地杜撰构建"内陆亚细亚"文化本位或与中土相割裂的独立体系，弱化乃至否定汉族与各兄弟民族共同缔造中华民族，难免曲解历史。在这方面，国内学人的文化警觉和强烈回应[①]，是可以理解的。每一位有学术良心的学者，还应当旗帜鲜明地批评其"内陆亚细亚"文化本位或自成独立体系等偏颇错误，不断丰富、完善中华民族多元一体融汇研究，形成符合历史真实的主流话语。

二、后期的汉族、蒙古族、满族轮流为主和元"内蒙外汉"、清"内汉外满"

在前述先秦、魏晋南北朝、晚唐宋辽金元和明中叶到近代四次民族大融汇，以及随后的大一统进程中，多数情况下是人数众多、经济文化先进的汉族王朝掌握主导。然而，东汉末到南陈和五代辽宋夏金两次"五胡乱华"，都造成二三百年的北方民族入

---

① 郭成康：《清朝皇帝的中国观》，《清史研究》2005 年第 4 期。刘小萌：《清史研究中的八旗研究》，《清史研究》2010 年第 2 期。刘凤云、刘文鹏编：《清朝的国家认同："新清史"研究与争鸣》。杨念群：《超越"汉化论"与"满洲特性论"：清史研究能否走出第三条道路？》，《中国人民大学学报》2011 年第 2 期。黄兴涛：《清朝满人的"中国认同"——对美国"新清史"的一种回应》，载刘凤云、董建中、刘文鹏主编：《清代政治与国家认同》，北京：社会科学文献出版社，2011年。李治亭：《"新清史"："新帝国主义"史学标本》，《中国社会科学报》2015年 4 月 20 日。唐红丽：《"新清史"学派的着力点在于话语构建——访中央民族大学历史文化学院副教授钟焓》，《中国社会科学报》2015 年 5 月 6 日。刘文鹏：《正确认识"新清史"与"内陆亚洲"》，《中国社会科学报》2015 年 5 月 13 日。杨益茂：《"新清史"背后的学风问题》，《中国社会科学报》2015 年 7 月 7 日。

主中原以及汉族王朝的南渡。特别是元和清，分别为 13 世纪蒙古族入主和 17 世纪满族入主所建立的大一统王朝，堪称 5 000 年多民族统一国家发展壮大的里程碑式的事件。这体现了在汉族与各兄弟民族携手缔造多民族统一国家进程中北方民族的历史主动性，也披露北方民族向中原内聚和近千年来汉族、蒙古族、满族轮流为天下主的历史趋势。

由于蒙古贵族和满族贵族先后入主，进而统一南北，在蒙古人和满族人较多汉化的同时，也发生了汉人不同程度地受蒙古或满族文化影响的情况①。就是说，元、清两代的多元文化体系内的交流影响，并不局限为文化的单向变动，而是呈现蒙汉、满汉两种以上不同文化间的相互"涵化"。所谓"涵化"，就是涵容浸化、互动影响的意思。"元代社会可说是汉人与非汉人，以及汉文化与非汉文化的大熔炉。"②当然，因为文化积淀成熟度、族群规模等方面的差异，汉文化对蒙古人和满族人的影响既深且广，蒙古文化或满族文化对汉人的影响则相对小一些。这是元、清两代以蒙古人或满族人为政治核心和汉人占多数的多民族统一国家所特有的文化现象。蒙古人、满族人较多汉化，与汉人不同程度地受蒙古或满族文化影响的同时并存，相互激荡，相互融汇，构成了元、清两代多民族文化交流的基本风貌及走向。

值得注意的是，在对待汉文化与本体文化的关系及国家治理方式上，元朝和清朝采取了不尽相同的政策。一方面，二王朝都采取相似的二元政策：蒙汉二元或满汉二元。另一方面，其二元

---

① 参见拙文《元代汉人受蒙古文化影响考述》，《历史研究》2009 年第 1 期。
② 洪金富：《元代汉人与非汉人通婚问题初探（二）》，《食货月刊》（台北）第 7 卷第 1、2 期合刊，1977 年，第 23 页。

政策的内外主辅配置又大体相反。

元代的蒙汉二元，多半表现为"内蒙外汉"。忽必烈为首的蒙古贵族和部众，没有像拓跋人、女真人那样举族南迁，没有在学习吸收汉地先进文化之际放弃本族的文化习俗，没有被汉文化所"吞没"同化。他们多数只限于"儒化"或"士人化"而未必汉化[①]，既选择吸收汉地先进文明，为我所用，也不更改其语言及文化习俗。无论中央、地方官制的总体建构、议事及长官等，都显现蒙古俗占据内核，汉法因素多为外围。宿卫军和镇戍军的蒙、汉混存，编组形式、指挥权等"内蒙外汉"，也较为典型。两都宫殿、岁时巡幸驻跸及"视朝"等，汉、蒙杂糅，所隐含的蒙古俗多半是根本性的。忽必烈以降元朝诸帝，既使用汉地王朝式的年号、庙号和谥号，又保留诸如"薛禅皇帝"或"薛禅汗"之类蒙古语尊称[②]。有元一代，包括皇帝圣旨等仍常使用原有的十二生肖纪年，或者与汉地式年号合璧连用。[③]一般认为，蒙古国号的使用体现逐步汉化的过程。1206 年，成吉思汗所用国号为"也可蒙古兀鲁思"，汉译即"大蒙古国"。1271 年，忽必烈采纳刘秉忠建议，取《易经》卦辞"大哉乾元"，建新国号"大元"。如《建国号诏》云："可建国号曰大元，盖取《易经》'乾元'之

---

① 参见萧启庆：《元代的族群文化与科举》第三章"论元代蒙古色目人的汉化与士人化"，第 55—84 页。

② 蔡美彪编著：《元代白话碑集录》，北京：科学出版社，1955 年，第 37、40、43、45、57—68、72、75、76、79—81、85—95、97、109 页。（清）萨囊彻辰著，道润梯步译校：《蒙古源流》卷四，呼和浩特：内蒙古人民出版社，1980 年，第 199 页。蔡巴·贡噶多吉：《红史》，东嘎·洛桑赤列校注，陈庆英、周润年译，拉萨：西藏人民出版社，1988 年，第 27 页。（明）达仓宗巴·班觉桑布：《汉藏史集》，陈庆英译，拉萨：西藏人民出版社，1986 年，第 154 页。

③ 蔡美彪编著：《元代白话碑集录》，第 22、23、25、30、35—39、41、43—49、52、55、57—70、72—75、77—81、85—87、89—93、95、97、109、110 页。

义。"① 于是，人们率多将改"大元"国号视作忽必烈行汉法的重要举措，甚而把 1271 年当作元王朝的起始。此说有一定道理，但历史真相并非完全如此。研究表明：1271 年使用"大元"以后，"大蒙古国"国号并没有被取消，二者在元朝后期的蒙古文文献中继续一并使用。哈佛大学柯立夫教授译注 1338 年《达鲁花赤竹温台碑》云"称为大元的大蒙古国"（Dai'Ön kemeku Yeke Mongghol Ulus）；1362 年《追封西宁王忻都碑》中又作"大元大蒙古国"（Dai'Ön Yeke Mongghol Ulus）。② 足见，在元代国号使用过程中，"大元"是外在的和汉人语境中的国号，"大蒙古国"则属内在本质的和蒙古人语境中始终未变的国号。以创制推行八思巴字蒙古语为契机，鼓励汉人学蒙语，率多译儒学经典为蒙语，以斡耳朵祭祖和蒙古俗祭天为主，太庙祭祀掺入蒙古因素，派官代祀，等等，又是"内蒙外汉"在文化礼俗上的表现。

元帝国统治崩溃，上都和大都相继失陷之际，蒙古人虽然哀叹"以诸宝装成之我大大都城，应时纳凉而居之我上都开平轮城"，"被汉人朱葛诺延席卷而去矣"，但"各处转战蒙古人等四十万内"，毕竟有 6 万人得以成功返归大漠草原。③ 他们与当地的蒙古人汇合，驻牧繁衍，成为明清以来蒙古族的前身或主体。换言之，"内蒙外汉"的蒙古统治者及其部众，南北来去百年，元亡后，6 万蒙古人北归大漠，与当地蒙古人重新汇合，继续保持蒙古族的风貌，亡国而未绝种，丧权而未灭族，依然是大

---

① （明）宋濂：《元史》卷一百五十七《刘秉忠传》，第 3694 页。陈高华、张帆、刘晓、党宝海点校：《元典章》卷一《诏令》，第 1 册，第 8 页。

② Cleaves, F. W., "The Sino-Mongolian Inscription of 1338," *HJAS*, 14 (1951), pp.53, 67; "The Sino-Mongolian Inscription of 1362," *HJAS*, pp.62, 83.

③ （清）萨囊彻辰著，道润梯步译校：《蒙古源流》，第 222、227 页。

漠南北逐水草而居的主体游牧民族[1]。

清朝的满汉二元，大体表现为"内汉外满"。就满族方面来说，清初曾带入八旗"包衣""圈地""投充""逃人"等旧俗，也搞过"议政王大臣会议"，以及满汉复职、满汉双语教育、旗人汉民分居内外城等[2]，旨在维护满族贵族特权地位。其中，最严厉和推行最广泛或最能冠名"外满"的，就是入关初强制所有汉民剃发易衣冠，即所谓"投诚官吏军民皆著剃发，衣冠悉遵本朝制度"。顺治二年（1645）六月十五日，清廷通告全国，统一实施剃发令，"京师内外限旬日，直隶各省地方，自部文到日，亦限旬日，尽令剃发。遵依者为我国之民，迟疑者同逆命之寇，必置重罪"。男子一律"小顶辫发"，又称金钱鼠尾，"留头不留发，留发不留头"[3]。明代汉人通常穿长领宽袍大袖，此令强制穿满族式的窄袖圆襟等，不易衣冠的，同样要杀头。剃发衣冠等外形上的满族化，非常残酷。当时许多汉人以为"身体发肤，受之父母"，服饰也是千百年的传统习俗，不能轻易被改变，曾因拒绝剃发和易衣冠，被杀掉一批。这类残酷的做法，是清廷凸显满族外在形象和"别顺逆"、迫使汉人臣服于满族贵族的政治象征[4]。

然而，就内部或文化内核而言，清统治者入关后不久，就

---

[1] 参见拙文《元代"内蒙外汉"二元政策简论》，《史学集刊》2016年第3期。

[2] 赵寰熹：《清代北京旗民分城而居政策的实施及其影响》，《中国历史地理论丛》2013年第1期。

[3] 《清世祖实录》卷五，顺治元年五月庚寅，《清实录》第3册，第57页。《清世祖实录》卷一七，顺治二年六月丙寅，《清实录》第3册，第151页下。七峰道人：《海角遗编》，转录自（清）邓琳：《虞乡志略》卷十《杂记上》，南开大学图书馆藏据清道光二十年（1840）刻本抄，第14页b。

[4] 参见冯尔康：《清初的剃发与易衣冠——兼论民族关系史研究内容》，《史学集刊》1985年第2期。后收入冯尔康：《顾真斋文丛》，北京：中华书局，2003年，第625—645页。

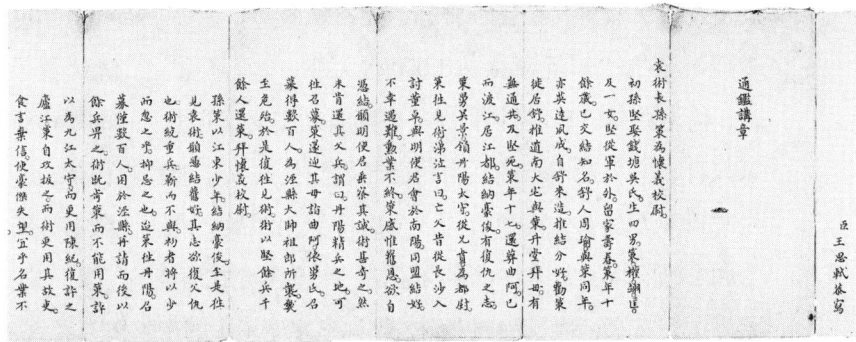

▲ 康熙皇帝日讲《通鉴讲章》，
故宫博物院藏

较快推行开博学鸿词科、"更名田"、"摊丁入亩"、放免贱民等汉法政策。尤其是康熙中期以后，伴随着满、汉调融成为主流，雍正更是任命心腹汉官张廷玉为议政大臣，还以满、汉大臣共同办理机要的军机处取代议政王大臣会议。康熙、雍正、乾隆等学习汉文化率先垂范，异常热情积极。康熙自幼好学勤奋，有史料或谓其"日所读者，必使字字成诵，从来不肯自欺"①。亲政后，常年坚持"经筵"和"日讲"，数十年如一日，且增添皇帝"复讲"。经史、文学、算学、天文、几何等，其无不潜心研读，兴致满满。雍正"幼承庭训"，熟读"四书""五经"，娴习经史，学兼佛老，还能有所领悟并有其独自见解。所撰《大义觉迷录》，运用儒家公羊学派的华夷"变通"理论

① 《清圣祖实录》卷一一七，康熙二十三年十一月乙丑，第 5 册，第 228 页下。

及道统说，驳难吕留良、曾静，颇有说服力。他勤于理政，文思敏捷，亲撰"朱批"竟达1 000多万字，"所降谕旨，洸洸数千言，倚笔立就，事理洞明"[①]。乾隆自幼接受汉族士人式的严格儒家教育，文史造诣较高，自诩已超越当代文人。他喜欢作诗，一生写诗4万多首，篇数可与《全唐诗》相匹敌。书法、藏书、编书和书画文玩鉴赏等，也多有建树。果亲王允礼通晓满、汉、蒙、藏等语言文字，擅长诗词书画，堪称皇室亲王中的出类拔萃者[②]。

时至清中叶，除皇帝潜心学习汉文化外，一般满族人因南迁后长期栖息于人数众多的汉人区域，满汉婚姻、满族人抱养汉人为嗣子造成大量满汉混血，又率多逐渐放弃本族满语而用汉语，或以汉文取名，它如丁忧守制、贞节伦理、丧葬习俗等皆效仿汉法。满族文化的那部分却日渐弱化，并存的满、汉两种文化逐渐融汇，汇合为含有满族因素的新汉文化。"然二百年间，满人悉归化于汉俗，数百万之众，金为变相之汉人。并其文字语言，为立国之精神……满洲人乃自弃之。皇帝典学，尚知国语，余则自王公大臣以下，金不知其为何物矣。"[③]久而久之，满族人和汉人几乎融为一体，清朝灭亡后满族也就无法回归关外了。

有必要说明，元"内蒙外汉"与清"内汉外满"并非绝对的公式，而是一个适合于多数情况的倾向性命题。之所以如是命题，主要是为着接近和还原历史真相，排除部分非本质因素，实事求

---

① ［英］濮兰德等：《清室外纪》，陈冷汰译述，《清外史丛刊》，上海：中华书局，1917年，第62页。以上参见冯尔康：《雍正传》，北京：人民出版社，1985年，第465—511、232—234页。

② 那仁朝格图：《果亲王允礼以及蒙译伏藏经》，《清史研究》2002年第3期。

③ （清）刘体智撰，刘笃龄点校：《异辞录》卷四《满汉同化》，北京：中华书局，1988年，第232页。以上参见杜家骥：《清代满族君臣的民族意识及其变化》，载《教育部社会科学委员会历史学学部2017年度工作会议暨中国历史上的民族问题研讨会会议文集》，昆明，2017年11月，第53—59页。

是地理解和把握元、清王朝蒙汉或满汉二元体制的特殊本质。

过去，我们对清朝实行"内汉外满"的积极汉化政策，对鲜卑、女真、满族先后借汉化融入到汉人大族群的模式，肯定居多，认为是顺应民族融合潮流，历史作用积极。这是毋庸置疑的。然而，对元"内蒙外汉"另辟蒙古族南北来去蹊径的合理性，同样应予比较允当和科学的评价。蒙古人北归和继续栖息于大漠草原，虽然给明帝国带来长时间的军事骚扰或威胁，但事情的另一面是，它客观上又遏制着其他新部族的崛起。这是重要的历史贡献！数千年来，大漠草原周而复始的局势就是：一个旧的部族衰落了，很快就会有另一个新兴部族迅速崛起，称雄大漠。13 世纪以降的大漠草原，仍然是蒙古人的世界，"称雄"大漠草原的仍然是原来的蒙古族共同体。这对我们中华民族多元一体的发展壮大的积极作用，也不容小觑。请不要忘记，这些蒙古人恰恰是大元帝国曾经统治中土全境的主人。这段近百年的经历非常重要，既有征服与反抗的腥风血雨，又有各民族之间的水乳交融。它给蒙古族留下的心理印记同样是难以磨灭：它让蒙古人视中土为停云落月的第二故乡，一直和中土保持着向心和内聚联系，一直把北京当作原先的都城，也认同中土曾经也是属于自己的。这比起新崛起的、没有统治过中土的北方新部族，和中土的内聚力肯定要大得多。正如台湾学者萧启庆说："蒙古人成为中华'民族大家庭的成员'，是其征服及统治中原、江南的结果，而不是先存事实。"[①]后因清朝封爵、盟旗"札萨克"制、满蒙联姻和崇尚藏传佛教等政治文化笼络，蒙古进入清帝国满、汉、蒙

① 萧启庆：《近四十年来大陆元史研究的回顾》，载《蒙元史新研》，台北：允晨文化实业股份有限公司，1994 年，第 508 页。

等联合统治体制内[①]，内聚力更为加强。到辛亥革命后，汉、满、蒙、回、藏构成五族共和，蒙古族与满族一起位列中华民族五大族群。特别是抗日战争前后，现代意义上的中华民族最终确立且得到广泛认同，满族和蒙古族也被公认为是中华民族的基本成员。1939年，经蒙、汉各界人士的共同努力，挫败日伪阴谋，顺利将鄂尔多斯成吉思汗陵西迁至甘肃榆中，更是彰显蒙古族、汉族人民同仇敌忾，共赴国难，携手抵御日本侵略。在这个意义上，元"内蒙外汉"与清"内汉外满"，似乎又殊途同归了。

从元"内蒙外汉"与清"内汉外满"，可以看出古代各民族之间的相互交往及影响，有些是走向同化融合，如北魏鲜卑与汉族，金朝女真与汉族，清朝满族与汉族，等等；有些是"汇"而不"合"，依然基本保持各自的文化属性，或仅发生部分的同化融合，如突厥与汉族，蒙古与汉族等。总体上看，使用"民族融汇"的表述，似乎比较恰当，比较符合历史真相。而且，从"和实生物，同则不继"与"君子和而不同，小人同而不和"[②]等文化哲理层面看，"汇"而不"合"之类的"民族融汇"，也应受到更多的肯定与理解。

三、驳"崖山之后无中国"

"崖山之后无中国（华）"之说，近年在网络上被吵得沸沸扬

---

① 杜家骥：《清朝国体问题试谈——以清代蒙古族对清朝统治的参与为中心》，《满学论丛》第6辑，沈阳：辽宁民族出版社，2016年，第38—55页。
② 徐元诰撰，王树民、沈长云点校：《国语集解》卷十六《郑语》，北京：中华书局，2002年，第470页；《论语注疏》卷十三《子路》，（清）阮元校刻：《十三经注疏》，北京：中华书局，1980年，第2508页中。

扬。尽管有些学者认为实属"无聊"①，姚大力、葛剑雄等已分别从元和清的政治文化贡献、3 100 年来中国及华夷演进等角度做过辩驳②，但因"新清史"重新质疑元、清的中国属性，舆情或被混淆，故须略说一二。

"崖山之后无中国（华）"，源自钱谦益《后秋兴之十三》的诗句："海角崖山一线斜，从今也不属中华。"③钱谦益曾任明末东林党领袖和南明礼部侍郎，入清后仍担任礼部侍郎。诗中"海角崖山"，当概指南逃之南宋、南明小朝廷。囿于宋、明等中原王朝衰亡的狭隘立场和"华夷之辨"的保守理论，钱氏发出如此的无奈哀叹，亦情理中事。或许也夹带着替自己改仕新朝寻觅一点历史借口。读者理应参透后一层玄机！

钱谦益等之所以鼓吹和认同"崖山之后无中国（华）"，要害又在于拒不承认元王朝和清王朝的中国或中华属性。在这方面和"征服王朝论""新清史"，大同小异。无论是"征服王朝论""新清史"，还是国内的狭隘民族主义或大汉族主义，确实有人"倾向在'清朝'与'中国'划下一条界限，避免仅仅称呼清朝为'中国'"④。这种论调在学术上是荒谬的，站不住脚的。笔者试从"中国"涵义、克服华夷陈腐偏向及效仿开明政治家等层面加以阐述。

---

① 汪荣祖：《为"新清史"辩护须先懂得"新清史"——敬答姚大力先生》，《东方早报·上海书评》2015 年 5 月 17 日。
② 姚大力讲座，董牧杭整理：《崖山之后是否真无中国？》，澎湃新闻 2014 年 11 月 7日。葛剑雄：《不可说崖山之后再无中国》，腾讯·大家专栏 2015 年 7 月 11 日。
③ （清）钱谦益：《牧斋杂著·投笔集》卷上《后秋兴之十三》，钱曾笺注，钱仲联标校：《钱牧斋全集》，上海：上海古籍出版社，2003 年，第 73 页。
④ ［美］欧立德：《满文档案与新清史》，《故宫学术季刊》（台北）2006 年第 2 期；亦收入刘凤云、刘文鹏编：《清朝的国家认同："新清史"研究与争鸣》，第 391 页。

1. 先弄清"中国"的涵义

21 世纪伊始，讨论"中国"概念的相关论著日渐增多[①]。一般认为，"中国"最早见于青铜器何尊铭文的"宅兹中国"，其本义或狭义是聚居中原的诸夏、华夏。近年，汪荣祖、姚大力围绕"新清史"问题争论不休，在"中国"涵义的理解上也有各自的表述。汪荣祖认为，"中国从来不是国号，而是泛称或简称，早出现于先秦，随着疆域的扩大，这个名词所涵盖的地区也随之扩大"。姚大力主张，历史上的中国"有过很多含义"，如汉、唐、宋、明等"一种文化、一个人群的小'中国'"，包括"汉族的'中国'"、"'塞外'寥廓地域"在内的"大中国"，中国涵义又呈现由前者到后者的逐层扩充演进[②]。实际上，汪、姚二氏在此环节上的意见大体一致，都承认"中国"是由狭小到扩大的不断发展过程，都承认元、清二王朝是中国或"大中国"，都承认元、清二王朝直辖的"'塞外'寥廓地域"或内陆亚洲也属于中国。这一点实乃"崖山之后无中国"问题的关键所在，也是我们和"新清史"之说的根本性分歧。

---

① 葛兆光：《宅兹中国：重建有关"中国"的历史论述》，北京：中华书局，2011 年。许倬云：《说中国：一个不断变化的复杂共同体》，桂林：广西师范大学出版社，2015 年。刘晓原：《边疆中国：二十世纪周边暨民族关系史述》，香港：香港中文大学出版社，2016 年。葛兆光：《历史中国的内与外：有关"中国"与"周边"概念的再澄清》，香港：香港中文大学出版社，2017 年。王赓武：《更新中国：国家与新全球史》，黄涛译，杭州：浙江人民出版社，2016 年。

② 姚大力：《不再说"汉化"的旧故事——可以从"新清史"学习什么》，《东方早报·上海书评》2015 年 4 月 5 日。汪荣祖：《为"新清史"辩护须先懂得"新清史"——敬答姚大力先生》，《东方早报·上海书评》2015 年 5 月17 日。

▲ 何尊及其铭文拓片，西周早期，宝鸡青铜器博物院藏

由于"新清史"论者总是试图在"中国"与"清朝"之间、中原与塞外之间人为地划分界限，清雍正帝语"……是中国之一统始于秦，塞外之一统始于元而极盛于我朝"[①]，就容易在句读及综合理解上发生不应有的误会，就容易被有些人落为"口实"。因此，有必要对这段话予以辨析与诠释：

其一，"始于秦"的"中国之一统"，实即两千年前汉地中原王朝的郡县制大一统。"始于元"和"极盛于"清的"塞外之一统"，实即元、清二王朝分别以行省、宣政院和理藩院等对蒙古、东北、新疆、西藏行使的直接管辖。二者是一个前后连绵和不可割裂的历史过程，故该语句中的句读正误甚为紧要："始于秦"之后句号为误，逗号为正；"始于元"之后不当加逗号。

其二，在秦朝完成对汉地的郡县制大一统之后近两千年间，汉、唐、宋、明等中央王朝虽然也对"塞外"等边疆地区采取了羁縻州、羁縻都督府等管辖治理，但毕竟属于非直接性或"化外"的。蒙古入主的元朝大一统，满族入主的清朝大一统，对汉地和"塞外"都实行直接治理，都是囊括中原汉地和"塞外"蒙古、东北、新疆、西藏等广袤地域的大一统。所有这些，实乃兄弟民族所建元、清二王朝对边疆开发治理做出的卓越贡献，也是两千年来汉族和各兄弟民族共同缔造中华民族多元一体的历史性成果。雍正帝所云大抵符合历史真实，基本可反映秦汉至明清从"一种文化、一个人群的小'中国'"，逐步向囊括"汉族"内地和"'塞外'寥廓地域"的"大中国"演进发展

---

① 《清世宗实录》卷八三，雍正七年七月丙午，第 8 册，第 99 页上。

的历程。

其三，就元和清两王朝而言，雍正所云两处"一统"，当是一概直接统辖的意思，并非各自单独的政治文化实体。元和清，经略中原汉地、蒙古、新疆、西藏等，大致是先东后西，次第推进的，尽管治理方式不尽相同，但根本不存在汉地和"塞外"彼此独立的两个系统。另，此句之后，雍正帝又接着说："自古中外一家，幅员极广，未有如我朝者也。"所谓"中"，即前述秦汉以降郡县制"中国"；所谓"外"，即"塞外"。足见，雍正在强调清朝实现内地塞外大一统"幅员极广"的同时，也承认和肯定"自古中外一家"、不分彼此的历史事实。

其四，"新清史"论者罗友枝等"倾向在'清朝'与'中国'划下一条界限"，"反对将大清王朝与'中国'合二为一"[①]。其要害是割裂历史，否认"中国之一统始于秦，塞外之一统始于元而极盛于我朝"是一个连绵两千年的历史过程。他们硬是将前者与后者相割裂，仅仅将两千年前"始于秦"的汉地大一统当作"中国"，却将"塞外"蒙古、东北、新疆、西藏等广袤地域当作"中国"之外的"内陆亚细亚"。或者说，他们只承认两千年前"始于秦"的汉地郡县制的"小中国"，不承认隋、唐、宋、元以来囊括内地和"塞外"的"大中国"。这既不符合数千年来的历史事实，也有悖于元、清二王朝的实际情况。即使是和雍正《大义觉迷录》等有关中国、华夷的核心思想相对照，也是大相径庭（详后）。

---

① 定宜庄、[美]欧立德：《21世纪如何书写中国历史："新清史"研究的影响与回应》，彭卫主编：《历史学评论》第1卷，第116—146页。

2. 克服华夷问题的陈腐偏向

在儒家华夷思想内部，历来有拘泥血缘地理的华夷辨别防范说与重在文化标准的"用夏变夷"说[①]的并存、演进及交替运用。华夷问题的陈腐偏向，长期影响着国人对"崖山之战"后元、清二王朝实属中国的认知与判断，制约着人们对民族融汇的豁达理解。

所谓严格华夷的辨别防范，偏重于"辨"与"防"，偏重于用血缘、地理来衡量区别华夏与蛮夷。如孔子曰："夷狄之有君，不如诸夏之亡也。"[②]《左传》载："非我族类，其心必异。"[③]班固甚至说："夷狄之人贪而好利，被发左衽，人面兽心……是故圣王禽兽畜之，不与约誓……是以外而不内，疏而不戚，政教不及其人，正朔不加其国。"[④]

所谓重在文化标准和倡导"用夏变夷"说，即依据民族融汇的发展实践予以变通，主张华夷能够以衣饰、礼仪等文化标准来互动转移。《孟子》曰："吾闻用夏变夷者，未闻变于夷者也。"《公羊传》更以文化道德来区分诸夏和夷狄，并将其视为可变概念。凡夷狄遵行礼仪，就当与诸夏同等看待。譬如，吴国虽为"夷狄也，而忧中国"，故进称"吴子"[⑤]。后吴纵暴郢都，又被称

---

① 《孟子》卷三《滕文公章句上》，成都：巴蜀书社，1986年，第13页a。《春秋公羊传注疏》卷十八，成公十五年十一月，（清）阮元校刻：《十三经注疏》，第2297页上—2297页中。

② 《论语注疏》卷三《八佾》，（清）阮元校刻：《十三经注疏》，第2466页上。

③ 《春秋左传正义》卷二十六，成公四年，（清）阮元校刻：《十三经注疏》，第1901页中。

④ （汉）班固：《汉书》卷九十四下《匈奴传下》，第3834页。

⑤ 《孟子》卷三《滕文公章句上》，第13页a。《春秋公羊传注疏》卷二十五，定公四年十一月庚午，（清）阮元校刻：《十三经注疏》，第2337页上。

作"反夷狄"①。而陈、蔡不肯救援周王室，就被斥为"中国亦新夷狄也"②。

这两种相左的意见，在先秦第一次民族融汇之后均相继问世。前者陈腐古板，经常在华夏遭受夷狄进犯之际冒头反弹；后者包容豁达，往往是对民族融汇潮流的顺应或变通。二者在后世又在不同时段交替消长，成为儒家处理民族关系之际的两种灵活选择和运用。

经历南北朝的民族融汇，唐朝突厥、沙陀、回鹘等族众频繁内迁，部分部族首领被委以高官，或赐李姓，血缘或地域界限率多破除，华夷思想也随之显著迈向注重文化标准。皇甫湜指出："所以为中国者，礼义也。所谓夷狄者，无礼义也。岂系于地哉？"陈黯也说："夫华夷者，辨在乎心，辨心在察其趣向。有生于中州而行戾乎礼义，是形华而心夷也。生于夷域而行合乎礼义，是形夷而心华也。"③韩愈在批判佛学的同时又借鉴其祖统说，主张"道"为"天下之公言"，主要内容是仁义，儒家也存在从尧、舜、禹到孔、孟的道统。还把道、道统引入华夷观念，认为："诸侯用夷礼则夷之，夷而进于中国则中国之。"④

随着宋代理学家重建"内圣外王之学"，"圣人之教"的道统，或高于"天子之位"⑤的君统。元儒郝经、许衡等面对女真、

---

① 《春秋公羊传注疏》卷二十五，定公四年十一月庚辰，（清）阮元校刻：《十三经注疏》，第 2337 页下。
② 《春秋公羊传注疏》卷二十四，昭公二十三年七月戊戌，（清）阮元校刻：《十三经注疏》，第 2327 页下。
③ （唐）皇甫湜：《东晋元魏正闰论》，（清）董诰等编：《全唐文》卷六百八十六，第 7031 页上。（唐）陈黯：《华心》，（清）董诰等编：《全唐文》卷七百六十七，第 7986 页下。
④ （唐）韩愈著，刘真伦、岳珍校注：《韩愈文集汇校笺注》卷一《原道》，北京：中华书局，2010 年，第 3 页。
⑤ （清）王夫之：《读通鉴论》卷十三《东晋成帝》，中册，第 352 页。

▲ 许衡像

蒙古入主及南宋败亡的政治变故，提出了"能行中国之道，则中国之主也"，"考之前代，北方奄有中夏，必行汉法，可以长久"[①]之类的新见解。他们把"用汉法"等同于"行中国之道"，用"道"和"道统"来统驭华夷正统，这就突破了华夷观念的内外藩篱，赋予"用夏变夷"新的含义。

这大抵是第二、三次民族融汇过程中儒家华夷观念的新进步、新风貌。

宋元、元明或明清鼎革之际，不乏有"驱除胡虏"和严"夷夏之防"思潮涌起，同时也常见重"道""道统"及"用夏变夷"说与之反诘抗衡。譬如，元末杨维桢强调，"道统者，治统之所在也"，经三代、孔孟和程朱，"传及我朝许文正公"[②]，把道和道统带入元朝。雍正亲撰《大义觉迷录》，用"圣德"标准驳斥华夷区辨和夷夏之防，指出清朝"之为满洲，犹中国之有籍贯。舜为东夷之人，文王为西夷之人，曾何损于圣德乎"。宣称"惟有德者可为天下君"，满洲与虞舜、文王同样可以为中国君主。清朝"有造于中国者，大矣至矣"，疆土开拓广远，造就百姓康乐

[①] （元）郝经：《郝文忠公陵川文集》卷三十七《与宋国两淮制置使书》，《北京图书馆古籍珍本丛刊》第 91 册，第 819 页上。（元）许衡：《鲁斋遗书》卷七《时务五事·立国规模》，《北京图书馆古籍珍本丛刊》第 91 册，第 382 页下。

[②] 参见（元）陶宗仪：《南村辍耕录》卷三《正统辨》，第 37 页。

蕃庶，对中国有大德，贡献很大。主张不分地域，有德为王。还以各族都在清朝统治之下的事实，证明清政权是上天的赋予，不应该以"华夷之辨"来否定①。又兼，其父康熙崇儒重道，孜孜于圣贤之学，开疆拓土，减轻农民负担，被满汉朝野公认为"内圣外王"的楷模。《大义觉迷录》与康熙"圣祖"楷模、"剃发令"、"文字狱"等软硬兼施，较有效地说服了大多数汉族士大夫。由是，清代华夷思想或秩序基本脱离了汉人的"自文化中心"，被引向"君臣大义""一君万民"的层面。后者应是第四次民族融汇过程中清代华夷思想的主流形态。

3. 效仿古代开明政治家，正视现实，顺应潮流

与前述四次民族融汇和华夷思想的相应演进几乎同步，古代政治家也率多正视现实，顺应潮流，表达各自的主张。譬如，唐太宗李世民曾言："夷狄亦人耳，其情与中夏不殊。人主患德泽不加，不必猜忌异类。盖德泽恰，则四夷可使一家；猜忌多，则骨肉不免为仇乱。""自古皆贵中华、贱夷狄，朕独爱之如一……"②朱元璋和朱棣曾说"昔胡汉一家，胡君主宰"，"迩来胡汉一家，大明主宰"，也主张"华夷无间"，"华夷本一家"，"抚字如一"③。这表明面对中华民族多元一体的历史趋势，古代

---

① （清）爱新觉罗·胤禛：《大义觉迷录》卷一，北京：文物出版社，2020年，第1—16页。

② （宋）司马光编著，（元）胡三省音注，"标点资治通鉴小组"校点：《资治通鉴》卷一百九十七《唐纪十三》，贞观十八年，第6215—6216页；卷一百九十八《唐纪十四》，贞观二十一年五月庚辰，第6247页。

③ 清抄本《华夷译语》"诏阿札失里"，《四库全书存目丛书》经部第188册，第308页上。《明太祖实录》卷五三，洪武三年六月丁丑，第1048页。《明太宗实录》卷二八四，永乐二十一年十月己巳，第2407页。尽管朱元璋在另一场合又说："自胡元入主中国，夷狄腥膻，污染华夏，学校废驰，人纪荡然。"（《明太祖实录》卷四六，洪武二年十月辛卯，第925页）

政治家大多崇奉"用夏变夷"及偏重文化标准，元明鼎革之际更是不得不承认"汉胡一家""华夷无间"和汉族、蒙古族轮流为天下主的客观现实。

退一步讲，"崖山之战"，特别是清朝建立之后，的确已无汉族为统治者的大一统王朝。但是，蒙古族入主、满族入主的元、清大一统王朝分别以"内蒙外汉"和"内汉外满"模式君临天下，却方兴未艾。诚如前述，近千年来，汉族、蒙古族、满族轮流为天下主，反映5 000年多民族统一国家不断发展壮大的趋势，表现出北方兄弟民族在中华民族发展过程中的历史主动性。岂有罔顾历史趋势和客观现实，厚此薄彼，只许汉族君临，不许北方兄弟民族入主的道理！

在这个问题上，李世民、朱元璋、朱棣等远比钱谦益及至今追随其说的少数人，开明和务实得多。从前述元"内蒙外汉"和清"内汉外满"的结局走向看，"崖山之后"不是"无中华"或"无中国"了，而是多民族统一国家像滚雪球一样在汉族、蒙古族、满族轮流为主的新格局下越滚越大。"中华"或"中国"的内涵及外延，也随着"胡汉一家""天下一统、华夷一家"等新环境在悄然丰富扩充。所以，辛亥革命前后，"中华民国""中华民族"和汉、满、蒙、回、藏"五族共和"，相继应运而生。连宣统退位诏书也不得不承认："……总期人民安堵，海宇乂安，仍合满、汉、蒙、回、藏五族完全领土，为一大中华民国。"意味着此时的"中华"和"中国"，已经将汉、满、蒙、回、藏"五族"，统统包容囊括起来了。这应当是谁也难以否认的历史事实！

"天下大势，浩浩汤汤，顺之者昌，逆之者亡。"5 000年来，中华民族多元一体进程同样是浩浩汤汤、势不可挡的大潮流。即

奉

旨朕钦奉隆裕皇太后懿旨前因民军起事各省响应九夏沸腾生灵涂炭特命袁世凯遣员与民军代表讨论大局议开国会公决政体两月以来尚无确当办法南北睽隔彼此相持商辍于途士露于野徒以国体一日不决故民生一日不安今全国人民心理多倾向共和南中各省既倡议于前北方诸将亦主张于后人心所向天命可知予亦何忍因一姓之尊荣拂兆民之好恶是用外观大势内审舆情特率皇帝将统治权公诸全国定为共和立宪国体近慰海内厌乱望治之心远协古圣天下为公之义袁世凯前经资政院选举为总理大臣当兹新旧代谢之际宜有南北统一之方即由袁世凯以全权组织临时共和政府与民军协商统一办法总期人民安堵海宇乂安仍合满汉蒙回藏五族完全领土为一大中华民国予与皇帝得以退处宽闲优游岁月长受国民之优礼亲见郅治之告成岂不懿欤钦此

宣统三年十二月二十五日

内阁总理大臣 袁世凯
外务大臣 胡惟德
民政大臣 赵秉钧
度支大臣 绍英
学务大臣 唐景崇
陆军大臣 王士珍
海军大臣 谭学衡
司法大臣 沈家本
农工商大臣 熙彦
邮传大臣 梁士诒
理藩大臣 达寿

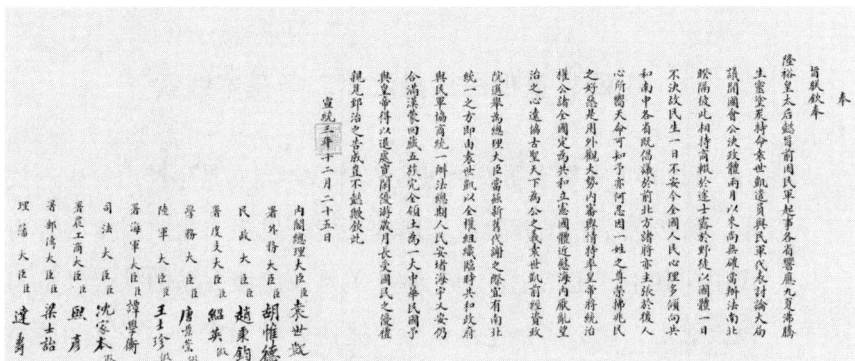

▲《清帝逊位诏书》，中国国家博物馆藏

使是在帝制传统社会，罔顾民族融汇、"胡汉一家"的现实和华夷思想不断演进，一味固守"大汉族主义"或夷夏之防的偏见，也是陈腐和落伍的。时至 21 世纪，现代中华民族形成近百年后和全球化迅猛发展之际，依然盲目听从或追随"崖山之后无中国"之说，似乎更显得落后于时代和抱残守缺了。姚大力说得好："如果元朝与清朝都不算'中国'，那西北一大半领土，我们还要不要？"[1]这绝非危言耸听！西方少数人始终企图利用狭隘、过时的"汉人"或"中国"观念，借题发挥，不断制造事端，以分离西北边疆和肢解中国，这当然是绝大多数国人时刻保持警觉和绝对不能答应的。

"崖山之后无中国"之说，可以休矣！

---

[1] 姚大力讲座，董牧杭整理：《崖山之后是否真无中国？》，澎湃新闻 2014 年 11 月 7 日。

四、重视民族融汇第二条基本线索

5 000 年中华文明发展进程的背后，当然是生产力、生产关系、阶级关系、民族融汇、地理环境、思想文化诸因素的合力作用。其中，包括生产力、生产关系及阶级关系的社会经济与民族融汇，此二者是基本线索，是决定性因素。中华文明的整体面貌和走向，大抵是由社会经济和民族融汇来支配或塑造的。譬如，先秦时期青铜冶铸的产生、运用和首次民族融汇，秦、汉、魏、晋时期铁器推广和第二次民族融汇，晚唐、辽、宋、金、元时期印刷术、火药、罗盘针、海外贸易繁荣和第三次民族融汇，明中叶以后商业繁荣、雇佣劳动渐多、白银输入和第四次民族融汇等。举个简单例子，或可窥见民族、民族融汇在中国历史发展中的地位及比重。班固《汉书》列传共计 70 卷，而与民族问题相关的，即有《李广苏建传》《卫青霍去病传》《张骞李广利传》《霍光金日磾传》《赵充国辛庆忌传》《匈奴传上》《匈奴传下》《西南夷两粤朝鲜传》《西域传上》《西域传下》以及《魏豹田儋韩王信传》，合计 10 卷半，约占列传总卷数的 1/7。而且内容丰富多彩，往往关乎朝廷大局。概言之，在中国的特定环境下，社会经济固然充当了主要原动力或主线，其作用无疑是关键性的。同时，还应当格外重视民族融汇第二条基本线索及其历史作用。对这二者都予以高度重视，才真正符合历史辩证法。

由于疆域广袤、地理风俗多样及经济文化发展不平衡，5 000 年来，长城内外等农耕民与游牧民及其不同生活方式的世代并存，造就了塞外草原、黄河中下游和长江中下游三大地域，若是细分，又表现为黄河中下游地区、长江中下游地区、大漠草原地区、东北地区、新疆等西北地区、吐蕃等西南地区等六七个社会经济发展、民族文化等颇有差异的地域子文明承载板块。它们不平衡发展的累积性影响和连续的相互作用，导致了中国社会几乎所有方面的根本性变化。而且，这三大地域或六七个地域子文明板块，往往综合承载着社会经济、民族融汇两条基本线索及交互作用。就近两千年而言，塞外草原大抵承载北方民族及游牧文明；黄河中下游与长江中下游大抵承载汉族及农耕文明。其中，黄河中下游地区不仅是早期汉族农耕文明的摇篮与"发祥地"，近两千年来又容易成为北方民族与汉族彼此交往融汇的冲要区域。总而言之，社会经济和民族融汇两条基本线索及作用，往往是依赖上述六七个地域子文明的承载以及彼此碰触和整合，再加上域外文明的助力，共同影响、制约着历史发展进程。考察中国历史，在通常关注社会经济及民族交融等主线的同时，也要重视这两条基本线索借六七个地域子文明板块为载体来施展表现的情势或机制。尤其是北方民族的大规模南下冲击及其带来的南北差异的整合博弈，更是彰显民族融汇作为中国历史发展第二条基本线索的举足轻重。

在欧亚大陆的历史上，"蛮族入侵"无疑是足以改变社会总体面貌的重要大事变。日耳曼等"蛮族入侵"，无可挽回地让整个欧洲进入到黑暗的"中世纪"。东亚北方民族的大规模南下也类似于欧洲的"蛮族入侵"，同样严重影响着中国社会的发展走向。与欧洲不同的是，这种北方民族的大规模南下或"蛮族入侵"，在中国不止一次，大规模的至少发生过两晋和五代宋及明末三次，因而对古代历史进程影响至为深重。由于亚洲大陆南北东西的幅员疆域都接近欧洲的两倍，上述三次北方民族的大规模南下，又具有自身的特殊性：第一，迄1276年，两次北方民族的大规模南下直接造成东晋和南宋的南渡偏安，造成中国社会经济重心及文化精英的两次南移，以及随之而来的4至6世纪、10至13世纪的两个南北朝各自近200年的对峙；第二，1276年和1644年以后，元、清两朝虽然实现了蒙古贵族、满族贵族为主导的南北统一，但是他们不得不实行蒙汉或满汉二元政策，不得不承认和重视塞外草原、黄河中下游和长江中下游三大地域的经济文化差异。其结果就是，中国虽然没有无可挽回地进入所谓黑暗的"中世纪"，但历史的总体面貌还是被严重影响或部分改变，还是呈现南北地域差异的整合博弈进而推动社会历史的曲折发展。

最后谈谈北方民族入主所携带的文化影响。北方民族南下及所建北朝和元、清大一统王朝，既带来一些积极向上的东西，如元行省分寄式中央集权，清诸帝勤政好学，元、清两朝积极经略边疆，等等，又带来了不少落后旧俗。后者还较严重影响汉地社会经济结构乃至专制政体。

马克斯·韦伯认为"君主如父"的"父系家长和世袭统治"[1]是中国政治的特点。钱穆也说，明、清两朝"真不免为独夫专制之黑暗所笼罩"[2]。需要理性地正视：近古父权主从隶属的

---

[1] ［德］马克斯·韦伯：《经济与社会：解释社会学提纲》，伯克利：加利福尼亚大学出版社，1978年，第11页（Max Weber, *Economy and Society: An Outline of Interpretative Sociology*, Berkeley: University of California Press, 1978, p.11. ）

[2] 钱穆：《国史大纲（修订本）》"引论十二"，北京：商务印书馆，1996年，上册，第27页。

沉渣泛起和元明清专制独裁的登峰造极，都与北族王朝的文化影响密不可分。

我国自古以来就存在"父系家长和世袭统治"等纲常传统，同时也较早出现过"民贵君轻"、道和道统高于君统等开明思想，后者还在"唐宋变革"中随谏议制成熟而有所上升。元诸色户计当差和明"配户当差"，均属社会经济层面对"唐宋变革"的逆转，它们都直接或间接来自蒙古等北方民族父权制主从隶属俗。这种主从隶属还借"雇工人"等律条渗入了《大明律》。清朝入关后，"八旗制"南下携入的壮丁、包衣等，同样带有奴仆半奴仆性质。于是，"普天率土，尽是皇帝之怯怜口"[①]之类的父权制主从或主奴习俗，无形中和儒家"纲常"糟粕部分悄然内外混合，逐渐汇成南北通行的"君父"与"臣子"上下互称的名教秩序及"君父"至上[②]。此观念的力量及影响，绝不可小觑。由于元诸色户计当差和明"配户当差"都属于全民当差服役的秩序，包括社会文化精英的士大夫官僚概莫能外，统统被束缚在"民有田则有租，有身则有役"[③]的桎梏牢笼之中，很自然地恶性扭曲了传统的"君臣之义"或俸禄雇佣惯例，让官僚士大夫也蜕变为"纲纪之仆"和听候皇帝差遣的"役"[④]。最终"君父"压倒了道及道统，潜移默化，根深蒂固，"君父"至上或主宰，遂成为元

---

① 邱树森、何兆吉辑点：《元代奏议集录》下册，第109页。
② 譬如明天启皇帝诏谕曰："惟君臣父子，人道之大纲；慈孝敬忠，古今之通义。有国家者，修之则治，紊之则乱；为臣子者，从之则正，悖之则邪。"（［明］顾秉谦等：《三朝要典》"御制序"，《四库禁毁书丛刊》史部第56册，北京：北京出版社，1997年，第7页）多尔衮亦云："君犹父也，民犹子也，父子一体，岂可违异。"（《清世祖实录》卷一七，顺治二年六月，第3册，第151页下）。
③ 《明太祖实录》卷一六五，洪武十七年九月己未，第2545页。
④ 白寿彝总主编，王毓铨主编：《中国通史》第9卷《中古时代·明时期》上册，第688页。

明清君臣及君民关系的不二法则。应该承认，此种"君主如父"观念，似乎已渗入元明清的"独夫专制"之中，而且发挥了相当大的催化助推作用。

（原文《民族融汇与中国历史发展第二条基本线索论纲》，载《史学集刊》2019年第1期）

秦汉以降"大一统"秩序的华夷交融演进

    "大一统"是儒家传统话题之一。严格地说，传统社会的"大一统"范畴包括两层含义：一是天下诸侯皆统系于周天子，亦即刘泽华先生所论王权主义；二是国家疆域及族群的大统一[1]。后者关乎多民族统一国家的盛衰发展和疆域幅员，古今谈论甚多。近年来，学界对秦汉以降疆域"大一统"及中国发展的讨论较为热烈。张博泉的"中华一体"论，姚大力的民族关系及国家认同论说，许倬云对秦汉至明清诸王朝的剖析，日本学者杉山正明从辽代到元代草原民族的视角诠释"小"中国转变为"巨大"中国等[2]，皆富有新意。笔者认为，秦汉单一模式的"中国

---

[1] "大一统"一词，出自《春秋公羊传·隐公元年》："何言乎王正月？大一统也。"唐徐彦疏："王者受命，制正月以统天下，令万物无不一一皆奉之以为始，故言大一统也。"《汉书·王吉传》进一步阐释："《春秋》所以大一统者，六合同风，九州共贯也。"关于第一层含义，刘泽华先生《中国的王权主义》（上海：上海人民出版社，2000年）已做深入详赡的论述。兹不赘。本文重点讨论第二层含义——"六合""九州"之类的多民族统一国家疆域及族群的整合与统一。

[2] 参见张博泉：《中华一体的历史轨迹》，沈阳：辽宁人民出版社，1995年；姚大力：《中国历史上的民族关系与国家认同》，《中国学术》第12辑，北京：商务印书馆，2002年；王晓欣：《震撼世界的华夷一统：元朝历史的特点及影响》，《历史学习》2008年第11期；［日］杉山正明：《疾驰的草原征服者：辽西夏金元》，（转下页）

一统"到元明清复合模式的"华夷一统"，是两千年"大一统"交融演进的重要里程碑，"小"中国变为"大"中国和现代中华民族复合共同体等，皆与此直接关联。兹就秦汉郡县制"中国一统"、元"华夷混一"、明清"华夷一统"的曲折与发展成熟等，予以新的探讨。

一、"中国""华夷"释义与秦汉郡县制"中国一统"

"中国""华夏"和"华夷"概念与本篇主旨相关，笔者先辨析界定这些概念，再来讨论将黄河中下游与长江中下游农耕区整合为一体的秦汉郡县制"中国一统"。

1. 释"中国""华夏"和"华夷"

先秦时的"中国"，最早见于青铜器何尊的铭文"宅兹中国"，是指聚居在今河南一带的华夏、诸夏。[①]《尚书·武成》："华夏蛮貊，罔不率俾。"当时的"华夏"，亦指谓黄河中下游被蛮狄戎夷交错环绕的"中国"。[②]就本义或狭义而言，"中国"或"中土"与"华夏"大致相同。秦、汉、隋、唐之"中国"或"中土"与"华夏"，复包举黄河中下游和长江中下游的所有疆土，且与长城以北以西的"塞外"相对称。《隋书·西域传》：

（接上页）乌兰、乌日娜译，桂林：广西师范大学出版社，2014 年；李治亭：《清帝"大一统"论》，《云南师范大学学报（哲学社会科学版）》2015 年第 6 期；杨念群：《论"大一统"观的近代形态》，《中国人民大学学报》2018 年第 1 期；许倬云：《说中国：一个不断变化的复杂共同体》，上海：上海三联书店，2021 年。

①　参见马承源：《何尊铭文初释》，《文物》1976 年第 1 期。

②　参见晁福林：《从"华夏"到"中华"——试论"中华民族"观念的渊源》，《史学史研究》2020 年第 4 期。

"焉耆国……其俗奉佛书，类婆罗门。婚姻之礼有同华夏。"① 此 "华夏" 又指谓相对于外国（婆罗门国）的整个汉唐国家及疆域。

"华夷" 一词，亦有广义和狭义之别。广义的 "华夷"，是指中国和外国。狭义的 "华夷"，是指古代汉族与其他兄弟民族，亦即华夏四夷的合称。唐末以降，北方民族相继建立辽、西夏、金政权，且与两宋南北对峙。此时的 "华夷"，又概称辽、宋、西夏、金诸政权及疆域。譬如，辽道宗诗曰："君臣同志，华夷同风。"② 司马光云："华夷两安，为利甚大。"③ 元朝灭西夏、金和南宋，统一塞外、中原和江南等疆域，又兼收辽宋等 "华夷" 称谓，"华夷一统" 或 "华夷混一" 等表述随而增多。

"中国""华夏" 和 "华夷"，都是相对的历史概念，都是依一定的族群时空的名称范畴，依时空的变化而变化。"中国一统"与 "华夷一统" 又是多民族统一国家发展过程中相衔接的阶段性称谓，分别指谓特定时空下 "华夏" 或 "华夷" 的统一政权或政治文化共同体。具体而言，郡县制 "中国一统"，通常指公元前 2 世纪到公元 9 世纪华夏中土郡县制统一政权或政治文化共同体。"华夷一统"，大抵是指 13 世纪以降囊括中土与塞外的 "巨大中国"④ 统一政权或政治文化共同体。

2. 秦汉 "中国一统" 的三 "同" 建构及 "华夷" 关联

公元前 221 年，秦始皇创立帝制中央集权，内而废封国，以郡县官僚制直辖编户，变更 "田畴异亩，车涂异轨，律令异法，

① （唐）魏徵等：《隋书》卷八十三《西域传》，第 1851 页。
② （元）脱脱：《辽史》卷二十一《道宗纪一》，第 255 页。
③ （宋）司马光撰，李文泽、霞绍晖校点：《司马光集》卷五《乞抚纳西人札子》，成都：四川大学出版社，2010 年，第 2 册，第 1090 页。
④ 参见 [日] 杉山正明：《疾驰的草原征服者：辽西夏金元》，乌兰、乌日娜译，第 11 页。

▲ 秦铜权，秦始皇帝陵博物院藏。上有刻文，内容是秦王政二十六年（前221）和秦二世元年（前209）统一度量衡的两个诏文，是秦统一全国后推行货币、度量、文字等制度的物证

衣冠异制，言语异声，文字异形"[1]旧状，外而北击匈奴，修筑长城。西汉继续实行编户授田和军功爵奖励耕战，又"罢黜百家，表章六经"[2]，完善郡县制，推行五铢钱，凿空西域，使天山南北首次与内地连成一体。汉武帝诏书曰"中国一统"[3]，当是秦汉以黄河中下游和长江中下游为基本疆域的郡县制大一统。

关于秦汉郡县制"中国一统"，许倬云曾用政治力量渗透到底层、"全国相互依赖的经济网络"、共同文字及儒家正统价值观念"三重凝集"[4]，描绘其特色及关键性。对第一点和第三点，笔者完全赞同，对其第二点则稍有保留。秦汉时期五铢钱牵动下的全国"经济网络"刚刚形成，似不宜估计过高，用首次实现"车同轨，书同文，行同伦"[5]描绘秦汉"中国一统"的特定建构，更为适宜。

笔者认为，对"车同轨，书同文，行同伦"的理解不能拘泥于狭义，需要结合历史实际做较为宽泛的诠释。第一，"车同轨"

---

① （汉）许慎：《说文解字》卷十五上，第315页。
② （汉）班固：《汉书》卷六《武帝纪》，第212页。
③ （汉）班固：《汉书》卷六《武帝纪》，第173页。
④ 参见许倬云：《说中国：一个不断变化的复杂共同体》，第78—88页。
⑤ 《礼记》卷十六《中庸》，《四部丛刊初编》第24册，第11页a。

并不限于针对"车涂异轨"而规定车轮距一律六尺，更偏重针对"律令异法，衣冠异制"等"同轨"，即用皇帝为首的郡县制职业官僚统一管辖编民，对社会、经济、文化等实施严密的管制（包括五铢钱等对经济活动的规范）①，郡县官僚政治借以渗透到乡里底层。第二，"书同文"并不限于统一以秦小篆作为汉字形体，更偏重"独尊儒术"及其后延绵两千年的儒家正统文脉。第三，"行同伦"并不限于统一百姓的行为伦理，更偏重作为族群共同体汉族的融合成型。斯大林曾从"共同语言""共同地域""共同经济生活""共同文化上的共同心理状态"等层面阐发历史上的民族②。范文澜精辟指出，"汉族在秦汉时已经开始形成为民族"③。笔者赞同范文澜之说，进而认为汉族在秦汉的基本成型，恰是"行同伦"的表征，是两千年前黄河中下游和长江中下游的"夷夏"先民以"宅兹中国"为中心，东西南北相向交融及滚动壮大的产物。④

换言之，秦汉郡县制"中国一统"，以两千年前黄河中下游和长江中下游范围内的帝制中央集权为制度框架，普遍施行以汉字为载体的儒学传统文脉，大多数先民初步融合为汉族，还有西南夷、南方边地少数民族及北方民族部分南迁者。制度、文化、族群三层面皆呈现或趋于同一、单一，是秦汉郡县制"中国一统"政治文化共同体的建构特色。

也许有人会提出这样的疑问：秦统一曾经把南越、西南夷、

---

① 范文澜主张，"共同经济生活"和"经济的联系性"应归入"车同轨"。参见范文澜：《试论中国自秦汉时成为统一国家的原因》，《历史研究》1954年第3期。

② 参见［苏联］斯大林：《马克思主义与民族问题》，莫斯科：外国文书籍出版局，1950年，第11页。

③ 范文澜：《试论中国自秦汉时成为统一国家的原因》，《历史研究》1954年第3期。

④ 参见傅斯年：《夷夏东西说》，欧阳哲生主编：《傅斯年全集》第3卷，第181—182页；拙文《两个南北朝与中古以来的历史发展线索》（已收入本书"南北地域论"）。

西戎等并入其中，秦和西汉是否算"华夷一统"？当时的"中国一统"与"华夏""华夷"等相互关系又如何？

第一，史料文献中迄今尚未见到秦汉时期"华夷一统"或"华夷混一"的确凿词语表述。诸多"华夷一统"或"华夷混一"等词语，主要见于元、明两朝。而汉武帝诏书和司马迁《建元以来侯者年表》里"中国一统"的表述言之凿凿[①]，颇具当时人说当时事的可靠性。至于魏收所言"秦吞海内，割裂都邑，混一华夷"[②]，晚至北齐，很大程度上系"五胡乱华"情势下的话语热点所诱发，其表述不一定切合秦汉实际。

第二，秦初设三十六郡，两汉郡国并行，最多时有郡国105个。其中合浦郡、交趾郡、南海郡、牂牁郡、犍为郡、益州郡、陇西郡、安定郡、武威郡、金城郡、张掖郡、酒泉郡、敦煌郡等皆置于南越、西南夷和西戎等边地。定襄郡、云中郡、五原郡、朔方郡等更是设在与匈奴拉锯争夺的河套及阴山一带。"南越、西南夷、西戎等民族"已然在其内，甚或有蛮夷逐步编民化。[③]

尽管如此，秦汉疆域、郡县设置及管辖大致在秦长城以南。汉武帝诏书曰"今中国一统而北边未安"[④]，贾谊曾批评"今陛下杖九州而不行于匈奴"，天子皇帝的"称号甚美，而实不出长城"，可为明证。当时，贾谊曾竭力主张向匈奴推行郡县制，"立一官，置一吏，以主匈奴"，"将必以匈奴之众，为汉臣民"[⑤]。但

---

① 参见（汉）班固：《汉书》卷六《武帝纪》，第173页；（汉）司马迁：《史记》卷二十《建元以来侯者年表》，第1027页。
② （北齐）魏收：《魏书》卷十六《地形志上》，第2455页。
③ 参见邹水杰：《秦代属邦与民族地区的郡县化》，《历史研究》2020年第2期。
④ （汉）班固：《汉书》卷六《武帝纪》，第173页。
⑤ （汉）贾谊著，吴云、李春台校注：《贾谊集校注（增订版）》，天津：天津古籍出版社，2010年，第121、123页。

▶ "汉归义羌长"青铜印（中国国家博物馆藏），为汉政府颁给西域南山某羌族首领的官印，其中"归义"是汉政府给予所统辖的边远少数民族首领的一种封号

此项主张始终未能付诸实施，匈奴等依然以长城为界与秦汉并存对峙，"唯北狄为不然，真中国之坚敌也"；"故北狄不服，中国未得高枕安寝也"。即便是"呼韩邪携国归（死）〔化〕，扶伏称臣，然尚羁縻之，计不颛制"①，仅行羁縻而未能实施郡县制。其根本原因在于大漠草原地带不适宜农耕定居，且无法使用郡县制管辖。对此，班固早有阐发：匈奴"辟居北垂寒露之野，逐草随畜，射猎为生，隔以山谷，雍以沙幕，天地所以绝外内也。……其地不可耕而食也，其民不可臣而畜也"②。概言之，秦汉郡县制无法覆盖匈奴等塞外夷狄。

第三，如前述，无论华夏"中国"抑或"华夷"，都是依存于一定族群、时空的历史范

----

① （汉）班固：《汉书》卷九十四下《匈奴传下》，第3814、3815页。

② （汉）班固：《汉书》卷九十四下《匈奴传下》，第3834页。

畴，都随同民族融合或地域文明整合而交融演进。先秦时期，夷狄与华夏长期犬牙交错、此消彼长。二者并非水火不容，经常在某种条件下转化融合。先秦的诸多方国蛮夷，数百年后陆续融入了华夏"中国"。经历夏商周以东西方向为主的夷夏民族融汇[①]，华夏"中国"已逐渐将昔日周边的许多夷蛮戎狄融入其内，初步形成了栖息定居黄河中下游和长江中下游、以农耕为主要生活方式的汉族。汉族也是秦汉帝国栖息于主要地域和人口数量最多的主体族群。

需要说明的是，此时秦汉郡县制一统，昔日的夷蛮戎狄陆续融入华夏，华夏或"中国"的扩展，以及汉族的基本成型，几乎是同步实现或完成的。在这个意义上，秦的统一的确是"第一次创造了华夷一统的活生生现实"[②]。只不过，先秦及秦初"滚雪球式"的民族融汇，以及"车同轨，书同文，行同伦"等整合，已经将春秋战国时的夷夏（含南越、西南夷、西戎等民族）转变为较为宽泛的华夏或"中国"。诚然，此种转变大抵限于长城以内。

笔者认为，秦所"创造"的是相对于先秦"宅兹中国"的"华夷一统"。从更长时段看，秦汉长城内之诸"夷"，大抵融入了三十六郡的华夏或"中国"。在这个意义上，秦汉一统又属于郡县制或华夏"中国一统"。也就是说，相对于先秦时黄河和长江中下游范围内的"华夷"，秦汉已变为同一范围内较宽泛的华夏或"中国"。相对于元明清之际囊括中土、塞外的"华夷一统""巨大中国"，秦汉则属于狭义的华夏或"中国一统"。

3. "中国一统"隋唐以降的变迁及历史地位

隋唐结束了近300年的南北分裂，重新建立秦汉式的"中国

---

① 参见傅斯年：《夷夏东西说》，《傅斯年全集》第3卷，第181—182页。
② 黄纯艳：《论华夷一统思想的形成》，《思想战线》1995年第2期。

一统",创科举制,开大运河,设置安西四镇和塞外856个羁縻州府,实施"以其首领为都督、刺史,皆得世袭,虽贡赋版籍,多不上户部"[①]的羁縻管辖。随着唐代各民族的相互交融,造就了胡汉基因融为一体的盛唐文明[②],甚而偶有唐人"华夷一统人方泰"[③]的诗句。可见,唐王朝在重建和发展郡县制"中国一统"的基础上,努力实施非直接地统辖广袤塞外地区,盛唐之际曾有过"华夷一统"的开端,至少是积极的尝试。遗憾的是,安史之乱爆发,导致唐朝疆域陡然缩小。包括安西四镇、河西走廊在内的陇右道等被吐蕃所占,南诏又占据大渡河以南,"河北三镇"等长期割据或半割据。内地郡县制尚且遭受较大损害,遑论维系广袤塞外的羁縻统辖。日本学者杉山正明将盛唐羁縻疆域远达塞外却陡然后退称为"瞬间大帝国"[④],不无道理。

唐末,契丹崛起、燕云十六州丧失,又致使北宋自雍熙战争后不得不放弃对北疆的军事进取和"华夷一统"的政治话语。[⑤]特别是"澶渊之盟"后北宋与辽朝及西夏的分立,"绍兴和议"后南宋与金朝的南北对峙,更是呈现多个华夷政权的鼎立。

秦汉至隋唐的郡县制"中国一统",为多民族统一国家的发展做出了重要贡献。它顺应社会经济需要和历史趋势,首次以郡县官僚制直接管辖编民的方式,将长城以南"耕稼以食,桑麻以衣"的农耕区长期置于统一政权之下,并推动汉唐文明的高度繁荣和汉族等"滚雪球式"的融合,进而为元明清"华夷一统"提供不

---

① （宋）欧阳修、宋祁:《新唐书》卷四十三《地理志七下》,第 1119 页。
② 参见白寿彝总主编,白寿彝主编:《中国通史》第 1 卷《导论》,第 14 页。
③ 参见（唐）许浑撰,（清）许培荣笺注:《丁卯集笺注》卷七《元正》,《续修四库全书》集部第 1311 册,第 561 页上。
④ ［日］杉山正明:《疾驰的草原征服者:辽西夏金元》,乌兰、乌日娜译,第 13 页。
⑤ 参见黄纯艳:《"汉唐旧疆"话语下的宋神宗开边》,《历史研究》2016 年第 1 期。

可或缺的汇聚核心及前期基础。此外，秦汉至隋唐郡县制"中国一统"，其统辖疆域大抵局限于长城以南以东的农耕文明范围，即黄河中下游和长江中下游的汉族等栖息区。而对塞外的辽阔疆域，对"大漠之间，多寒多风，畜牧畋渔以食，皮毛以衣，转徙随时，车马为家"[1]的游牧民及半游牧民，大多鞭长莫及，未能实行有效的管辖。于是，在长城内外更为广袤的版图疆域范围内，先后呈现秦汉帝国与匈奴、鲜卑等政权长期南北并存，隋唐帝国与突厥汗国、回纥汗国等长期南北并存，北宋与辽、夏的南北对峙，以及唐宋与吐蕃王国东西并存。正如清陶保廉所言："自秦以来，中国一统，而四裔强族，亦并其所近弱国，浸浸乎与中国争长。"[2]这表明秦汉郡县制"中国一统"涵盖统辖范围的局限和不完整，较长时间内是与北方民族政权等并峙或彼此争雄。

二、元代"混一华夷"的初次实现

忽必烈建元朝，首次完成大漠塞外与中土农耕区连为一体的政治统一，遂造就三个前所未有的新场景：蒙汉杂糅治南北，文化多元与交融互动，四族群"圈层"与多样化民族融汇。元代"混一华夷"正是基于此三者而初次实现的。

1. 蒙汉杂糅治南北

根据塞外、中土不同的地理条件和生活方式，蒙古法、汉法等杂糅并用，这是元朝以蒙古帝国宗主和汉地王朝双重身份君临

---

[1] （元）脱脱等：《辽史》卷三十二《营卫志中》，第373页。
[2] （清）陶保廉著，刘满点校：《辛卯侍行记》卷四，北京：中国国际广播出版社，2016年，第160页。

天下的基本原则。蒙汉杂糅并非平分秋色，忽必烈等吸收并实行汉法，却未更改其语言及文化习俗，很大程度上是蒙古习俗占据内核。在不同地域所施行的，大抵表现为以蒙古法治蒙古，以汉法治汉地，又随时间推移略有变通。元前期或北方草原地带及两都"腹里"等时空条件下，蒙古草原政治文化的比重偏大。元后期或南方等时空条件下汉地文化的主导地位显赫。

元朝不分南北，陆续设立十一行省，尤其是通过辽阳行省和征东行省统辖"辽阳高丽"，甘肃行省等镇抚"回鹘河西"，云南行省等"置府"管辖"交占云黎"，岭北行省及蒙古大千户镇护"阴山仇池""故境"等。[①] 行省制可溯源于魏晋隋唐行尚书台和蒙古国燕京等处三行断事官，亦带有蒙汉杂糅色彩，以此充任中土、塞外疆域一体化的机制支撑，可基本适应南北差异。而边疆诸行省的设置，乃前朝所未有，遂将较直接的行政统辖推行到东北、西北、西南和大漠。

"混一华夷，至此为盛！"[②] 蒙汉杂糅治南北，适应大漠塞外与中土农耕区不同的社会经济形态，构筑起 13 世纪实现"华夷一统"的框架，从而为疆土治理、民族交融和文化基因广益凝集等提供了制度平台。

2. 文化多元与交融互动

有元一代，"华夷儒风竞起"，在"半去胡俗，半用华仪"[③]

---

① 参见（元）黄文仲：《大都赋并序》，（元）周南瑞编：《天下同文集》卷十六，《景印文渊阁四库全书》第 1366 册，第 639 页。

② （元）熊梦祥著，北京图书馆善本组辑：《析津志辑佚·岁纪》，北京：北京古籍出版社，1983 年，第 216 页。

③ （明）朱元璋：《辩答禄异名洛上翁及谬赞》，《明太祖集》卷十六，合肥：黄山书社，1991 年，第 347 页。

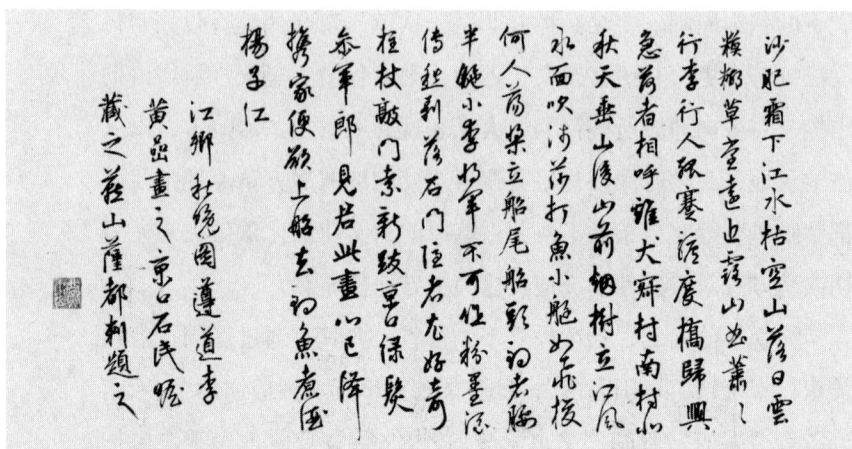

▲（元）萨都剌《跋李士行江乡秋晚》，台北故宫博物院藏

的环境下，儒学主干文脉得以传承，还曾影响到包括忽必烈在内的蒙古人和色目人。兄弟民族的"胡俗"同样并行不悖，藏传佛教、汉地佛教、道教、基督教、伊斯兰教等竞相发展或传播，还有理学官方化、元曲、《授时历》和《蒙古秘史》等璀璨成就，以及蒙古文、汉文和藏文等五六种文字并用于世。[①] 元中后期，入居内地的色目人及蒙古人，率多"舍弓马而事诗书"。贯云石、马祖常、萨都剌、余阙等皆"以诗名世"，高克恭、康里巙巙等"各逞才华，标奇竞秀"[②]。畏兀儿人偰氏

---

① 参见齐心主编：《北京元代史迹图志》，北京：北京燕山出版社，2009年，第234页。

② （元）萨都拉：《雁门集》附录3，上海：上海古籍出版社，1982年，第434、435页。

家族更创造一门两代九进士的稀有纪录①。少数蒙古人发生文学、名号、贞节、丧葬等方面的汉化或儒化。②汉人也受到蒙古文化的部分影响，主要是效仿蒙古语言、名字、婚姻、服饰等。部分色目人、蒙古人汉化和汉人不同程度地受蒙古文化影响，构成了元代多民族文化相互影响激荡的基本风貌。

1269 年，元世祖命帝师八思巴创制蒙古新字，欲替代畏兀儿体蒙古文，用来译写汉文、波斯文等，以实现崭新的"一代同文"③。比起秦小篆仅针对单语种的"言语异声，文字异形"④，八思巴字涉及中土与塞外，覆盖面更广阔，似为"混一区宇"多语兼用或"译写"的积极举措⑤。其功能的复合性，或可视为元"华夷一统"复合兼容在文字上的缩影。

元代多元文化交融互动，还孕育催生"多族士人圈"等儒学跨族群传播。一批色目和蒙古士人，以师生、同年、同僚、文友、姻戚等为纽带，与汉族士人频繁交游。⑥"多族士人圈"是超族群士人意识凝集的硕果，可显示文化超越族群的魅力。

---

① （明）宋濂等：《元史》卷一百九十三《忠义传一·合剌普华》，第 4386 页。（元）欧阳玄著，魏崇武、刘建立校点：《欧阳玄集》卷十一《高昌偰氏家传》，第 153 页。

② 参见萧启庆：《论元代蒙古人之汉化》，《台大历史学报》1992 年第 17 期；萧启庆：《论元代蒙古色目人的汉化与士人化》，《元代的族群文化与科举》，第 69—84 页。

③ （明）宋濂等：《元史》卷二百二《释老·八思巴传》，第 4518 页。（元）吴澄：《南安路帝师殿碑》，《吴文正公集》卷二十六，新文丰出版公司编辑部编：《元人文集珍本丛刊》第 3 册，第 459 页。

④ （汉）许慎：《说文解字》卷十五上，第 315 页。

⑤ 参见陈高华、张帆、刘晓：《元代文化史》，广州：广东教育出版社，2009 年，第 584、585 页。

⑥ 参见萧启庆：《元朝多族士人圈的形成初探》，《内北国而外中国：蒙元史研究》下册，北京：中华书局，2007 年，第 477 页。

3. 四族群"圈层"与多样化民族融汇

元朝曾按照征服的先后将百姓分为蒙古人、色目人、汉人和南人。最新的研究表明，上述四族群并非严格的社会等级，更像是核心与边缘差别显著的四"圈层"。[①] 四族群"圈层"、诸色户计制和"根脚"制[②]，又是元朝统治给社会结构带来的三桩深重"斑痕"。多民族成员杂居和多元文化交融碰撞，不可避免地造成族群界限淡化和四"圈层"束缚的松动，多民族间的融汇也水到渠成。元代民族融合重组的深度和广度，超越隋唐，主要体现为蒙古族和汉族融合其他族群、色目人分化与再融汇，以及各民族间你中有我、我中有你的渗透交融。

成吉思汗建立蒙古国，以 95 千户编制部众，形成了蒙古族共同体。军事征服之余，大批被掳掠的色目人、汉人等迁至蒙古本土。草原牧马者"兀剌赤，回回居其三，汉人居其七"。即便是蒙古军中，"宁有多少鞑人，其余尽是亡国之人"[③]。归降或被掳掠的色目人等较早被编入"蒙古军籍"或"赐姓蒙古"[④]，又往往抽取蒙古各部军士及外族私属，混编为蒙古探马赤军[⑤]。元亡之际，滞留蒙古草原和随元顺帝北逃的色目人、汉族官吏、军士等，最终完全融入蒙古族群。在这个意义上，蒙古人无疑是融合

---

① 参见张帆：《圈层与模块：元代蒙古、色目两大集团的不同构造》，《西部蒙古论坛》2022 年第 1 期。

② 参见萧启庆：《蒙元支配对中国历史文化的影响》，《内北国而外中国：蒙元史研究》上册，第 46 页。

③ （宋）彭大雅撰，徐霆疏，王国维笺注：《黑鞑事略笺证》，《王国维遗书》第 13 册，第 17 页 a，21 页 a、b。

④ （明）宋濂等：《元史》卷一百二十三《也蒲甘卜传》，第 3027 页；卷一百二十《察罕传》，第 2955 页。

⑤ （元）赵世延等撰，周少川等辑校：《经世大典辑校·军制》下册，第 369 页。陈高华、史卫民：《中国政治制度通史》第 8 卷《元代》，第 187、188 页。

其他族群的翘楚。

元初，契丹人、女真人、高丽人及四川、云南民众被统称为"汉儿"。契丹人和女真人遂较快融入汉族。元中后期，耶律秃花、石抹也先、述律杰等"子孙策勋天朝"，多为汉人军将和官吏等南下定居。[①] 其中，石抹改萧和移剌改刘者居多[②]，与汉人联姻亦成为主流。金中叶始，女真猛安谋克户"自本部族徙居中州，与百姓杂处"[③]。入元后，粘合重山、刘国杰等充汉军将领和官吏者甚多，还涌现一批"巨儒"。女真姓氏也相率汉化，如完颜改王、徒单改杜等。饮食节庆、婚丧礼俗等，与汉人几无差别。[④] 统一江南日久，越来越多的南人积极入世，对"南北一家"充满自豪，汉人和南人的地域畛域逐渐消除。迄明初，主体民族——汉族有了新的扩充发展。

色目人中的唐兀人、畏兀儿人、回族等的融汇重组也颇引人注目。

唐兀人，又称西夏人，元初多被掳，以军户、仕宦、问学等散处南北，用赐姓、改姓和不称姓氏及蒙汉名并用，大多信仰佛教，婚姻兼及汉、蒙、色目。元中叶后，学儒渐多，纲常、奉老、婚丧等较多汉化。元明鼎革，唐兀人称谓消逝，多数融入汉族，少数融入蒙古等族。[⑤]

---

① （元）陈基：《书石抹家谱后》，邱居里、李黎校点：《陈基集》，长春：吉林文史出版社，2009年，第354页。参见苏鹏宇：《蒙元时期契丹人的迁移研究》，《安阳师范学院学报》2010年第1期。

② （元）陶宗仪：《南村辍耕录》卷一，第14页。

③ （宋）宇文懋昭撰，崔文印校证：《大金国志校证》卷三十六《屯田》，北京：中华书局，1986年，下册，第520页。

④ （元）陶宗仪：《南村辍耕录》卷一，第14页。参见邱树森：《元代的女真人》，《社会科学战线》2003年第4期。

⑤ 参见邓文韬：《元代唐兀人研究》，宁夏大学博士学位论文，2017年。

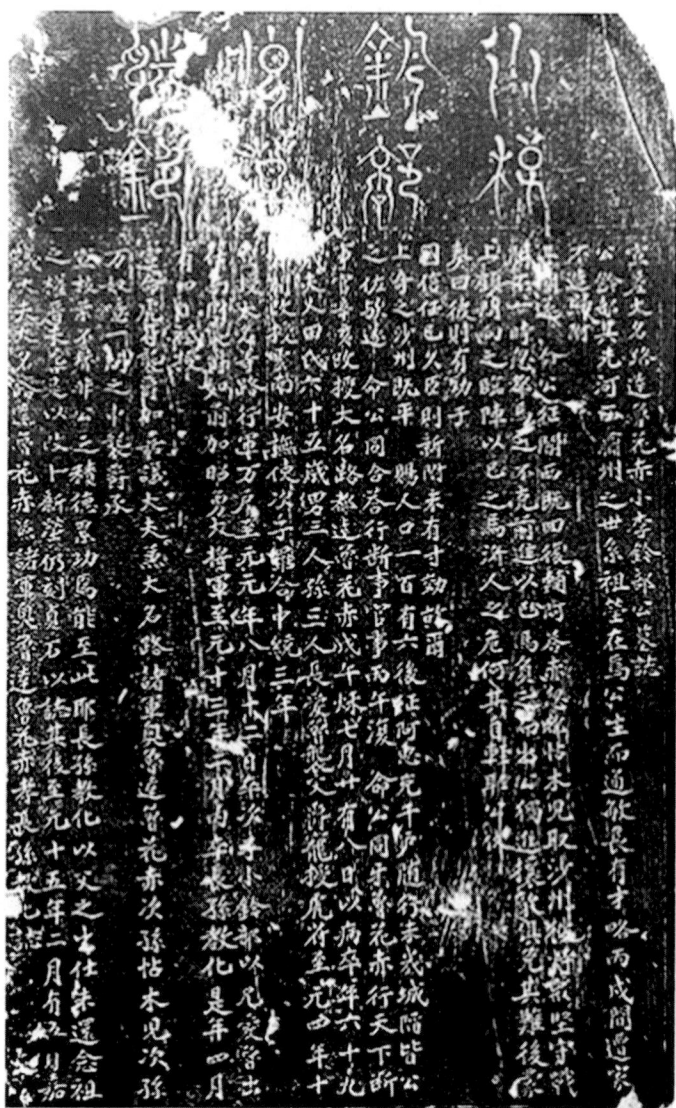

▲《宣差大名路达鲁花赤小李钤部公墓志》拓片。墓志于 2013 年 9 月在河北大名县陈庄村南出土,据考证为迄今已知的唯一一一方夏、汉文合璧墓志铭。铭文共有 500 多字,主要记载了小李钤部(《元史》作"昔里钤部")及其子孙三代的生平事迹,尤其是子孙三代在大名路任职长达 60 多年,是研究元代大名府西夏移民的第一手资料

畏兀儿人即高昌回鹘，元世祖中期，遭西北叛王围困，国土并入察合台汗国。亦都护家族迁居甘肃永昌，部众多以镇戍、屯田、仕宦、求学、经商等散布南北。因最早归附和语言便利，畏兀儿人仕宦权势可与穆斯林匹敌，主要信奉佛教，元中叶后汉化及中进士者皆居色目人之首，元末大多融入汉族。[1]

色目人的重组融汇，以回族最为典型。回族最初是指花刺子模、波斯、阿拉伯等处陆续东来的穆斯林，且混存于色目人内。"今回回皆以中原为家，江南尤多，宜乎不复回首故国也。"[2] 穆斯林势力增强，与牙鲁瓦赤、阿合马等大臣权势有关。又凭借其斡脱商特权，在信贷、榷盐和市舶中牟取巨利，豪富一方。因"回回"人数稍多及仕商贵显，元中后期，其他色目人多用以泛称。尽管回族来源及语言不一，与汉人杂居，姓氏和语言文化较多吸收汉族因素，但诵经持斋、"婚姻丧葬"、"不啖豕肉"等"惟其国俗是泥"[3]。回族正是以伊斯兰教为纽带，汇聚留居汉地的部分色目人、蒙古人及汉人等逐渐形成的。

迄元末，上述多族群融汇重组部分已完成，部分尚未完成。1368年，元顺帝等自大都健德门北逃，则是完结的契机。凡是随元顺帝北逃的蒙古人、色目人及少量汉人，最终融入蒙古人。凡是遗留在长城以南的蒙古人和色目人，最终大多融入汉族（明初有《劝色目人变俗》词曲）[4]，部分融入回族。明人丘濬言：

① 参见尚衍斌：《元代畏兀儿研究》，北京：民族出版社，1999年，第164—190页。
② （宋）周密著，吴企明点校：《癸辛杂识》，第138页。
③ （元）许有壬：《西域使者哈只哈心碑》，《至正集》卷五十三，新文丰出版公司编辑部编：《元人文集珍本丛刊》第7册，第251页。（明）吴之鲸撰，魏得良标点：《武林梵志》卷一，杭州：杭州出版社，2006年，第19页。
④ （明）冯惟敏：《黄莺儿·劝色目人变俗》，《海浮山堂词稿》卷三，上海：上海古籍出版社，2018年，第155页。

"国初平定，凡蒙古、色目人散处诸州者，多已更姓易名，杂处民间，如一二稊稗，生于丘陇禾稻之中，久之固已相忘相化，而亦不易以别识之也。"[①]讲的正是遗留中土的蒙古人、色目人多融入汉族的情况。元末明初，蒙、汉、回、藏等既各为民族，又相率融汇为华夷多族并存的复合结构。

4. "泾渭同流"与"华夷混一"

蒙汉杂糅治南北及行省直辖提供政治平台，多元文化交融互动增添助力，多样化民族融汇又更新族群的基本结构，进而首创"车不同轨，书不同文，行不同伦"[②]的"一统"新模式，且开启六七百年汉、蒙、满轮流充当主导。对上述改变，元人或曰"华夷一统""统一华夷"，或曰"混一华夷""华夷混一"[③]，还常见"混一区宇""混一南北"等描述。但是，有关评价褒贬不一，耶律楚材赞扬"泾渭同流无间断，华夷一统太平秋"，南宋遗民谢应芳则揶揄"华夷一统佩无牛"[④]。经多族群的交融重组，初步汇聚为跨越中土、塞北的蒙、汉、回、藏兼容复合共同体[⑤]。所谓"共同"，主要表现为疆域版图一体化，蒙、汉、回、藏各民族之

---

① （明）丘濬：《内夏外夷之限》，（明）陈子龙等选辑：《明经世文编》卷七十三，第615页。

② （元）吴澄：《送萧九成北上序》，《吴文正公集》卷十五，新文丰出版公司编辑部编：《元人文集珍本丛刊》第3册，第281页。

③ （元）熊梦祥著，北京图书馆善本组辑：《析津志辑佚·岁纪》，第216页。（元）黄镇成：《早春感兴》，《秋声集》卷四，《景印文渊阁四库全书》第1212册，第555页。又，《元史·武宗纪》或曰"华夷一统"（[明]宋濂等：《元史》卷二十二《武宗纪一》，第493页），可窥华夏与华夷的相对性。

④ （元）耶律楚材著，谢方点校：《洞山五位颂·兼中至》，《湛然居士文集》卷七，北京：中华书局，1986年，第163、164页。（元）谢应芳：《秋兴七首》，《龟巢稿》卷七，《四部丛刊三编》第451册，上海：商务印书馆，1936年，第45页b。

⑤ 杉山正明认为，元王朝"被统一于可称为'多元复合超域帝国'"。参见[日]杉山正明：《疾驰的草原征服者：辽西夏金元》，乌兰、乌日娜译，第340页。

间水乳交融、密不可分；所谓"兼容复合"，就在于多族群复合及文化习俗等兼容，未曾出现占统治地位的蒙古族和主体民族汉族间简单的同化或被同化，而是在"泾渭同流"或"混一"中兼容并蓄，都得以"无间断"的发展。

元朝的建立虽带来血与火的杀掠，但在 13 世纪的中国却顺应历史潮流，首次实现了"混一华夷"，既显现其独特风采，又对近古多民族统一国家发展做出了重要贡献。如毛佩琦所言："元朝所建立的是一个真正的华夷一体、四海混一的国家。它是我国古代统一的多民族国家发展的重要阶段。"① 杉山正明也说："中华的范围自蒙古时代以后大大地扩展了。从'小中国'到'大中国'，不能不说是一次漂亮的转身。……中国走上了通往'多民族之巨大中国'的道路。"②

元代初次实现的只能称为"华夷混一"，亦即"莫不涣其群而混于一"③。疆域开拓和政治版图一体化,确实达到"方今尺地一民，尽入版籍"和"罔不遵从"，但又存在"器用各有宜""文字各有制"和"国土各有俗"等显著差异。元朝文化政策比较宽松，对多种文化持尊重或开放态度，没有搞"文字狱"，也罕见强制文化"统一"或"遵从"。无论是成吉思汗札撒抑或儒家思想，都没有达到"声教咸归王化"的地步。虽然在儒学及佛教等文化层面，蒙、汉、回、藏等族群找到了某些共同点，但尚局限在"多族士人圈""藏传佛教"等某些部分及某些人员。植根于

---

① 毛佩琦：《永乐皇帝大传》，沈阳：辽宁教育出版社，1994 年，第 430、431 页。
② ［日］杉山正明：《疾驰的草原征服者：辽西夏金元》，乌兰、乌日娜译，第 10—11 页。
③ （元）许有壬：《大一统志序》，《至正集》卷三十五，新文丰出版公司编辑部编：《元人文集珍本丛刊》第 7 册，第 180 页。

汉地农耕地带的儒家文化，虽然业已在蒙古人、色目人中有所传播，但尚未被多数蒙古人、色目人服膺和接受。汉地对蒙古等文化的适应程度，塞外不同地区对汉文化的适应程度，皆不宜估计过高。疆域广袤和统治不足百年，生活方式差异和地域发展不平衡，以及交通条件制约等，这些客观因素不容忽视。元代虽存在较多"混一"局限，但开拓之功颇丰，还为清"华夷一统"的发展成熟提供了基础性样板。

三、明清"华夷一统"的曲折与发展成熟

元朝覆亡后 500 多年间，先有明成祖朱棣争夺"华夷一统"主导权未果等曲折，而后又是清王朝重建"华夷一统"，且有了显著的发展。

1. 明成祖"君主华夷"未果

明太祖朱元璋北伐檄文曰"驱逐胡虏，恢复中华"，但明朝建立后屡屡宣称，元朝是"帝命真人于沙漠，入中国为天下主"，"朕既为天下主，华夷无间，姓氏虽异，抚字如一"[1]。明成祖朱棣在承袭其父政策的同时，"五出漠北，三犁虏庭"[2]，又竭力经略东北和西域哈密卫等，以实现"天下一统，华夷一家""君主华夷"[3] 的伟业。关于朱棣五征漠北，姚广孝颂扬道："扫净朔

---

[1] 《明太祖实录》卷二八下，吴元年十二月甲子，第 439 页；卷五三，洪武三年六月丁丑，第 1048 页。

[2] （明）高岱：《鸿猷录》卷八《三犁虏庭》，《续修四库全书》史部第 389 册，第 325 页。

[3] 《明太宗实录》卷三〇，永乐二年夏四月辛未，第 533 页；卷二三一，永乐十八年十一月戊辰，第 2235 页。

漠，洗清草野……北南一览，尽归王化，大无外分。"①袁衮极力赞誉："文皇帝躬擐甲胄……穷追遐讨，深入漠北，以靖胡虏。"②毛佩琦对朱棣北征战果提出质疑，但仍肯定其亲征蒙古大漠的抱负，"朱棣原意是要一举控制蒙古地区"，"希望继元朝之后做一个华夷一体、四海混一的帝国的君主"③。其迁都北京也是为着"控四夷，制天下"和"君主华夷"④。

当时"华夷一统"似已成为不可逆转的历史潮流，并未因元明鼎革戛然中断。朱棣北征旨在以汉人皇帝一举夺得囊括塞外、中土"华夷一统"的主导权。由是，明代"华夷混一归真主，宇宙弘开属大明"，"其华夷一统，玉帛万国，自唐虞以来尝有如我皇明之盛者耶"⑤之类的赞颂屡见不鲜。笔者据"中国基本古籍库"的检索统计，明代皇帝诏旨和政书、奏议、诗文所见的"华夷一统""华夷混一"等说辞，达到91次之多，相当于元代的15倍，也远多于其他朝代。遗憾的是，朱棣病死榆木川，"五出漠北"基本失败，还留下塞北多故及天子守国门等遗患。

明成祖以后，再未出现开疆拓土的有作为皇帝。特别是"土木之变"后，尽管东北、西南疆域及天下户役等仍沿袭元朝，但明朝不得不放弃长城以北的要塞及大片土地，改以辽东、宣府、

① （明）姚广孝：《平胡颂》，（明）陈子龙等选辑：《明经世文编》卷十三，第93、94页。
② （明）袁衮：《北征录序》，（明）陈子龙等选辑：《明经世文编》卷二百七十一，第2864页。
③ 毛佩琦：《永乐皇帝大传》，第386、431页。
④ 《明太宗实录》卷一八二，永乐十四年十一月壬寅，第1965页；卷二三一，永乐十八年十一月戊辰，第2235页。
⑤ （明）胡广：《归至北京》，《胡文穆公文集》卷二十，《四库全书存目丛书》集部第29册，第187、188页。（明）管律：《汝砺论曰》，嘉靖《宁夏新志》卷六，《续修四库全书》史部第649册，第199页。

▲ "华夷天堑"石刻，万历四十一年（1613）刘敏宽题，陕西省榆林市红石峡

大同等九边为重心的军事防御，统治范围也相应后退至长城以南。明代"华夷一统"遭遇挫折，在疆域和族群等层面已大抵徒有虚名。万历年间，榆林红石峡石刻"华夷天堑"[1]可为证，也显示明后期伴随长城南北的军事对峙，华夷之防复为士林舆论的主流。

2. 清统治者讳言"华夷一统"蠡测

时隔200余年，清朝入关统一中原和江南。自1636年，漠南蒙古十六部首领拥戴皇太极为博克达·彻辰汗，喀尔喀也归属清朝。此后，清朝又三征噶尔丹，统一西北回疆，版图达到"蒙古极边"。继元朝之后，清朝再造

---

[1] 现存陕西省榆林市红石峡，万历四十一年（1613）河东刘敏宽题。

囊括塞外和黄河、长江流域的华夷"大一统"。但是，清代官私文献中却罕见"华夷一统"等表述，这是为什么？历史真相又如何呢？我们可以从雍正的《大义觉迷录》中一窥究竟。

> 夫我朝既仰承天命，为中外臣民之主，则所以蒙抚绥爱育者，何得以华夷而有殊视？而中外臣民，既共奉我朝以为君，则所以归诚效顺，尽臣民之道者，尤不得以华夷而有异心。
>
> 天下一家，万物一源，如何又有中华、夷狄之分？①

这是雍正在《大义觉迷录》开篇对华夷问题的基本定调，很大程度上是给"华夷一统"表述下达了禁令。由于"我外夷为内地主"和"大一统之在我朝"，倘若继续沿用元明"华夷一统"的措辞，难免会触犯圣谕天条。时值康、雍、乾"文字狱"巅峰，这段开篇文字之后紧接着便是雍正对吕留良、严鸿逵、曾静等妄分华夷的长篇驳斥。谁再提"华夷""一统"，岂不是陷入"华夷中外之分论""以华夷而有殊视"和"以华夷而有异心"之类的文网？岂不是和"凶顽悖恶，好乱乐祸，俶扰彝伦，私为著述"的"逆贼吕留良"同流合污，自招杀身灭门之祸？这正是清代官场文坛人为的禁忌迷惘和"华夷一统"表述陡然销声敛迹的症结所在。

通常，清统治者使用"满汉一家""天下一统"等，替代被禁止的"华夷一统"，不提"华夷"而改称"满汉"，旨在凸显"首崇满洲"。雍正等讳言"华夷一统"，忌讳以满族为"夷"，拒绝将"华"置于"夷"之前，反而大谈"满汉一体""满汉一家"

---

① （清）爱新觉罗·胤禛：《大义觉迷录》，第3、10、178页。

▲ "内外一统"石刻，康熙五十二年（1713）山西籍商人张自成题，张家口市大境门外

和"中外一统"。这正是清朝诸帝深谙名器之论，在"大一统"文字表述上较真考究的"过人"之处。这种心理应予洞察，毋庸苛责。有学者主张清朝的统治具有中原王朝与北族政权的二重性质，应"定位为复合民族国家中的非汉族王朝"，或可称"首崇满洲的复合性中华皇朝"[①]。清朝标榜的"首崇满洲""满汉一家""中外一统"及其"二重性"或"复合性"，本质依然是"华夷一统"。1713年，张家口大境门摩崖石刻"内外一统"[②]，亦佐证其讳言"华夷"。尽管清统治者对"华夷"二字

① 参见［日］石桥秀雄编：《清代中国的若干问题》，杨宁一、陈涛译，张永江审校，济南：山东画报出版社，2011年，序言，第4页；常建华：《大清：一个首崇满洲的复合性中华皇朝》，《清史研究》2021年第4期。
② 现存张家口市大境门外石刻，康熙五十二年（1713）山西籍商人张自成题。

讳莫如深，但毕竟实际贡献良多，拥有了较成熟的"华夷一统"之实。揆以元明清大一统的长时段趋势，我们还是祛除清"文字狱"的人为禁忌与迷惘，还原历史本来面目，依旧称清为"华夷一统"并充分肯定其历史贡献。

3. 清朝发展"华夷一统"的实际建树

清朝从三方面将"华夷一统"推向成熟。

第一，因俗施政与笼络抚绥，造就跨族政治链条。清廷在设直省督抚与理藩院的同时，因俗施政，创建蒙古盟旗制[①]，还"众建而分其势"，划旗定界，禁止越界和贸易、通婚[②]，旨在防止新部族聚合及旧部族分裂。清廷还适应西藏政教合一体制，置二驻藏大臣，噶厦四长官以下僧俗官员，统归驻藏大臣会同达赖喇嘛拣选。财政审核、对外交涉等，统由驻藏大臣负责。达赖、班禅等转世的掣签及坐床，亦由驻藏大臣主持监督。[③]

1636年，漠南蒙古归附后，清统治者遂与蒙古贵族结为政治联盟，以蒙古部落"防备朔方"，"较长城更为坚固"[④]。对较早归附的蒙古上层，清统治者特别封赐亲王、郡王、贝勒、贝子、镇国公、辅国公等，且允许世袭。[⑤]吐鲁番、哈密等上层也世袭

---

① 参见赵云田：《清代蒙古政教制度》，北京：中华书局，1989年，第74、86—90页。
② 参见王锺翰：《试论理藩院与蒙古》《清史新考》，沈阳：辽宁大学出版社，1990年，第166—177页；蔡志纯：《清政府对蒙古的民族政策》，《历史教学》1981年第10期。
③ （清）昭梿撰，何英芳点校：《啸亭杂录》卷二《活佛掣签》，北京：中华书局，1980年，第55页。参见张羽新：《清朝前期的边疆政策》，马大正主编：《中国古代边疆政策研究》，北京：中国社会科学出版社，1990年，第315—353页。
④ 《承德府志》卷首一《诏谕》，《中国方志丛书·塞北地方》第17号，台北：成文出版社有限公司，1968年，第41页。
⑤ （清）允裪等：《钦定大清会典》卷六十四，《续修四库全书》史部第794册，第615页。

郡王。因皇子等封爵"以世递降"①，蒙古王公等世袭，实属清廷的例外恩典。满洲贵族和蒙古王公之间又长期通婚，总计达586次，公主格格出嫁蒙古者430名，皇帝宗亲娶蒙古王公之女156名。②满蒙联姻强化其政治联盟，由此换取蒙古强有力的政治军事支持。清廷还允许蒙古王公等未出痘者赴木兰围场从猎，瞻觐圣颜③，旅途费用等由清廷承担。其用意如乾隆帝所云，"此国家柔远绥迩之道，伊等目睹内地幅员之广阔，人民之富饶，回归土境，自必转相告语，同心向化"④。此外，对汉族士大夫精英，又实行"更名田"、"特科"、"恩科"、满汉同榜一体科考等怀柔政策，且与"文字狱"等相济而用。

借因俗施政和笼络抚绥，清廷拉拢了一批蒙古上层和汉族官绅进入统治集团，率先实现蒙古归心且建立满、蒙政治联盟，进而构建起以满族皇帝为核心的满、蒙、汉贵族官僚的联合统治。⑤《清实录》用满、蒙、汉三种文字，亦为其象征。清廷由此营造了"华夷一统"所需的跨族政治链条或政治支撑。

第二，尊奉喇嘛教和崇尚儒学，增添文化同一性。针对满、汉、蒙、回、藏等多元文化的并存，清政府精心营造尊奉喇嘛教和崇尚儒学两大举措。一方面，清廷因势利导，先后册封五世达赖为"天下释教普通瓦赤喇怛喇达赖喇嘛"，班禅为"班禅额尔德尼"，敕封哲布尊丹巴、章嘉等，形成了四大活佛系统。清廷

---

① （清）吴振棫：《养吉斋丛录》，北京：北京古籍出版社，1983年，第1页。
② 杜家骥：《清朝的满蒙联姻》，《历史教学》2001年第6期。
③ 《理藩院·朝觐》，（清）昆冈等修，（清）刘启端等纂：《钦定大清会典事例》卷九百八十四，《续修四库全书》史部第811册，第751—756页。
④ 《西藏研究》编辑部编：《清代藏事辑要》卷二，拉萨：西藏人民出版社，1983年，第202页。
⑤ 参见杜家骥：《清朝简史》，福州：福建人民出版社，1997年，第1—18页。

萬世師表

还给予喇嘛教巨额赏赐，广建喇嘛庙，蒙古各盟旗少则数座，多则十余座，又编七个喇嘛旗，免除僧众赋役等。① 另一方面，各地设学宫，开经筵定制。② 康熙亲临释奠孔子，坚持"经筵""日讲"及"复讲"，又诏举"博学鸿儒"，拜谒曲阜孔庙，亲书匾额"万世师表"。③ 雍正强调儒释道"三教之用虽殊，而其体则一"④。乾隆尊崇程朱，褒奖忠贞。⑤ 清前期皇帝对佛教和儒学，皆有较深理解，还夹带政治意图。尊奉喇嘛教主要为适应蒙藏民众

---

① （清）允裪等：《钦定大清会典》卷六十三，《续修四库全书》史部第 794 册，第 613 页。

② 《清世祖实录》卷七四，顺治十年四月甲寅，《清实录》第 3 册，第 585 页；卷一一一，顺治十四年九月癸亥，《清实录》第 3 册，第 874 页。

③ 参见陈祖武：《论康熙的儒学观》，《孔子研究》1988 年第 3 期。

④ 《文献丛编》第 3 辑《清世宗关于佛学之谕旨》，故宫博物院编：《〈文献丛编〉全编》第 3 册，北京：北京图书馆出版社，2008 年，第 117 页。

⑤ 《清高宗实录》卷一二八，乾隆五年十月己酉，北京：中华书局，1985 年，第 876 页。故宫博物院编：《清高宗御制文》第 1 册卷七《命议予明季殉节诸臣谥典谕》，海口：海南出版社，2000 年，第 323 页。

的信仰，以增强对清廷的向心力。如昭梿所云："国家宠幸黄僧，并非崇奉其教以祈福祥也。只以蒙古诸部敬信黄教已久，故以神道设教，藉仗其徒，使其诚心归附以障藩篱。"[1] 清廷崇尚儒学，又旨在"以儒学道统的当然继承者自任"[2]，加深满、汉二族的文化同一，这对后期满、汉融为一体的影响不可低估。

第三，满族、汉族互动交融与后期融为一体。有清一代，满、汉、蒙、回、藏各民族的多样化交融得到令人瞩目的提升发展。其中最突出的积极动向，就是作为统治民族的满族与主体民族汉族的互动交融及后期融为一体，且呈现满族早期扩张和满、汉间自然渐进交融前后两段不寻常的演进过程。

满族早期强制性扩张，始于努尔哈赤时部分汉人被俘而沦为八旗"包衣旗人"和壮丁。1633 年后，皇太极不断金编辽阳一带汉人，进而组建汉军八旗，强制八旗的包衣和汉军等剃发、学满文，放弃汉俗，改从满洲新风。[3] 入关伊始，清廷严令剃发易衣冠，"遵依者为我国之民，迟疑者同逆命之寇"，既"别顺逆"[4]，又强制汉人满俗化。被编入八旗的汉军及包衣，与满人并肩征战，互相婚娶，服装发式和语言等也基本满族化。[5]

清朝入主中土和满族举族内迁，又促使满、汉之间自然渐

---

① （清）昭梿撰，何英芳点校：《啸亭杂录》卷十《章嘉喇嘛》，第 361 页。

② 参见黄爱平：《清代康雍乾三帝的统治思想与文化选择》，《中国社会科学院研究生院学报》2001 年第 4 期。

③ 中国第一历史档案馆、中国社会科学院历史研究所译注：《满文老档》上册，北京：中华书局，1990 年，第 409—410 页。（清）昭梿撰，何英芳点校：《啸亭杂录》卷二《汉军初制》，第 39 页。

④ 《清世祖实录》卷五，顺治元年五月庚寅，《清实录》第 3 册，第 57 页；卷一七，顺治二年六月丙寅，《清实录》第 3 册，第 151 页。冯尔康：《清初的剃发与易衣冠——兼论民族关系史研究内容》，《史学集刊》1985 年第 2 期。

⑤ 参见杨学琛：《略论清代满汉关系的发展和变化》，《民族研究》1981 年第 6 期。

进的交融。清统治者较快吸收汉文化，如开博学鸿儒科、废人丁税、"更名田"、"摊丁入亩"等。康熙中期以后，满、汉交融渐成主流。"旗民地土"相邻，旗人"与民人错处，原无界址之分"①。互为婚娶、抱养子嗣使得满、汉混血逐步扩大，"八旗及外省驻防内""冒入旗籍"②等，屡禁不止。满人率多放弃本族满语而使用汉语，包括黑龙江呼兰旗营一带，"光绪中叶，语言文字俱从汉俗"，"能操清语者，则千人中一二人而已"③。

"然二百年间，满人悉归化于汉俗，数百万之众，佥为变相之汉人。并其文字语言……满洲人乃自弃之。"④满族文化日渐消退，汉人衣冠服饰又皆从满俗，满、汉差异减少，经济、语言和风俗等一致性愈多，并存的满、汉文化逐渐汇合为含有满族因素的新汉文化。清朝灭亡后，作为统治民族的满族与主体民族的汉族，实际上融为一体，满、汉、蒙、回、藏族群格局因此呈现一大更新，显著增加族际亲和力与"华夷一统"的成熟性。

综上，凭借理藩院统辖、盟旗制、封爵和满蒙联姻等，还有对汉儒等笼络、钳制及拉拢藏族上层，清中叶大抵形成满、蒙、汉贵族官僚联合统治，亦即族际政治链条，使"华夷一统"在满、汉、蒙、回、藏诸族群中的根基得以强化牢固。清中后期，儒学逐渐成为满汉朝野共同的主导文化，"声教咸归王化"在满

---

① 《清高宗实录》卷九九八，乾隆四十年十二月乙巳，《清实录》第 21 册，第 14661 页。
② （清）昆冈等修，（清）刘启端等纂：《钦定大清会典事例》卷一千一百一十四《八旗都统·户口》，《续修四库全书》史部第 811 册，第 404、407 页。
③ 《呼兰府志》卷十《礼俗志》，《中国方志丛书·东北地方》第 41 号，台北：成文出版社有限公司，1974 年，第 766 页。
④ （清）刘体智撰，刘笃龄点校：《异辞录》卷四《满汉同化》，第 232 页。杨学琛：《略论清代满汉关系的发展和变化》，《民族研究》1981 年第 6 期。杜家骥：《清代满族与八旗的关系及民族融合问题》，《社会科学战线》2016 年第 6 期。

族和汉族范围内基本实现，藏传佛教又成为沟通藏、蒙两族的另一文化纽带，这就增添了"华夷一统"的文化同一性。清后期，满族与汉族实际融为一体，更助推诸族群格局的更新与族际亲和力。元、清两朝王朝虽都属"华夷一统"复合式共同体，但因清朝以上三项建树皆超越元代，满、汉、蒙、回、藏五大族群复合共同体的同一性和共有部分明显增多，你中有我、水乳交融的文化及政治联系较元代更为密切牢固。清"华夷一统"的发展成熟，可谓实至名归。

4. "华夷一统"的兼容复合及文化认同

元朝初次实现又经清代发展成熟的"华夷一统"，是由中土、塞外的体制有异有同、文化交流互动、多样化族群融汇等构成的崭新共同体秩序。与秦汉郡县制"中国一统"相比，元明清"华夷一统"的独特进步不仅在于疆域上囊括中土、塞外，使中国由"小"变"大"，还在于三个兼容——兼容中土、塞外不同的社会体制及生产方式，兼容中土、塞外不同的语言和宗教文化，兼容满、汉、蒙、回、藏等多个民族，借以完成了政治文化单一模式到复合模式的过渡，进而成长为较稳定的华夷复合共同体。

于是，多民族统一国家从黄河、长江，再到塞外，因"华夷一统"模式而空前扩展壮大，足可称其为传统社会多民族统一国家发展的崭新或最高阶段。基于上述兼容及过渡，中华文明的结构和中国传统王朝的内涵外延，皆有了完善与升华。在新的时空条件下，中华文明名副其实地包容了中土（黄河中下游和长江中下游）农耕子文明和塞外游牧半游牧子文明（含青藏高原子文明、回疆子文明等）。传统王朝则打破夷夏畛域，将元、清等一概纳入正统成员序列。明乎此，元朝灭亡及太平天国占据江南之际，一批汉族士大夫或甘愿为"入中国而统及四夷"[①]的元朝皇帝和满族皇帝"死节""殉国"，就不足为奇了。

历经元明清600余年中土、塞外一体化的现实变革，对"华夷一统"复合式中国的文化认同悄然而来。其中，颇具代表性的是元代大儒吴澄《送萧九成北上序》：

自古殷周之长，秦隋之强，汉唐之盛，治之所逮，仅仅方三千里。今虽舟车所不至，人迹所不通，凡日月所照，霜露所坠，靡不臣属。如齐州之九州者九而九，视前代所

▲ 吴澄像（《圣庙祀典图考》附录《圣迹图》）

治，八十一之一尔。自古一统之世，车必同轨，书必同文，行必同伦。今则器用各有宜，不必同轨也；文字各有制，不必同文也；国土各有俗，不必同伦也。车不同轨，书不同文，行不同伦，而一统之大，未有如今日。[②]

---

① （明）王廷相：《慎言》卷九，《续修四库全书》子部第938册，第101页。
② （明）吴澄：《吴文正公集》卷十五《送萧九成北上序》，新文丰出版公司编辑部编：《元人文集珍本丛刊》第3册，第281页。

　　面对元朝将中国带入欧亚连通的新世界及东亚大陆的"华夷混一"，身为江南理学宗师的吴澄，深感"有书契以来之所未尝有"之巨变，遂萌生两点新认知。其一，开始冲破千余年来中央王朝"五服"制和"天下中国"的旧观念，理性地正视元朝囊括"日月所照，霜露所坠"的广袤地域，承认其辖境相当于整个中土九州的九倍，而秦汉隋唐"一统"王朝"所治"仅是其九分之一。此乃依据元朝广拓疆域现实而对战国末邹衍"于天下乃八十一分居其一"[①]说的新阐发。其二，既然"前代""一统之大，未有如今日"，元帝国疆域内除汉族外还有蒙古、吐蕃、穆斯林等诸多族群及文化，就不必拘泥于秦汉"车同轨，书同文，行同伦"单一旧模式，而应与时俱进，施行"今则器用各有宜，不必同轨也；文字各有制，不必同文也；国土各有俗，不必同伦也"的复合式政治文化对策。

　　时至今日，部分学者虽承认中国是"一个不断变化的复杂共同体"，但面对元、清两朝的此类兼容复合仍感困惑不解[②]，恰是恪守秦汉三"同"旧模式所致。吴澄所云既是对元"华夷一统"本质的阐释，又隐含着国家认同的进步。据姚大力的研究，古代国家认同包含三个层面：忠君认同、王朝认同和历时性政治共同体的"中国"认同。[③]而中古、近古认同对象即多民族统一国家。张博泉言，秦统一与元统一的区别是分不分"中

---

① （汉）司马迁：《史记》卷七十四《孟子荀卿列传》，第 2344 页。

② 许倬云批评元和清等王朝"双重体制"："两个中外不同的共同体系统有叠合部分，却并没有整合。"但如葛兆光所云，此论又面临"这时究竟谁是'中国'？哪里是'华夏'"的"难题"（许倬云：《说中国：一个不断变化的复杂共同体》，第 258、280、291 页）。

③ 参见姚大力：《中国历史上的民族关系与国家认同》，《中国学术》第 12 辑。

外""华夷"①，颇有新意，然不及 700 年前吴澄三"同"与三"不同"说洞见底里。吴澄基于以上两点新认知，强调"车不同轨，书不同文，行不同伦"的复合式"华夷混一"的中国认同，恰是在"历时性政治共同体的'中国'认同"层面有了某种超越或突破。

与吴澄认知或有相似者，而后又接续不断。明初，朱元璋等言"元虽夷狄，然君主中国且将百年，朕与卿等父母皆赖其生养"，"昔者胡汉一家，胡君主宰"，"迩来胡汉一家，大明主宰"②。即使雍正"首崇满洲"为宗旨的"满汉一体""中外一统"之说，也不外是讳言"华夷"语境下的同体异名。汉人士大夫对北方游牧经济的认识，也发生从秦汉冷漠歧视到金元包容理解的微妙变化。③元杨维桢等倡言道统所在即正统说④，康熙"以实心行实政"而成千年一帝⑤，以及满、汉同以儒学为主导文化，等等，基本解决了兄弟民族入主的合理性及华夷正统谁属的难题，从较深的文化层面给"华夷一统"正了名。换言之，亘古未有的"华夷混一"变革现实，激发吴澄等有识之士以三"不同"切入，相率实现了对"华夷一统"复合式中国的文化认同。这种文化心理的悄然变化，历史影响无疑是长远和深刻的。

---

① 参见张博泉：《中华一体的历史轨迹》，第 48 页。
② 《华夷译语》"诏阿札失里"，《四库全书存目丛书》经部第 188 册，第 308 页上。《明太祖实录》卷五三，洪武三年六月癸酉，第 1041 页。
③ （汉）班固：《汉书》卷九十四下《匈奴传下》，第 3834 页。（元）脱脱等：《辽史》卷三十二《营卫志中》，第 373 页。
④ （元）陶宗仪：《南村辍耕录》卷三《正统辨》，第 37 页。
⑤ 参见阎崇年：《康熙大帝》，北京：中华书局，2008 年，第 294 页。

四、余　　论

明人王廷相指出，"统一华夷者，谓之大统者也。然有正有变焉。居中国而统及四夷，顺也，正也。三代、汉、唐、本朝是也。入中国而统及四夷，逆也，非变乎？……元也，虽以变统例之，亦不能废其大统天下之实矣"[①]。

王氏使用"大统""小正统""变统"等概念，对"三代"、汉、唐、宋、元、明等统一加以区别和评骘。所言"统一华夷者，谓之大统者也"，又是对唐末以来历史大势的理性判断。他还较早承认元朝"入中国而统及四夷"的"大统"，强调不能因其"变统"而"废其大统天下之实矣"，颇有见地。然而，王氏将夏商周"三代"酋邦制及宗法封建[②]的松散统一和"汉、唐、本朝"混为一谈，未必允当。事实上，5 000年来，多民族统一国家"不断变化的复杂共同体"的进程可概分为三个阶段：夏商周"三代"酋邦制及宗法封建的松散统一，秦汉以降郡县制"中国一统"和元明清"华夷一统"。此三阶段恰是体现上古黄河中下游为中心的地缘族群整合、中古黄河中下游和长江中下游的地缘族群整合、近古中土与塞外更广袤的地缘族群整合及其交融演进。而且，三阶段各有自身逻辑发展的特定时势或土壤。对中国历史及现代中华民族多元一体影响至深且巨的，无疑是秦汉郡县制"中国一统"和元明清"华夷一统"。

---

① （明）王廷相：《慎言》卷九，《续修四库全书》子部第938册，第101页。
② 参见谢维扬：《中国早期国家》，杭州：浙江人民出版社，1995年，第472—474页。

如果说，秦汉郡县制"中国一统"是战国以来与黄河中下游、长江中下游农耕区地主经济形态及汉族等"滚雪球式"的融汇相适应的政治文化体制，那么，元明清"华夷一统"，则是近两千年北方民族的三次大规模南下入主与中土传统社会碰撞博弈后的崭新格局。第一次是拓跋鲜卑等北族政权入主中原及其与东晋南朝的碰撞博弈，促成隋唐重建郡县制"中国一统"及"华夷一统"的短暂尝试。第二次是契丹、女真和蒙古南下，特别是蒙古这一世界帝国与中土（包括金、南宋辖区）的邂逅博弈，导致元"混一华夷"的初次实现。继而发生明成祖争夺主导权未果及朝野关于"华夷一统"连篇累牍的说辞。第三次是清朝入关统一蒙古、明辖境及西藏等，重建"华夷一统"，尽管对"华夷"二字讳莫如深，但拥有了较成熟的"华夷一统"之实。

需要强调的是，10世纪以降，中土高度发达的农业及工商业，不仅在塞外与中土广袤疆域内带动形成了茶叶、马匹、粮食、纺织品、铁器等日益成熟的贸易交换网络，更能长期为跨越中土、塞外的"华夷一统"提供强有力的经济支撑。史称，自忽必烈迁都，10万左右官兵长期驻屯于"和林"和"金山、称海沿边诸塞"，遂"重利诱商贾，致谷帛用物"[1]，用7倍于华北的米价，收购商贩南粮，所费甚巨。清康熙"西征准噶尔"，"石费一百二十金"，皇商范毓馪"力任挽输，辗转沙漠万

---

[1] （元）虞集：《岭北行省郎中苏公墓志铭》，（元）苏天爵编：《元文类》卷五十四，《四部丛刊初编》第2031册，第1页a、b。参见萧启庆：《元代的镇戍制度》，《内北国而外中国：蒙元史研究》上册，第268、269页。

里"①，或与元商贾"和中"北边异曲同工。清代张家口、恰克图、科布多、库伦等地的"北商"和"西商"从事茶叶、粮食、布匹、毛皮等贩运，又助推长城内外商业贸易的鼎盛。②另一方面，在塞外与中土并为一体的格局下，儒家等主干文脉继续传承发展，兄弟民族文化又大量汇聚过来，共同汇合为多元一体的新文脉。

从秦汉郡县制"中国一统"到元明清"华夷一统"交融演进中，我们既看到郡县制"中国一统"在中土的坚实基础、经济文化辉煌及辐射周边，又看到蒙古、满族统治者"打造"的塞外、中土一体化和务实地汇合"世界上最具经济实力的中华本土"③。既有汉族及其先进文明的基础性贡献和积极进取，又有诸兄弟民族的文明基因增益和历史主动性。他们自觉不自觉地顺应多民族统一国家发展的历史潮流，且用行动昭示：汉族与其他兄弟民族携手创造多民族统一国家的历史，携手推动缔造多民族复合共同体之"巨大中国"。由是，"古代华夏渐渐成了近世中国"④。

从16世纪以来的现代民族及认同理论看，元明清"华夷一统"及其复合共同体建构，对现代中华民族也产生了深远影响。现代中华民族的复合共同体与元明清"华夷一统"复合共同体之

---

① 《介休县志》卷九《人物》，乾隆三十五年（1769）刻本，第31页b、32页a。韦庆远、吴奇衍：《清代著名皇商范氏的兴衰》，《历史研究》1981年第3期。
② 参见赖惠敏：《清代北商的茶叶贸易》，《内蒙古师范大学学报（哲学社会科学版）》2016年第1期；高春平等：《晋商与北部市场开发》，《晋阳学刊》2002年第4期；李刚、袁娜：《明清时期山陕商人对西部开发的历史贡献及其启迪》，《新疆社科论坛》2007年第1期。
③ ［日］杉山正明：《疾驰的草原征服者：辽西夏金元》，乌兰、乌日娜译，第328页。
④ 葛兆光：《〈说中国〉·解说》，许倬云：《说中国：一个不断变化的复杂共同体》，第298页。

间，在结构或特质上存在很多相似或继承等联系。元明清"华夷一统"，实乃民初汉、满、蒙、回、藏五族共和的前身，也是抗日战争中最终形成的现代中华民族及其多元一体复合构建的前身。56 个民族对现代中华民族共同体的认同，很大程度上是在元明清"华夷一统"复合共同体认同基础上实现的。由于秦汉郡县制"中国一统"嬗变为包容中土、塞外的元明清"华夷一统"，中国才由"小"变"大"，新时空条件下的"多民族统一"才名副其实，而后向现代中华民族共同体的历史性过渡才得以实现。现代中华民族共同体不仅是"国族"（nation），还有郡县制"中国一统"到"华夷一统"两阶段交融演进的深厚历史渊源。这恰能展示两类"一统"及演进至为重要的贡献。

（原载《中国社会科学》2023 年第 5 期）

元明清"华夷一统"到
"中华一统"的话语转换

    数月前，笔者撰《秦汉以降"大一统"秩序的华夷交融演进》一文指出，两千多年中国传统社会，呈现从秦汉单一式的郡县制"中国一统"和元明清复合式"华夷一统"两阶段的递次嬗变。秦汉至隋唐的郡县制"中国一统"，首次以郡县官僚制直接管辖编民的方式，将长城以南"耕稼以食，桑麻以衣"的农耕区置于统一政权之下，进而为元明清"华夷一统"提供了不可或缺的汇聚核心及前期基础。由于元明清"华夷一统"的演进，复合式共同体的中国由"小"变"大"，多民族统一国家、中华文明结构及传统王朝序列等，在新时空格局下皆得到了相应的完善升华。[①] 然因论题及篇幅所限，仍觉得意犹未尽。尤其是元明清时期"中华一统"称谓的萌发、更新等问题，殊为重要，且属多民族统一国家及复合民族共同体从传统迈向现代的关键环节。兹就这一时期"华夷一统"到"中华一统"的话语转换，予以进一步探讨。

---

① 本书上文《秦汉以降"大一统"秩序的华夷交融演进》，《中国社会科学》2023年第5期。以下出自该文，不再详注。

一、元明"华夷一统"为主及明兼用"中华一统"

元朝统一首次将大漠塞外与中土农耕区连为一体，初步奠定了"华夷一统"新格局。元"华夷混一"的独特进步就在于三个兼容：兼容中土、塞外不同的社会体制及生产方式，兼容中土、塞外不同的语言和宗教文化，兼容汉、蒙、色目等多个民族。江南理学宗师吴澄又称其为三"不同"："器用各有宜，不必同轨也；文字各有制，不必同文也；国土各有俗，不必同伦也。"[1] 在此基础上，"大一统"完成了单一模式到复合模式的过渡，进而成长为新型的华夷复合共同体，其开拓之功颇丰，并为清代"华夷一统"的发展成熟提供了基础性样板。

元代"华夷一统"新格局下，虽然在儒学及佛教等文化层面，蒙古、汉、回、藏等族群找到了某些共同点，但尚局限在"多族士人圈"、藏传佛教等某些部分及某些人员。植根于汉地农耕地带的儒家文化，虽然业已在蒙古人、色目人中有所传播，但尚未被多数蒙古人、色目人服膺和接受。元朝皇帝也只是部分接受儒家文化，包括主动吸纳汉法的忽必烈也自称是"不识字（不通汉文——引者注）粗人"[2]，其宫廷和军政官署等核心部分仍保留大量蒙古旧俗。政治文化政策相对粗疏，对"华夷一统""华夷混一"等话语也似懂非懂，笼统认同，甚至连文臣在武宗《至

---

① （元）吴澄：《吴文正公集》卷十五《送萧九成北上序》，新文丰出版公司编辑部编：《元人文集珍本丛刊》第3册，第281页。
② （明）郑麟趾：《高丽史》卷二十八《忠烈王一》，戊寅四年七月戊戌，《四库全书存目丛书》史部第159册，第589页。

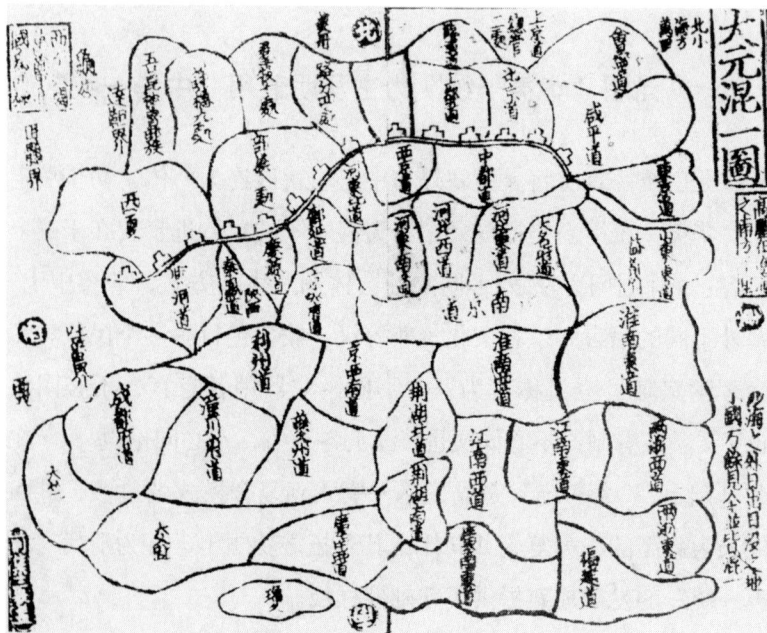

▲《大元混一图》(《中国古代地图集［战国—元］》)

大改元诏书》中偶尔使用"华夏一统"的表述也照单全收[1]，不予细究。

鉴于三"不同"，汉族士人多慎重地称为"混一"，如"混一华夷""华夷混一"，"莫不涣其群而混于一"[2]，还常见"混一区宇""混一南北"等描述。其主要原因是一些士人既看到元朝统一功业及行汉法的进步，又敏锐地

---

① （明）宋濂等：《元史》卷二十二《武宗纪一》，第493页。
② （元）熊梦祥著，北京图书馆善本组辑：《析津志辑佚·岁纪》，第216页。（元）黄镇成：《秋声集》卷四《早春感兴》，《景印文渊阁四库全书》第1212册，第555页。（元）许有壬：《至正集》卷三十五《大一统志序》，新文丰出版公司编辑部编：《元人文集珍本丛刊》第7册，第180页。

发现儒家文化与塞外文化较多的不同质，以及最高统治者仅是部分儒化，他们与汉族士人之间尚存在一定的文化隔膜。吴澄本人崇奉"出处进退皆有道"①的信条，估计也与此有关。这与清朝诸帝儒化及汉族士人普遍认同其正统性形成了较大反差。元朝多使用"华夷混一"的话语表述，较客观反映了政治体制蒙汉杂糅、族群文化多元交融及"泾渭同流"②等社会状况。

至明成祖朝，始盛行"华夷一统"，又兼用"中华一统"。朱棣"五出漠北，三犁房庭"③，旨在以汉族皇帝"君主华夷"，重新夺得囊括中土、塞外"华夷一统"的主导权。由是，朝野上下"华夷混一归真主，宇宙弘开属大明"，"其华夷一统，玉帛万国，自唐虞以来尝有如我皇明之盛者耶"④之类的赞颂频频出现。据笔者检索统计，明皇帝谕旨、政书、奏议和诗文所见"华夷一统"等说辞多达 91 次，相当于元代的 15 倍。由此可见，明代"华夷一统"话语表述，是伴随朱棣经略北方和企盼继元朝后"君主华夷"而盛行起来的。朱棣病死榆木川，其宏伟抱负被迫中断。特别是"土木之变"后，明朝不得不放弃长城以北的大片土地，"华夷一统"在疆域和族群等层面已徒有虚名。但因明中后期皇位始终在朱棣子孙一系内传承，"华夷一统"亦因关联"祖制"而依然被当作主流话语长期沿用下来。

---

① （元）吴澄：《吴文正公集》卷七《复董中丞书》，新文丰出版公司编辑部编：《元人文集珍本丛刊》第 3 册，第 171 页。
② （元）耶律楚材著，谢方点校：《湛然居士文集》卷七《洞山五位颂·兼中至》，第 163、164 页。
③ （明）高岱：《鸿猷录》卷八《三犁房庭》，《续修四库全书》子部第 389 册，第 325 页。
④ （明）胡广：《胡文穆公文集》卷二十《归至北京》，《四库全书存目丛书》集部第 29 册，第 187、188 页。（明）管律：《汝砺论曰》，嘉靖《宁夏新志》卷六，《续修四库全书》史部第 649 册，第 199 页。

另一方面，明代又兼用"中华一统"的话语表述。早在洪武初年，"中华一统"名称业已萌生，后期又有增加的势头。如洪武三年（1370）规定"朝会大乐"之际，"歌工""乐工""皆戴中华一统巾"[①]。有些场合则使用"中国一统"[②]旧称。明季陆续出现"以表我中华一统之盛""奠中华一统之全"等话语表述。有的民间弹词中甚至称"胡元氏并宋金，中华一统"[③]。"中华"一词，较早见于两晋。时人刘弘言"今边陲无备豫之储，中华有杼轴之困"，桓温《还都洛阳疏》亦云"自强胡凌暴，中华荡覆"[④]，显然是指西晋所辖的黄河中下游地区。而后，历代中原王朝甚至某些入主中原的北族政权相沿皆称"中华"。朱元璋北伐檄文亦云"驱逐胡虏，恢复中华"。单从字面或中原本位来看，始于洪武三年而频繁使用于晚明的"中华一统"，或偏重于秦汉以降长城以南的"中国一统"。然而，"中国""华夏""华夷"及"中华"，都是相对的历史概念，都是依一定的族群时空而形成的名称，又依时空的变化而变化。从更大的时空视域看，元之"华夷混一"，所辖疆域囊括塞外和中土，秦三十六郡式的中国遂变为"巨大中国"[⑤]。时至明成祖北征，"华夷一统"又和扩大了的

[①] 《明太祖实录》卷五六，洪武三年九月乙卯，第 1102 页。（清）张廷玉等：《明史》卷六十七《舆服志三》，第 1651 页。

[②] 《明太祖实录》卷四二，洪武二年五月甲午，第 827 页。（明）严从简：《殊域周咨录》卷十《西戎·吐蕃》，洪武二年，《续修四库全书》子部第 735 册，第 740 页。

[③] （明）吴道南：《吴文恪公文集》卷二《正史议》，《明别集丛刊》第 4 辑第 13 册，合肥：黄山书社，2016 年，第 272 页。（明）陈邦彦：《陈岩野先生全集》卷二《杂文》，《明别集丛刊》第 5 辑第 76 册，第 680 页。（明）杨慎撰，张仲璜注：《廿一史弹词注》卷一，清雍正五年（1727）视履堂刻，乾隆五十一年（1786）复刻本，第 16 页 b。

[④] （唐）房玄龄等：《晋书》卷六十一《刘乔传》、卷九十八《桓温传》，第 1675、2573 页。

[⑤] ［日］杉山正明：《疾驰的草原征服者：辽西夏金元》，乌兰、乌日娜译，第 11 页。

中国"一统"在内涵及外延上趋于同一。明代"华夷一统"为主、兼用"中华一统"的两种话语表述，可分别上溯朱元璋和朱棣的"祖制"，二者的主辅交参并用，似乎有些抵牾或吊诡，但恰折射明代朱元璋重建中原王朝和朱棣欲以汉族皇帝争夺"华夷一统"主导权未果的微妙历史进程。经历此番周折，明后期所辖疆域实际缩小为中土及西南、东北，"华夷一统"话语表述有所减退，"中华一统"措辞相应增加，也合乎逻辑。

二、清前期改称"中外一统"

清王朝再造囊括塞外和黄河、长江流域的"华夷一统"。其主要举措则有，凭借理藩院统辖、盟旗制、封爵和满蒙联姻等，还有笼络、钳制汉儒，以及拉拢藏族上层，清廷将一批蒙古上层和汉族官绅拉入统治集团，大抵形成满、蒙、汉贵族官僚联合统治，亦即族际政治链条，强化和巩固了"华夷一统"在满、汉、蒙古、藏、回诸族群中的根基。又竭力崇尚儒学和尊奉喇嘛教。清中叶，儒学逐渐成为朝野共同的主导文化，"声教咸归王化"在满族和汉族范围内基本实现，藏传佛教还充任沟通藏、蒙两族的另一文化纽带，增添了"华夷一统"的文化同一性。作为统治民族的满族与主体民族的汉族互动交融，助推诸族群格局的更新与族际亲和力。

元、清两王朝虽均属"华夷一统"复合式共同体，但因清代以上各方面建树皆超越元代，满、汉、蒙古、藏、回等各族群的同一性和共有部分明显增多，水乳交融的政治及文化联系较元代更为密切牢固，"华夷一统"至此可谓基本成熟。然而，雍正帝

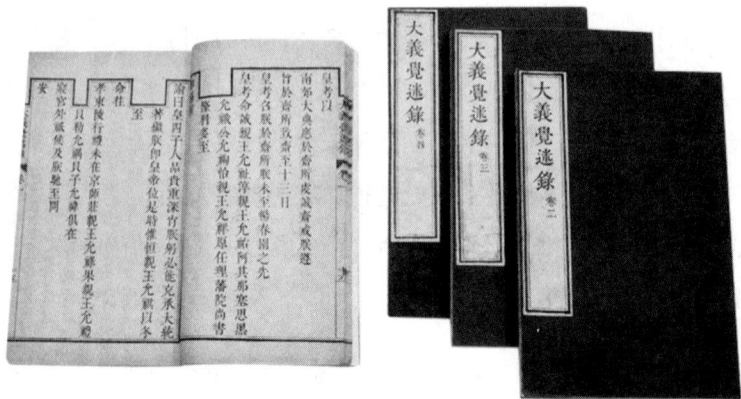

▲《大义觉迷录》（清雍正八年［1730］武英殿刊本）书影

在《大义觉迷录》开篇就给"华夷一统"的话语表述下达了"禁令"："中外臣民，既共奉我朝以为君，则所以归诚效顺，尽臣民之道者，尤不得以华夷而有异心。"由于"我外夷为内地主"和"大一统之在我朝"，若是沿用元明"华夷一统"的措辞，难免会触犯圣谕，和"凶顽悖恶，好乱乐祸，俶扰彝伦，私为著述"的"逆贼吕留良"[1]等同流合污，自招杀身灭门。自雍正帝始，清统治者讳言"华夷一统"，忌讳以满族为"夷"，不许"华"置"夷"前，通常使用"满汉一家""中外一统"等作为替代。但就本质而言，清代满、汉、蒙古、藏、回等族群复合建构的"华夷一统"实体始终未曾改变，"首崇满洲"为宗

---

[1]（清）爱新觉罗·胤禛：《大义觉迷录》，第3—4、9页。

旨的"满汉一体""中外一统"表述，也不外是讳言"华夷"语境下的同体异名。

有清一代，无论是皇帝谕旨，还是官员奏议等官私文献中，普遍使用"中外一统"来描述其再造囊括塞外和黄河、长江流域的"大一统"。譬如"洪惟我朝，至治粜宁，中外一统"；"我朝中外一统，薄海同风，不忍弃置异视"；"此实上苍福佑、列祖鸿庥，以成我大清中外一统之盛"；"今则中外一统，天下之政，取裁京师"；"越自宝箓攸归，中外一统，复设绿旗营以统汉兵"[①]。据笔者初步检索"中国基本古籍库"，历代"中外一统"表述共计 103 次，清代竟占 101 次，几乎为清代所专用。穷本溯源，清代使用"中外一统"当始自雍正七年（1742）的一道谕旨。

> 中国之一统始于秦，塞外之一统始于元而极盛于我朝。自古中外一家，幅员极广，未有如我朝者也。[②]

谕旨所言基本属实，但又不太准确。"始于秦"的"中国之一统"，实即秦汉单一式的郡县制一统；"始于元"和"极盛于"清的不只是"塞外之一统"，而是囊括中土与塞外的复合式"华夷一统"。雍正之所以把两个"一统"分开来讲，未能把它们正确

---

① （清）吴鸿：《平定回部颂》，（清）董诰等辑：《皇清文颖续编》卷二十二，《续修四库全书》集部第 1665 册，第 368 页。（清）段汝霖：《楚南苗志》卷三《附摘录偏沅抚都院赵公题苗边九款疏》，《四库全书存目丛书》史部第 256 册，第 641 页。（清）傅恒等：《平定准噶尔方略》正编卷四十一，《景印文渊阁四库全书》第 358 册，第 683 页。（清）李鸿章等修，黄彭年等纂：光绪《畿辅通志》卷九十七《略四十六·河渠十七》，《续修四库全书》史部第 632 册，第 528 页。（清）爱新觉罗·弘历：《钦定皇朝通典》卷六十八《兵一》，《景印文渊阁四库全书》第 643 册，第 433 页。
② 《清世宗实录》卷八三，雍正七年七月丙午，《清实录》第 8 册，第 99 页上。

表述为前后衔接演进的过程，无非是要高调赞颂清朝将蒙古、西藏等地纳入版图的功业，无非是要凸显"满洲"的塞外特征。然而，雍正接着说的"自古中外一家，幅员极广，未有如我朝者也"，雍正八年《大义觉迷录》批评明朝"何以成中外一统之规"，褒扬清朝"合蒙古、中国一统之盛"①，云云，都是囊括中土与塞外复合式"一统"的意思。雍正十年另一道诏谕更是明确宣示："本朝中外一统，即全获准噶尔之土地人民……"②所谓"中"，即前述"中国"；所谓"外"，即"塞外"。合而言之，就是替代"华夷一统"的"中外一统"的话语表述。

还有两道谕旨如是说："堂堂大清，中外一统，而夷部乱臣，妄思视同与国，此其逆天悖理，为何如耶？"③"况我国家中外一统，即蛮荒亦无不知大清声教。"④它如吴炜《清远楼碑记》言："宣郡为神京右辅……有明自正统后，兵革不休。至我朝德化涵濡，百二十年来，中外一统，四夷咸宾，来享来王。故昔也用武之区，今乃为外藩朝贡出入之所矣。"⑤爱必达云"世祖章皇帝抚有函夏，中外一统"⑥。以上"夷部""蛮荒""四夷""外藩"，当指塞外之"外"。"函夏"，当指谓中国或中土之"中"。

---

① （清）爱新觉罗·胤禛：《大义觉迷录》，第256、258页。
② （清）傅恒等：《平定准噶尔方略》前编卷三十二，雍正十年十一月甲申，《景印文渊阁四库全书》第357册，第465页。
③ （清）傅恒等：《平定准噶尔方略》正编卷四，乾隆十九年十月甲戌，《景印文渊阁四库全书》第358册，第63页。
④ （清）王先谦：《东华续录》卷六十五，乾隆三十二年五月庚午，《续修四库全书》史部第373册，第176页。
⑤ （清）李鸿章等修，黄彭年等纂：光绪《畿辅通志》卷一百六十三《古迹略十·宣化府》，《续修四库全书》史部第635册，第713页。
⑥ （清）爱必达：《开国佐运功臣弘毅公额宜都家传》，（清）钱仪吉纂，靳斯标点：《碑传集》卷三《沈阳功臣》，北京：中华书局，1993年，第1册，第40页。

魏源《元史新编·世祖纪》则对《元史·世祖纪》旧论赞特意增添"中外一统"等字句："及世祖兴……以汉法治中夏，变夷为华，立纲陈纪，遂乃并吞东南，中外一统。"[1]此处"中夏"和"华"，亦指中国或中土之"中"，而"夷"还是指塞外之"外"。以上皆可印证：清代朝野刻意用"中外一统"来替代"华夷一统"，确凿无疑。

将"华夷一统"改用"中外一统"，看似文字表述不同，背后却是雍正帝等秉持首崇满洲而又深谙儒家"华夷"及名器论说，故而在本朝"大一统"话语表述上的刻意较真。

三、清中期以降逐渐转换为"中华一统"

引人注目的是，道光朝以降的官私文献中，"天朝中华一统""光复中华一统之休"[2]等文句接续出现。而清廷一反常态，居然采取默许或认可的态度。诚然，此种被官方默许的话语转换，又是以清朝自诩或被称为"中华""中华皇帝""中国皇帝"等为先导而逐步发展的。

早在雍、乾等朝较多自称"皇清"的同时，又严厉批评"以论汉、唐、宋、明之中夏，而非谓我皇清之中夏"[3]，强调"本朝之为满洲，犹中国之有籍贯"，"惟我皇清，抚有华夏"，大清

---

① （清）魏源撰：《元史新编》卷六《世祖纪下·论曰》，《续修四库全书》史部第314册，第84页。
② （清）文庆、贾桢、宝鋆等纂辑：《筹办夷务始末》道光卷十四《道光二十年八月己卯·大学士直隶总督琦善奏》，《续修四库全书》史部第414册，第256页。（清）徐珂辑：《清稗类钞》第27册《会党类》，上海：商务印书馆，1917年，第45页。
③ 《清高宗实录》卷四九九，乾隆二十年十月戊午，《清实录》第15册，第276页上。

"与中华一道同轨"①。另在《清圣祖实录》等文献中，曾出现准格尔噶尔丹及来往使臣称康熙为"中华皇帝"多达 12 次以上②。《蒙古游牧记》载：一位被清廷擒获的厄鲁特人云："皇上所遣使到时，我噶尔丹不信圣驾亲临，云：'中华皇帝不在中国安居逸乐，乃能飞越过此无水瀚海乎？'"③且不论噶尔丹特称康熙为"中华皇帝"所包藏的分庭抗礼野心，重要的是清廷的应对态度。清制，《实录》使用满、蒙古、汉三种文字书写，上述比较敏感的"中华皇帝"及"中国"等词汇，也经由蒙古语、满语和汉语间的翻译程序而辗转进入汉文《清圣祖实录》及《蒙古游牧记》的。其间，兼通满、蒙古、汉等文字的康熙、雍正和乾隆等皇帝，肯定会对其中噶尔丹称康熙为"中华皇帝"及入居"中国"等字句格外留意。这些名称被较早保留在《清圣祖实录》及《蒙古游牧记》中并流传至今，无疑意味着清统治者对"中华""中华皇帝"的较正式使用，同时也是由"中外一统"转换为"中华一统"话语的重要台阶或先导。有学者主张清王朝应定位为"首崇满洲的复合性中华皇朝"④，或许和"中华皇帝"到"中华一统"相沿升级，颇多因果联系。

---

① 《清世宗实录》卷八六，雍正七年九月癸未，《清实录》第 8 册，第 147 页下。《清高宗实录》卷六〇〇，乾隆二十四年十一月辛亥，《清实录》第 16 册，第 722 页下。《清圣祖实录》卷一四六，康熙二十九年六月戊子，《清实录》第 5 册，第 616 页下。

② 《清圣祖实录》卷一三七，康熙二十七年九月甲申，《清实录》第 5 册，第 498 页；卷一四七，康熙二十九年秋七月壬寅，第 624 页；卷一五六，康熙三十一年八月乙丑，第 722—723 页；卷一六八，康熙三十四年乙亥八月辛亥，第 823 页；卷一七一，康熙三十五年二月己亥，第 848 页；卷一八一，康熙三十六年三月庚辰，第 941 页。

③ （清）张穆撰，张正明、宋举成点校：《蒙古游牧记》卷九，太原：山西人民出版社，1991 年，第 231 页。

④ 常建华：《大清：一个首崇满洲的复合性中华皇朝》，《清史研究》2021 年第 4 期。

　　鸦片战争爆发后，"中外"或"华夷"二字的内涵外延发生了重大变化，偏重或特定指谓大清与外国列强，其中的"外"或"夷"，又约定俗成为外国列强等专用称谓。于是，"中外一统"（包括"华夷一统"）等旧称谓陡然不合时宜。这也是"中华一统"取代"中外一统"话语而逐渐走到前台的不可或缺的背景。又兼，在晚清多种对外交涉文件中，咸丰、同治、光绪等帝常被列强称作"中国皇帝"[①]，"'中国'更成为被列强承认的主权国家之名称"[②]。清廷也渐多使用"中国皇帝"[③]。此种态度已然不像康熙等对待"中华皇帝"称谓那样"犹抱琵琶半遮面"，更多的是顺水推舟地认可接受。诚然，此时所称或认同的"中国"，肯定是13世纪以来囊括中土和塞外的"大中国"。

　　儒学对上述话语转换及相关认同的特殊作用不容小觑。在儒家"华夷思想"中，历来就有"华夷之辨"和"华夷之变"二说的并存及交替运用。前者偏重于"辨"与"防"，用血缘、地理来衡量区辨华夏与蛮夷。后者注重依据民族融汇的发展实践予以变通，《春秋公羊传》等更以文化道德来区分诸夏和夷狄，并将其视为可变概念，主张凡遵行礼仪的夷狄，就当与诸夏同等看

① （清）盛宣怀：《寄江皖鄂川湘东豫赣闽粤督抚将军》（光绪二十六年［1900］十一月初二日），《愚斋存稿》卷四十七《电报二十四》，上海：上海人民出版社，2018年，第1056页。（清）文庆、贾桢、宝鋆等纂辑：《筹办夷务始末》咸丰卷十八《咸丰八年戊午正月壬寅·咪唎坚照会》，《续修四库全书》史部第416册，第622页上。
② 参见黄兴涛：《重塑中华：近代中国"中华民族"观念研究》，北京：北京师范大学出版社，2017年，第12页。
③ （清）吕海寰：《庚子海外纪事》卷三《问答》，光绪二十七年七月初七日，《续修四库全书》史部第446册，第561页下。黄鸿寿：《清史纪事本末》卷七十五《宣统嗣立》，宣统二年正月，《续修四库全书》史部第390册，第294页下。

▶ 雍正帝读书像，
宫廷画家绘，故宫博
物院藏

待。[①]清朝诸帝自幼饱读经书，在精通儒学和率先儒化的同时，对儒家"华夷理论"及重惜名器等说格外心领神会，还能较娴熟运用。在某种意义上，他们称得上注重将"华夷之变"说为其所用的典范。先是，清统治者从首崇满洲的政治立场出发，忌讳以满族为"夷"，刻意使用"中外一统"来替代"华夷一统"的话语。雍正帝《大义觉迷录》驳斥曾静等"内中国而外夷狄"说，运用的恰是儒家有德者居其位、君臣之伦等"华夷之变"类理论利器。而后随着满族贵族官僚的儒化渐深，乾隆帝

---

① 拙文《民族融汇与中国历史发展第二条基本线索》，已收入本书"民族融汇论"。

等进而强调中土、塞外及藩属国文字"体不必同，而同我声教，斯诚一统无外之规也"①。

此"一统无外"的"声教"，亦即清朝诸帝在兼通满、汉、蒙古、藏多种文字和率先儒化基础上，举国上下（至少是内地和东北、云贵等）通行的儒学教化，实乃"用夏变夷"的忠实践行。如此，便能够做到"以治统而承道统，作君而兼作师"②，兑现治道合一与君师合一，且能够获得满、汉士林的普遍拥戴③。尽管此种合一，容易带来民间"天地君亲师"崇拜等负面作用。其"官守学业皆出于一，而天下以同文为治，故私门无著述文字"，又容易导致"万马齐喑究可哀"等消极后果，但这毕竟成为清统治者"建设政治文化合法性的最大价值来源"和"皇权得以整体维系根本所在"④。当然，这也是昔日元朝统治者无心或无力做到的事情。换言之，道光以降，清廷之所以默许或认可少数文士重拾明人"中华一统"之辞，放任其沿用至清末，除去外国列强入侵赋予"中外"特定新寓意外，主要是因为当时以清帝为首的满族贵族已然汉化或儒化较深，满族与汉族逐步融为一体。更重要的是，他们将儒家"华夷之变"理论娴熟地为我所用，逐渐由讳言"华夷"迈向自诩"中华"及其道统、治统。在

①（清）爱新觉罗·弘历：《御制文余集》卷二《题和阗玉笔筒诗识语》，《景印文渊阁四库全书》第1301册，第700页。
②（清）陈梦雷：《松鹤山房文集》卷九《承德县学校志序》，《清代诗文集汇编》第179册，上海：上海古籍出版社，2010年，第308页。
③参见马子木、乌云毕力格：《"同文之治"：清朝多语文政治文化的构拟与实践》，《民族研究》2017年第4期。
④参见刘泽华：《中国政治思想史集》第3卷，北京：人民出版社，2007年，第371、372页；（清）章学诚著，叶瑛校注：《文史通义校注》附《校雠通义》卷一《原道第一》，北京：中华书局，2014年，第868页；黄兴涛：《重塑中华：近代中国"中华民族"观念研究》，第28页。

他们的心目中，清朝与汉唐、宋、明等中原
王朝已然毫无二致，甚至可以在皇帝勤政和
精通儒经理学等方面有所超越。这也恰是汉
族士大夫等忍受"剃发易衣冠"及"文字狱"
等，并普遍认同清朝跻身"中华皇朝"正统
性的核心缘由。曾国藩不计"疑谤""煎迫"，
始终"不排满"，以"保障名教""兼通理学"
为重，心甘情愿地效忠清室[①]，就是突出一例。

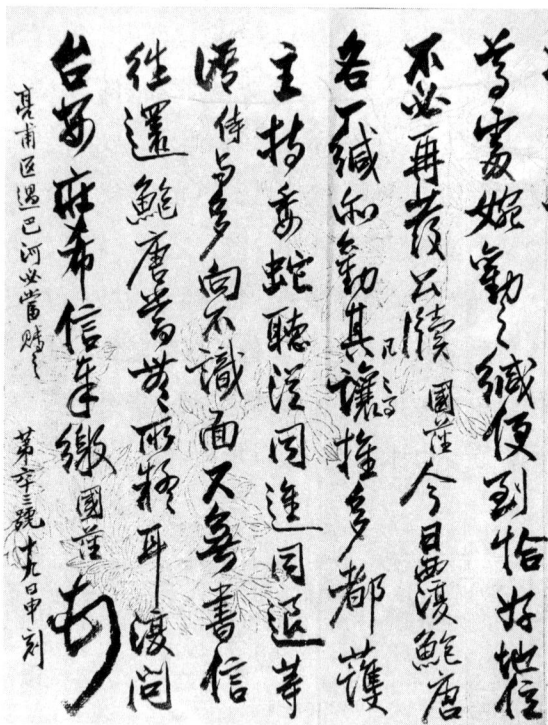

▶ 曾国藩手札

---

① 陈登原：《国史旧闻》卷六十三《曾国藩》，第四册，第211—213 页。

上述清廷对"中华一统""中国皇帝"的认同与汉族士大夫对清朝"中华皇朝"正统性的认同，构成相向认同效应，且成为"中华一统"话语转化的基本社会文化背景。

从元明清"华夷一统"到"中华一统"话语转换的讨论，可获得三点基本认知：

第一，"华夷一统""中外一统"和"中华一统"，皆系元明清多族群复合政治文化共同体的话语表述，只是名称话语的逐次替代更新，其实体始终未曾改变。即使清末君主专制被推翻，但统一多民族国家结构在崭新的政体格局下仍然得以继续发展。

第二，"华夷""中外""中华"，都来自中近古汉族儒士及官府对"大一统"的汉语词汇描述，但又在不同时空环境中历经元明清统治者及文士审时度势、变通运用，而成"华夷一统""中外一统""中华一统"的递次话语转换。准确地说，上述转换又是汉、蒙古、满等民族在政治、社会、文化等多个层面协同实施完成的，包括政治实践与思想观念的互动助推，因应造就。尽管蒙古、汉、满族统治者对儒家文化和"大一统"秩序的理解认同存在差异，尽管他们从各自现实诉求出发，常常给"大一统"秩序添加某种个性影响，但还是顺应潮流，通过有关相向认同，携手完成了"华夷""中外""中华"等话语转换，折射出各兄弟民族携手推动统一多民族国家发展，以及儒学居中的弹性变通作用。

第三，"华夷一统"到"中华一统"，表面上是话语措辞的转换演进，但对"中华民族"命题的面世，以及辛亥革命创建中

华民国，皆是一种重要的阶梯准备。基于此，1902 年梁启超对
"中华民族"的首次命名，呼之欲出；辛亥革命爆发数月后清宣
统帝退位诏书"仍合满、汉、蒙、回、藏五族完全领土，为一大
中华民国"，也当渊源有自，水到渠成 [①]。在这个意义上，"华夷
一统"到"中华一统"又绝非简单的名称话语转换，而是一件影
响深远的事情。

（原载《历史研究》2023 年第 4 期）

---

① 梁启超：《论中国学术思想变迁之大势》，上海：上海古籍出版社，2006 年，第
23 页。赵尔巽：《清史稿》卷二十五《宣统皇帝本纪》，《续修四库全书》史部第
295 册，第 326 页。《宣统政纪》卷七十，宣统三年十二月戊午，《清实录》，第
60 册，第 1293 页下。另，《本纪》与《宣统政纪》将"满、汉、蒙、回、藏"
顺序误作"满、蒙、汉、回、藏"。兹据诏书图片改正。

征引史籍文献与参考论著

一、史籍文献

《礼记》，《四部丛刊初编》，上海：商务印书馆，1922 年。

（清）王聘珍撰，王文锦点校：《大戴礼记解诂》，北京：中华书局，1983 年。

（晋）杜预注，（唐）孔颖达疏：《春秋左传正义》，（清）阮元校刻：《十三经注疏》，台北：艺文印书馆，2001 年。

（汉）何休解诂，（唐）徐彦疏：《春秋公羊传注疏》，（清）阮元校刻：《十三经注疏》，台北：艺文印书馆，2001 年。

（汉）何休：《春秋公羊解诂》，《四部丛刊初编》，上海：商务印书馆，1922 年。

（汉）孔安国传，（唐）孔颖达疏，廖名春等整理：《尚书正义》，《十三经注疏》整理本，北京：北京大学出版社，2000 年。

（三国）何晏注，（宋）邢昺疏：《论语注疏》，（清）阮元校刻：《十三经注疏》，台北：艺文印书馆，2001 年。

（汉）郑玄笺，（唐）孔颖达疏，（唐）陆德明音义：《毛诗正义》，（清）阮元校刻：《十三经注疏》，台北：艺文印书馆，2001 年。

《孟子》，《四书集注》，成都：巴蜀书社，1986 年。

《国语》，《四部丛刊初编》，上海：商务印书馆，1922 年。

（清）徐元诰撰，王树民、沈长云点校：《国语集解》，北京：中华书局，2002年。

（宋）鲍彪校注，（元）吴师道重校：《战国策校注》，《四部丛刊初编》，上海：商务印书馆，1922年。

（汉）司马迁：《史记》，北京：中华书局，1959年。

（汉）班固：《汉书》，北京：中华书局，1962年。

（南朝宋）范晔：《后汉书》，北京：中华书局，1965年。

（汉）荀悦：《前汉纪》，《四部丛刊初编》，上海：商务印书馆，1922年。

（唐）李延寿：《北史》，北京：中华书局，1974年。

（北齐）魏收：《魏书》，北京：中华书局，1974年。

（唐）房玄龄等：《晋书》，北京：中华书局，1974年。

（南朝梁）萧子显：《南齐书》，北京：中华书局，1972年。

（唐）姚思廉：《梁书》，北京：中华书局，1973年。

（唐）魏徵等：《隋书》，北京：中华书局，1973年。

（后晋）刘昫等：《旧唐书》，北京：中华书局，1975年。

（宋）欧阳修、宋祁：《新唐书》，北京：中华书局，1975年。

（元）脱脱等：《宋史》，北京：中华书局，1977年。

（元）脱脱等：《辽史》，北京：中华书局，1974年。

（明）宋濂等：《元史》，北京：中华书局，1976年。

（清）张廷玉等：《明史》，北京：中华书局，1974年。

赵尔巽等：《清史稿》，《续修四库全书》，上海：上海古籍出版社，2002年。

（晋）司马彪：《后汉书志》，北京：中华书局，1965年。

（清）钱大昭：《汉书辨疑》，《续修四库全书》，上海：上海古籍出版社，2002年。

（宋）司马光编著，（元）胡三省音注，"标点资治通鉴小组"校点：《资治通鉴》，北京：中华书局，1956年。

（宋）李焘：《续资治通鉴长编》，北京：中华书局，2004年。

《明太祖实录》，台北："中央研究院"历史语言研究所，1962年。

《明太宗实录》，台北："中央研究院"历史语言研究所，1962年。

《明仁宗实录》，北京：中华书局，2016年。

《明宣宗实录》，台北："中央研究院"历史语言研究所，1962年。

《明英宗实录》，台北："中央研究院"历史语言研究所，1962年。

《明宪宗实录》，台北："中央研究院"历史语言研究所，1962年。

《明孝宗实录》，台北："中央研究院"历史语言研究所，1962年。

《明神宗实录》，台北："中央研究院"历史语言研究所，1962年。

《清圣祖实录》，北京：中华书局，1985年

《清世宗实录》，北京：中华书局，1985年。

《清高宗实录》，北京：中华书局，1985年。

（清）王先谦：《东华续录》，《续修四库全书》，上海：上海古籍出版社，2002年。

（清）董诰等辑：《皇清文颖续编》，《续修四库全书》，上海：上海古籍出版社，2002年。

（清）傅恒等：《平定准噶尔方略》，《景印文渊阁四库全书》，台北：台湾商务印书馆，1986年。

（唐）杜佑著，王文锦等点校：《通典》，北京：中华书局，1988年。

（元）马端临：《文献通考》，北京：中华书局，1986年。

（唐）李隆基撰，（唐）李林甫注，〔日〕广池千九郎校注，〔日〕内田智雄补订：《大唐六典》，西安：三秦出版社，1991年。

（宋）王溥：《唐会要》，上海：商务印书馆，1936年。

（清）徐松辑，刘琳等点校：《宋会要辑稿》，上海：上海古籍出版社，2014年。

（宋）赵汝愚编，北京大学中国中古史研究中心校点整理：《宋朝诸臣奏议》，上海：上海古籍出版社，1999年。

陈高华、张帆、刘晓、党宝海点校：《元典章》，北京：中华书局，天津：天津古籍出版社，2011年。

方龄贵校注：《通制条格校注》，北京：中华书局，2001年。

（元）赵世延、虞集等撰，周少川等辑校：《经世大典辑校》，北京：中华书局，2020年。

（元）赵承禧等编撰，王晓欣点校：《宪台通纪（外三种）》，杭州：浙江古籍出版社，2002年。

（明）刘惟谦等撰：《大明律》，《续修四库全书》，上海：上海古籍出版社，2002年。

《大明律集解附例》，光绪三十四年（1908）重刊本。

（明）申时行等修，（明）赵用贤等纂：万历《大明会典》，《续修四库全书》，上海：上海古籍出版社，2002年。

（明）朱元璋：《御制大诰续编》，《明朝开国文献》，台北：学生书局，

1966 年。

（明）朱元璋：《御制大诰三编》，《续修四库全书》，上海：上海古籍出版社，2002 年。

（明）陈子龙等选辑：《明经世文编》，北京：中华书局，1962 年。

（明）顾秉谦等：《三朝要典》，《四库禁毁书丛刊》，北京：北京出版社，1997 年。

《御选明臣奏议》，《景印文渊阁四库全书》，台北：台湾商务印书馆，1986 年。

（清）爱新觉罗·弘历：《钦定皇朝通典》，《景印文渊阁四库全书》，台北：台湾商务印书馆，1986 年。

（清）爱新觉罗·弘历：《钦定皇朝通志》，《景印文渊阁四库全书》，台北：台湾商务印书馆，1986 年。

（清）允裪等：《钦定大清会典》，《续修四库全书》，上海：上海古籍出版社，2002 年。

（清）昆冈等修，（清）刘启端等纂：《钦定大清会典事例》，《续修四库全书》，上海：上海古籍出版社，2002 年。

刘锦藻：《清朝续文献通考》，《万有文库》，上海：商务印书馆，1936 年。

（清）爱新觉罗·胤禛：《大义觉迷录》，北京：文物出版社，2020 年。

（清）爱新觉罗·胤禛：《世宗宪皇帝朱批谕旨》，《景印文渊阁四库全书》，台北：台湾商务印书馆，1986 年。

中国第一历史档案馆编：《雍正朝汉文朱批奏折汇编》，南京：江苏古籍出版社，1989 年。

故宫博物院编：《清高宗御制文》，海口：海南出版社，2000 年。

（清）爱新觉罗·弘历：《御制文余集》，《清代诗文集汇编》，上海：上海古籍出版社，2010 年。

中国第一历史档案馆、中国社会科学院历史研究所译注：《满文老档》，北京：中华书局，1990 年。

吴晗辑：《朝鲜李朝实录中的中国史料》，北京：中华书局，1980 年。

（宋）宇文懋昭撰，崔文印校证：《大金国志校证》，北京：中华书局，1986 年。

乌兰校勘：《元朝秘史（校勘本）》，北京：中华书局，2012 年。

额尔登泰、乌云达赉校勘：《蒙古秘史（校勘本）》，呼和浩特：内蒙古人民出版社，1980 年。

（清）萨囊彻辰著，道润梯步译校：《蒙古源流》，呼和浩特：内蒙古人民出版社，1980年。

睡虎地秦墓竹简整理小组编：《睡虎地秦墓竹简》，北京：文物出版社，1990年。

银雀山汉墓竹简整理小组编：《银雀山汉墓竹简》，北京：文物出版社，1985年。

张家山二四七号汉墓竹简整理小组编：《张家山汉墓竹简〔二四七号墓〕》，北京：文物出版社，2001年。

陈伟主编：《秦简牍合集》，武汉：武汉大学出版社，2014年。

《江苏金石志》，载《石刻史料新编》，台北：新文丰出版公司，1986年。

齐心主编：《北京元代史迹图志》，北京：北京燕山出版社，2009年。

陕西省考古研究院编著：《元代刘黑马家族墓发掘报告》，北京：文物出版社，2018年。

（唐）李吉甫撰，贺次君点校：《元和郡县图志》，北京：中华书局，1983年。

（宋）黄㽦、齐硕修，（宋）陈耆卿纂：《嘉定赤城志》，《宋元方志丛刊》，北京：中华书局，1990年。

（宋）王象之撰，赵一生点校：《舆地纪胜》，杭州：浙江古籍出版社，2012年。

（元）熊梦祥著，北京图书馆善本组辑：《析津志辑佚》，北京：北京古籍出版社，1983年。

（元）俞希鲁编纂，杨积庆等校点：至顺《镇江志》，南京：江苏古籍出版社，1990年。

（元）冯福京修，（元）郭荐纂：大德《昌国州图志》，《宋元方志丛刊》，北京：中华书局，1990年。

（元）陈大震纂修：大德《南海志》，《宋元方志丛刊》，北京：中华书局，1990年。

（元）马泽修，（元）袁桷纂：延祐《四明志》，《宋元方志丛刊》，北京：中华书局，1990年。

（元）单庆修，（元）徐硕纂：至元《嘉禾志》，《宋元方志丛刊》，北京：中华书局，1990年。

（元）张铉纂修：至正《金陵新志》，《宋元方志丛刊》，北京：中华书局，1990年。

（明）卢熊：洪武《苏州府志》，《中国方志丛书·华中地方》第432号，台北：成文出版社有限公司，1983年。

永乐《乐清县志》，《天一阁藏明代方志选刊》，上海：上海古籍书店，1962年。

弘治《徽州府志》，《天一阁藏明代方志选刊》，上海：上海古籍书店，1962年。

弘治《句容县志》，《天一阁藏明代方志选刊》，上海：上海古籍书店，1962年。

正德《建昌府志》，《天一阁藏明代方志选刊》，上海：上海古籍书店，1962年。

正德《松江府志》，《天一阁藏明代方志选刊续编》，上海：上海书店出版社，1990年。

嘉靖《江阴县志》，《天一阁藏明代方志选刊》，上海：上海古籍书店，1962年。

嘉靖《浦江县志》，《天一阁藏明代方志选刊》，上海：上海古籍书店，1962年。

嘉靖《增城县志》，《天一阁藏明代方志选刊续编》，上海：上海书店出版社，1990年。

嘉靖《邵武府志》，《天一阁藏明代方志选刊》，上海：上海古籍书店，1962年。

嘉靖《安溪县志》，《天一阁藏明代方志选刊》，上海：上海古籍书店，1962年。

嘉靖《惠安县志》，《天一阁藏明代方志选刊》，上海：上海古籍书店，1962年。

（明）杨守礼修，（明）管律等纂：嘉靖《宁夏新志》，《续修四库全书》，上海：上海古籍出版社，2002年。

万历《黄岩县志》，《天一阁藏明代方志选刊》，上海：上海古籍书店，1962年。

万历《上海县志》，占旭东点校，《上海府县旧志丛书》，上海：上海古籍出版社，2015年。

崇祯《松江府志》，《日本藏中国罕见地方志丛刊》，北京：书目文献出版社，1991年。

（清）赵弘恩监修，（清）黄之隽编纂：《江南通志》，《景印文渊阁四库全书》，台北：台湾商务印书馆，1986年。

（清）谢旻监修，（清）陶成编纂：《江西通志》，《景印文渊阁四库全书》，台北：台湾商务印书馆，1986年。

（清）刘於义监修，（清）沈青崖编纂：《陕西通志》，《景印文渊阁四库全书》，台北：台湾商务印书馆，1986年。

（清）卫哲治等修，（清）叶长扬、顾栋高等纂：乾隆《淮安府志》，《续修四库全书》，上海：上海古籍出版社，2002年。

乾隆《济宁直隶州志》，国家图书馆藏乾隆五十年刻本。

嘉庆《重修扬州府志》，《中国地方志集成·江苏府县志辑》，南京：江苏古籍出版社，1991年。

道光《济宁直隶州志》，《中国地方志集成·山东府县志辑》，南京：凤凰出版社，2004年。

道光《徽州府志》，《中国地方志集成·安徽府县志辑》，南京：江苏古籍出版社，1998年。

同治《湘乡县志》，《中国地方志集成·湖南府县志辑》，南京：江苏古籍出版社，2002年。

民国《临清县志》，《中国地方志集成·山东府县志辑》，南京：凤凰出版社，2004年。

《介休县志》，乾隆三十五年刻本。

《承德府志》，《中国方志丛书·塞北地方》第17号，台北：成文出版社有限公司，1968年。

《呼兰府志》，《中国方志丛书·东北地方》第41号，台北：成文出版社有限公司，1974年。

《上海县续志》，《中国方志丛书·华中地方》第14号，台北：成文出版社有限公司，1970年。

（清）李鸿章等修，（清）黄彭年等纂：光绪《畿辅通志》，《续修四库全书》，上海：上海古籍出版社，2002年。

清《重修山阳县志》，同治十二年刻本。

民国《续纂山阳县志》，民国十年刊本。

（清）段汝霖：《楚南苗志》，《四库全书存目丛书》，济南：齐鲁书社，1997年。

临清市人民政府编：《临清州志》，济南：山东省地图出版社，2001年。

（汉）许慎：《说文解字》，北京：中华书局，1963年。

（战国）韩非著，陈奇猷校注：《韩非子新校注》，上海：上海古籍出版社，2000 年。

石磊译注：《商君书》，北京：中华书局，2009 年。

张双棣等译注：《吕氏春秋译注》，长春：吉林文史出版社，1987 年。

（宋）赵珙撰，王国维笺注：《蒙鞑备录笺证》，《王国维遗书》，上海：上海古籍书店，1983 年。

（宋）彭大雅撰，徐霆疏，王国维笺注：《黑鞑事略笺证》，《王国维遗书》，上海：上海古籍书店，1983 年。

蔡美彪编著：《元代白话碑集录》，北京：科学出版社，1955 年。

蔡巴·贡噶多吉著，东嘎·洛桑赤列校注，陈庆英、周润年译：《红史》，拉萨：西藏人民出版社，1988 年。

达仓宗巴·班觉桑布著，陈庆英译：《汉藏史集》，拉萨：西藏人民出版社，1986 年。

任崇岳：《庚申外史笺证》，郑州：中州古籍出版社，1991 年。

（明）火源洁：《华夷译语》，《四库全书存目丛书》，济南：齐鲁书社，1997 年。

（清）魏源撰：《元史新编》，《续修四库全书》，上海：上海古籍出版社，2002 年。

（清）谷应泰：《明史纪事本末》，北京：中华书局，1977 年。

（明）谈迁撰，张宗祥校点：《国榷》，北京：中华书局，1958 年。

（明）郑麟趾：《高丽史》，《四库全书存目丛书》，济南：齐鲁书社，1997 年。

黄鸿寿：《清史纪事本末》，《续修四库全书》，上海：上海古籍出版社，2002 年。

（明）陈子龙等选辑：《明经世文编》，北京：中华书局影印本，1962 年。

（清）魏源辑：《皇朝经世文编》，《魏源全集》，长沙：岳麓书社，2004 年。

（清）杨锡绂：《漕运则例纂》，《四库未收书辑刊》，北京：书目文献出版社，2000 年。

（明）王在晋：《通漕类编》，《四库全书存目丛书》，济南：齐鲁书社，1996 年。

（明）傅泽洪：《行水金鉴》，《景印文渊阁四库全书》，台北：台湾商务印书馆，1986 年。

武同举：《江苏江北水道说》，《两轩賸语》，国家图书馆藏民国十六年

（1927）复印本。

（明）谢纯：《漕运通志》，《续修四库全书》，上海：上海古籍出版社，2002年。

（明）徐光启著，石声汉点校：《农政全书》，上海：上海古籍出版社，2020年。

（清）王定安等纂修：《重修两淮盐法志》，《续修四库全书》，上海：上海古籍出版社，2002年。

（汉）贾谊著，吴云、李春台校注：《贾谊集校注（增订版）》，天津：天津古籍出版社，2010年。

（汉）王充：《论衡》，北京：中华书局，1958年。

（汉）徐幹：《中论》，《四部丛刊初编》，上海：商务印书馆，1922年。

（汉）桓宽：《盐铁论》，《四部丛刊初编》，上海：商务印书馆，1922年。

（清）董诰等编：《全唐文》，北京：中华书局，1983年。

（唐）杜牧：《樊川文集》，《四部丛刊初编》，上海：商务印书馆，1922年。

（唐）韩愈撰，刘真伦、岳珍校注：《韩愈文集汇校笺注》，北京：中华书局，2010年。

（唐）陆贽：《陆贽集》，杭州：浙江古籍出版社，2013年。

（唐）吕温：《吕和叔文集》，《四部丛刊初编》，上海：商务印书馆，1922年。

（唐）权德舆：《权载之文集》，《四部丛刊初编》，上海：商务印书馆，1922年。

（唐）许浑撰，（清）许培荣笺：《丁卯集笺注》，《续修四库全书》，上海：上海古籍出版社，2002年。

项楚校注：《王梵志诗校注（增订版）》，上海：上海古籍出版社，2010年。

（宋）欧阳修：《欧阳文忠公文集》，《四部丛刊初编》，上海：商务印书馆，1922年。

（宋）司马光撰，李文泽、霞绍晖校点：《司马光集》，成都：四川大学出版社，2010年。

（宋）苏洵：《嘉祐集》，《四部丛刊初编》，上海：商务印书馆，1922年。

（宋）苏辙：《栾城集》，《四部丛刊初编》，上海：商务印书馆，1922年。

（宋）洪迈撰，何卓点校：《夷坚志》，北京：中华书局，1981年。

（宋）袁甫：《蒙斋集》，《景印文渊阁四库全书》，台北：台湾商务印书馆，1986年。

（宋）黄震：《黄氏日钞》，《景印文渊阁四库全书》，台北：台湾商务印书馆，1986 年。

（宋）朱熹：《晦庵先生朱文公文集》，《四部丛刊初编》，上海：商务印书馆，1922 年。

（宋）黎靖德辑，王星贤点校：《朱子语类》，北京：中华书局，1986 年。

（宋）黄榦：《勉斋先生黄文肃公文集》，中华再造善本影印中国国家图书馆藏元延祐二年（1315）刻本。

（宋）魏泰撰，李裕民点校：《东轩笔录》，北京：中华书局，1983 年。

（宋）郑玉道：《琴堂谕俗编》，《景印文渊阁四库全书》，台北：台湾商务印书馆，1986 年。

（宋）叶适撰，刘公纯等点校：《叶适集》，北京：中华书局，1961 年。

（宋）袁采著，夏家善主编，贺恒祯、杨柳注释：《袁氏世范》，天津：天津古籍出版社，1995 年。

（宋）蔡襄：《宋端明殿学士蔡忠惠公文集》，《宋集珍本丛刊》，北京：线装书局，2004 年。

（宋）朱翌：《猗觉寮杂记》，《丛书集成初编》，上海：商务印书馆，1936 年。

（宋）李曾伯：《可斋杂稿》，四川大学古籍整理研究所编：《宋集珍本丛刊》，北京：线装书局，2004 年。

（宋）卢襄：《西征记》，《四库全书存目丛书》，济南：齐鲁书社，1996 年。

（宋）胡宏：《胡宏集》，北京：中华书局，1987 年。

（宋）真德秀：《西山先生真文忠公文集》，《四部丛刊初编》，上海：商务印书馆，1922 年。

（宋）蔡戡：《定斋集》，《景印文渊阁四库全书》，台北：台湾商务印书馆，1986 年。

（宋）吕祖谦：《东莱别集》，《景印文渊阁四库全书》，台北：台湾商务印书馆，1986 年。

（宋）李曾伯：《可斋续稿》，《景印文渊阁四库全书》，台北：台湾商务印书馆，1986 年。

（宋）邵博撰，刘德权、李剑雄点校：《邵氏闻见后录》，北京：中华书局，1983 年。

（宋）陆游：《老学庵笔记》，上海书店影印本，1990 年。

（宋）王应麟撰，（清）翁元圻等注，栾保群等校点：《困学纪闻（全校本）》，上海：上海古籍出版社，2008 年。

（宋）王明清撰，燕永成整理：《挥麈录·余话》，郑州：大象出版社，2009 年。

（元）耶律楚材撰，谢方点校：《湛然居士文集》，北京：中华书局，1986 年。

（元）郝经：《郝文忠公陵川文集》，《北京图书馆古籍珍本丛刊》，北京：书目文献出版社，1988 年。

（元）许衡：《鲁斋遗书》，《北京图书馆古籍珍本丛刊》，北京：书目文献出版社，1988 年。

（元）黄溍撰，王颋点校：《黄溍全集》，天津：天津古籍出版社，2008 年。

（元）吴海：《闻过斋集》，《嘉业堂丛书》本。

（元）赵孟頫：《松雪斋集》，《海王邨古籍丛刊》，北京：中国书店，1991 年。

（元）苏天爵编：《元文类》，《四部丛刊初编》，上海：商务印书馆，1922 年。

（元）姚燧：《牧庵集》，《四部丛刊初编》，上海：商务印书馆，1922 年。

（元）袁桷：《清容居士集》，《四部丛刊初编》，上海：商务印书馆，1922 年。

（元）余阙：《青阳先生文集》，《四部丛刊续编》，上海：商务印书馆，1934 年。

（元）谢应芳：《龟巢稿》，《四部丛刊三编》，上海：商务印书馆，1936 年。

（宋）郑思肖著，陈福康校点：《郑思肖集》，上海：上海古籍出版社，1991 年。

（元）王恽：《秋涧先生大全集》，《元人文集珍本丛刊》，台北：新文丰出版公司，1985 年。

（元）吴澄：《吴文正公集》，《元人文集珍本丛刊》，台北：新文丰出版公司，1985 年。

（元）虞集：《道园类稿》，《元人文集珍本丛刊》，台北：新文丰出版公司，1985 年。

（元）虞集撰，王颋点校：《虞集全集》，天津：天津古籍出版社，2007 年。

（元）李庭：《寓庵集》，《元人文集珍本丛刊》，台北：新文丰出版公司，1985 年。

（元）许有壬：《至正集》，《元人文集珍本丛刊》，台北：新文丰出版公司，1985 年。

（元）陆文圭：《墙东类稿》，《元人文集珍本丛刊》，台北：新文丰出版公司，1985 年。

（元）胡祗遹著，魏崇武、周思成校点：《胡祗遹集》，《元朝别集珍本丛刊》，长春：吉林文史出版社，2008 年。

（元）陈基著，邱居里、李黎校点：《陈基集》，《元代别集丛刊》，长春：吉林文史出版社，2009 年。

（元）欧阳玄著，魏崇武、刘建立校点：《欧阳玄集》，《元代别集丛刊》，长春：吉林文史出版社，2009 年。

（元）傅若金著，史杰鹏、赵彧校点：《傅若金集》，《元代别集丛刊》，长春：吉林文史出版社，2010 年。

（元）马祖常著，王媛校点：《马祖常集》，《元代别集丛刊》，长春：吉林文史出版社，2010 年。

（元）贝琼著，李鸣校点：《贝琼集》，《元代别集丛刊》，长春：吉林文史出版社，2010 年。

（元）吴师道著，邱居里、邢新欣校点：《吴师道集》，《元代别集丛刊》，长春：吉林文史出版社，2008 年。

（元）萨都拉：《雁门集》，上海：上海古籍出版社，1982 年。

（元）卢琦：《圭峰先生集》，《北京图书馆古籍珍本丛刊》，北京：书目文献出版社，1988 年。

（元）王逢：《梧溪集》，《北京图书馆古籍珍本丛刊》，北京：书目文献出版社，1988 年。

（元）曹伯启：《汉泉曹文贞公诗集》，《北京图书馆古籍珍本丛刊》，北京：书目文献出版社，1988 年。

（元）任仁发：《水利集》，《四库全书存目丛书》，济南：齐鲁书社，1996 年。

（元）黄镇成：《秋声集》，《景印文渊阁四库全书》，台北：台湾商务印书馆，1986 年。

（元）王结：《文忠集》，《景印文渊阁四库全书》，台北：台湾商务印书馆，1986 年。

（明）袁华：《耕学斋诗集》，《景印文渊阁四库全书》，台北：台湾商务印书馆，1986 年。

（元）同恕：《榘庵集》，《景印文渊阁四库全书》，台北：台湾商务印书馆，1986 年。

（元）王义山：《稼村类稿》，《景印文渊阁四库全书》，台北：台湾商务印书馆，1986 年。

（元）王祯：《农书》，《景印文渊阁四库全书》，台北：台湾商务印书馆，1986 年。

（宋）汪元量撰，孔凡礼辑校：《增订湖山类稿》，北京：中华书局，1984 年。

（元）杨维桢著，邹志方点校：《杨维桢诗集》，杭州：浙江古籍出版社，2010 年。

（明）长谷真逸辑：《农田余话》，《四库全书存目丛书》，济南：齐鲁书社，1995 年。

（元）苏天爵著，陈高华、孟繁清点校：《滋溪文稿》，北京：中华书局，1997 年。

（元）苏天爵辑撰，姚景安点校：《元朝名臣事略》，北京：中华书局，1996 年。

（宋）周密撰，吴企明点校：《癸辛杂识》，北京：中华书局，1988 年。

（宋）周密：《武林旧事》，《景印文渊阁四库全书》，台北：台湾商务印书馆，1986 年。

（元）陶宗仪：《南村辍耕录》，北京：中华书局，1959 年。

（元）杨瑀撰，余大钧点校：《山居新语》，北京：中华书局，2006 年。

（明）叶子奇：《草木子》，北京：中华书局，1959 年。

（元）徐元瑞撰，杨讷点校：《吏学指南》，杭州：浙江古籍出版社，1988 年。

陈得芝、邱树森、何兆吉辑点：《元代奏议集录》，杭州：浙江古籍出版社，1998 年。

（元）钟嗣成等：《录鬼簿（外四种）》，上海：上海古籍出版社，1978 年。

（明）吴之鲸撰，魏得良标点：《武林梵志》，杭州：杭州出版社，2006 年。

（明）朱元璋撰，胡士萼点校，刘学锴审订：《明太祖集》，合肥：黄山书社，1991 年。

（明）宋濂撰，罗月霞主编：《宋濂全集》，杭州：浙江古籍出版社，1999 年。

（明）宋濂：《宋文宪公全集》，《四部备要》，北京：中华书局，1989 年。

（明）王世贞撰，魏连科点校：《弇山堂别集》，北京：中华书局，1985 年。

（明）王世贞：《弇州史料》，《四库禁毁书丛刊》，北京：北京出版社，1997年。

（明）熊明遇：《文直行书》，《四库禁毁书丛刊》，北京：北京出版社，1997年。

（明）金日升辑：《颂天胪笔》，《四库禁毁书丛刊》，北京：北京出版社，2007年。

（明）吴宽：《匏翁家藏集》，《四部丛刊初编》，上海：商务印书馆，1922年。

（明）王元翰：《凝翠集》，《云南丛书》，北京：中华书局，2009年。

（明）陈有年：《陈恭介公文集》，《续修四库全书》，上海：上海古籍出版社，2002年。

（明）张萱：《西园闻见录》，《续修四库全书》，上海：上海古籍出版社，2002年。

（明）李默：《孤树裒谈》，《续修四库全书》，上海：上海古籍出版社，2002年。

（明）高岱：《鸿猷录》，《续修四库全书》，上海：上海古籍出版社，2002年。

（明）王廷相：《慎言》，《续修四库全书》，上海：上海古籍出版社，2002年。

（明）吴应箕：《东林事略》，《续修四库全书》，上海：上海古籍出版社，2002年。

（明）严从简：《殊域周咨录》，《续修四库全书》，上海：上海古籍出版社，2002年。

（明）朱健：《古今治平略》，《续修四库全书》，上海：上海古籍出版社，2002年。

（明）苏伯衡：《苏平仲文集》，《四部丛刊初编》，上海：商务印书馆，1922年。

（明）方孝孺著，徐光大校点：《逊志斋集》，宁波：宁波出版社，2000年。

（明）杨复吉：《梦阑琐事》，《昭代丛书癸集萃编》，上海：上海古籍出版社，1990年影印本。

（明）雷梦麟撰，怀效锋、李俊点校：《读律琐言》，北京：法律出版社，2000年。

（明）张居正：《张太岳文集》，《四库全书存目丛书》，济南：齐鲁书社，1997年。

（明）于慎行：《谷城山馆文集》，《四库全书存目丛书》，济南：齐鲁书社，1997年。

（明）胡广：《胡文穆公文集》，《四库全书存目丛书》，济南：齐鲁书社，1997年。

（明）吴道南：《吴文恪公文集》，《明别集丛刊》，合肥：黄山书社，2016年。

（明）陈邦彦：《陈岩野先生全集》，《明别集丛刊》，合肥：黄山书社，2016年。

（明）杨士奇：《东里续集》，《景印文渊阁四库全书》，台北：台湾商务印书馆，1986年。

（明）梁潜：《泊庵集》，《景印文渊阁四库全书》，台北：台湾商务印书馆，1986年。

（明）丘濬著，周伟民等点校：《丘濬集·大学衍义补》，海口：海南出版社，2006年。

（明）海瑞著，李锦全、陈宪猷点校：《海瑞集》，海口：海南出版社，2003年。

（明）叶向高：《蘧编》，北京：中国文史出版社，2014年。

（明）孙承泽著，王剑英点校：《春明梦余录》，北京：北京古籍出版社，1992年。

（明）倪元璐：《倪文贞奏疏》，《景印文渊阁四库全书》，台北：台湾商务印书馆，1986年。

（明）郑若曾：《郑开阳杂著》，《景印文渊阁四库全书》，台北：台湾商务印书馆，1986年。

（明）徐纮编：《明名臣琬琰续录》，《景印文渊阁四库全书》，台北：台湾商务印书馆，1986年。

（明）顾起元撰，陈稼禾点校：《客座赘语》，北京：中华书局，1987年。

（明）郑晓撰，李致忠点校：《今言》，北京：中华书局，1984年。

（明）吴瑞登：《两朝宪章录》，万历刻本。

（明）傅维麟：《明书》，《中国野史集成》，成都：巴蜀书社，1993年。

（明）沈德符：《万历野获编》，北京：中华书局，1959年。

（明）杨慎撰，张仲璜注：《廿一史弹词注》，清雍正五年（1727）视履堂刻，乾隆五十一年（1786）复刻本。

（明）冯惟敏著，凌景埏、谢伯阳点校：《海浮山堂词稿》，上海：上海古籍出版社，2018 年。

秦修容整理：《金瓶梅（会评会校本）》，北京：中华书局，1998 年。

（明）张穆撰，张正明、宋举成点校：《蒙古游牧记》，太原：山西人民出版社，1991 年。

（清）徐珂辑：《清稗类钞》，上海：商务印书馆，1917 年。

（清）萧奭著，朱南铣校点：《永宪录》，《清代史料笔记丛刊》，北京：中华书局，1959 年。

（清）董潮：《东皋杂钞》，《丛书集成初编》，上海：商务印书馆，1936 年。

（清）卞永誉：《式古堂书画汇考》，《景印文渊阁四库全书》，台北：台湾商务印书馆，1986 年。

（清）阮葵生：《茶余客话》，《续修四库全书》，上海：上海古籍出版社，2002 年。

（清）沈垚：《落帆楼文集》，《续修四库全书》，上海：上海古籍出版社，2002 年。

（清）温睿临、杨凤苞：《南疆逸史》，《续修四库全书》，上海：上海古籍出版社，2002 年。

（清）吴振棫：《养吉斋丛录》，北京：北京古籍出版社，1983 年。

（清）昭梿撰，何英芳点校：《啸亭杂录》，北京：中华书局，1980 年。

（清）赵翼著，王树民校证：《廿二史札记校证》，北京：中华书局，1984 年。

（清）王夫之：《读通鉴论》，北京：中华书局，1975 年。

（清）王夫之：《黄书》，《续修四库全书》，上海：上海古籍出版社，2002 年。

（清）顾炎武著，黄汝成集释：《日知录集释》，上海：上海古籍出版社，1985 年。

（清）顾炎武著，黄坤、顾宏义校点：《顾炎武全集·天下郡国利病书》，上海：上海古籍出版社，2011 年。

中华书局编辑部编：《魏源集》，北京：中华书局，2018 年。

（清）钱仪吉纂，靳斯标点：《碑传集》，北京：中华书局，1993 年。

（清）长龄：《懋亭自定年谱》，道光桂丛堂刻本。

（清）章学诚撰，叶瑛校注：《文史通义校注》，北京：中华书局，2014 年。

（清）戴笠、吴殳：《怀陵流寇始终录》，《续修四库全书》，上海：上海古籍出版社，2002 年。

（清）陈梦雷：《松鹤山房文集》，《清代诗文集汇编》，上海：上海古籍出版社，2010 年。

（清）刘体智撰，刘笃龄点校：《异辞录》，北京：中华书局，1988 年。

（清）王庆云：《石渠余纪》，《续修四库全书》，上海：上海古籍出版社，2002 年。

（清）陶保廉：《辛卯侍行记》，北京：中国国际广播出版社，2016 年。

《直隶徽州府祁门县县民谢允宪户口单》，中国第一历史档案馆、辽宁省档案馆编：《中国明朝档案总汇》，桂林：广西师范大学出版社，2001 年影印本。

《西藏研究》编辑部编：《清代藏事辑要》，拉萨：西藏人民出版社，1983 年。

吕海寰撰：《庚子海外纪事》，《续修四库全书》，上海：上海古籍出版社，2002 年。

（清）胡燏棻：《上变法自强条陈疏》，（清）陈忠倚辑：《皇朝经世文三编》，光绪石印本。

（清）盛宣怀：《盛愚斋存稿》，上海：上海人民出版社，2018 年。

（清）文庆、贾桢、宝鋆等纂辑：《筹办夷务始末》，《续修四库全书》，上海：上海古籍出版社，2002 年。

（清）姚之骃：《元明事类钞》，《景印文渊阁四库全书》，上海：上海古籍出版社，1987 年。

（宋）王钦若等编纂，周勋初等校订：《册府元龟（校订本）》，南京：凤凰出版社，2006 年。

（宋）王应麟：《玉海》，京都：中文出版社，1977 年。

（宋）章如愚：《群书考索》，《景印文渊阁四库全书》，台北：台湾商务印书馆，1986 年。

（元）周南瑞编：《天下同文集》，《景印文渊阁四库全书》，台北：台湾商务印书馆，1986 年。

（清）严可均辑：《全上古三代秦汉三国六朝文》，北京：中华书局，1987 年。

中华书局编辑部：《全唐诗（增订本）》，北京：中华书局，1999 年。

张月中、王钢主编：《全元曲》，郑州：中州古籍出版社，1996 年。

徐沁君校点：《新校元刊杂剧三十种》，北京：中华书局，1980 年。

陈生玺辑：《政书集成》，郑州：中州古籍出版社，1996 年。

故宫博物院编：《〈文献丛编〉全编》，北京：北京图书馆出版社，2008 年。

二、参考论著

钱穆：《国史大纲（修订本）》，北京：商务印书馆，1996 年。

钱穆：《国史新论》，台北：东大图书公司，1984 年。

陈登原：《国史旧闻》，北京：中华书局，2000 年。

翦伯赞主编：《中国史纲要（增订本）》，北京：北京大学出版社，2006 年。

白寿彝总主编，徐喜辰、斯维至、杨钊主编：《中国通史》第 3 卷《上古时代》，上海：上海人民出版社，2004 年。

白寿彝总主编，白寿彝、高敏、安作璋主编：《中国通史》第 4 卷《中古时代·秦汉时期》上册，上海：上海人民出版社，2004 年。

白寿彝总主编，史念海主编：《中国通史》第 6 卷《中古时代·隋唐时期》，上海：上海人民出版社，2004 年。

白寿彝总主编，陈得芝主编：《中国通史》第 8 卷《中古时代·元时期》，上海：上海人民出版社，2004 年。

白寿彝总主编，王毓铨主编：《中国通史》第 9 卷《中古时代·明时期》，上海：上海人民出版社，2004 年。

白钢主编，陈高华、史卫民著：《中国政治制度通史》第 8 卷《元代》，北京：人民出版社，1996 年。

白钢主编，杜婉言、方志远著：《中国政治制度通史》第 9 卷《明代》，北京：人民出版社，1996 年。

陈高华、史卫民：《中国经济通史·元代经济卷》，北京：经济日报出版社，2000 年。

王毓铨主编：《中国经济通史·明代经济卷》，北京：经济日报出版社，2000 年。

方行、经君健、魏金玉主编：《中国经济通史·清代经济卷》，北京：经济日报出版社，2000 年。

万国鼎：《中国田制史》，北京：商务印书馆，2011 年。

南开大学历史系中国古代史教研组编：《中国封建社会土地所有制形式问题讨论集》，北京：生活·读书·新知三联书店，1962 年。

张海鹏、张海瀛主编：《中国十大商帮》，合肥：黄山书社，1993 年。

胡寄窗：《中国经济思想史简编》，北京：中国社会科学出版社，1981 年。

梁启超：《论中国学术思想变迁之大势》，上海：上海古籍出版社，2006 年。

刘泽华：《中国的王权主义》，上海：上海人民出版社，2000 年。

刘泽华：《中国政治思想史集》，北京：人民出版社，2008 年。

刘泽华主编：《中国古代政治思想史》，天津：南开大学出版社，1992 年。

吴晗、费孝通等：《皇权与绅权》，天津：天津人民出版社，1988 年。

张分田：《中国帝王观念——社会普遍意识中的"尊君—罪君"文化范式》，北京：中国人民大学出版社，2004 年。

王亚南：《中国官僚政治研究》，北京：中国社会科学出版社，1981 年。

冯尔康主编：《中国社会结构的变迁》，郑州：河南人民出版社，1994 年。

李治安、孙立群：《社会阶层制度志》，上海：上海人民出版社，1998 年。

马大正主编：《中国边疆经略史》，郑州：中州古籍出版社，2000 年。

方铁主编：《西南通史》，郑州：中州古籍出版社，2003 年。

费孝通主编：《中华民族多元一体格局（修订本）》，北京：中央民族大学出版社，1999 年。

张博泉：《中华一体的历史轨迹》，沈阳：辽宁人民出版社，1995 年。

许倬云：《说中国：一个不断变化的复杂共同体》，上海：上海三联书店，2021 年。

葛兆光：《宅兹中国：重建有关"中国"的历史论述》，北京：中华书局，2011 年。

葛兆光：《历史中国的内与外：有关"中国"与"周边"概念的再澄清》，香港：香港中文大学出版社，2017 年。

刘晓原：《边疆中国》，香港：香港中文大学出版社，2016 年。

王赓武：《更新中国：国家与新全球史》，黄涛译，杭州：浙江人民出版社，2016 年。

达力扎布主编：《中国民族史研究 60 年》，北京：中央民族大学出版社，2010 年。

李久昌：《国家、空间与社会——古代洛阳都城空间演变研究》，西安：三秦出版社，2007 年。

蒙文通：《古史甄微》，《蒙文通文集》，成都：巴蜀书社，1999 年。

谢维扬：《中国早期国家》，杭州：浙江人民出版社，1995 年。

杜正胜：《编户齐民——传统政治社会结构之形成》，台北：联经出版事业股份有限公司，1990年。

陈直：《汉书新证》，北京：中华书局，2008年。

林剑鸣：《秦汉史》，上海：上海人民出版社，1989年。

李开元：《汉帝国的建立与刘邦集团：军功受益阶层研究》，北京：生活·读书·新知三联书店，2000年。

陈寅恪：《隋唐制度渊源略论稿》，北京：生活·读书·新知三联书店，2004年。

唐长孺：《魏晋南北朝史论拾遗》，北京：中华书局，1983年。

唐长孺：《魏晋南北朝隋唐史三论》，北京：中华书局，2011年。

谷霁光：《府兵制度考释》，上海：上海人民出版社，1962年。

杨志玖编著：《隋唐五代史纲要》，上海：上海人民出版社，1957年。

韩国磐：《隋炀帝》，武汉：湖北人民出版社，1957年。

韩国磐：《北朝隋唐的均田制度》，上海：上海人民出版社，1984年。

杨际平：《北朝隋唐均田制新探》，长沙：岳麓书社，2003年。

荣新江主编：《唐研究》第11卷，北京：北京大学出版社，2005年。

冻国栋：《中国人口史》第2卷《隋唐五代时期》，上海：复旦大学出版社，2002年。

林文勋等：《中国古代"富民"阶层研究》，昆明：云南大学出版社，2008年。

林文勋：《唐宋社会变革论纲》，北京：人民出版社，2011年。

葛金芳：《唐宋变革期研究》，武汉：湖北人民出版社，2004年。

邱添生：《唐宋变革期的政经与社会》，台北：文津出版社，1999年。

邢铁：《唐宋分家制度》，北京：商务印书馆，2010年。

郑学檬：《中国古代经济重心南移和唐宋江南经济研究》，长沙：岳麓书社，2003年。

张家驹：《两宋经济重心的南移》，武汉：湖北人民出版社，1957年。

［美］刘子健：《中国转向内在：两宋之际的文化转向》，赵冬梅译，南京：江苏人民出版社，2012年。

漆侠主编：《辽宋西夏金代通史·教育科学文化卷》，北京：人民出版社，2010年。

漆侠主编：《辽宋西夏金代通史·社会经济卷》，北京：人民出版社，2010年。

漆侠：《宋代经济史》，《漆侠全集》第 4 卷，保定：河北大学出版社，2009 年。

朱瑞熙：《宋代社会研究》，郑州：中州书画社，1983 年。

王曾瑜：《宋朝阶级结构（增订版）》，北京：中国人民大学出版社，2010 年。

张其凡：《宋初政治探研》，广州：暨南大学出版社，1995 年。

蒙思明：《元代社会阶级制度》，北京：中华书局，1980 年。

黄清连：《元代户计制度研究》，台北：台湾大学文学院，1977 年。

萧启庆：《蒙元史新研》，台北：允晨文化实业股份有限公司，1994 年。

萧启庆：《元朝史新论》，台北：允晨文化实业股份有限公司，1999 年。

萧启庆：《内北国而外中国：蒙元史研究》，北京：中华书局，2007 年。

萧启庆：《元代的族群文化与科举》，台北：联经出版事业股份有限公司，2008 年。

萧启庆：《元代进士辑考》，台北："中央研究院"历史语言研究所，2012 年。

亦邻真：《亦邻真蒙古学文集》，呼和浩特：内蒙古人民出版社，2001 年。

陈高华、张帆、刘晓：《元代文化史》，广州：广东教育出版社，2009 年。

徐梓：《元代书院研究》，北京：社会科学文献出版社，2000 年。

张帆：《元代宰相制度研究》，北京：北京大学出版社，1997 年。

李治安：《元代分封制度研究（增订本）》，北京：中华书局，2007 年。

李治安：《元代行省制度》，北京：中华书局，2011 年。

高荣盛：《元代海外贸易研究》，成都：四川人民出版社，1999 年。

高荣盛：《元史浅识》，南京：凤凰出版社，2010 年。

王秀丽：《文明的吸纳与历史的延续——元代东南地区商业研究》，澳门：澳亚周刊出版有限公司，2005 年。

尚衍斌：《元代畏兀儿研究》，北京：民族出版社，1999 年。

邓文韬：《元代唐兀人研究》，宁夏大学博士学位论文，2017 年。

武波：《元代法律诸问题研究——以蒙汉二元视角的观察为中心》，南开大学博士学位论文，2010 年。

郑旭东：《诸王朝比较视域下的蒙元户籍文书问题研究》，南开大学博士学位论文，2019 年。

王毓铨：《明代的军屯》，北京：中华书局，1965 年。

郑克晟：《明代政争探源》，天津：天津古籍出版社，1988 年。

曹树基：《中国移民史》第 5 卷《中古时代·明时期》，福州：福建人民出版社，1997年。

　　梁方仲：《梁方仲经济史论文集》，北京：中华书局，1989年。

　　傅衣凌：《明清社会经济史论文集》，北京：中华书局，2008年。

　　李伯重：《多视角看江南经济史（1250—1850）》，北京：生活·读书·新知三联书店，2003年。

　　许檀：《明清时期山东商品经济的发展》，北京：中国社会科学出版社，1998年。

　　张国雄：《明清时期的两湖移民》，西安：陕西人民教育出版社，1995年。

　　韦庆远：《明代黄册制度》，北京：中华书局，1961年。

　　栾成显：《明代黄册研究》，北京：中国社会科学出版社，1998年。

　　晁中辰：《明代海禁与海外贸易》，北京：人民出版社，2005年。

　　刘志伟：《在国家与社会之间——明清广东里甲赋役制度研究》，广州：中山大学出版社，1997年。

　　刘志伟：《贡赋体制与市场：明清社会经济史论稿》，北京：中华书局，2019年。

　　毛佩琦：《永乐皇帝大传》，沈阳：辽宁教育出版社，1994年。

　　肖立军：《明代省镇营兵制与地方秩序》，天津：天津古籍出版社，2010年。

　　罗宗强：《明代后期士人心态研究》，天津：南开大学出版社，2006年。

　　崔靖：《明朝后妃研究》，南开大学博士学位论文，2014年。

　　王锺翰：《清史新考》，沈阳：辽宁大学出版社，1990年。

　　阎崇年：《康熙大帝》，北京：中华书局，2008年。

　　冯尔康：《雍正传》，北京：人民出版社，1985年。

　　赵云田：《清代蒙古政教制度》，北京：中华书局，1989年。

　　杜家骥：《清朝简史》，福州：福建人民出版社，1997年。

　　刘凤云、刘文鹏编：《清朝的国家认同："新清史"研究与争鸣》，北京：中国人民大学出版社，2010年。

　　［英］濮兰德等：《清室外纪》，陈冷汰译述，《清外史丛刊》本，上海：中华书局，1917年。

　　［美］彭慕兰：《大分流：欧洲、中国及现代世界经济的发展》，史建云译，南京：江苏人民出版社，2003年。

　　全汉昇：《唐宋帝国与运河》，上海：商务印书馆，1946年。

　　傅崇兰：《中国运河城市发展史》，成都：四川人民出版社，1985年。

　　吴缉华：《明代海运及运河的研究》，台北："中央研究院"历史语言研究所专刊之四十三，1961 年。

彭云鹤：《明清漕运史》，北京：首都师范大学出版社，1995 年。

吴海涛：《淮北的盛衰：成因的历史考察》，北京：社会科学文献出版社，2005 年。

《马克思恩格斯全集》第 28 卷，北京：人民出版社，1973 年。

《马克思恩格斯选集》第 1、2 卷，北京：人民出版社，1972 年。

［苏联］斯大林：《马克思主义与民族问题》，北京：外国文书籍出版局，1950 年。

侯外庐：《中国封建社会土地所有制形式的问题——中国封建社会发展规律商兑之一》，《历史研究》1954 年创刊号。

李埏：《论我国的“封建的土地国有制”》，《历史研究》1956 年第 8 期。

张金光：《关于中国古代（周至清）社会形态问题的新思维》，《文史哲》2010 年第 5 期。

宁可：《关于中国封建社会农民战争中的皇权主义问题》，《光明日报》1960 年 12 月 13 日。

徐连达：《论我国农民战争中的“皇权主义”》，《复旦学报（社会科学版）》1978 年第 2 期。

谢天佑：《皇权主义是哪个阶级的思想》，《文汇报》1979 年 1 月 12 日。

唐文基：《中国古代农民战争中的皇权主义和反皇权思想》，《福建师大学报（哲学社会科学版）》1978 年第 4 期。

孙关：《关于农民战争皇权主义问题的讨论》，《辽宁大学学报（哲学社会科学版）》1979 年第 2 期。

方之光：《论太平天国的平等思想与皇权主义》，《南京大学学报（哲学社会科学版）》1978 年第 4 期。

李根蟠：《“亚细亚生产方式”再探讨——重读〈资本主义生产以前的各种形式〉的思考》，《中国社会科学》2016 年第 9 期。

李根蟠：《汉代的“大市”和“狱市”——对陈直〈汉书新证〉两则论述的商榷》，《中国社会经济史研究》2002 年第 1 期。

阎步克：《一般与个别：论中外历史的会通》，《文史哲》2015 年第 1 期。

傅斯年：《夷夏东西说》，欧阳哲生主编：《傅斯年全集》，长沙：湖南教育出版社，2003 年。

何兹全：《傅斯年的史学思想和史学著作》，《历史研究》2000 年第 4 期。

杨向奎：《夏民族起于东方考》，《禹贡》第 7 卷第 6、7 期，1936 年。

程德祺：《略说典型龙山文化即是夏朝文化》，《苏州大学学报》1982 年第 1 期。

沈长云：《夏后氏居于古河济之间考》，《中国史研究》1994 年第 3 期。

温玉春、张进良：《夏氏族起于山东考》，《河北师范大学学报（哲学社会科学版）》2000 年第 4 期。

刘泽华：《论战国时期"授田"制下的"公民"》，《南开大学学报（哲学社会科学版）》1978 年第 2 期。

邢铁：《我国古代的诸子平均析产问题》，《中国史研究》1995 年第 4 期。

李西堂：《财产诸子均分制：影响社会进步的基础性病根之一》，"中国农村网·文化园" http://crncws.net 2016-01-07。

马承源：《何尊铭文初释》，《文物》1976 年第 1 期。

晁福林：《从"华夏"到"中华"——试论"中华民族"观念的渊源》，《史学史研究》2020 年第 4 期。

周振鹤：《假如齐国统一了天下》，《二十一世纪》1995 年第 2 期。

范文澜：《试论中国自秦汉时成为统一国家的原因》，《历史研究》1954 年第 3 期。

劳榦：《汉代兵制及汉简中的兵制》，《中央研究院历史语言研究所集刊》第 10 本，上海：商务印书馆，1948 年。

杜正胜：《"编户齐民论"的剖析》，《清华学报》（新竹）新 24 卷第 2 期，1994 年。

田余庆：《论轮台诏》，《历史研究》1984 年第 2 期。

钱剑夫：《试论秦汉的"正卒"徭役》，《中国史研究》1982 年第 3 期。

高敏：《秦汉徭役制度辨析（上）》，《郑州大学学报（哲学社会科学版）》1985 年第 3 期。

邹水杰：《秦代属邦与民族地区的郡县化》，《历史研究》2020 年第 2 期。

李均明：《张家山汉简所反映的二十等爵制》，《中国史研究》2002 年第 2 期。

臧知非：《西汉授田制度与田税征收方式新论——对张家山汉简的初步研究》，《江海学刊》2003 年第 3 期。

朱红林：《从张家山汉律看汉初国家授田制度的几个特点》，《江汉考古》2004 年第 3 期。

刘社建：《"善因论"：司马迁的经济理论》，《殷都学刊》1996 年第 3 期。

牟发松：《略论唐代的南朝化倾向》，《中国史研究》1996 年第 2 期。

阎步克、胡宝国、陈爽：《关于"南朝化"问题的讨论》，"象牙塔"http://www.xiangyata.net 2003 年 6 月 2 日。

阎步克：《南北朝的不同道路与历史出口》，"国学论丛"http://bbs.guoxue.com 2004 年 8 月 24 日。

将无同：《关于南朝化问题》，"往复·史林杂识"http://www.wangf.net 2006 年 4 月 14 日。

羯胡：《"历史出口说"的"理论出口"——兼说"南朝化"讨论中的"北朝化"问题》，http://www.mzyi.cn 2007 年 3 月。

郑学檬：《关于"均田制"的名称、含义及其和"请田"关系之探讨》，载方行主编：《中国社会经济史论丛——吴承明教授九十华诞纪念文集》，北京：中国社会科学出版社，2006 年。

胡如雷：《唐代两税法研究》，《河北天津师范学院学报》1958 年第 1 期。

陈明光：《20 世纪唐代两税法研究评述》，载氏著《汉唐财政史论》，长沙：岳麓书社，2003 年。

傅玫：《唐代的勋官》，南开大学历史系《中国史论集》编辑组编：《祝贺杨志玖教授八十寿辰中国史论集》，天津：天津古籍出版社，1994 年。

冻国栋：《唐宋历史变迁中的"四民分业"问题——兼述唐中后期城市居民的职业结构》，纪宗安、汤开建主编：《暨南史学》第 3 辑，广州：暨南大学出版社，2004 年。

张广达：《内藤湖南的唐宋变革说及其影响》，荣新江主编：《唐研究》第 11 卷，北京：北京大学出版社，2005 年。

李庆：《关于内藤湖南的"唐宋变革论"》，《学术月刊》2006 年第 10 期。

张泽咸：《"唐宋变革论"若干问题的质疑》，中国唐史学会编：《中国唐学史会论文集》，西安：三秦出版社，1989 年。

张其凡：《关于"唐宋变革期"学说的介绍与思考》，《暨南学报（哲学社会科学版）》2001 年第 1 期。

李华瑞：《20 世纪中日"唐宋变革"观研究述评》，《史学理论研究》2003 年第 4 期。

李华瑞：《宋代抑兼并述论》，厦门大学国学院等联合主办："重走朱熹之路"与宋代社会学术研讨会论文集》，2017 年。

《唐宋时期社会经济变迁笔谈》，《文史哲》2005 年第 1 期。

柳立言：《何谓唐宋变革？》，《中华文史论丛》2006 年第 1 辑。

罗祎楠：《模式及其变迁——史学史视野中的唐宋变革问题》，《中国文化研究》2003 年第 2 期。

朱瑞熙：《宋代商人的社会地位及其历史作用》，《历史研究》1986 年第
2 期。

王曾瑜：《宋朝户口分类制度略论》，《涓埃编》，保定：河北大学出版
社，2008 年。

秦晖：《中国经济史上的怪圈："抑兼并"与"不抑兼并"》，《战略与管
理》1997 年第 4 期。

杨际平：《宋代"田制不立"、"不抑兼并"说驳议》，《中国社会经济史
研究》2006 年第 2 期。

杨际平：《〈宋代"田制不立"、"不抑兼并"说〉再商榷——兼答薛政
超同志》，《中国农史》2010 年第 2 期。

薛政超：《也谈宋代的"田制不立"与"不抑兼并"——与〈宋代"田
制不立"、"不抑兼并"说驳议〉一文商榷》，《中国农史》2009 年第 2 期。

梁太济：《两宋的夫役征发》，载杭州大学历史系宋史研究室：《宋史研
究集刊》，杭州：浙江古籍出版社，1986 年。

梁太济：《两宋身丁钱物的除放过程》，载邓广铭、漆侠主编：《国际宋
史研讨会论文选集》，保定：河北大学出版社，1992 年。

戴建国：《宋代的民田典卖与"一田两主制"》，《历史研究》2011 年第
6 期。

聂崇岐：《宋辽交聘考》，《宋史丛考》，北京：中华书局，1980 年。

张其凡：《北宋"皇帝与士大夫共治天下"略说》，《宋初政治探研》，
广州：暨南大学出版社，1995 年。

刘浦江：《"五德终始"说之终结——兼论宋代以降传统政治文化的嬗
变》，《中国社会科学》2006 年第 2 期。

葛金芳：《从"农商社会"看南宋经济的时代特征》，《国际社会科学杂
志（中文版）》2009 年第 3 期。

葛金芳：《"头枕东南，面向海洋"——南宋立国态势及经济格局论
析》，北京大学中国古代史研究中心编：《邓广铭教授百年诞辰纪念论文
集》，北京：中华书局，2006 年。

葛金芳：《"农商社会"的过去、现在和未来——宋以降（11—20 世纪）
江南区域社会经济变迁论略》，南开大学历史学院、北京大学历史系、中国
社科院历史所编：《中国古代社会高层论坛文集——纪念郑天挺先生诞辰
一百一十周年》，北京：中华书局，2011 年。

林文勋：《唐宋历史观与唐宋史研究的开拓》，中国史学会、云南大学编：《21 世纪中国历史学展望》，北京：中国社会科学出版社，2003 年。

林文勋：《中国古代富民社会——宋元明清的社会整体性》，《宋元明国家与社会高端学术论坛会议文件》（打印本），2013 年。

马新：《试论宋代的乡村建制》，《文史哲》2012 年第 5 期。

黄纯艳：《论华夷一统思想的形成》，《思想战线》1995 年第 2 期。

黄纯艳：《"汉唐旧疆"话语下的宋神宗开边》，《历史研究》2016 年第 1 期。

亦邻真：《成吉思汗与蒙古民族共同体的形成》，《内蒙古大学学报（社会科学版）》1962 年第 1 期。

亦邻真：《关于十一—十二世纪的字斡勒》，元史研究会编：《元史论丛》第 3 辑，北京：中华书局，1986 年。

萧启庆：《元代的儒户：儒士地位演进史上的一章》，《东方文化》第 16 卷第 1、2 期，1978 年。

萧启庆：《论元代蒙古人之汉化》，《台大历史学报》1992 年第 17 期。

萧启庆：《蒙元支配对中国历史文化的影响》，韩国《国际中国学研究》第 2 辑，1999 年。

萧启庆：《中国近世前期南北发展的歧异与统合——以南宋金元时期的经济社会文化为中心》，清华大学历史系、三联书店编辑部合编：《清华历史讲堂初编》，北京：生活·读书·新知三联书店，2007 年。

周清澍：《汪古部的领地及其统治制度——汪古部事辑之五》，《文史》总第 14 辑，北京：中华书局，1982 年。

张帆：《圈层与模块：元代蒙古、色目两大集团的不同构造》，《西部蒙古论坛》2022 年第 1 期。

鞠清远：《元代系官匠户研究》，《食货》第 1 卷第 9 期，1935 年。

黄清连：《元代户计的划分及其政治社会地位》，《台大历史学报》1975 年第 2 期。

黄清连：《元代诸色户计的经济地位》，《食货月刊》（台北）第 6 卷第 3 期，1976 年。

洪金富：《元代汉人与非汉人通婚问题初探》，《食货月刊》（台北）第 7 卷第 1、2 期合刊，1977 年。

邱树森：《元代的女真人》，《社会科学战线》2003 年第 4 期。

邱树森、王颋：《元代户口问题刍议》，元史研究会编：《元史论丛》第

2 辑，北京：中华书局，1983 年。

李景林：《论元太宗乙未年的户籍清理》，《社会科学战线》1987 年第 2 期。

陈高华：《元代役法简论》，《文史》总第 11 辑，北京：中华书局，1981 年。

陈高华：《论元代的军户》，元史研究会编：《元史论丛》第 1 辑，北京：中华书局，1982 年。

陈高华：《论元代的站户》，元史研究会编：《元史论丛》第 2 辑，北京：中华书局，1983 年。

姚大力：《草原蒙古国的千户百户制度》，《蒙元制度与政治文化》，北京：北京大学出版社，2011 年。

姚大力：《论蒙元王朝的皇权》，《学术集林》卷十五，上海：上海远东出版社，1999 年。

屈文军：《论元代君臣关系的主奴化》，《江海学刊》2004 年第 1 期。

王晓欣：《震撼世界的华夷一统：元朝历史的特点及影响》，《历史学习》2008 年第 11 期。

王晓欣：《宋刊元印本〈增修互注礼部韵略〉纸背户籍文书全书整理小结及所见宋元乡村基层组织和江南户类户计问题探析》，李治安主编：《庆祝蔡美彪教授九十华诞元史论文集》，北京：中国社会科学出版社，2019 年。

王晓欣、郑旭东：《元湖州路户籍册初探——宋刊元印本〈增修互注礼部韵略〉第一册纸背公文纸资料整理与研究》，《文史》，北京：中华书局，2015 年第 1 辑。

何兹全：《中国社会发展史中的元代社会》，《北京师范大学学报》1992 年第 5 期。

［日］王瑞来：《科举停废的历史：立足于元代的考察》，刘海峰主编、张亚群副主编：《科举制的终结与科举学的兴起》，武汉：华中师范大学出版社，2006 年。

杨镰：《顾瑛与玉山雅集》，（元）顾瑛辑，杨镰、叶爱欣整理：《玉山名胜集》，北京：中华书局，2008 年。

蔡美彪：《关汉卿生平考略》，南京大学历史系元史研究室编：《元史论集》，北京：人民出版社，1984 年。

郑天挺：《关于徐一夔〈织工对〉》，《历史研究》1958 年第 1 期。

胡果文：《元末明初社会变迁对江南地区商业活动的影响——以沈万三为例》，《社会科学》2006 年第 10 期。

顾诚：《沈万三及其家族事迹考》，《历史研究》1999 年第 1 期。

栾成显：《宋元明时代经济发展的新趋势与明太祖的经济政策》，中国明史学会编：《明史研究》第 10 辑，合肥：黄山书社，2007 年。

赵轶峰：《明代中国历史趋势：帝制农商社会》，《东北师大学报（哲学社会科学版）》2007 年第 1 期。

赵轶峰：《明清帝制农商社会论纲》，南开大学历史学院、北京大学历史系、中国社科院历史所编：《中国古代社会高层论坛文集：纪念郑天挺先生诞辰一百一十周年》，北京：中华书局，2011 年。

傅斯年：《明成祖生母记疑》，《国立中央研究院历史语言研究所集刊》第 3 本第 4 分，1932 年。

吴晗：《明成祖生母考》，《清华大学学报（自然科学版）》1935 年第 3 期。

朱希祖：《〈明成祖生母记疑〉辨》，《中山大学文史研究所月刊》2 卷第 1 期，1933 年。

孙冰：《明代宫妃殉葬制度与明朝"祖制"》，《华中师范大学研究生学报》2010 年第 4 期。

黄展岳：《明清皇室的宫妃殉葬制》，《故宫博物院院刊》1988 年第 1 期。

吴缉华：《论明代封藩与军事职权之转移》，《大陆杂志》（台北）34 卷第 7、8 期，1967 年。

彭勇：《明代忠顺营史实初识》，达力扎布主编：《中国边疆民族研究》第 2 辑，北京：中央民族大学出版社，2009 年。

曹循：《明前期的江南卫所与赋役征调》，《南开学报（哲学社会科学版）》2016 年第 2 期。

高心华：《明初迁民碑》，《文物参考资料》1958 年第 3 期。

徐泓：《明洪武年间的人口移徙》，《第一届历史与中国社会变迁研讨会论文集》，台北："中央研究院"，1982 年。

徐泓：《明初的人口移徙政策》，《汉学研究》（台北）第 6 卷第 2 期，1988 年。

戴卫东：《明代安辑流民政策述论》，《苏州大学学报》2003 年第 1 期。

梁方仲：《明代一条鞭法年表》，《岭南学报》第 12 卷第 1 期，1952 年。

王毓铨：《明代的配户当差制》，《中国史研究》1991 年第 1 期。

王毓铨：《纳粮也是当差》，《王毓铨史论集》，北京：中华书局，2005 年。

高寿仙：《关于明朝的籍贯与户籍问题》，《北京联合大学学报（人文社会科学版）》2013 年第 1 期。

刘志伟：《从"纳粮当差"到"完纳钱粮"——明清王朝国家转型之一

大关键》，《史学月刊》2014 年第 7 期。

李园：《明代财政史中的"南粮"问题辨析——基于松江府的徭役考察》，《第六届农商社会 / 富民社会学术研讨会论文集》，2019 年 4 月。

李伯重：《简论"江南地区"的界定》，《中国社会经济史研究》1991 年第 1 期。

李伯重：《宋末至明初江南人口与耕地的变化——十三、十四世纪江南农业变化探讨之一》，《中国农史》1997 年第 3 期。

李伯重：《有无"13、14 世纪的转折"？——宋末至明初江南农业的变化》，《多视角看江南经济史（1250—1850）》，北京：生活·读书·新知三联书店，2003 年。

方楫：《明代手工业发展的趋势》，《历史教学问题》1958 年第 4 期。

李刚、袁娜：《明清时期山陕商人对西部开发的历史贡献及其启迪》，《新疆社科论坛》2007 年第 1 期。

郑自海：《明清伊斯兰教在运河沿岸的传播》，《中国文化报》2013 年 9 月 12 日。

韦庆远、吴奇衍：《清代著名皇商范氏的兴衰》，《历史研究》1981 年第 3 期。

赖惠敏：《清代北商的茶叶贸易》，《内蒙古师范大学学报（哲学社会科学版）》2016 年第 1 期。

高春平等：《晋商与北部市场开发》，《晋阳学刊》2002 年第 4 期。

陈祖武：《论康熙的儒学观》，《孔子研究》1988 年第 3 期。

郭成康：《清朝皇帝的中国观》，《清史研究》2005 年第 4 期。

黄爱平：《清代康雍乾三帝的统治思想与文化选择》，《中国社会科学院研究生院学报》2001 年第 4 期。

那仁朝格图：《果亲王允礼以及蒙译伏藏经》，《清史研究》2002 年第 3 期。

冯尔康：《清初的剃发与易衣冠——兼论民族关系史研究内容》，《史学集刊》1985 年第 2 期。

刘小萌：《清朝史中的八旗研究》，《清史研究》2010 年第 2 期。

杜家骥：《清代满族与八旗的关系及民族融合问题》，《社会科学战线》2016 年第 6 期。

杜家骥：《清朝的满蒙联姻》，《历史教学》2001 年第 6 期。

杜家骥：《清朝国体问题试谈——以清代蒙古族对清朝统治的参与为中心》，《满学论丛》第 6 辑，沈阳：辽宁民族出版社，2016 年。

杜家骥：《清代满族君臣的民族意识及其变化》，《教育部社会科学委员会历史学学部 2017 年度工作会议暨中国历史上的民族问题研讨会会议文集》，2017 年。

赵寰熹：《清代北京旗民分城而居政策的实施及其影响》，《中国历史地理论丛》2013 年第 1 期。

常建华：《大清：一个首崇满洲的复合性中华皇朝》，《清史研究》2021 年第 4 期。

马子木、乌云毕力格：《"同文之治"：清朝多语文政治文化的构拟与实践》，《民族研究》2017 年第 4 期。

杨学琛：《略论清代满汉关系的发展和变化》，《民族研究》1981 年第 6 期。

张羽新：《清朝前期的边疆政策》，马大正主编：《中国古代边疆政策研究》，北京：中国社会科学出版社，1990 年。

［美］欧立德：《满文档案与新清史》，《故宫博物院学术季刊》（台北）2006 年第 2 期。

定宜庄、［美］欧立德：《21 世纪如何书写中国历史："新清史"研究的影响与回应》，彭卫主编：《历史学评论》第 1 卷，北京：社会科学文献出版社，2013 年。

杨念群：《超越"汉化论"与"满洲特性论"：清史研究能否走出第三条道路？》，《中国人民大学学报》2011 年第 2 期。

杨念群：《论"大一统"观的近代形态》，《中国人民大学学报》2018 年第 1 期。

黄兴涛：《清朝满人的"中国认同"——对美国"新清史"的一种回应》，刘凤云、董建中、刘文鹏主编：《清代政治与国家认同》，北京：社会科学文献出版社，2011 年。

李治亭：《清帝"大一统"论》，《云南师范大学学报（哲学社会科学版）》2015 年第 6 期。

李治亭：《"新清史"："新帝国主义"史学标本》，《中国社会科学报》2015 年 4 月 20 日。

唐红丽：《"新清史"学派的着力点在于话语构建——访中央民族大学历史文化学院副教授钟焓》，《中国社会科学报》2015 年 5 月 6 日。

刘文鹏：《正确认识"新清史"与"内陆亚洲"》，《中国社会科学报》2015 年 5 月 13 日。

杨益茂：《"新清史"背后的学风问题》，《中国社会科学报》2015 年 7

月 7 日。

费孝通：《简述我的民族研究经历和思考》，《北京大学学报（哲学社会科学版）》1997 年第 2 期。

姚大力：《中国历史上的民族关系与国家认同》，《中国学术》第 12 辑，北京：商务印书馆，2002 年。

姚大力：《不再说"汉化"的旧故事——可以从"新清史"学习什么》，《东方早报·上海书评》2015 年 4 月 5 日。

汪荣祖：《为"新清史"辩护须先懂得"新清史"——敬答姚大力先生》，《东方早报·上海书评》2015 年 5 月 17 日。

姚大力讲座，董牧杭整理：《崖山之后是否真无中国？》，澎湃新闻2014 年 11 月 7 日。

葛剑雄：《不可说崖山之后再无中国》，"腾讯·大家专栏"2015 年 7 月11 日。

韩茂莉：《论北方移民所携农业技术与中国古代经济重心南移》，《中国史研究》2013 年第 4 期。

张菁：《试论古代江南经济后来居上的三大因素》，《中国农史》1999 年第 3 期。

凌礼潮：《"江西填湖广"与"湖广填四川"比较研究刍议》，《北京科技大学学报（社会科学版）》2014 年第 1 期。

许檀：《明清时期运河的商品流通》，《历史档案》1992 年第 1 期。

许檀：《明清时期的临清商业》，《中国经济史研究》1986 年第 2 期。

邹逸麟：《从地理环境角度考察我国运河的历史作用》，《中国史研究》1982 年第 3 期。

邹逸麟：《历史上的黄运关系》，《光明日报》2009 年 2 月 10 日。

邹逸麟：《从生态文明角度看大运河的负面影响》，《中国社会科学报》2014 年 2 月 4 日。

杨持白：《海河流域解放前 250 年间特大洪涝史料分析》，《水利学报》1965 年第 3 期。

刘宏：《海河流域六百年来水灾频发的警示》，《中国减灾》2007 年第12 期。

［日］原宗子：《我对华北古代环境史的研究——日本的中国古代环境史研究之一例》，《中国经济史研究》2000 年第 3 期。

封越健：《明代京杭运河的工程管理》，《中国史研究》1993 年第 1 期。

杨亚非：《试论明代漕运方式的变革》，《社会科学战线》1986 年第 2 期。

魏林：《明初废罢海运试探》，《郑州大学学报（哲学社会科学版）》1987 年第 5 期。

王英华：《清代河工经费及其管理》，中国水利水电科学研究院水利史研究室编：《历史的探索与研究——水利史研究文集》，郑州：黄河水利出版社，2006 年。

马俊亚：《集团利益与国运衰变——明清漕粮河运及其社会生态后果》，《南京大学学报（哲学·人文科学·社会科学版）》2008 年第 2 期。

樊铧：《明初南北转运重建的真相：永乐十三年停罢海运考》，《历史地理》第 23 辑，上海：上海人民出版社，2008 年。

解扬：《"利玛窦难题"与明代海运》，《读书》2010 年第 6 期。

孙竞昊：《一座中国北方城市的江南认同：帝国晚期济宁城市文化的形成》，陈丹阳译，胡克诚校，《运河学研究》第 1 辑，北京：社会科学文献出版社，2018 年。

［伊朗］志费尼：《世界征服者史》，何高济译，翁独健校订，呼和浩特：内蒙古人民出版社，1980 年。

［波斯］拉施特主编：《史集》，余大钧、周建奇译，北京：商务印书馆，1983 年。

［英］崔瑞德编：《剑桥中国隋唐史（589—960 年）》，中国社会科学院历史研究所西方汉学研究课题组译，北京：中国社会科学出版社，1990 年。

［美］牟复礼、［英］崔瑞德编：《剑桥中国明代史》，张书生等译，北京：中国社会科学出版社，1992 年。

［美］拉铁摩尔：《中国的亚洲内陆边疆》，唐晓峰译，南京：江苏人民出版社，2008 年。

［德］马克斯·韦伯：《经济与社会：解释社会学提纲》（Economy and Society: An Outline of Interpretative Sociology），伯克利：加利福尼亚大学出版社，1978 年。

［日］木村正雄：《中国古代帝国の形成》，東京：不昧堂書店，1965 年。

［日］西嶋定生：《中国古代帝国的形成与结构——二十等爵制研究》，武尚清译，北京：中华书局，2004 年。

［韩］李成珪：《中国古代帝国成立史研究：秦国齐民支配体制的形成》，首尔：一潮阁，1984 年。

［日］竺沙雅章：《征服王朝の時代》，東京：講談社，1977 年。

　　［日］堀敏一：《均田制の研究》，東京：岩波書店，1975 年。

　　［日］植松正：《元代江南政治社会史研究》，東京：汲古書院，1997 年。

　　［日］杉山正明：《游牧民から見た世界史》，東京：日経ビジネス人文庫，2003 年。

　　［日］杉山正明：《疾驰的草原征服者：辽西夏金元》，乌兰、乌日娜译，桂林：广西师范大学出版社，2014 年。

　　［日］檀上寬：《明朝専制支配の史的構造》，東京：汲古書院，1995 年。

　　［日］石桥秀雄编：《清代中国的若干问题》，杨宁一、陈涛译，张永江审校，济南：山东画报出版社，2011 年。

　　［日］桑原骘藏：《歷史上より観たる南北支那》，載《白鳥博士還曆記念東洋史論叢》，東京：岩波書店，1925 年。另参见氏著：《历史上所见的南北中国》，载刘俊文主编，黄约瑟译：《日本学者研究中国论著选译》第 1 卷《通论》，北京：中华书局，1992 年。

　　［日］木村正雄：《中国古代专制主义的基础条件（节译）》，刘俊文主编，索介然译：《日本学者研究中国史论著选译》第 5 卷《五代宋元》，北京：中华书局，1993 年。

　　［日］宫泽知之：《唐宋社会变革论》，游彪译，《中国史研究动态》1999 年第 6 期。

　　［日］愛宕松男：《蒙古政權治下の漢地における版籍の問題——特に乙未年籍・壬子年籍及び至元七年籍を中心として》，東洋史研究會编：《羽田博士頌壽記念東洋史論叢》，京都：東洋史研究會，1950 年。

　　［日］松田孝一：《モンゴルの漢地統治制度——分地分民制度を中心として》，《待兼山論叢》11 号，1978 年。

　　［日］池内功：《オゴタィ朝の漢地における戸口調査とその意義》，酒井忠夫先生古稀祝賀記念の會编：《歷史における民眾と文化——酒井忠夫先生古稀祝賀記念論集》，東京：国書刊行會，1982 年。

　　［日］大島立子：《元代戸計と徭役》，《歷史学研究》484 号，1980 年。

　　［日］太田彌一郎：《元代の哈剌赤軍と哈剌赤戸》，《集刊東洋学》46 卷，1981 年。

　　Cleaves, F. W, "The Sino-Mongolian Inscription of 1338," *HJAS*, 14(1951); "The Sino-Mongolian Inscription of 1362," *HJAS*.

　　K. A. Wittfogel and Feng Chia-Sheng, *History of the Chinese Society: Liao, 907-1125.* Phila., American Philosophical Society, 1949. 另参见魏复古等：《征服

王朝论文集（修订版）》，郑钦仁、李明仁译，台北：稻乡出版社，2002 年。

Robert M. Hartwell, "Demographic, Political, and Social Transformations of China, 750－1550", *Harvard Journal of Asiatic Studies*, Vol.42, No.2. (Dec., 1982).

Paul Jakov Smith & Richard von Glahn, edstors., *The Song-Yuan-Ming Transition in Chinese History*, Cambridge, Mass: Harvard University Press, 2003. 另参见张祎：《"中国历史上的宋元明过渡"简介》，《宋史研究通讯》2003 年第 2 期（总第 42 期）。[美]史乐民：《宋、元、明的过渡问题》，载[美]伊沛霞、姚平主编：《当代西方汉学研究集萃·中古史卷》，上海：上海古籍出版社，2012 年。

后　记

　　历经半年多，汇集修订《中国古代史三论：政治·地域·族群》终于完成了。此番修订中，我修改或补充了部分论说文字和参考文献，删除了原相关论文的一些重复之处。于我而言，类似的编撰，放在以前似乎算不上难事。谁曾料，六年来眼疾的困扰，令我的阅读和撰写效率锐减，致使修订这本30余万字的书稿，进展缓慢。

　　衷心感谢曹循教授和他的博士生王荣斐、硕士生王品淇帮助我逐一核对了文献资料。衷心感谢刁培俊教授和周鑫研究员提供的宝贵意见。衷心感谢中华书局上海聚珍公司贾雪飞总经理兼总编辑和阎海文责任编辑的精细审读校订！离开他们的襄助和辛劳，拙著肯定不会顺利面世。

李治安谨识

2024 年 12 月